权威·前沿·原创

皮书系列为

“十二五”“十三五”国家重点图书出版规划项目

BLUE BOOK

智库成果出版与传播平台

人力资源蓝皮书
BLUE BOOK OF HUMAN RESOURCES

中国人力资源发展报告（2021）

ANNUAL REPORT ON THE DEVELOPMENT OF CHINA'S HUMAN RESOURCES (2021)

主　编 / 余兴安
副主编 / 李志更

社会科学文献出版社
SOCIAL SCIENCES ACADEMIC PRESS (CHINA)

图书在版编目(CIP)数据

中国人力资源发展报告. 2021 / 余兴安主编. -- 北京：社会科学文献出版社，2021. 10
（人力资源蓝皮书）
ISBN 978-7-5201-9248-4

Ⅰ. ①中… Ⅱ. ①余… Ⅲ. ①人力资源管理-研究报告-中国-2021 Ⅳ. ①F249. 21

中国版本图书馆 CIP 数据核字（2021）第 213866 号

人力资源蓝皮书

中国人力资源发展报告（2021）

主　　编 / 余兴安
副 主 编 / 李志更

出 版 人 / 王利民
组稿编辑 / 邓泳红
责任编辑 / 宋　静
责任印制 / 王京美

出　　版 / 社会科学文献出版社 · 皮书出版分社（010）59367127
地址：北京市北三环中路甲 29 号院华龙大厦　邮编：100029
网址：www. ssap. com. cn
发　　行 / 市场营销中心（010）59367081　59367083
印　　装 / 天津千鹤文化传播有限公司

规　　格 / 开　本：787mm × 1092mm　1/16
印　张：26. 25　字　数：395 千字
版　　次 / 2021 年 10 月第 1 版　2021 年 10 月第 1 次印刷
书　　号 / ISBN 978-7-5201-9248-4
定　　价 / 158. 00 元

《中国人力资源发展报告（2021）》
编　委　会

肖鹏燕　谢　晶　闫丽娜　杨　梅　尤　红
余兴安　曾红颖　张欣欣

编　　　务　（按姓氏音序排列）
柏玉林　王　伊

主要编撰者简介

余兴安 全国政协委员，中国人事科学研究院院长、研究员。历任中国人事科学研究院研究室主任、人事部人才流动开发司副司长、人力资源和社会保障部人力资源市场司副司长、山东省日照市副市长。兼任国际行政科学学会副主席、中国人才研究会常务副会长、中国行政管理学会副会长等。主要从事行政管理体制改革、人事制度改革与人才资源开发等研究。

李志更 中国人事科学研究院副院长、研究员，中国人才研究会常务理事。曾任中国人事科学研究院电子政务与绩效管理研究室主任、就业创业与政策评价研究室主任，长期从事就业创业、人才发展、人事管理、公共政策评价等方面的研究。

中国人事科学研究院简介

中国人事科学研究院（简称“人科院”）隶属于中华人民共和国人力资源和社会保障部，是我国干部人事改革、人才资源开发、人力资源管理和公共行政学研究的唯一国家级专业研究机构，是中央人才工作协调小组办公室命名的“人才理论研究基地”。

人科院肇端于1982年6月劳动人事部成立的人才资源研究所、1984年11月成立的行政管理科学研究所及1988年9月人事部成立的国家公务员研究所，在经多次机构改革与职能调整后，于1994年7月正式成立。历经近四十年的发展，人科院积累了丰富的科研资源，培养了一支素质优良的科研队伍，形成了较完备的学术研究体系，产生了一大批具有较大影响的科研成果，发挥了应有的参谋智囊作用，同时也成为全国人才与人事科学研究的合作交流中心。王通讯、吴江等知名学者曾先后担任院长之职，现任院长为全国政协委员余兴安研究员。

多年来，人科院围绕大局、服务中心，研究领域涉及行政管理体制改革、人才队伍建设、公务员制度、事业单位人事制度改革、企业人力资源管理、收入分配制度改革、就业与创业、人才流动与人力资源服务业发展等方面。曾参与《公务员法》《事业单位人事管理条例》《国家中长期人才发展规划纲要》等重大政策法规的调研与起草，推动了相关领域诸多重大、关键性改革事业的发展。人科院每年承担中央单位和各省市下达或委托的数十项课题研究任务，出版十余部著作，发表百余篇学术论文，并编辑出版《中国人事科学》（月刊）、《国际行政科学评论》（季刊）、《中国人力资源发展报告》(年度出版)、《中国事业单位发展报告》(年度出版)、《中国人力资源市场分析报告》(年度出版)、《中国企业人力资源发展报告》(年度出版)、《中国培训事业发展报告》(年度出版)、《中国人事科学研究报告》(年度出版)等学术期刊和年度报告。

人科院是我国在国际行政科学学术交流与科研合作领域的重要组织与牵头单位，是国际行政科学学会（IIAS）、东部地区公共行政组织（EROPA）及亚洲公共行政网络（AGPA）的中国秘书处所在地。通过多年努力，人科院在国际行政科学研究领域的作用与地位不断提升，2016 年承办了国际行政科学学会联合大会，余兴安院长当选为国际行政科学学会副主席。

人科院注重与国家部委、地方政府、高等院校和科研院所的交流与合作。积极搭建学术交流平台，成立了“全国人事与人才科研合作网”，建立了十余家科研基地，每年举办多场有一定规模的学术研讨会，组织科研协作攻关，还与中国人民大学、首都经济贸易大学等院校联合招收硕士、博士研究生，设有公共管理学科博士后工作站。

摘 要

《人力资源蓝皮书：中国人力资源发展报告（2021）》由总报告和6组专题报告组成，以2020年下半年至2021年上半年为主要观测时段，呈现我国人力资源发展的总体情况，分析了人力资源发展面临的主要挑战，提出了促进人力资源发展的相关建议。为更好把握总体态势和基本走向，有些稿件追溯和总结了此前多年的发展脉络。

总报告首先从人力资源总体规模与质量、人才工作、公共部门人事制度改革、就业创业、收入分配、社会保险、劳动关系、人力资源服务业等方面，全面梳理了我国人力资源发展的总体情况和最新进展。在此基础上，立足新发展阶段，贯彻新发展理念，着眼新发展格局，分析了当前和今后一段时期，我国人力资源发展面临的主要任务：以支撑和引领高质量发展为核心，深化制度改革，加快人力资源供给侧结构性改革；进一步强化就业优先战略，着力抓好重点群体就业，努力实现更加充分更高质量就业；优化收入分配结构，筑牢新就业形态劳动者权益保障“底线”；稳步推进社会保险制度改革，促进和保障人力资源充分开发；对标就业优先战略和人才强国战略需求，推进人力资源服务业高质量发展。

6个专题分别为人力资源状况、人才工作、公共部门人事管理、就业创业与劳动关系、社会保险、人力资源服务业，主要从基本情况、面临的问题与挑战、未来展望三个方面，介绍分析本领域的现状与发展，关注发展新特点、新形势、新举措。

人力资源状况专题介绍了我国人力资源的基本状况以及女性科技人才发

展、老年人力资源开发、城镇劳动者科学素质与技能提升的基本情况和对策建议；系统呈现了教育人才队伍、卫生健康人才队伍、科技人才队伍建设的实践与成效，分析了今后一段时期加强队伍建设的重点任务和主要措施。人才工作专题梳理了我国近期地方人才工作的主要进展和创新实践、人才评价制度与职业资格制度的改革进展与未来走势、国家创新型城市建设过程中人才发展政策创新的主要动向。公共部门人事管理专题由3篇报告组成，其中，关于公务员管理和国有企业人事制度改革的两篇报告，重点总结了当前的政策供应与实践发展状况，分析了今后一段时期的主要发展走向；事业单位人事制度改革报告在系统梳理“十三五”时期改革实践的基础上，分析了“十四五”时期面临的难题及其破解之策。就业创业与劳动关系专题总结了当前我国促进就业创业、数字化就业发展、劳动关系治理的总体情况和基本走势，分析了面临的主要问题和今后发展的对策建议。社会保险专题延续上年度的内容框架，在总结我国社会保险发展总体状况的基础上，进一步介绍了基本养老保险、工伤保险、基本医疗保险制度的运行、改革进展与未来发展走向。人力资源服务业专题由3篇报告组成，保持年度延续性，重点关注当前我国人力资源服务市场发展、人力资源培训服务发展、人力资源服务机构经营发展的基本情况、主要特点以及实现更好发展的措施选择。

2021年是我国全面建成小康社会、实现第一个百年奋斗目标之后，乘势而上开启全面建设社会主义现代化国家新征程、向第二个百年奋斗目标进军的第一年，是“十四五”规划的开局之年。与上年度相比，2021年度的人力资源发展报告，具有如下几个特点：一是丰富细化内容，增加主要行业（部门）人才队伍建设的内容；二是拓展观测时间轴，在保持关注年度发展的同时，强化对一个发展时期的总结分析，比如总结“十三五”时期的发展实践、分析“十四五”时期的发展态势；三是突出时代特征，更加关注新发展阶段的形势特征与发展需求；四是完善内容结构，在保持人力资源管理服务机制总体框架完整的同时，在具体篇目内容构建方面，突破部门局限，关注把握各类群体管理开发机制的闭合与完整。

关键词： 人力资源　人才工作　人事管理　就业创业　社会保险

目录

Ⅰ 总报告

Ⅱ 人力资源状况篇

Ⅲ 人才工作篇

Ⅳ 公共部门人事管理篇

Ⅴ 就业创业与劳动关系篇

Ⅵ 社会保险篇

Ⅶ 人力资源服务业篇

皮书数据库阅读使用指南

图目录

表目录

总报告

General Report

B.1 2020～2021年中国人力资源状况及事业发展

余兴安　李志更　吴　帅*

摘　要：本报告从人力资源基本状况、人才工作进展、公共部门人事制度改革、就业创业、收入分配、社会保险、劳动关系、人力资源服务业等方面介绍了2020年至2021年上半年我国人力资源发展的总体情况，并就人力资源发展如何应对今后一段时期面临的新挑战做了展望。总体而言，我国人口总量保持惯性增长并进一步向经济发达地区和城市群集聚，人力资源素质持续改善，人才发展体制机制和公共部门人事制度改革进一步深化；就业形势持续改善，重点群体就业好于预期，数字经济带来的

* 余兴安，中国人事科学研究院院长、研究员，主要研究方向为行政管理体制改革、人事制度改革、人才资源开发；李志更，中国人事科学研究院副院长、研究员，主要研究方向为就业创业、人才开发、人事管理、公共政策评价；吴帅，博士，中国人事科学研究院副研究员，主要研究方向为人力资源开发与配置、人力资源服务业发展、区域公共治理。

就业结构转型进一步加快；居民人均可支配收入小幅增长，城镇单位就业人员工资保持总体增长态势，城乡居民收入差距缩小，各项社会保险覆盖面进一步扩大，待遇水平稳步提高，经办服务逐步优化，和谐劳动关系构建持续推进，争议调解仲裁能力和质量不断提升，劳动保障监察成效明显；人力资源服务行业规模不断扩大，服务功能不断完善，集聚效应不断显现，对外开放深入推进，行业价值日益提升。立足新发展阶段，需要以支撑和引领高质量发展为核心，加快人力资源供给侧改革；进一步强化实施就业优先战略，着力抓好重点群体就业；促进共同富裕，筑牢新就业形态劳动者权益保障“底线”；稳步推进社会保险制度改革，促进和保障人力资源充分开发；对标就业优先战略和人才强国战略需求，推进人力资源服务高质量发展。

关键词： 人力资源 人才工作 就业创业 人事制度 社会保障

一 人力资源基本状况

2020 年，我国人口总量保持增长态势，但增速继续放缓。人口流动更趋活跃且进一步向经济发达地区、城市群集聚，东、西部人口占比上升。劳动年龄人口数量和占比双下降，人口抚养比上升。人口整体素质持续优化，就业人员占总人口比重有所下降。

（一）人口总量保持增长，增速有所放缓

根据第七次全国人口普查（以下简称“七普”）数据，[1] 截至 2020 年

① 国家统计局、国务院第七次全国人口普查领导小组办公室：《第七次全国人口普查公报（第二号）——全国人口情况》，http：//www. stats. gov. cn/tjsj/tjgb/rkpcgb/qgrkpcgb/202106/t20210628_ 1818821. html。

11 月 1 日零时，全国人口［指大陆 31 个省（区、市）和现役军人人口，不包括居住在 31 个省（区、市）的港澳台居民和外籍人员，下同］总量 141178 万人，比 2019 年小幅增长；比 2010 年第六次全国人口普查（以下简称“六普”）时增加 72053872 人，增幅 5.38%，年均增长 0.53%，[①] 与 2000～2010 年相比，增速放缓。[②]

（二）人口进一步向经济发达地区和城市群集聚，东、西部人口占比上升

根据历次人口普查数据，我国流动人口规模 1982 年 675 万人、2010 年 2.21 亿人、2015 年 2.47 亿人、2020 年 3.76 亿人。“七普”数据显示，[③] 与 2010 年相比，人口有增加的省份为 25 个，其中，广东、浙江、江苏、山东、河南 5 省增长较多。2020 年常住人口城镇化率为 63.89%，比 2010 年提高 14.21 个百分点。在全国总人口中，东、中、西、东北地区[④]的人口占比分别为 39.93%、25.83%、27.12%、6.98%。与 2010 年“六普”相比，东、西部占比分别提高 2.15 个、0.22 个百分点，中部、东北地区占比分别下降 0.79 个、1.20 个百分点。

（三）劳动年龄人口数量和占比双下降，人口抚养比上升

“七普”数据显示，2020 年我国 16～59 岁的劳动年龄人口 8.8 亿人，

---

① 本书中部分数据因四舍五入，总计与分项合计略有差异；同比增长率、占比等均是按实际数据计算，会与直接用图或表中数据计算结果存在差异；根据论述需要，小数点后保留一位或两位，全书同。

② 《我国人口发展呈现新特点与新趋势——第七次全国人口普查公报解读》，http://www.stats.gov.cn/tjsj/sjjd/202105/t20210513_1817394.html。

③ 国家统计局、国务院第七次全国人口普查领导小组办公室：《第七次全国人口普查公报（第三号）——地区人口情况》，http://www.stats.gov.cn/tjsj/tjgb/rkpcgb/qgrkpcgb/202106/t20210628_1818822.html。

④ 东部地区包括北京、天津、河北、上海、江苏、浙江、福建、山东、广东和海南 10 省（市），中部地区包括山西、安徽、江西、河南、湖北和湖南 6 省，西部地区包括内蒙古、广西、重庆、四川、贵州、云南、西藏、陕西、甘肃、青海、宁夏和新疆 12 省（区、市），东北地区包括辽宁、吉林和黑龙江 3 省。

比2010年减少4000多万人，占总人口比例也有所下降；0~14岁人口2.5亿人、15~59岁人口8.9亿人、60岁及以上人口2.6亿人（其中65岁及以上人口为1.9亿人），人口抚养比①为45.9%，比2010年提高11.7个百分点。31个省份中，有13个15~59岁人口占比超过65%、15个为60%~65%、3个低于60%。除西藏外，其他30个省份65岁及以上人口的占比均超过7%，其中，有12个省份超过14%。虽然当前我国仍然处于人口抚养比低于50%的人口红利期，但红利正在逐步减少。

（四）劳动力素质持续改善，就业人口占总人口比例下降

"七普"数据显示，2020年我国15岁及以上人口的文盲率为2.67%，比2010年下降1.41个百分点；平均受教育年限为9.91年，比2010年提高0.83年；每10万人中具有大学（指大专及以上）、高中文化程度的分别为15467人、15088人，比2010年分别增加6537人、1056人。2020年我国劳动年龄人口（16~59岁）平均受教育年限为10.75年，比2010年提高1.08年。

二 人才工作推进情况

2020年以来，我国人才政策体系持续完善，人才发展体制机制改革不断深化，各领域人才队伍建设稳步推进，人才发展有力支撑了经济社会发展。比如，截至2020年底，我国专任教师达到1792.2万人，同比增长3.5%，专任教师的配置状况得到总体改善，教师年龄结构、学历结构逐步优化；卫生人才数量继续增长，2020年末达1066万人，同比增长5.5%，比2009年末大增92.4%。

（一）服务高质量发展，加大人才素质能力提升力度

1. 职业技能培训提质扩面

2020年11月，人力资源社会保障部印发《关于实施职业技能提升行动

---

① 人口抚养比是指0~14岁与65岁及以上人口数加总与15~64岁人口数之比。

创业培训“马兰花计划”的通知》，加强技能人才创业培训。2021 年 2 月，人力资源社会保障部、财政部联合印发《关于充分发挥职业技能提升行动专账资金效能扎实推进职业技能提升行动的通知》，增强职业技能培训针对性和有效性，不断提高培训质量；人力资源社会保障部印发《关于 2021 年组织开展职业技能提升行动质量年活动的通知》，强化职业技能提升行动实施质量。2021 年 6 月，人力资源社会保障部等五部门联合印发《关于全面推行中国特色企业新型学徒制加强技能人才培养的指导意见》，对推行中国特色企业新型学徒制作出具体安排。

2. 扎实开展专业技术人才队伍能力建设工作

2020 年，全国共举办专业技术人才知识更新工程高级研修班 210 期，培训高层次专业技术人才超过 1.3 万人次；开展急需紧缺人才培养培训和岗位培训 111 万人次；新建国家级专业技术人员继续教育基地 20 家。与此同时，各部门各领域聚焦发展需求，加强高层次人才队伍建设。比如，2021 年 4 月，文化和旅游部印发《关于实施全国戏曲表演领军人才培养计划的通知》，开展戏曲表演领域高级职称人员培养培训；国家中医药管理局印发《中医药创新团队及人才支持计划实施方案》，旨在促进中医药多学科交叉创新团队建设，培养一批中青年多学科交叉创新人才。

3. 推动新职业培训全面深入开展

2021 年 4 月，人力资源社会保障部办公厅印发《关于加强新职业培训工作的通知》提出，加快新职业标准开发，建立职业与教育培训专业（项目）对应指引，修订技工院校专业目录，完善专业技术人才继续教育专业科目内容，增设与新职业对应的新专业（项目）。通知还明确要求各地将新职业培训评价项目纳入职业技能提升行动“两目录一系统”。

（二）疏堵扩容，促进人才顺畅流动

1. 实施更加开放的人才政策

各地积极落实中央部署要求，聚天下英才而用之。比如，从 2020 年 6 月 1 日起，北京市开始实施《关于持永久居留身份证外籍人才创办科技型企业的试行办法》，允许持有外国人永久居留身份证的外籍人才创办科技型企业。2020年9月1日，上海市科委在全国范围内率先出台《关于支持外国人才及团队成员在创业期内办理工作许可的通知》，解决了外国人才因在创业期内没有聘请单位而无法办理工作许可的问题。2020年9月14日，海南省印发《关于开展海南自由贸易港国际人才服务管理改革试点工作的实施方案》，围绕人员进出自由和用工便利提出一系列便利化措施。[①] 2021年2月，《深圳市推进粤港澳大湾区建设2021年工作要点》提出，支持部分公务员和事业单位职位用于招录港澳青年。2021年4月，北京市明确造价工程师、建造师、证券业从业人员、专利代理师等35项职业资格考试对外籍人员开放。

2. 放宽人才进入限制

当前，各城市聚集人才在加大资源供给的同时，也在不断放宽进入落户限制。比如，上海2020年9月印发《2020年非上海生源应届普通高校毕业生进沪就业申请本市户籍评分办法》，对在上海的“世界一流大学建设高校”包括复旦大学、上海交通大学、同济大学、华北师范大学的本科应届毕业生开放落户政策，符合基本申报条件的即可直接落户。[②] 珠海2020年7月印发《关于进一步放宽我市人才引进及入户条件的通知》，进一步放宽引进人才及落户的年龄、学历等条件，毕业5年内的全日制本科以上学历人员，可申请“先落户后就业”，同时，将技工院校高级工班及以上毕业生、大专（高职）以上学历人员均纳入珠海市人才引进范围。苏州2020年11月发布《姑苏人才“青春无忧”计划》提出，全日制本科学历人员在人事档案转入后可直接落户苏州，大专学历人员落户从此前的缴纳社保满两年放宽至6个月。

（三）强化评用结合，完善人才评价体制机制

1. 进一步完善国家职业技术技能标准体系

2020年7月，人力资源社会保障部印发《国家职业技能标准制定工作

---

① 金叶子：《上海打造国际一流人才高地　启动外籍人才薪酬购付汇便利化试点》，《第一财经日报》2020年12月25日。

② 《上海加入抢人大战？专家：上海需要塔尖人才，也需要年轻人才》，澎湃新闻，https://www.thepaper.cn/newsDetail_forward_9367556。

计划（2020—2022 年）》，计划近三年内陆续完成 32 个新职业、11 个社会急需紧缺职业、153 个行业特需职业、52 个社会需要职业的国家职业技能标准制定工作，助力深入推进职业技能等级认定工作。人力资源社会保障部会同有关部门分别于 2020 年 7 月颁布了工业机器人系统运维员等 4 个职业的国家职业技能标准，2021 年 2 月颁布了老年人能力评估师、城市轨道交通服务员等 13 个职业的国家职业技能标准，2021 年 2 月颁布了智能制造工程技术人员等 3 个新职业的国家职业技术技能标准。

2. 深化职业技能等级认定制度改革

2020 年 11 月，国务院办公厅印发《全国深化“放管服”改革优化营商环境电视电话会议重点任务分工方案》，确定由人力资源社会保障部牵头推进企业技能人才自主评价。11 月 7 日，人力资源社会保障部办公厅印发《关于支持企业大力开展技能人才评价工作的通知》，明确向用人主体放权，支持各级各类企业自主开展技能人才评价工作。

3. 完善职业技能竞赛体系

2020 年 8 月，人力资源社会保障部和国务院扶贫办（现更名为国务院乡村振兴办公室）在山西大同举办全国扶贫职业技能大赛，341 名来自全国建档立卡贫困家庭的选手参赛。这次大赛是专门面向全国建档立卡贫困家庭劳动者举办的一项大规模职业技能赛事。2020 年 12 月，中华人民共和国第一届职业技能大赛在广州市举办，这是新中国成立以来，竞赛项目最多、参赛规模最大的一次全国性、综合性职业技能赛事。

4. 加快推进技术技能人才评价贯通和互认

在评价贯通方面，2020 年 12 月，人力资源社会保障部印发《关于进一步加强高技能人才与专业技术人才职业发展贯通的实施意见》，明确了打破职称评审与职业技能评价界限，贯通两类人才职业发展的具体要求和安排。

在评价互认方面，首先，就职称互认而言，2020 年 7 月，国务院办公厅下发《关于进一步优化营商环境更好服务市场主体的实施意见》，要求 2021 年 6 月底前实现专业技术人才职称信息跨地区在线核验，鼓励地区间职称互认。2020 年 8 月，北京市提出京津冀职称评审结果在人才引进、岗位聘用、职称晋升、培养选拔、服务保障等领域实行三地互认。其次，就职业资格互认而言，2020 年以来，北京市、海南省、长三角地区、粤港澳大湾区等地都有相关政策出台；2020 年 12 月，中国期货业协会也就放开境外期货职业资格认可发布了相关公告，即《关于具有境外期货职业资格的人员申请国家服务业扩大开放综合示范区和中国（北京）自由贸易试验区期货从业资格的公告》。

（四）完善人才表彰体系，强化科技人才开发

1. 开展多层次多形式的人才表彰奖励

2020 年，组织开展了全国抗击新冠肺炎疫情国家级表彰，表彰了 1499 名先进个人、500 个先进集体；做好全国劳动模范和先进工作者评选工作，被授予“全国劳动模范”称号、“全国先进工作者”称号的分别为 1689 人、804 人。此外，省部级层面，人才奖励表彰工作有序进行。例如，在高技能人才表彰奖励方面，2021 年上半年，人力资源社会保障部印发《关于开展第十五届高技能人才评选表彰活动的通知》，计划在全国范围内评选表彰 30 名中华技能大奖获得者、300 名全国技术能手。

2. 加大科技人才创新创业支持力度

2020 年 6 月 2 日，习近平总书记在专家学者座谈会上强调，要完善战略科学家和创新型科技人才发现、培养、激励机制，吸引更多优秀人才进入科研队伍，为他们脱颖而出创造条件。2021 年 7 月，科技部会同全国妇联等 12 个部门印发《支持女性科技人才在科技创新中发挥更大作用的若干措施》，加大对女性科技创业者支持力度，培育更多女性科技企业家；加大对女性科技人才奖励力度，在入选国家高层次人才计划、增选两院院士等方面给女性科技人才倾斜；设置理工科专业优秀女大学生奖学金等。2021 年 8 月，国务院办公厅印发《关于改革完善中央财政科研经费管理的若干意见》，进一步强调加大科研人员激励力度。

（五）促进平衡充分发展，推进乡村人才振兴

2021 年 2 月，中共中央办公厅、国务院办公厅印发《关于加快推进

乡村人才振兴的意见》，对加快推进乡村人才振兴作出全面系统部署，为全面推进乡村振兴、加快农业农村现代化提供有力人才支撑。意见明确了乡村人才振兴的指导思想、目标任务、工作原则和主要措施。其中，促进乡村人才振兴的主要措施涉及两个层面，充分发挥各类主体作用，加快培训各类乡村人才；建立健全乡村人才振兴体制机制。各地贯彻落实党中央国务院乡村人才振兴的部署安排，强化政策供应，积极采取措施进一步促进人才向乡村特别是艰苦边远地区乡村流动，加快乡村人才培养和聚集。

三　公共部门人事制度改革与发展

顺应我国治理体系与治理能力现代化建设要求，公共部门人事制度改革持续深化，公务员管理机制不断完善，分类改革稳步推进；事业单位公开招聘制度进一步完善，县以下事业单位管理岗位职员等级晋升制度开始施行；国有企业法人治理结构进一步健全，经理层成员任期制和契约化管理改革持续深入。

（一）制度建设取得明显成效，公务员管理水平不断提高

1. 加强《公务员法》相关配套法规建设

为贯彻落实新修订的《公务员法》，提升新时代公务员管理规范化、法治化水平，中央公务员主管部门对《公务员辞退规定》《公务员辞去公职规定》《公务员回避规定》《公务员考核规定》《公务员奖励规定》5 个配套法规进行了修订，出台了《公务员转任规定》，并于2020 年12 月28 日统一发布施行。其中，新修订的《公务员辞退规定》由原来的20 条调整为4 章24 条，明确了辞退工作的指导思想和基本原则，对辞退的概念、辞退情形和程序、不得辞退情形、管理与纪律等方面进行了具体规定；新修订的《公务员辞去公职规定》由原来的19 条调整为4 章22 条，明确了辞去公职工作的指导思想和基本原则，对辞去公职的概念、辞去公职情形和程序、不得辞去

公职情形、管理与纪律等方面进行了具体规定；新修订的《公务员回避规定》由原来的6章20条调整为6章24条，明确了回避工作的指导思想和基本原则，对回避的概念、任职回避的适用情形和程序、地域回避的适用情形和程序、公务回避的适用情形和程序、管理与纪律等方面进行了具体规定；新修订的《公务员考核规定》由原来的6章31条调整为6章37条，明确了考核工作的指导思想和基本原则，对考核的概念、考核内容和标准、考核程序、考核结果运用、相关事宜等方面进行了具体规定；新修订的《公务员奖励规定》由原来的6章22条调整为6章25条，明确了奖励工作的指导思想和基本原则，对奖励的概念、奖励的条件和种类、奖励的权限和程序、奖励的实施、奖励的监督等方面进行了具体规定；新出台的《公务员转任规定》共5章23条，明确了转任工作的指导思想和基本原则，对转任的概念、转任对象和情形、转任程序和要求、纪律与监督等方面进行了具体规定。

2. 深入推进公务员分类改革

上海积极探索行政执法类公务员分类管理改革，将市场监管、城市管理作为改革试点，从分类招录、分类培训、分类考核、强化日常管理监督等环节入手构建分类管理机制，在实现执法力量向基层一线下沉、拓宽行政执法类公务员晋升通道、推动行政执法类公务员专业化建设等方面取得了明显成效。宁夏将地级市以下市场监管部门执法机构整体纳入行政执法类公务员实施范围。广东明确行政执法类职位设置标准、审批程序和职级套转等要求。江苏在对法检系统各类职位进行划分时，考虑到员额等因素影响，引入动态调整机制；在设置执法勤务、警务技术职位时，充分考虑人民警察的岗位职责特点；对专业技术类公务员管理进行专题调研，研究审计系统专业技术类职位设置方案。

3. 不断提升公务员考录科学化水平

江苏出台了关于公务员录用、面试考官管理、特殊职位录用、体检、考察等系列文件；浙江丽水制定公务员考试录用地方标准，细分为通用要求、笔试、面试3个部分，涵盖考录工作全流程。山东根据出台的公务员录用考察办法，突出政治标准，明确7类不得录用的情形和3类应当暂缓做出考察结论的情形，对政治素质有问题的考生实行“一票否决”。江苏根据行政执法类职位特点单独设置报考条件，制定测试内容，并在招录中根据岗位要求探索心理素质测评和体能测评。广东为提高专业性较强岗位的人岗匹配度，增加专业科目（技能）测试并采取案例式题型。此外，一些地方根据不同层级机关岗位的特点，分层级命制试题。

（二）制度完善与创新并行，事业单位人事管理不断优化

1. 进一步完善事业单位岗位管理和公开招聘制度

2020 年初，人力资源社会保障部联合中组部、教育部、中央编办、财政部等部门出台《关于切实做好新型冠状病毒感染的肺炎疫情防控期间事业单位人事管理工作有关问题的通知》《关于应对新冠肺炎疫情影响做好事业单位公开招聘高校毕业生工作的通知》等文件，对因疫情防控需要简化招聘程序作出规定。2020 年上半年和 2021 年上半年，人力资源社会保障部与有关部门分别下发文件，部署相关年度工作时强调，要加大力度引导高校毕业生去基层中小学幼儿园、艰苦边远地区基层事业单位工作，要加大县级及基层医疗卫生机构公开招聘力度。据统计，2020 年，中央事业单位公开招聘 6. 4 万人，各地事业单位公开招聘 76 万人，全国合计 82. 4 万人。①

2. 开始实施县以下事业单位管理岗位职员等级晋升制度

2021 年 2 月 19 日下午召开的中央全面深化改革委员会第十八次会议，审议通过了《关于县以下事业单位建立管理岗位职员等级晋升制度的意见》。全面推行县以下事业单位建立管理岗位职员等级晋升制度，要坚持党管干部、党管人才，着眼于建设高素质专业化事业单位干部队伍，将县以下事业单位职员等级与岗位等级适当分离，建立主要体现德才素质、个人资历、工作实绩的等级晋升制度，拓展县以下事业单位管理人员职业发展空间。

---

① 人力资源社会保障部：《2020 年度人力资源和社会保障事业发展统计公报》，2021。

（三）各项改革持续深化，国有企业人事制度科学化水平稳步提高

1. 进一步健全公司法人治理结构

2020年以来国资委对80家中央企业董事会、董事以及22名中央企业专职外部董事开展年度评价，为企业选优配强外部董事92人次，及时调整不适宜、不胜任人员，遴选95名人选，充实外部董事人才库。据统计，在400余家“双百企业”中，八成以上建立了董事会。①

2. 加快推进经理层成员任期制和契约化管理

2020年1月，国务院国有企业改革领导小组办公室印发《“双百企业”推行经理层成员任期制和契约化管理操作指引》《“双百企业”推行职业经理人制度操作指引》明确，董事会依法选聘和管理职业经理人，党组织在确定标准、规范程序、参与考察、推荐人选等方面把好关，职业经理人选聘和管理要坚持“市场化选聘、契约化管理、差异化薪酬、市场化退出”原则。2020年6月，中央深改委审议通过《国企改革三年行动方案（2020—2022年）》，其中一项重要任务是推动实施企业经理层成员任期制和契约化管理，推动企业用工市场化。

数据显示，《中共中央国务院关于深化国有企业改革的指导意见》印发五年来，有5家中央企业集团公司进行了经理层成员任期制和契约化管理试点、职业经理人制度试点，40家中央企业制定了职业经理人相关制度，977家子企业共选聘4374名职业经理人，各地有95家省属一级企业开展了职业经理人市场化选聘。到2020年10月，近200家“双百企业”在本级开展了经理层任期制和契约化管理或者推行了职业经理人制度，覆盖面远高于其他国有企业。2021年3月，国务院国有企业改革领导小组办公室召开国有企业经营层成员任期制和契约化管理专题推进会。会议要求2021年底完成各级子企业推行任期制和契约化管理工作的家数占比超过70%的任务目标。

① 2020年10月27日在广州召开的“双百行动”现场推进会上，国务院国资委副主任翁杰明介绍相关内容。

四　就业创业状况及工作进展

2020 年以来，面对复杂严峻的就业形势，党中央、国务院推出一系列措施保就业稳就业，成效明显，就业局势保持总体稳定。比如，2020 年全年共减免缓降养老、工伤、失业三项社保费 1.5 万亿元，发放稳岗返还 1042 亿元，支出就业补助和专项奖补资金超过 1000 亿元。

（一）就业形势持续改善，稳就业保就业成效显著

据统计，2020 年末全国就业人员 75064 万人。其中，城镇就业 46271 万人；全年城镇新增就业 1186 万人；年末城镇登记失业率为 4.24%，城镇调查失业率为 5.2%；511 万城镇失业人员实现再就业，就业困难人员就业 167 万人，共帮助 4.9 万户零就业家庭实现每户至少 1 人就业。2021 年 1 ~6 月，城镇新增就业 698 万人，同比增加 134 万人；6 月全国城镇调查失业率为 5%，比 2 月下降 0.5 个百分点，恢复到疫情前水平；对 100 个城市公共就业服务机构的监测数据显示，2021 年第二季度人力资源市场求人倍率为 1.58；智联招聘发布的《2021 年第二季度中国就业市场景气报告》显示，就业市场景气指数持续上升，较上年同期明显改善。

就业形势持续改善，得益于经济恢复的有力支撑，也得益于政策服务的持续发力。2020 年人力资源社会保障部会同有关部门通过组织专车、专列、包机等开展农民工返岗复工“点对点”服务保障工作，在疫情期间，全国累计运送 606.8 万农民工返岗复工，其中贫困劳动力 152 万人。与此同时，人力资源社会保障部门持续开展一系列服务活动，累计提供各类就业服务超过 1 亿人次、各类补贴性培训超过 2700 万人次。进入 2021 年以来，人力资源社会保障部门加大支持力度，延续部分减负稳岗扩就业举措，落实长期就业创业扶持政策，2021 年上半年向 37.5 万家企业发放稳岗返还 95.2 亿元，惠及 942.9 万职工。

（二）生产制造和现代服务业相关职业就业需求持续旺盛，就业人员产业分布不断优化

2020 年，在全国就业人员中，三个产业的占比分别为 23.6%、28.7%、47.7%，与 2019 年相比，一产占比下降 1.1 个百分点，二产、三产分别提升 0.5 个百分点和 0.6 个百分点。

制造业和现代服务业相关职业就业需求持续旺盛，用工“缺口”较大。根据中国就业培训技术指导中心对全国 102 个定点监测城市公共就业服务机构填报的人力资源市场招聘、求职数据，从 2020 年下半年到 2021 年上半年，全国范围内“最缺工”的 100 个职业排行中，属于《中华人民共和国职业分类大典（2015 版）》中第六大类（生产制造及有关人员）和第四大类（社会生产服务和生活服务人员）的职业数始终排在前列。其中，2020 年第三季度的 100 个“最缺工”职业中，38 个属于第六大类，38 个属于第四大类；2020 年第四季度，36 个属于第六大类，36 个属于第四大类；2021 年第一季度，42 个属于第六大类，36 个属于第四大类；2021 年第二季度，39 个属于第六大类，38 个属于第四大类。

（三）数字经济带来的就业结构转型进一步加快，新职业和多渠道灵活就业稳步发展

近年来，数字技术发展迅猛，与传统产业融合度不断提升，相关人力资源需求量也日益攀升，数字经济带来的就业结构转型进一步加快。

一是数字化技能人才缺口大，数字技术类新职业成为年轻人就业的新选择。《2020 年中国大学生就业报告》显示，2020 年本科就业满意度较高的专业中，网络工程、计算机科学与技术等专业已连续三届保持较高就业率；《新职业在线学习平台发展报告》显示，新职业从业者中，“80 后”“90 后”占比超八成。①

① 《新职业打开就业“新窗口”　年内将培训 100 万从业者》，http://news.china.com.cn/2020-07/31/content_76331643.htm。

二是随着新经济形态的爆发式增长，加之新冠肺炎疫情影响，平台用工、灵活就业成为重要的新就业形态，有效发挥了稳就业作用。以网约配送员为例，《2019 年及 2020 年疫情期间美团骑手就业报告》显示，2019 年，通过美团平台获得收入的网约配送员总量为 398.7 万人，同比增长 23.3%；2020 年 1 月 20 日至 3 月 30 日，美团平台新注册且有收入的新增网约配送员为 45.78 万人。

（四）高校毕业生就业局势总体平稳，好于预期

2020 年高校毕业生总量为 874 万人。面对总量压力和疫情影响等因素，党中央、国务院以及各地党委政府坚持把高校毕业生就业作为就业工作的重中之重，出台一系列相应举措，促进供需两端和服务机构等主体协同发力，比如，采取多种措施，形成政策组合拳：支持企业特别是重要企业吸纳高校毕业生就业，激励引导毕业生到基层就业，坚持挖掘公共部门就业岗位，支持毕业生创业创新和灵活就业，强化招聘服务和能力，等等。[①] 经过多方努力，2020 年高校毕业生总体就业率达到 90% 以上，实现了高校毕业生就业局势的总体平稳。

（五）农村劳动力就业持续恢复，脱贫人口就业帮扶措施有力

根据国家统计局《2020 年农民工监测调查报告》，2020 年全国农民工总量 28560 万人，为 2019 年总量的 98.2%。其中，外出农民工 16959 万人，同比下降 2.7%；本地农民工 11601 万人，同比下降 0.4%；贫困劳动力务工规模达到 3243 万人，同比增加 10%。[②] 2021 年第二季度末，外出务工农村劳动力达到 1.8 亿人，基本恢复到 2019 年同期水平；脱贫劳动力务工总量达到 3063 万人，已经完成全年目标任务的 101.5%。促进农村劳动力就

① 《国务院新闻办发布会介绍就业和社会保障有关情况》，2021 年 2 月 26 日，http://www.gov.cn/xinwen/2021-03/01/content_5589524.htm。

② 国家统计局：《2020 年农民工监测调查报告》，http://www.stats.gov.cn/tjsj/zxfb/202104/t20210430_1816933.html。

业的主要措施包括：支持产业发展、发展就业帮扶车间、鼓励返乡入乡创业、扶持灵活就业、增加乡村公益性岗位，创造就地就近就业机会；强化东西部劳动协作，培育劳务品牌，畅通农民工外出就业渠道；加大技能培训力度，发挥技能提升对农民工就业的拉动作用，提高农民工就业质量，改善农民工就业结构；进一步强化脱贫人口就业帮扶，落实“四个不摘”要求，保持就业帮扶政策、资金支持、帮扶力量总体不变，切实强化脱贫人口就业促进和技能提升。

五　工资收入分配状况及工作进展

2020 年居民人均可支配收入和城镇单位职工工资总体保持增长态势，居民人均可支配收入的城乡差距有所缩小，城镇私营单位职工工资增幅微超非私营单位，规模以上企业就业人员岗位平均工资高低之比小幅扩大；工资收入分配制度改革稳步推进，制度体系和宏观调控机制进一步健全完善，收入分配秩序更加规范。

（一）释放发展红利，工资收入保持总体增长态势

1. 居民人均可支配收入小幅增长，城乡差距缩小

根据国家统计局公布的数据，[①] 2020 年，全国居民人均可支配收入 32189 元，同比增长 4.7%，扣除价格因素，实际增长 2.1%，其中城镇居民、农村居民人均可支配收入分别为 43834 元、17131 元，增长率分别为 3.5%、6.9%，扣除价格因素，实际增长 1.2%、3.8%；全国居民人均可支配收入中位数 27540 元，增长 3.8%，其中城镇居民、农村居民人均可支配收入中位数分别为 40378 元、15204 元，增长率分别为 2.9%、5.7%；城乡居民人均可支配收入比值为 2.56，比上年缩小 0.08。

① 国家统计局：《2020 年居民收入和消费支出情况》，http://www.stats.gov.cn/tjsj/zxfb/202101/t20210118_1812425.html。

2. 城镇单位就业人员年平均工资保持增长态势，私营单位增幅超过非私营单位

2020 年全国城镇非私营单位就业人员年平均工资为 97379 元，同比增长 7.6%，增速同比下降 2.2 个百分点；扣除价格因素，实际增长 5.2%。其中，东北、中、西、东部地区分别为 77631 元、78193 元、88000 元、112372 元，同比增长率分别为 8.2%、6.4%、7.4%、8.0%；最高的 3 个行业是信息传输、软件和信息技术服务业，科学研究和技术服务业，金融业，分别为 177544 元、139851 元、133390 元，是全国平均水平的 1.82 倍、1.44 倍、1.37 倍；最低的 3 个行业是农、林、牧、渔业，住宿和餐饮业，居民服务、修理和其他服务业，分别为 48540 元、48833 元、60722 元，相当于全国平均水平的 50%、50%、62%。

2020 年全国城镇私营单位就业人员年平均工资为 57727 元，同比增长 7.7%，增速同比下降 0.4 个百分点；扣除价格因素，实际增长 5.3%。其中，东北、中、西、东部地区分别为 43928 元、48861 元、50510 元、63601 元，同比增长率分别为 10.2%、11.2%、8.0%、6.9%；最高的 3 个行业分别为信息传输、软件和信息技术服务业，金融业，科学研究和技术服务业，分别为 101281 元、82930 元、72233 元，是全国平均水平的 1.75 倍、1.44 倍、1.25 倍，最低的 3 个行业分别是农、林、牧、渔业，住宿和餐饮业，水利、环境和公共设施管理业，分别为 38956 元、42258 元、43287 元，相当于全国平均水平的 67%、73%、75%。

3. 规上企业就业人员年平均工资有增长，平均工资最高与最低之比微幅扩大

2020 年全国规上企业就业人员年平均工资为 79854 元，同比增长 6.1%。不同岗位平均工资水平由高到低依次为中层及以上管理人员、专业技术人员、办事人员和有关人员、社会生产服务和生活服务人员、生产制造及有关人员，分别为 164979 元、112576 元、75167 元、61938 元、62610 元，同比增幅分别为 5.2%、6.4%、6.0%、3.2%、5.1%，最高与最低之比为 2.66，比上年扩大 0.03。分区域看，5 类岗位平均工资最高的区域均

为东部，中层及以上管理人员、专业技术人员、办事人员和有关人员、社会生产服务和生活服务人员、生产制造及有关人员依次比全国平均水平高26598元、16476元、9620元、5714元、2654元；5类岗位平均工资最低的区域均为中部，依次比全国平均水平低47553元、30871元、16891元、11065元、6308元。①

（二）完善创新与监督规范并重，工资收入分配制度改革稳步推进

1. 多地恢复上调最低工资标准

2020年，考虑到新冠肺炎疫情对经济社会的影响，多数省份暂停上调最低工资。2021年，随着经济企稳回暖，上海、北京、浙江、江苏、天津、陕西、宁夏、新疆、黑龙江、西藏、江西等地相继启动上调最低工资标准。截至7月29日，至少已有11个省份上调2021年最低工资标准。例如，从2021年7月1日起，上海月最低工资标准调整到2590元，比原来增加110元；小时最低工资标准调整到23元，比原来增加1元。② 从2021年8月1日起江苏上调最低工资标准，一类、二类、三类地区分别为2280元、2070元、1840元，较之前分别上涨260元、240元、220元。

2. 部分地区调整企业工资指导线

受疫情影响，2020年仅部分地区调整工资指导线。例如，2020年8月，天津确定全市企业工资指导线基准线为9%，企业工资指导线下线为3%，企业工资指导线上线为16%。2020年11月，北京市人力资源社会保障局印发《关于发布2020年北京市部分行业工资指导线的通告》，发布了食品制造业、通用设备制造业、仪器仪表制造业、汽车制造业、房屋建筑业、土木工程建筑业、建筑装饰业、批发业、百货零售业、旅游饭店业、房地产开发经营业、物业管理业、出版业等13个行业工资指导

① 国家统计局，http：//www. stats. gov. cn/tjsj/zxfb/202105/t20210519_ 1817669. html。

② 上海的月最低工资标准不含劳动者个人依法缴纳的社会保险费和住房公积金，由用人单位另行缴纳。

线，同时相应确定了 2020 年最低工资保障线[①]为 26400 元，比 2019 年增加 480 元。

3. 进一步完善事业单位工资制度

教育领域，2020 年 7 月，教育部等六部门印发的《关于加强新时代乡村教师队伍建设的意见》提出，绩效工资核定，对基层学校给予适当倾斜；支持各地因地制宜调整绩效工资结构，合理确定奖励性绩效工资占比；加大课时量和教学实绩在考核评价和绩效工资分配中的权重，绩效工资分配向班主任、教学一线和教育教学效果突出的教师倾斜。科技领域，2021 年 3 月，人力资源社会保障部、财政部、科技部印发的《关于事业单位科研人员职务科技成果转化现金奖励纳入绩效工资管理有关问题的通知》明确，科研人员获得的职务科技成果转化现金奖励计入当年本单位绩效工资总量，但不受总量限制，不纳入总量基数的具体操作办法。卫生健康领域，2020 年，人力资源社会保障部联合国家卫健委、财政部印发的《关于新型冠状病毒肺炎疫情防控期间事业单位人员有关工资待遇问题的通知》《关于改善一线医务人员工作条件切实关心医务人员身心健康若干措施的通知》等文件强调，在进行内部分配时，对参加抗疫的一线医务人员给予倾斜。2021 年 4 月，国家卫健委、人力资源社会保障部、财政部印发的《关于建立保护关心爱护医务人员长效机制的指导意见》明确要求，深化公立医疗卫生机构薪酬制度改革，合理确定并动态调整医疗卫生机构薪酬水平，注重体现医务人员技术劳务价值、稳定收入和有效激励；有条件的地方可根据家庭医生签约服务进展情况，在绩效工资内部分配时，设立全科医生津贴项目，并在绩效工资中单列；提高医务人员在突发公共卫生事件期间的薪酬待遇。

4. 国有企业收入分配秩序更加规范

2020 年 4 月，为建立健全生产要素由市场评价贡献、按贡献决定报酬的机制，推动中央企业实施中长期激励，国务院国资委在总结中央企业控股

① 根据该行业亏损企业销售收入中的从业人员劳动报酬含量的平均值设定。企业的销售收入中的从业人员劳动报酬含量越接近保障线，企业就越接近亏损。

上市公司股权激励工作的基础上，制定了《中央企业控股上市公司实施股权激励工作指引》，对激励方式和标的股票来源、激励对象、权益授予数量、行权价格和授予价格、计划有效期和时间安排以及权益的公允价值、授予数量和收益水平等作出规定。

5. 技能人才薪酬分配有了指引

2021 年 3 月，人力资源社会保障部印发《技能人才薪酬分配指引》（以下简称《指引》）。《指引》共 5 章 45 条，结合企业薪酬分配理论实践和技能人才劳动特点，坚持按劳分配和按要素贡献参与分配、职业发展设计与薪酬分配相配套、统筹处理好工资分配关系三大原则，在技能人才职业发展通道设计、技能人才薪酬分配制度设计、高技能领军人才薪酬待遇制度设计等方面，为企业提供了可参考的方式方法。比如，关于技能人才薪酬分配制度设计，《指引》明确了工资结构设计、岗位工资单元设计、绩效工资单元设计、专项津贴单元设计、技能人才与其他人才工资分配关系设计等 5 个方面的具体指导。

六　社会保险状况与工作进展

2020 年，我国社会保险覆盖范围持续扩大，待遇持续提高且按时足额发放，基金运行总体平稳，经办管理服务持续优化，社会保障卡应用范围不断拓展。

（一）制度覆盖面持续扩大，待遇水平保持提高态势

截至 2020 年底，我国基本养老保险参保总人数达 99865 万人，同比增加 3111 万人。其中，城镇职工参保人数 45621 万人，同比增加 2133 万人；城乡居民参保人数 54244 万人，同比增加 978 万人。[①] 全年共为贫困群体代

① 人力资源和社会保障部：《2020 年度人力资源和社会保障事业发展统计公报》，2021；人力资源和社会保障部：《2019 年度人力资源和社会保障事业发展统计公报》，2020。

缴基本养老保险费43亿元，为3014万贫困老人按月发放养老金。全国参加基本养老保险的建档立卡贫困人口6098万人，参保率超过99.99%。[①] 基本医疗保险和生育保险的覆盖人数增速放缓，但仍呈现增加趋势。截至2020年底，全国基本医疗保险参保人数136131万人，覆盖面保持在95%以上。其中，职工基本医疗保险参保人数34455万人，同比增加1530万人；城乡居民基本医疗参保人数101676万人，同比减少807万人。全国生育保险参保人数23567万人，同比增长2135万人。[②] 失业保险覆盖面随着新增就业人数增长而持续扩大，增速稳定。截至2020年底，我国失业保险参保人数达到21689万人，同比增加1147万人。年底城镇登记失业率为4.24%，[③] 全年共有515万名失业人员领取失业保险金，同比增加54万人。工伤保险参保人数进一步增加。年末工伤保险参保人数为26763万人，同比增加1285万人。[④] 2020年认定（视同）工伤112.0万人，全年享受工伤保险待遇188万人次。[⑤] 社保信息化建设持续推进。截至2020年底，全国持有社保卡人数为13.35亿人，覆盖所有地级以上城市，发放电子社保卡已达到3.6亿张。[⑥]

（二）基金规模持续扩大，支出增长明显

2020年，我国社会保险基金累计结存额度持续增加，5项社会保险基金全年总收入与总支出分别为7.55万亿元、7.86万亿元，总收入同比下降

① 人力资源和社会保障部：《2020年度人力资源和社会保障事业发展统计公报》，2021。

② 国家医疗保障局：《2020年全国医疗保障事业发展统计公报》，2021；国家医疗保障局：《2019年全国医疗保障事业发展统计公报》，2020。

③ 人力资源和社会保障部：《2020年度人力资源和社会保障事业发展统计公报》，2021；人力资源和社会保障部：《2019年度人力资源和社会保障事业发展统计公报》，2020。

④ 人力资源和社会保障部：《2020年度人力资源和社会保障事业发展统计公报》，2021；人力资源和社会保障部：《2019年度人力资源和社会保障事业发展统计公报》，2020。

⑤ 人力资源和社会保障部：《2020年度人力资源和社会保障事业发展统计公报》，2021。

⑥ 中华人民共和国中央人民政府：人力资源社会保障部新闻发布会介绍2020年人力资源和社会保障工作进展情况，http://www.gov.cn/xinwen/2021-01/27/content_5582857.htm。

0.78万亿元，降幅9.4%，总支出同比增长0.34万亿元，增幅4.5%。[①] 其中，基本养老保险基金收入下降，支出增长。2020年我国基本养老保险基金全年收入49229亿元，同比下降13.7%；总支出54656亿元，同比增长4.4%；截至2020年底，基本养老保险基金累计结存58075亿元。[②] 基本医疗保险基金收支与上年基本持平，累计结余进一步增长。2020年我国基本医疗保险基金（含生育保险）总收入24846亿元，同比增长1.7%；医疗保险基金（含生育保险）总支出21032亿元，同比增长0.9%；全国基本医疗保险基金（含生育保险）累计结存31500亿元。[③] 失业保险支出增长明显，支出大于收入。数据显示，失业保险全年基金收入952亿元，同比减少25.9%；基金支出2103亿元，同比增长57.8%；[④] 截至2020年底，失业保险基金累计结存3354亿元。[⑤] 工伤保险收入下降明显，基金支出大于收入。2020年度，我国工伤保险基金收入486亿元，同比减少40.7%；基金支出总计820亿元，比上年增长0.4%；[⑥] 工伤保险基金累计结存1449亿元。[⑦]

（三）制度改革稳步推进，科学化与规范化水平不断提升

1. 有序调整退休人员养老金，规范发展第三支柱养老保险

2020年4月，人力资源社会保障部、财政部联合印发《关于2020年调整退休人员基本养老金的通知》，2021年4月，两部门联合印发《关于2021

---

① 人力资源和社会保障部：《2020年度人力资源和社会保障事业发展统计公报》，2021；人力资源和社会保障部：《2019年度人力资源和社会保障事业发展统计公报》，2020；国家医疗保障局：《2020年全国医疗保障事业发展统计公报》，2021；国家医疗保障局：《2019年全国医疗保障事业发展统计公报》，2020。

② 人力资源和社会保障部：《2020年度人力资源和社会保障事业发展统计公报》，2021；人力资源和社会保障部：《2019年度人力资源和社会保障事业发展统计公报》，2020。

③ 国家医疗保障局：《2020年全国医疗保障事业发展统计公报》，2021。

④ 人力资源和社会保障部：《2020年度人力资源和社会保障事业发展统计公报》，2021；人力资源和社会保障部：《2019年度人力资源和社会保障事业发展统计公报》，2020。

⑤ 人力资源和社会保障部：《2020年度人力资源和社会保障事业发展统计公报》，2021。

⑥ 人力资源和社会保障部：《2020年度人力资源和社会保障事业发展统计公报》，2021；人力资源和社会保障部：《2019年度人力资源和社会保障事业发展统计公报》，2020。

⑦ 人力资源和社会保障部：《2020年度人力资源和社会保障事业发展统计公报》，2021。

年调整退休人员基本养老金的通知》，分别明确了本年度调整退休人员基本养老金的对象范围、标准水平、原则方法。[①]

2021年5月，中国银保监会办公厅印发《关于开展专属商业养老保险试点的通知》明确，从2021年6月1日起，在浙江和重庆开展专属商业养老保险试点。此通知强调，要创新开发投保简便、交费灵活、收益稳健的专属商业养老保险产品，建立与专属商业养老保险业务长期发展相适应的内部管理机制，将专属商业养老保险业务发展与养老、照护服务等相衔接，满足各类人员差异化养老需求。

2. 完善城乡居民医保制度，跨省异地就医结算工作持续推进

2020年6月，《关于做好2020年城乡居民基本医疗保障工作的通知》下发，明确了完善城乡居民基本医疗保险制度和大病保险制度的两项具体举措：提高城乡居民基本医疗保险筹资标准，健全待遇保障机制。

2020年，跨省异地就医结算持续推进。跨省直接结算住院费用的定点医疗机构数量为4.44万家；全年跨省直接结算300.23万人次，涉及医疗费用742.80亿元，其中，医保基金支付438.73亿元；[②] 京津冀、长三角和西南5省（区、市）等12个先行试点省份普通门诊费用跨省直接结算累计达到302万人次，涉及医疗费用7.46亿元，其中，医保基金支付4.29亿元。[③] 2021年5月，国家医保局印发《关于加快推进门诊费用跨省直接结算工作的通知》，提出扩大普通门诊费用跨省直接结算覆盖范围、积极推进门诊慢特病的相关治疗费用跨省直接结算等6项重要工作。

3. 进一步加强工伤预防，失业保险保障范围有序扩大

2020年12月，人力资源社会保障部等八部门联合印发《工伤预防五年行动计划（2021—2025年）》，对"十四五"时期的工伤预防工作做出了系统部署，明确了工伤预防的总体要求、主要目标、主要任务和保障措施。

---

① 《2021年2月26日国务院新闻办发布会介绍就业和社会保障有关情况》，http://www.gov.cn/xinwen/2021－03/01/content_5589524.htm。

② 国家医疗保障局：《2020年全国医疗保障事业发展统计公报》，2021。

③ 国家医疗保障局：《2020年全国医疗保障事业发展统计公报》，2021。

2020年5月，人力资源社会保障部、财政部联合印发《关于扩大失业保险保障范围的通知》，明确了及时足额发放失业保险金、申领6个月失业补助金的具体要求，并对阶段性扩大失业农民工保障范围和阶段性提高价格临时补贴标准做出了规定。

（四）经办管理服务优化，基层投资渠道更加丰富

1. 失业保险金申领更加便捷

2020年2月，人力资源社会保障部办公厅印发《关于公布失业保险金网上申领平台的通知》，就各直辖市、省会城市、计划单列市失业保险金网上申领平台进行统一公示。2020年3月，人力资源社会保障部办公厅印发《关于进一步推进失业保险金“畅通领、安全办”的通知》，优化完善流程和方式，提高工作质量，进一步推动失业保险金领取便捷化。

2. 劳动能力鉴定工作进一步规范

2020年12月，人力资源社会保障部、国家卫健委、国家医保局联合印发《关于进一步规范劳动能力鉴定工作的通知》，明确了办理未达到法定退休年龄因病或非因工致残完全丧失劳动能力退休的劳动能力鉴定依据，要求各地在《工伤保险条例》和《工伤职工劳动能力鉴定管理办法》基础上进一步细化劳动能力鉴定工作制度，规范劳动能力鉴定程序。此外，该通知还提出，要严格依规做出劳动能力鉴定结论，并对加强劳动能力鉴定的风险防控、廉政建设、专家队伍建设、档案管理、信息化建设、统计工作提出了具体要求。

3. 基金投资渠道更加丰富

2020年12月底，人力资源社会保障部印发《关于调整年金基金投资范围的通知》，不仅明确了投资范围，也明确了投资权益类资产的比例上限。从基金投资管理来看，2020年，基本养老保险基金委托投资工作全面启动，合同规模1.24万亿元；职业年金基金市场化投资规模1.29万亿元，全年累计收益额1010.47亿元。

七　劳动关系状况与工作进展

过去一年多来，劳动关系治理领域，有效回应发展需求，创新完善劳动关系协调机制；进一步强化协同，不断提升调解仲裁能力与质量；突出重点，扎实推进劳动保障监察工作。

（一）回应发展需求，创新完善劳动关系协调机制

1. 及时部署疫情防控期间劳动关系处理工作

2020 年 1 月，人力资源社会保障部办公厅印发《关于妥善处理新型冠状病毒感染的肺炎疫情防控期间劳动关系问题的通知》，明确了疫情防控期间，有关人员工作（工资）报酬支付和生活费发放、劳动合同管理、企业稳岗、劳动人事争议仲裁等问题的处理规范，要求各地加强劳动用工指导和服务，加大劳动保障监察执法力度。2020 年 2 月，人力资源社会保障部等部门联合印发《关于做好新型冠状病毒感染肺炎疫情防控期间稳定劳动关系支持企业复工复产的意见》，明确了相关要求：灵活处理疫情防控期间的劳动用工问题，协商处理疫情防控期间的工资待遇问题，采取多种措施减轻企业负担，统筹各方力量加大指导服务力度。

2. 加强新就业形态劳动关系调处

2020 年 9 月，人力资源社会保障部办公厅印发《关于做好共享用工指导和服务的通知》，要求各级人力资源社会保障部门从支持企业间开展共享用工、加强对共享用工的就业服务、指导开展共享用工的企业及时签订合作协议、指导企业充分尊重劳动者的意愿和知情权、指导企业依法变更劳动合同、维护好劳动者在共享用工期间的合法权益、保障企业用工和劳动者工作的自主权、妥善处理劳动争议和查处违法行为等八个方面，做好共享用工指导和服务工作。2021 年 7 月，人力资源社会保障部等八部门联合印发《关于维护新就业形态劳动者劳动保障权益的指导意见》，明确了如下四个方面的具体部署和要求：规范用工，明确劳动者权益保障责任；健全制度，补齐

劳动者权益保障短板；提升效能，优化劳动者权益保障服务；齐抓共管，完善劳动者权益保障工作机制。

3. 指导用人单位和劳动者依法规范订立电子劳动合同

2021 年 7 月，人力资源社会保障部办公厅发布《电子劳动合同订立指引》。指引根据《中华人民共和国劳动合同法》《中华人民共和国民法典》《中华人民共和国电子签名法》等法律法规编写，明确了电子劳动合同的订立、调取、储存和应用规范，确保电子劳动合同的真实、完整、准确、不被篡改。编写指引的目的是指导用人单位和劳动者依法规范订立电子劳动合同。用人单位和劳动者，可参照指引协商一致订立电子劳动合同。

（二）强化协同，不断提升调解仲裁能力与质量

2020 年 6 月，人力资源社会保障部会同司法部、财政部印发《关于进一步加强劳动人事争议调解仲裁法律援助工作的意见》（简称《意见》），对加强劳动人事争议调解仲裁法律援助工作作出部署安排，具体涉及以下方面：建立健全完善调解仲裁法律援助协作工作机制，相关各方更好履行职能职责，切实加强调解仲裁法律援助工作；扩大调解仲裁法律援助范围，增加法律援助事项，更有利于当事人特别是贫困劳动者的权益维护；规范调解仲裁法律援助程序，加强调解仲裁法律援助工作标准化规范化建设，建立健全调解仲裁法律援助工作机制；健全便民服务机制，简化审查程序、开辟“绿色通道”、设立应急程序。《意见》还对加强劳动人事争议调解仲裁法律援助工作的组织领导提出了明确要求。

（三）突出重点，扎实推进劳动保障监察工作

1. 开展农民工欠薪问题专项整治

2020 年 11 月，国务院根治拖欠农民工工资工作领导小组办公室印发《关于开展根治欠薪冬季专项行动的通知》，从 2020 年 11 月 6 日至 2021 年春节前，在全国组织开展根治欠薪冬季专项行动，以招用农民工较多的工程建设领域和劳动密集型加工制造及受疫情影响严重的行业为重点，具体关注

六个方面的具体行为，对根治欠薪法律法规政策贯彻落实情况进行集中排查。

2. 开展清理整顿人力资源市场秩序专项执法行动

2020年4月，人力资源社会保障部、市场监管总局印发《关于开展清理整顿人力资源市场秩序专项执法行动的通知》，清理整顿的重点如下：未经许可或备案从事人力资源服务经营活动，特别是未经许可擅自从事互联网招聘等职业中介活动的行为；人力资源服务机构未依法开展人力资源服务业务；用人单位发布虚假招聘信息，组织虚假招聘活动，骗取劳动者财物的欺诈行为；侵害劳动者平等就业权利，违法发布涉及劳动者户籍、居住地及治愈患者或密切接触者等与疫情相关的歧视性招聘信息。

3. 规范农民工工资专用账户管理

2020年12月，最高人民法院、人力资源社会保障部、中国银保监会印发《关于做好防止农民工工资专用账户资金和工资保证金被查封、冻结或者划拨有关工作的通知》，对法院查封、冻结或者划拨相关单位银行账户资金涉及农民工工资专用账户资金和工资保证金的重要环节作出相应规定。2021年7月，人力资源社会保障部等十部门印发《工程建设领域农民工工资专用账户管理暂行办法》，对专用账户的开立和撤销、人工费用拨付、农民工工资支付、工资支付监控预警平台建设以及监督管理等做出详细规定。

八　人力资源服务业状况与工作进展

过去一年多来，我国人力资源服务业规模不断扩大，服务功能不断完善，集聚效应不断显现，对外开放深入推进，行业价值日益提升，围绕就业优先战略和人才强国战略，积极为经济高质量发展作贡献。

（一）服务机构保持稳步增长态势，营收规模取得重要突破

截至2020年底，全国共有人力资源服务机构4.58万家，人力资源服务

业从业人员 84.33 万人，全行业营业总收入突破 2 万亿元，[①] 同比增长 3.94%。在服务机构中，民营企业占比超过 75%，县级以上地方政府人力资源社会保障部门（含其他行业管理部门）设立的公共就业和人才服务机构占 13%。从服务机构地区分布看，东部地区机构数量最多，其余依次为西部地区、中部地区和东北地区。从服务机构营业收入看，东部地区服务机构营业收入最高，其余依次为中部地区、西部地区和东北地区。

（二）服务业态受环境影响明显，线上服务得到长足发展

2020 年，面对突如其来的新冠肺炎疫情，人力资源服务机构发挥专业优势，响应号召、积极作为，集中开展网络招聘和线上服务，"点对点、一站式"保障农民工返岗复工，为保障复工复产、实现稳就业保就业作出重要贡献。全年全国各类人力资源服务机构共为 4983 万家次用人单位提供人力资源服务，帮助 2.90 亿人次劳动者实现就业、择业和流动。据统计，"十三五"时期，全国人力资源服务行业累计举办招聘会 119 万场，推荐高端人才 744 万人次，服务用人单位 1.9 亿家次，为 11.5 亿人次提供就业、择业和流动服务，培训劳动者 7868 万人次。[②]

受疫情影响，线下人力资源服务大幅减少，线上服务呈现"井喷式"发展。据统计，2020 年，全国各类人力资源服务机构共举办现场招聘会 23.32 万场，同比减少 23%；参会求职人员 5835 万人次，同比减少超过 45%；参会单位 366 万家次，同比减少超过 45%；提供招聘岗位信息 6824 万条，同比减少超过 40%。而与此同时，2020 年，全国各类人力资源服务机构通过网络发布岗位招聘信息 164666 万条，同比增长超过 300%。

---

① 人社部网站，https://mp.weixin.qq.com/s/0xnCKA6IDwPN0TMGbgUoEw。

② 人社部网站，http://www.mohrss.gov.cn/SYrlzyhshbzb/dongtaixinwen/buneiyaowen/rsxw/202107/t20210728_419489.html。

（三）市场监管更为细化，产业园建设持续推进

1. 人力资源服务行业监管进一步细化

2020 年，人力资源社会保障部落实《人力资源市场暂行条例》，颁布实施《网络招聘管理规定》。深化人力资源市场“放管服”改革，依法实施人力资源服务许可和备案，在国家自由贸易试验区内试行人力资源服务告知承诺制，简化优化审批流程，进一步激发市场活力。持续开展人力资源市场秩序专项整治，加强事中事后监管，切实维护劳动者和用人单位合法权益。加强诚信体系建设，遴选确定 148 家全国人力资源诚信服务示范机构，诚信服务蔚然成风。

2. 国家级人力资源服务产业园建设持续推进

从 2010 年起，人力资源社会保障部和相关省市陆续在上海、重庆、中原、苏州、杭州、海峡、成都、烟台、长春、南昌、西安、北京、天津、广州、深圳、长沙、合肥、武汉、宁波、石家庄、沈阳、济南等地建成 22 家国家级产业园，入园企业超过 3500 家，2020 年营业收入 2700 亿元，[①] 出现了不少“亿元楼”“百亿园”，成为地方经济社会发展的一大亮点和新的增长点。

九　人力资源发展面临的主要挑战与任务

今后一段时期是我国落实“十四五”发展目标的重要阶段，是开启全面建设社会主义现代化国家新征程、向第二个百年奋斗目标进军的起步时期。人力资源发展需要立足新发展阶段，贯彻新发展理念，对标发展需求，强化问题导向，为构建新发展格局提供有力支撑和保障。

---

① 人社部网站，http：//www. mohrss. gov. cn/SYrlzyhshbzb/dongtaixinwen/buneiyaowen/rsxw/202107/t20210728_ 419489. html。

（一）以支撑和引领高质量发展为核心，加快人力资源供给侧结构性改革

尽管我国人力资源发展成效显著，但劳动力总量下降、人口老龄化加快、人力资源结构性矛盾突出、高层次人才不足、科技创新能力亟待提高等问题依然明显，有效支撑和引领高质量发展，需要进一步加快人力资源供给侧结构性改革。

一是加大力度深化高等教育改革，有效完善专业、学科和课程体系建设与经济社会发展的联动机制，在合理强化回应当前和近期产业结构调整、人力资源供应需求的同时，有序强化未来发展需求回应性。

二是持续推动职业技能提升行动高质量发展。把职业技能培训和职业教育技工教育发展作为重要抓手，加快培养大批高素质劳动者和技术技能人才；深化技术技能人才贯通发展，进一步扩大贯通领域；积极开发新职业，让新职业提供新动能，带动新发展；推动职业技能竞赛高质量发展，在鼓励和支持各级各类职业技能竞赛“百花齐放”的同时，注意保证竞赛质量。

三是进一步深化人才体制机制改革。加强人才培养、配置、评价、引进等各环节与产业、项目、资本、资源禀赋对接，营造有利于人才创新创业活力迸发的良好生态；破除人才流动的体制机制障碍，健全创新服务保障机制，构建体现知识、技能等创新要素价值的收入分配机制，大力弘扬科学家精神、工匠精神、工程师精神，实施“揭榜挂帅”等新型科研项目组织管理方式。

四是强化基层人力资源开发，推动乡村人才振兴。落实党中央决策部署，健全完善乡村人才培养、引进、管理、使用、流动、激励等政策，强化乡村人才振兴政策系统集成，提高乡村人才素质，加大力度引导城市人才下乡和外出人才返乡，推动专业人才服务乡村；加强乡村人才振兴工作合力，提高乡村人才振兴效率效能。

五是实施渐进式延迟法定退休年龄，合理推进老龄人力资源开发。健全法律法规和政策支持体系，把老龄人力资源开发纳入人力资源开发和就业促进总体规划，健全老龄人力资源开发保障机制。

（二）进一步强化就业优先战略，着力抓好重点群体就业

随着经济企稳向好，就业将延续总体平稳态势。但当前和今后一段时期，不确定、不稳定因素多，就业形势依然比较复杂，面临诸多挑战。比如，就业总量压力不减，尤其是毕业生总量规模大；结构性矛盾突出；疫情影响需要进一步健全完善常态应对机制；等等。因此，保就业稳就业在全面做好各项工作的同时，要重点解决好主要矛盾，着力补短板、强效能。比如，要进一步强化就业优先导向。优化政策供应，完善政策工具体系，将更加充分更高质量就业需求作为经济社会发展重要政策调整的基本依据，强化相关政策的就业导向，以保市场主体、扩大市场容量稳住就业基本盘；要强化就业影响评估机制，健全激励约束机制，强化就业吸纳能力。比如，要针对高校毕业生、农民工等重点群体，有效精准帮扶。拓展就业渠道，努力提高就业容量；强化部门协同，延伸服务链条，提高服务质量，提供精准就业支持，提高就业质量。比如，要健全监测预警机制，强化危机处置机制。发挥制度优势，建立完备的就业失业监测网络，完善就业统计指标体系和调查统计方法；有效运用新技术，强化数据分析研判能力，构建多维就业分析框架体系，精准把握就业形势，健全危机处置预案体系，及时有效进行危机处置。

（三）促进共同富裕，筑牢新就业形态劳动者权益保障“底线”

《中华人民共和国国民经济和社会发展第十四个五年规划和2035年远景目标纲要》提出，坚持居民收入增长和经济增长基本同步、劳动报酬提高和劳动生产率提高基本同步，持续提高低收入群体收入，扩大中等收入群体，更加积极有为地促进共同富裕。因此，在收入分配制度层面，需要深化改革。健全企业薪酬指导机制和社会工资收入协调机制，在提高劳动报酬在初次分配中的比重的同时，加大税收、社会保障、转移支付等方面的调节力度和精准性，发挥第三次分配作用，改善收入和财富分配格局。在劳动群体层面，需要以高校和职业院校毕业生、技能型劳动者、农民工

等为重点，不断提高中等收入群体比重。提高高校、职业院校毕业生就业匹配度和劳动参与率；拓宽技术工人上升通道，提高技能型人才待遇水平和社会地位；运用农业农村资源和现代经营方式增加农民收入，支持个体工商户、灵活就业人员等群体勤劳致富。在支持制度层面，需要加快完善新就业形态人员的权益保障制度。加快研究出台灵活就业人员职业伤害保障相关办法，探索在工伤保险制度的大框架下，解决职业伤害保障不平衡不充分的问题，同时推进新就业形态群体建会入会工作，着力构建适应平台用工形式和劳动者就业特点的劳动权益保障新机制。

（四）稳步推进社会保险制度改革，促进和保障人力资源充分开发

在制度扩面方面，近年来，我国各项社会保险制度覆盖面逐步扩大，社会保险体系向着全民共享的目标不断发展。养老保险与医疗保险目前覆盖范围较广，需要继续推进扩面攻坚；失业保险与工伤保险需要面向各类劳动者，加大推进人人公平享有力度。在当前新产业和新业态不断发展的背景下，要努力做好各类灵活就业人员社会保险的“应保尽保”。在基本养老保险、失业保险、工伤保险等待遇调整和确定机制方面，需要统筹考虑多种因素，合理选择调整参数和系数，建立科学、有效的调整机制。在健全完善社会保险体系方面，随着各项保险制度的改革完善，我国多层次的社会保险体系逐渐清晰，特别是养老保险和医疗保险制度，在不断夯实第一支柱基础上，第二支柱、第三支柱也在稳步推进。今后一段时期，应进一步加强和完善第二、第三支柱的制度建设，扩大制度覆盖面，有效发挥国家、单位、个人三方作用，构建安全稳定的社会保障网络。此外，为了适应养老保险制度、医疗保险制度改革以及共享经济新业态发展需要，应加强制度建设，及时出台养老保险、医疗保险相关法律制度，并对《工伤保险条例》和《失业保险条例》进行修订。通过不断完善社会保险制度，强化发展保障和自由度，拓展人力资源发展空间。

（五）对标就业优先战略和人才强国战略需求，推进人力资源服务高质量发展

“十四五”时期，国民经济和社会的高质量发展决定了人力资源服务业也需要走高质量发展之路。

一是立足产业根本，更好发挥核心职能。以促进经济高质量发展和提升就业质量为目标，在精准匹配、顺畅流动等方面全面发力，切实提升人力资源服务的功能作用。

二是拓展产业空间，形成以人力资源服务为主轴的现代生产性服务集群。充分利用“技术红利”，推动产业创新和跨界发展。抓住信息科技等领域快速发展和产业间跨界创新的机遇，推动诸如“互联网 + 人力资源服务”“人力资源服务 + 工业制造”“人力资源服务 + 科技创新”“人力资源服务 + 金融保险”等跨界融合发展，实现产业扩容。充分运用好“政策红利”，为产业发展营造良好环境。

三是保持定力，在做专做精上下硬功夫。把握经济发展的客观规律，立足行业自身的特点，努力提高服务产品的技术含量与市场适用性，以自身的高质量融入经济社会事业的大循环中。

四是强化内功，树立优质品牌形象。通过技术提升、模式创新、行业人才培养、品牌塑造等打造核心竞争力，增强可持续发展动能，走好未来发展之路。

在公共服务方面，要加快健全覆盖城乡的就业公共服务体系，推进公共就业服务基础设施标准化建设，建设一批劳动力市场、人才市场、零工市场，提升面向劳动者和用人单位的政策咨询、职业介绍、用工指导等服务水平，提升基层公共就业创业服务人员业务水平，推进公共就业服务机构与社会民营机构的合作。重点补齐农村地区、易地扶贫搬迁大型安置区服务设施短板，推动城乡劳动者在就业地平等享受就业服务。

人力资源状况篇

Human Resource Status

B.2 中国人力资源基本状况（2020～2021）

李学明*

摘　要：　我国人口总量保持增长态势，人力资源的产业分布继续优化，人口受教育程度、城镇化水平、保障水平不断提升，全员劳动生产率平稳增长，科技、教育、卫生人才队伍规模不断壮大。但伴随人口老龄化加速发展的趋向，劳动年龄人口呈现持续减少态势。面对新时代人力资源发展的新形势新变化，需要积极采取应对措施，着力推动人才政策积极开放、人才服务精准高效，不断健全职业教育培训体系、推动乡村振兴人才队伍建设、加强老年人力资源开发、推进人力资源服务产业发展。

关键词：　人力资源　人才队伍　老龄化

* 李学明，博士、中国人事科学研究院副研究员，主要研究方向为政府公共管理与服务、公共政策、公务员管理、人事人才开发、非营利组织管理及公共危机管理等。

我国坚持改革创新、推动高质量发展，新时代，经济社会持续发展，民生事业不断改善。人口总量稳中有增的同时，人口质量逐步提高，城镇化水平持续提升，人力资源产业结构不断优化，素质能力稳步提高。人才队伍建设成效明显，人力资源保障水平继续提升，人口老龄化趋势更加明显。

一　人力资源总量

（一）人口总量保持稳中有增态势

截至2020年11月1日，全国人口141178万人，比上年末增长1173万人，增长0.84%。全年出生人口约1200万人，出生率为8.5‰。① 全国人口相比2010年②增加了7087万人，年均增长0.52%，近10年来保持低速增长态势。全国人户分离人口③4.93亿人，同比增加2.13亿人，其中流动人口④3.76亿人，同比增加1.4亿人，如表2－1所示。流动人口规模不断扩大，人口流动趋势更加明显。

表2－1　2020年全国人口总量及其构成

单位：万人，%

指标	年末数	比重	同比
全国总人口	141178	100.0	0.84
城镇	90199	63.9	6.31
乡村	50979	36.1	－7.58
男性	72334	51.2	1.13

① 国家统计局：《中华人民共和国第七次全国人口普查数据》，2021年5月11日。“全国人口”是指大陆31个省、自治区、直辖市和现役军人的人口，不包括居住在31个省、自治区、直辖市的港澳台居民和外籍人员。

② 国家统计局：《2010年度人口统计数据》。

③ 人户分离的人口是指居住地与户口登记地所在的乡镇街道不一致且离开户口登记地半年以上的人口。

④ 流动人口是指人户分离人口中扣除市辖区内人户分离的人口。市辖区内人户分离的人口是指一个直辖市或地级市所辖区内和区与区之间，居住地和户口登记地不在同一乡镇街道的人口。

续表

指标	年末数	比重	同比
女性	68844	48.8	0.53
0~14岁	25338	18.0	—
15~59岁	89438	63.4	—
60周岁及以上	26402	18.7	3.99
其中:65周岁及以上	19064	13.5	8.3
人户分离人口	49276	34.9	—
流动人口	37582	26.6	—
其中:跨省流动人口	12484	8.8	—

注：年末数为第七次全国人口普查的标准时点（2020年11月1日）数据。2020年11月，0~14岁（含不满15周岁）人口为25338万人，15~59岁（含不满60周岁）人口为89438万人。

资料来源：国家统计局《中华人民共和国第七次全国人口普查数据》，2021年5月11日。

改革开放40多年来，我国人口一直保持增长趋向，但年增幅在下降。① 截至2020年11月，人口相比1980年增加42473万人，近四十年总体增幅达43.0%，但年增长率从1980年的11.9‰下降至2020年的8.4‰，② 如图2-1所示，增长率明显趋缓。

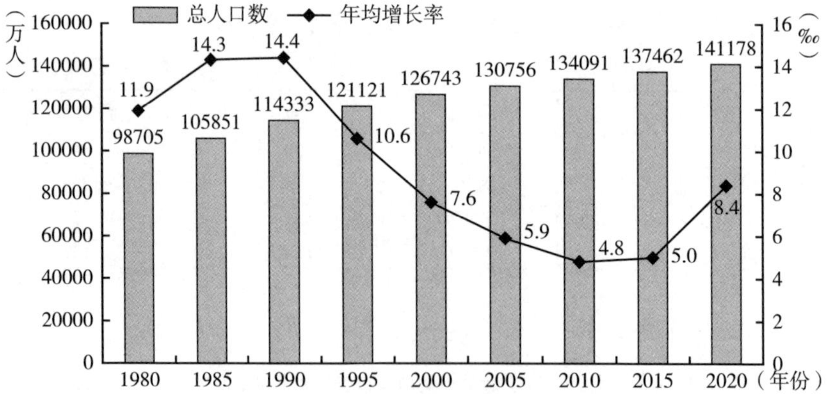

图2-1　1980~2020年全国人口总量

资料来源：国家统计局历年《中华人民共和国国民经济和社会发展统计公报》。

① 李学明：《近十年来中国人力资源状况与开发展望》，《中国人事科学》2020年第9期。

② 国家统计局：《中华人民共和国第七次全国人口普查数据》，2021年5月11日。

（二）人力资源城镇化水平持续提升

近年来，我国常住人口城镇化率平稳提高。[①] 截至 2020 年 11 月，我国城镇常住人口 90199 万人，[②] 占总人口的 63.9%，比上年末增加 5356 万人，常住人口城镇化率提高 3.3 个百分点。经过 10 多年的发展，我国城镇常住人口快速大幅增长，2009 ~ 2020 年城镇化率提高了 17.3 个百分点，如图 2 – 2 所示，城镇化水平逐年稳步提升。

图 2 – 2　2009 ~ 2020 年全国城镇常住人口及城镇化率

资料来源：国家统计局历年《中华人民共和国国民经济和社会发展统计公报》。

（三）劳动年龄人口总量逐年下降

我国劳动年龄人口总量于 2012 年形成下降“拐点”后逐年递减，现已“九连降”，如图 2 – 3 所示。总体上，劳动年龄人口每年下降的绝对数量均超过 100 万。劳动年龄人口的持续减少和供给总量的快速下降，势必会引起劳动从业人口总体规模的缩小和绝对数量的下降，进而导致“人口红利”逐步降低。

---

① 李学明：《近十年来中国人力资源状况与开发展望》，《中国人事科学》2020 年第 9 期。

② 国家统计局：《中华人民共和国第七次全国人口普查数据》，2021 年 5 月 11 日。

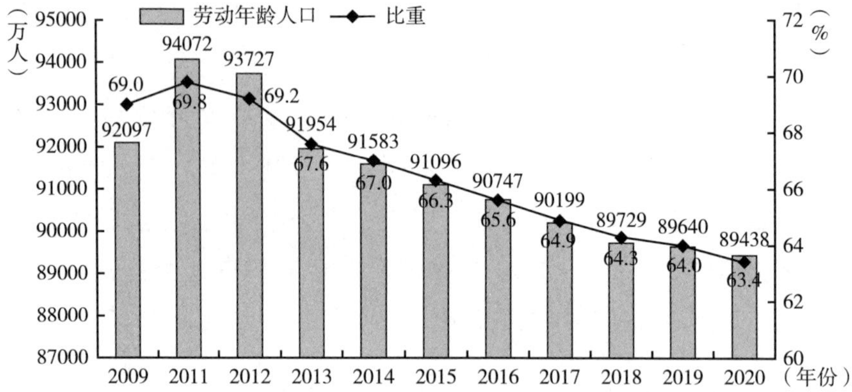

图 2－3　2009～2020 年全国劳动年龄人口数量及占比

注：2009～2012 年统计口径为 15～59 岁，2013～2019 年统计口径为 16～59 岁，2020 年统计口径为 15～59 岁。

资料来源：国家统计局历年《中华人民共和国国民经济和社会发展统计公报》。

（四）人口老龄化趋势更加明显

老年人口绝对规模大，发展速度快。第七次全国人口普查数据显示，截至 2020 年 11 月，60 周岁及以上人口再次超过不满 15 周岁的人口，人口老龄化加速。有 30 个省份存在不同程度的老龄化问题，其中有 12 个省份 65 岁及以上人口占比超过 14%，进入人口“深度老龄化”。①

二　人力资源素质

（一）劳动者平均受教育年限稳步提高

人力资源受教育程度最重要的衡量指标是劳动者平均受教育年限。近年

① 根据联合国定义，当一个国家或地区 60 岁以上老年人口占人口总数的 10%，或 65 岁及以上人口占比超过 7%，意味着进入老龄化社会；达到 14%，为深度老龄化；超过 20%，则进入超老龄化社会。

来，我国劳动者受教育年限显著提高，各级教育的普及程度都达到或者超过中高收入国家平均水平。[①] 2020 年，我国劳动者平均受教育年限为 10.75 年[②]，如图 2－4 所示，2000 ~ 2020 年年均增幅为 1.50%。与 2010 年相比，15 岁及以上人口的平均受教育年限由 9.08 年提高至 9.91 年，文盲率由 4.08% 下降为 2.67%。[③] 但劳动者平均受教育年限与发达国家 12 年的标准还有一定差距，仍有较大提升空间。

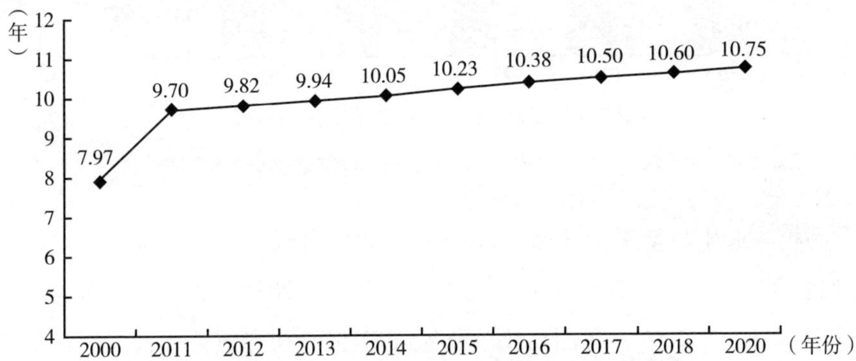

图 2－4　2000 ~ 2020 年全国劳动者平均受教育年限

资料来源：历年国务院政府工作报告与国家统计局《中华人民共和国国民经济和社会发展统计公报》、《第七次全国人口普查主要数据结果新闻发布会答记者问》。

（二）青年群体受教育程度持续提高

青年群体受教育程度的持续提高有助于大幅提高劳动者整体素质。2020 年，我国教育招生规模持续扩大，高中与中等职业及以上受教育程度的在校生达 7757.2 万人，比 2019 年增长 6.1%。普通本专科、研究生在校生分别达 3285.3 万人、314 万人，从 2015 年起年均增幅分别为 4.59%、10.44%。中等职业教育在校生 2020 年增长至 1663.4 万人，如图 2－5 所示，2015 ~ 2020 年年均增长 0.08%，呈现逐年小幅增长趋向。

---

① 教育部：《“十三五”期间教育改革发展成就系列新闻发布会》，2020 年 12 月 1 日。

② 《第七次全国人口普查主要数据结果新闻发布会答记者问》，http：//www.stats.gov.cn/xxgk/jd/sjjd2020/202105/t20210511_1817280.html。

③ 国家统计局：《中华人民共和国第七次全国人口普查数据》，2021 年 5 月 11 日。

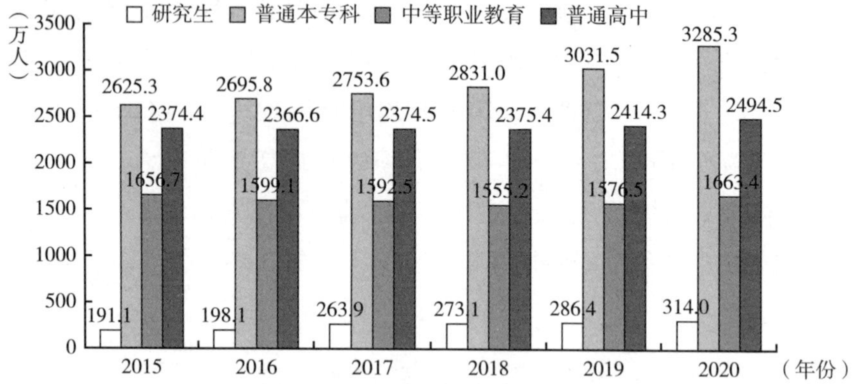

图 2－5　2015～2020 年全国在校生规模

资料来源：国家统计局历年《中华人民共和国国民经济和社会发展统计公报》。

高校毕业生数量平稳增长。2020 年，我国普通本专科、研究生毕业生分别达 797.2 万人、72.9 万人，如图 2－6 所示，2015～2020 年年均增幅分别达 3.20%、5.72%。我国高校毕业生从 21 世纪初突破百万人，到 2020 年激增至 870.1 万人，促进了劳动者整体素质提升。

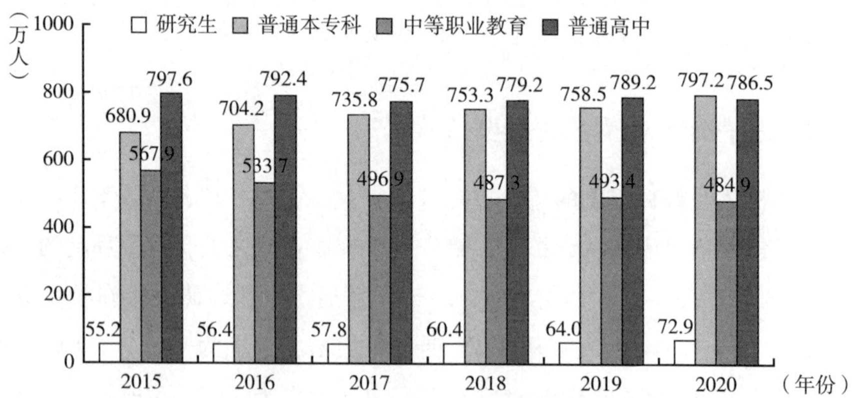

图 2－6　2015～2020 年全国毕业生规模

资料来源：国家统计局历年《中华人民共和国国民经济和社会发展统计公报》。

（三）义务教育规模逐年平稳扩大

人力资源的素质水平还与接受义务教育的人员规模有关。2020 年，普通小学、初中招生规模分别达 1808. 1 万人、1632. 1 万人。初中、普通小学在校生为 4914. 1 万人、10725. 4 万人，同比分别增加 87 万人、164. 2 万人，增长率分别为 1. 8% 和 1. 6% 。初中毕业生 1535. 3 万人，同比增长 5. 6%；普通小学毕业生 1640. 3 万人，同比下降 0. 5% 。特殊教育招生 14. 9 万人，同比增长 3. 5%；在校生、毕业生分别为 88. 1 万人、12. 1 万人，同比分别增长 10. 8% 和 23. 5% 。[①] 义务教育和高中教育普及水平持续提升，九年制义务教育巩固率为 95. 2%，直升高中阶段毛入学率为 91. 2% 。[②]

（四）全员劳动生产率平稳提高

人力资源素质水平的核心衡量指标是全员劳动生产率。近年来，全员劳动生产率总体呈现提高趋向，但增幅逐年下降。数据显示，劳动生产率自 2014 年开始下降，到 2020 年下降至 2. 5%[③]，绝对数值总体下降了 4. 5 个百分点[④]，如图 2 –7 所示。

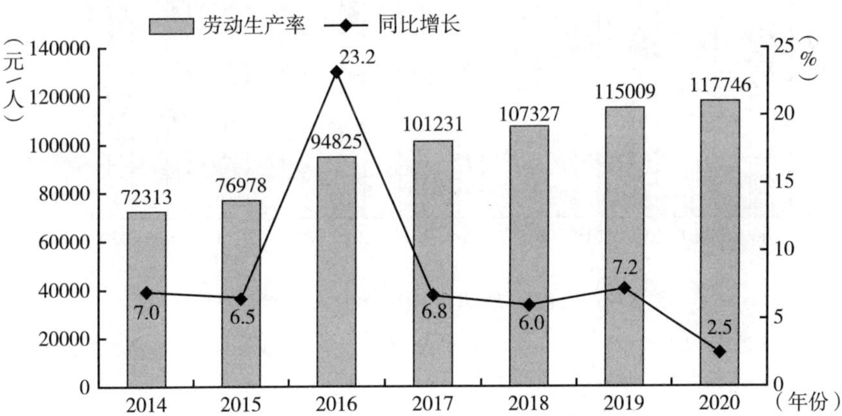

图 2 –7　2014 ~2020 年全员劳动生产率

资料来源：国家统计局历年《中华人民共和国国民经济和社会发展统计公报》。

① 李学明：《近十年来中国人力资源状况与开发展望》，《中国人事科学》2020 年第 9 期。

② 国家统计局：《中华人民共和国 2020 年国民经济和社会发展统计公报》，2021。

③ 据国家统计局《中华人民共和国 2020 年国民经济和社会发展统计公报》测算，该数为预计值。

④ 李学明：《近十年来中国人力资源状况与开发展望》，《中国人事科学》2020 年第 9 期。

三 人力资源结构分布

我国经济转型升级加快带来人力资源产业结构优化。截至2020年底，全国就业人员中第一产业占比23.6%，同比下降1.5个百分点；第二产业、第三产业分别占28.7%、47.7%，同比分别增长1.2个百分点、0.3个百分点，如图2-8所示。① 2009~2020年，我国第二产业就业人员占比基本稳定，十多年来仅小幅增长了0.9个百分点，但第一产业就业人员占比却下降了14.5个百分点，第三产业就业人员占比相应地上升了13.6个百分点。

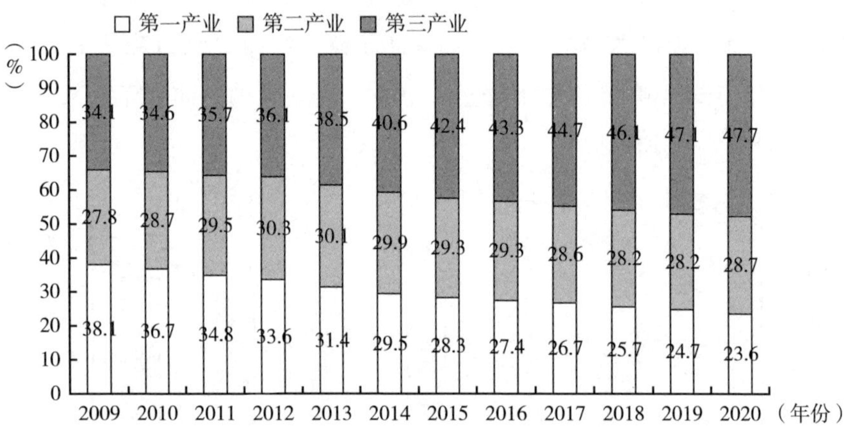

图2-8 2009~2020年全国就业人员产业分布

资料来源：人力资源和社会保障部2009~2020年《人力资源和社会保障事业发展统计公报》、国家统计局年度数据。

从产业分布看，人力资源总体上是持续向第三产业转移，2020年受新冠肺炎疫情影响，第三产业就业人员规模小幅下降，但从总体上看，第三产业就业人员保持稳增态势，如图2-9所示。从就业人员的产业构成来看，第三产业就业人员占比稳步上升，从2009年的34.1%提升到

① 人力资源和社会保障部：《2020年度人力资源和社会保障事业发展统计公报》，2021。

2020 年的 47.7%，共提升了 13.6 个百分点，如图 2 - 10 所示，产业结构持续优化。

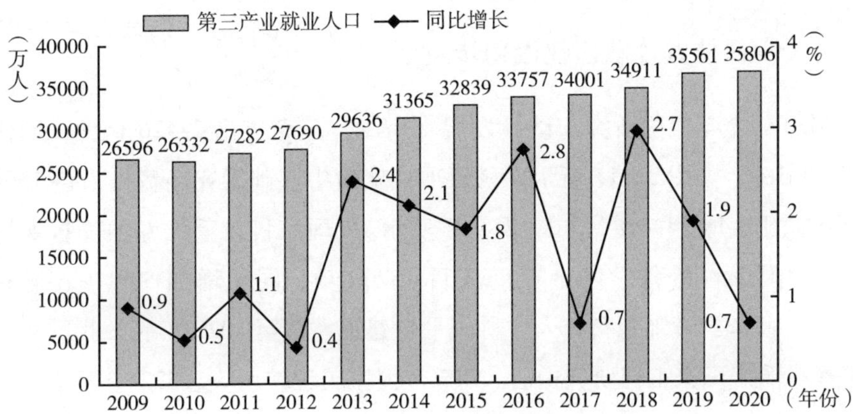

图 2 - 9　2009 ~ 2020 年全国第三产业就业人员规模

资料来源：人力资源和社会保障部 2009 ~ 2020 年《人力资源和社会保障事业发展统计公报》、国家统计局年度数据。

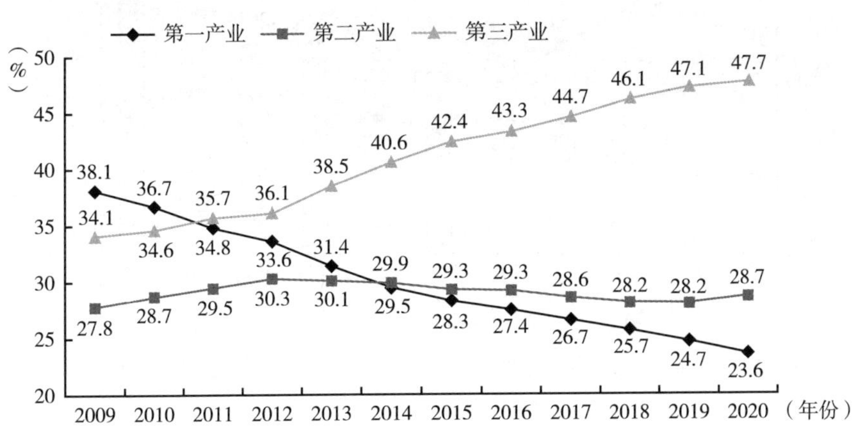

图 2 - 10　2009 ~ 2020 年全国就业人员产业结构

资料来源：人力资源和社会保障部历年《人力资源和社会保障事业发展统计公报》。

四　人才队伍建设

（一）科技人才队伍建设稳步发展

2020 年全年我国研究与试验发展（R&D）经费支出 24426 亿元，同比增长 10.3%，如图 2－11 所示。科研项目支出中基础研究经费投入达 1504 亿元，同比大增 24.4%，如图 2－12 所示。[①] 国家科技重大专项安排课题 198 项，国家自然科学基金资助项目 45700 项，同比增加 508 项，增长 1.1%。[②] 我国继续加强科技人才科研平台建设，截至 2020 年底，我国累计建设了 133 个国家工程研究中心、217 个国家工程实验室、522 个国家重点实验室、1636 家国家认定的企业技术中心和 1173 家国家级科技企业孵化器。[③]

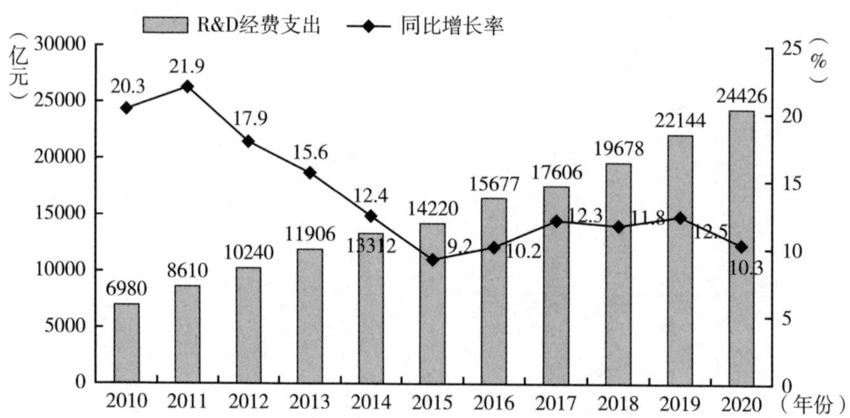

图 2－11　2010～2020 年 R&D 经费支出

资料来源：国家统计局历年《中华人民共和国国民经济和社会发展统计公报》。

---

① 国家统计局：《中华人民共和国 2020 年国民经济和社会发展统计公报》，2021。

② 国家统计局：《中华人民共和国 2020 年国民经济和社会发展统计公报》，2021。

③ 国家统计局：《中华人民共和国 2020 年国民经济和社会发展统计公报》，2021。

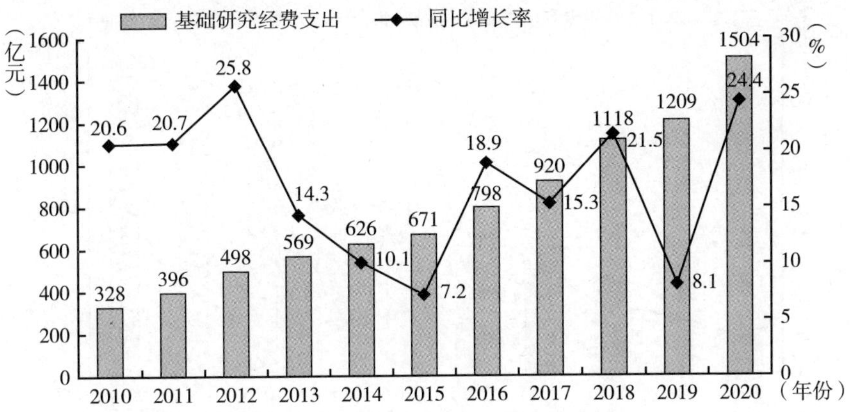

图 2 –12　2010 ~2020 年基础研究经费支出

资料来源：国家统计局历年《中华人民共和国国民经济和社会发展统计公报》。

2020 年，我国科技人才创新成效进步明显。全年专利权授予 363. 9 万件，同比增长 40. 4%，如表 2 –2 所示。截至 2020 年底，共获得 1219. 3 万件有效专利，其中境内有效发明专利 221. 3 万件，同比增长 18. 9%，每万人口发明专利拥有量 15. 8 件，同比增加 2. 5 件，如图 2 –13 所示，全年共签订 55 万项技术合同。①

表 2 –2　2020 年专利申请受理、授权和有效专利数量

单位：万件，%

指　标	专利数	比上年增长
专利申请授权数	363. 9	40. 4
境内专利授权	350. 4	42. 6
发明专利授权	53. 0	17. 1
年末有效专利数	1219. 3	25. 4
境内有效专利	1111. 5	27. 9
有效发明专利	305. 8	14. 5
境内有效发明专利	221. 3	18. 8

资料来源：国家统计局《中华人民共和国 2020 年国民经济和社会发展统计公报》，2021。

① 国家统计局：《中华人民共和国 2020 年国民经济和社会发展统计公报》，2021。

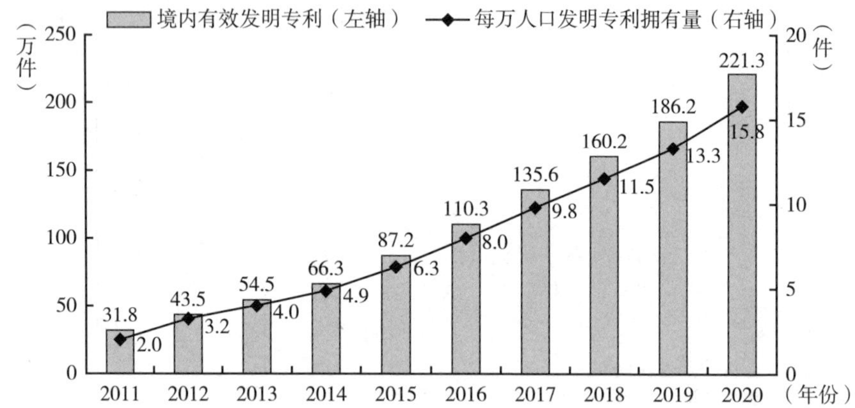

图 2－13　2011～2020 年全年境内有效发明专利和每万人口发明专利拥有量

资料来源：国家统计局历年《中华人民共和国国民经济和社会发展统计公报》。

（二）教育人才队伍建设快速发展

近年来，专任教师配置状况得到总体改善，教师年龄结构、学历结构逐步优化。2020 年，我国专任教师达 1792.2 万人，同比增长 3.5%①，如图 2－14所示。近年来，学前教育、小学、初中、高中、高校专任教师数量平

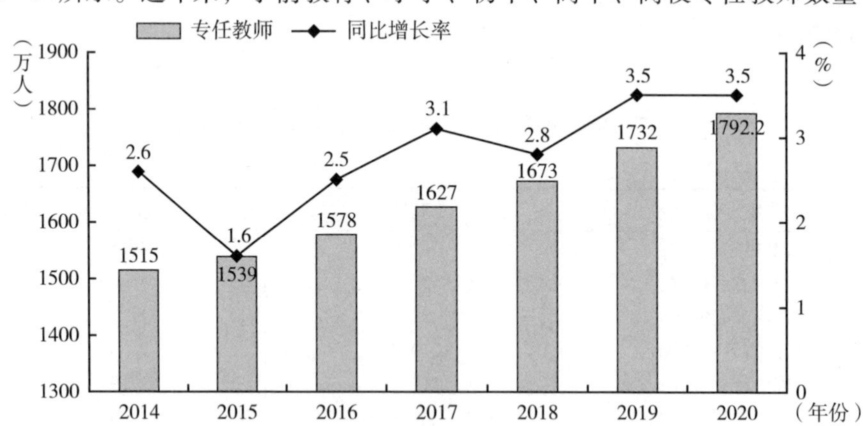

图 2－14　2014～2020 年全国专任教师总量

资料来源：教育部历年《中国教育事业发展基本情况》与《全国教育事业发展统计公报》。

① 教育部：《2020 年全国教育事业发展统计公报》，2021。

稳增长，如图 2－15 所示。[①] 值得关注的是，中等职业教育专任教师数量开始改变前些年逐年递减的状况，2020 年达到 84.95 万人，比上年增加 0.66 万人，同比增长 0.8%，[②] 如图 2－16 所示。

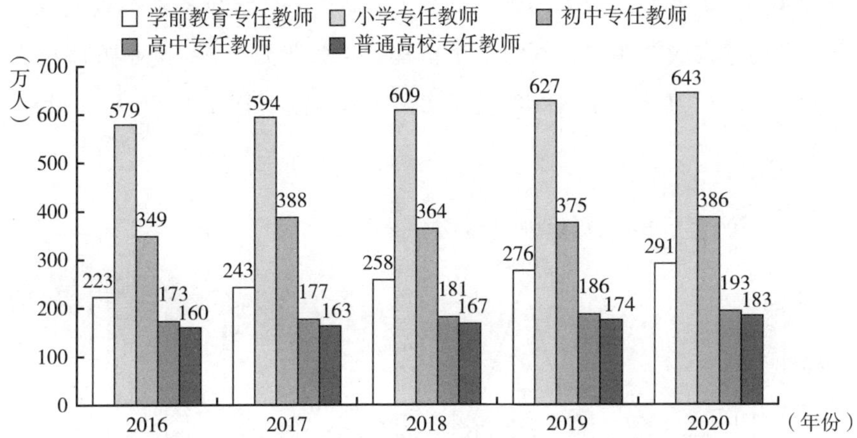

图 2－15　2016～2020 年全国非职业教育专任教师数量

资料来源：教育部历年《中国教育事业发展基本情况》与《全国教育事业发展统计公报》。

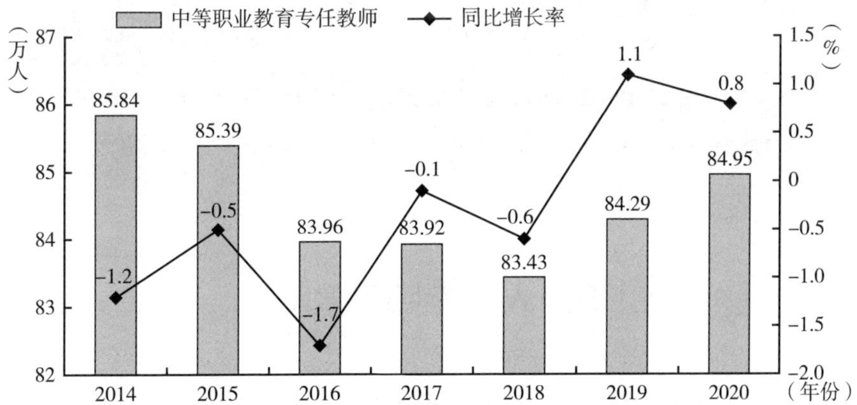

图 2－16　2014～2020 年全国中等职业教育专任教师数量

资料来源：教育部历年《中国教育事业发展基本情况》与《全国教育事业发展统计公报》。

① 李学明：《近十年来中国人力资源状况与开发展望》，《中国人事科学》2020 年第 9 期。

② 教育部：《2020 年全国教育事业发展统计公报》，2021。

（三）卫生人才队伍规模不断壮大

我国卫生人才数量逐年平稳增长，2020 年末达 1066 万人，同比增长 5.5%，比 2009 年末大增 92.4%，如图 2－17 所示。全国各类各级卫生和社会服务机构建设成效明显，医疗卫生机构共 102.3 万个，[①] 执业医师和执业助理医师 408 万人，同比增长 6.8%，注册护士 471 万人，同比增长 6.3%。[②]

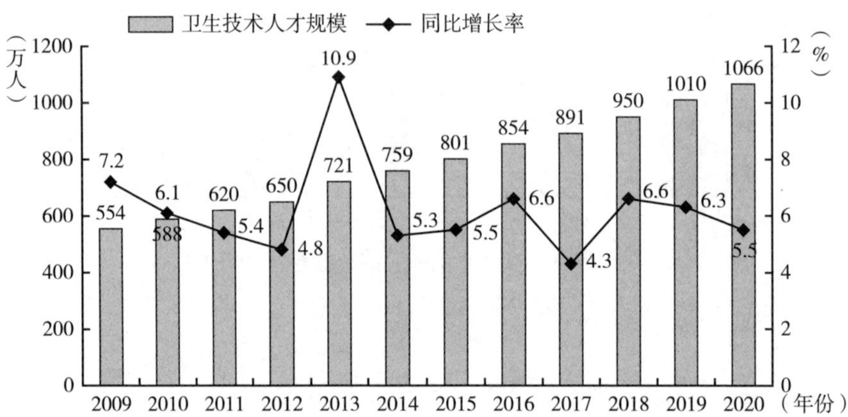

图 2－17　2009～2020 年年末全国卫生技术人才规模

资料来源：国家统计局历年《中华人民共和国国民经济和社会发展统计公报》。

五　人力资源保障水平

（一）人力资源参保人数进一步增加

2020 年，我国基本养老保险、医疗保险、失业保险、工伤保险、生

---

① 李学明：《近十年来中国人力资源状况与开发展望》，《中国人事科学》2020 年第 9 期。

② 国家统计局：《中华人民共和国 2020 年国民经济和社会发展统计公报》，2021。

育保险事业稳定发展，人力资源参保人数继续平稳增长，如图 2 – 18 所示。

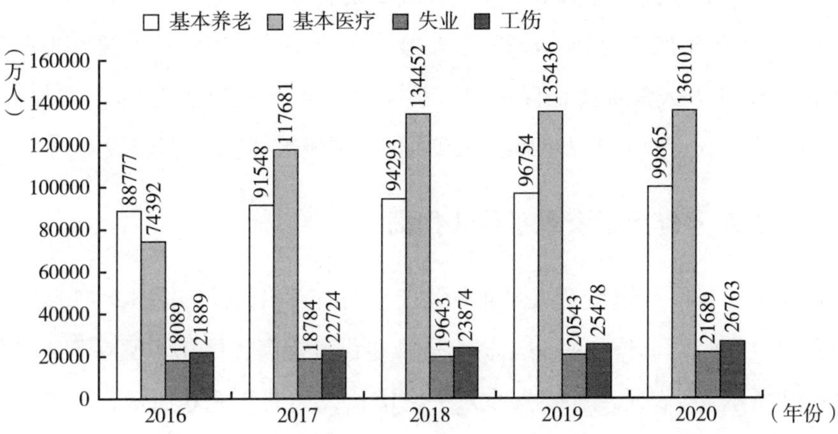

图 2 – 18　2016 ~ 2020 年全国社会保险参保人数

资料来源：人力资源和社会保障部历年《人力资源和社会保障事业发展统计公报》、国家医保局《2020 年医疗保障事业发展统计快报》。

1. 基本养老保险参保人数增长较快

全国 99865 万人参加基本养老保险，其中，45621 万人参加城镇职工基本养老保险，同比增长 4.9%；参加基本养老保险的职工 32859 万人，参保离退休人员 12762 万人，[①] 同比分别增加 1682 万人和 452 万人，同比分别增长 5.4% 与 3.7%；54244 万人参加城乡居民基本养老保险，同比增加 978 万人，增长率为 1.8%。[②] 全国享受最低生活保障的城市、农村居民分别达 805 万人和 3621 万人。[③]

2. 基本医疗保险参保人数持续增长

截至 2020 年底，全国 136101 万人参加城乡基本医疗保险。其中，34423 万人参加职工基本医疗保险，同比增长 4.5%；参加城乡居民基本医

① 李学明：《近十年来中国人力资源状况与开发展望》，《中国人事科学》2020 年第 9 期。

② 人力资源和社会保障部：《2020 年度人力资源和社会保障事业发展统计公报》，2021。

③ 国家统计局：《中华人民共和国 2020 年国民经济和社会发展统计公报》，2021。

疗保险的人员 101678 万人，同比下降 0.8%。[①] 全年共资助参加基本医疗保险的人员 8990 万人，医疗救助 7300 万人次。[②]

3. 失业、工伤和生育保险参保人数稳定增长

截至 2020 年底，全国 21689 万人参加失业保险，270 万人领取失业保险金。[③] 26763 万人参加工伤保险，[④] 其中，8934 万农民工参加工伤保险，同比增长 3.7%。[⑤] 全年 23546 万人参加生育保险，同比增长 9.9%。[⑥]

（二）人力资源工资水平稳步提高

近年来，我国城镇就业人员年平均工资逐年平稳增长。2012～2020 年，非私营单位和私营单位年平均工资水平都在稳步提高，但年增幅在下降，如图 2－19 所示。[⑦] 农民工人均月收入平稳增长，如图 2－20 所示，但增幅也在下降。就 2020 年的增幅而言，与城镇非私营单位就业人员年均工资和农民工的月均收入不同，2020 年城镇私营单位就业人员的增幅超过 2019 年的增幅。

（三）人均可支配收入持续平稳增长

2020 年，城乡居民人均可支配收入达 32189 元，实际同比增长 2.1%，如图 2－21 所示。[⑧] 国民经济和社会发展统计公报显示，居民人均可支配收入水平中位数[⑨]为 27540 元。2011～2020 年，居民人均可支配收入增加了 17638 元，年均增长 9.22%。

---

① 国家统计局：《中华人民共和国 2020 年国民经济和社会发展统计公报》，2021。

② 国家统计局：《中华人民共和国 2020 年国民经济和社会发展统计公报》，2021。

③ 人力资源和社会保障部：《2020 年度人力资源和社会保障事业发展统计公报》，2021。

④ 人力资源和社会保障部：《2020 年度人力资源和社会保障事业发展统计公报》，2021。

⑤ 国家统计局：《中华人民共和国 2020 年国民经济和社会发展统计公报》，2021。

⑥ 国家统计局：《中华人民共和国 2020 年国民经济和社会发展统计公报》，2021。

⑦ 李学明：《近十年来中国人力资源状况与开发展望》，《中国人事科学》2020 年第 9 期。

⑧ 国家统计局：《中华人民共和国 2020 年国民经济和社会发展统计公报》，2021。

⑨ 人均可支配收入中位数是指将所有被调查居民按人均收入水平从低到高顺序排列，处于最中间位置调查居民的人均收入。

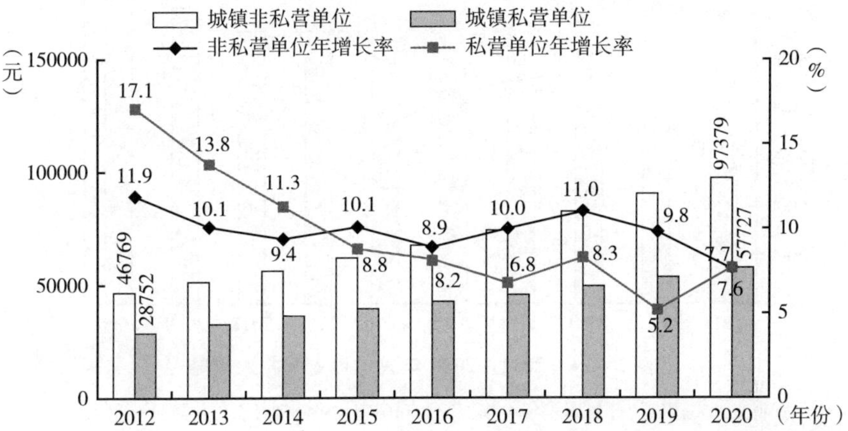

图2－19　2012～2020年城镇单位就业人员年平均工资情况

资料来源：人力资源和社会保障部历年《人力资源和社会保障事业发展统计公报》、国家统计局《中华人民共和国2020年国民经济和社会发展统计公报》。

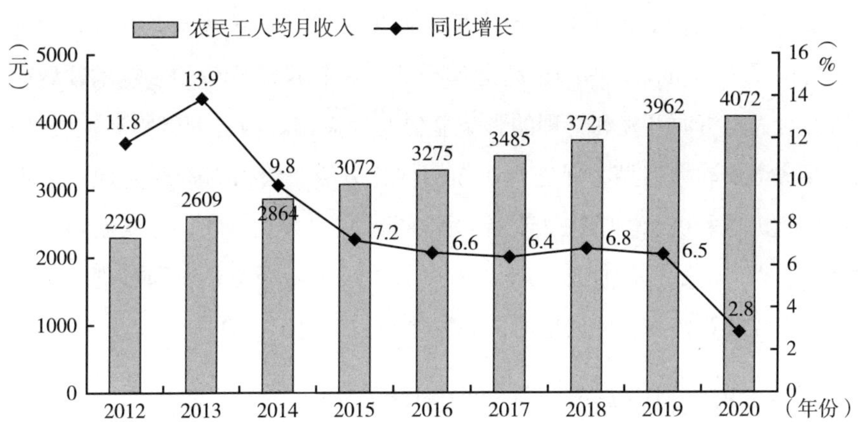

图2－20　2012～2020年农民工人均月收入情况

资料来源：人力资源和社会保障部历年《人力资源和社会保障事业发展统计公报》、国家统计局《中华人民共和国2020年国民经济和社会发展统计公报》。

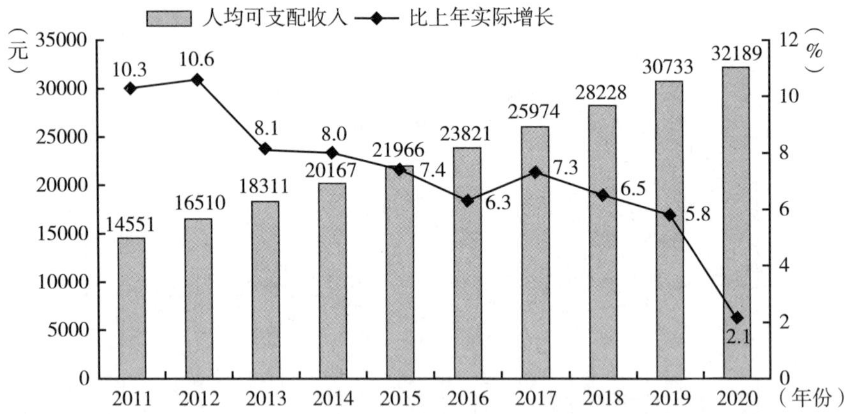

图 2－21　2011～2020 年人均可支配收入情况

资料来源：国家统计局历年《中华人民共和国国民经济和社会发展统计公报》。

六　人力资源开发展望

我国经济已由高速增长转向高质量发展阶段。互联网与大数据时代的到来，打破了人力资源管理的传统运作模式。科技进步产生的多技术领域交叉渗透，对人力资源开发和管理的影响显得尤为突出。构建创新驱动发展模式、推动经济增长动力转型、促进产业结构优化升级，给人力资源管理开发带来了难得的机遇。供给侧结构性改革的深入推进、“大众创业、万众创新”的大力推动、人口老龄化的加速发展，对我国做好人力资源开发和管理工作、积极健全人才政策体系、主动应对国际竞争新挑战提出了更高要求。[①]

（一）构建科学高效的人才管理体系

面对日益激烈的人才国际竞争，应把握新时代人才工作的新定位新要求新任务，坚定实施人才强国战略，确立人才引领发展的战略地位，构建更加科学高效的人才管理体制机制，实施更加合理包容的人才制度，推动实现人

① 李学明：《近十年来中国人力资源状况与开发展望》，《中国人事科学》2020 年第 9 期。

才政策积极开放、人才市场国际接轨、人才环境开放包容、人才集聚持续发展、人才服务精准高效，建设具有全球竞争力和影响力的创新创造创业人才集聚地。尤其是要重视探索与国际接轨的人才管理制度，建立健全专业化、国际化的人才管理体系，为人才事业发展营造更好的制度环境。比如，尝试建立国际人才虚拟集聚平台，发展国际化人才中介服务，推进国际协同创新、支持人才离岸创业和柔性流动等。

（二）健全校企合作的人才培养机制

技能人才特别是高技能人才不足进一步凸显了职业教育的重要地位和作用。依据国务院《国家职业教育改革实施方案》要求，应积极鼓励和支持社会各界大力发展职业教育，使职业教育在教育改革创新和经济社会发展中占据更加突出的位置，着力完善职业教育和培训体系。[①] 健全职业教育和培训体系，应强调“以用为本”，树立“定制化”“应需化”的人才培养理念，加强校地合作，推动一批中高职院校与优质企业合作结对发展，支持院校、企业共同在学校建立生产性实训基地、在企业设立教学或科研中心。[②] 鼓励企业实行短缺专业人才“预定”和“预购”方案，与院校合作建立长期稳定的后备人才供应基地。依托科研院所、职业机构、行业标杆等优质社会力量，协调利用政府公共资源，通过购买服务等方式，建立要素资源库、实体平台库、行业专家库。支持有条件的企业创建具有专业特点和办学特色的技师学院，鼓励优秀专业技术人才和高技能人才在职业院校建立工作室、技能大师工作室。通过合资、合作等方式，引导大型国有企业和龙头民营企业充分整合职业教育资源，成立职教集团，建立人才共享培训机制，实现优质资源互换，提高培训资源供给。

（三）积极实施乡村人才开发战略

乡村人才是实现乡村振兴的关键和重要保证。党的十九大报告提出要在

---

① 李学明：《近十年来中国人力资源状况与开发展望》，《中国人事科学》2020 年第 9 期。

② 李学明：《近十年来中国人力资源状况与开发展望》，《中国人事科学》2020 年第 9 期。

“实施乡村振兴战略”中培养造就一支“三农”人才队伍。党中央、国务院始终把农村人才工作摆在突出的位置，各地通过实施“千万农村劳动力素质培训工程”、“阳光工程”以及举办“美丽乡村”建设人才培训班、农村人才培训班、现代青年农场主培训班等方式，积极开展乡村人才培养工作。国家要实现高质量发展，乡村人才振兴是亟须补齐的短板之一。当前，乡村农民文化水平和综合素质、现代农业人才掌握和运用先进农业科技的能力都亟待提高。因此，构建现代农业产业体系，须积极实施乡村人才开发战略。加快乡村人才振兴，需准确把握乡村人才工作的新形势、新要求、新方向，积极创新乡村人才工作理念、体制机制和政策措施，坚持问题导向，改革创新乡村人才发展制度，大力推动乡村人才发展，集聚、培养和造就一批高水平的乡村实用型人才，加快形成以高端实用人才集聚引领农业农村发展的新格局。

（四）适度延长职业生涯发展周期

我国作为老龄化速度最快的世界人口大国，适度延长职业生涯发展周期是大势所趋。现代化进程的持续推进和人口增速的放缓，人力资源素质和寿命的提高，劳动年龄人口占比的不断下降，人口老龄化时代的加速到来，已经引起人力资源结构的变化，导致人力资源供给格局发生变化，进而对人力资源管理与开发方式变革产生重要影响。[①] 随着我国人口老龄化程度持续加深，适度延长人力资源职业生涯周期，择机采取延迟退休措施，[②] 顺应了人力资源管理变革的趋势。应根据法治化和市场化的要求，不断优化老年人力资源服务经济社会发展的顶层设计，进一步激发和释放人才政策红利，以适应经济社会高质量发展对人才的需求，一定程度上弥补人力资源供给量的下降。要进一步深化人才体制机制改革，逐步打破人才流动的体制限制和政策壁垒，发挥老年人力资源优势，为老年人力资源提供良好的

① 李学明：《近十年来中国人力资源状况与开发展望》，《中国人事科学》2020 年第 9 期。

② 李学明：《近十年来中国人力资源状况与开发展望》，《中国人事科学》2020 年第 9 期。

机会和条件，使老年人力资源价值在使用中得到体现和提升。应充分运用现代技术成果，采取弹性做法有效落实兼职兼薪、灵活就业等政策，助力改善人力资源供给结构，进一步提升人力资源开发与使用效能。

（五）大力推进人力资源服务产业发展

在大力发展国内人力资源市场服务的同时，应顺应人才国际流动趋势，在国际法和国际公约规则下，以构建国际化、专业化的人才市场服务体系为着力点，逐步消除制约人才国际流动的制度性障碍，推动施行更加宽松、更加合理的人才准入政策。[①] 探索以“互联网 + 人力资源”数字化服务平台为依托，推进人力资源智慧服务产业化建设。打造集人力资源产业协同、高新企业培育孵化、人才资源开发配置、人力资源社保服务等功能于一体的全方位、多层次、人性化的人力资源服务专业园区。通过引进高级人才猎聘、人力资源管理咨询等高端专业人才服务机构，同时集聚国内外知名的产业园区开发、项目管理咨询、风险投资等相关组织和机构，实现人力资源服务向“产业 + 人才 + 项目 + 资本”全链式服务转型。创新人才创业体系建设，引导形成“综合孵化器 + 专业孵化器 + 企业加速器”的集群发展模式。打造国际人力资源服务产业集聚区，引导支持国际化人才服务中介组织健康快速发展，推进人力资源服务产业国际化发展。优化整合人才工作相关职能部门资源，探索构建创新创业服务联盟，加快打造人力资源工作信息化云平台，为各类人才提供“网络化”“移动化”服务。

参考文献

国家统计局：《中华人民共和国 2020 年国民经济和社会发展统计公报》，2021。

国家统计局：《中华人民共和国第七次全国人口普查数据》，2021 年 5 月 11 日。

---

① 李学明：《近十年来中国人力资源状况与开发展望》，《中国人事科学》2020 年第 9 期。

人力资源和社会保障部:《2020 年度人力资源和社会保障事业发展统计公报》,2021。

中共中央办公厅、国务院办公厅:《建设高标准市场体系行动方案》,2021。

国家医保局:《2020 年医疗保障事业发展统计快报》,2021。

中共中央办公厅、国务院办公厅:《关于分类推进人才评价机制改革的指导意见》,2018。

中共中央办公厅、国务院办公厅:《关于深化职称制度改革的意见》,2017。

中共中央办公厅、国务院办公厅:《关于提高技术工人待遇的意见》,2018。

中共中央、国务院:《关于构建开放型经济新体制的若干意见》,2016。

中共中央办公厅、国务院办公厅:《深化科技体制改革实施方案》,2015。

中共中央办公厅、国务院办公厅:《关于加强外国人永久居留服务管理的意见》,2016。

人力资源社会保障部、国家发展改革委、财政部:《关于推进全方位公共就业服务的指导意见》,2018。

人力资源社会保障部:《关于支持和鼓励事业单位专业技术人员创新创业的指导意见》,2017。

国家统计局、科学技术部、财政部:《2018 年全国科技经费投入统计公报》,2019。

教育部:《2020 年全国教育事业发展统计公报》,2021。

教育部:《2018 年度我国出国留学人员情况统计》,2019。

人力资源和社会保障部:《中国人力资源和社会保障年鉴 2020(文献卷、工作卷)》,中国劳动社会保障出版社,2021。

科技部:《中国科技人才发展报告(2018)》,2019。

教育部:《2020 年全国教育事业统计主要结果》,2021。

李学明:《近十年来中国人力资源状况与开发展望》,《中国人事科学》2020 年第9 期。

李学明:《新时代我国人力资源状况与趋势分析》,《中国人事科学》2019 年第10 期。

张车伟主编《人口与劳动绿皮书:中国人口与劳动问题报告 No. 19》,社会科学文献出版社,2019。

B.3
新时期女性科技人才发展分析

马冬玲　李睿婕*

摘　要： 当前，我国女性科技人才总量和占比呈上升趋势，行业分布、职级结构有所改善，在科研一线和科技创业方面发挥着重要作用、做出了重要贡献，学术与应用成果数量有所上升，日益得到社会认可，但女性科技人才仍存在学科分布不均、职级结构不够理想以及成就略低于男性等现象。影响我国女性科技人才发展的主要因素包括：就业与发展机会方面仍然存在的不平等、社会角色带来的特殊压力、非科学的性别印象的限制以及参与科技创新的支持不足等。新形势下，促进女性科技人才发展的对策建议主要包括为两性提供平等进入与参与科研的机会、为孕哺期女性科技工作者提供特殊支持、培育后备人才科研兴趣、加大女科技人员宣传、为女性科技人才发展和发挥作用提供社会支持等。

关键词： 科技领域　女性人才　队伍建设

女性科技人才是科技人才队伍的重要组成部分。自新中国成立以来，随着我国女性社会地位、教育水平的显著提高，女性科技人才规模不断扩大。

* 马冬玲，博士，全国妇联妇女研究所副研究员，主要研究方向为性别与劳动、女性高层人才等；李睿婕，博士，中国科学技术发展战略研究院助理研究员，主要研究方向为科学社会学、科技人才等。

近年来，我国女性科技人才总量增长较快，她们活跃在科技工作的各个领域，为我国科技进步与创新做出了重要贡献，成为推动经济社会发展的重要力量。

一　我国女性科技人才发展现状

（一）女性科技人才数量和占比呈上升趋势

我国女性科技人才由 2009 年底的 2160 万人上升到 2017 年的 3560.6 万人，2017 年女性科技人才数量占科技人力资源总量的 38.9%。女性研发与试验发展（R&D）人员从 2010 年的 89.44 万人（占总量的 25.3%）上升到 2019 年的 185.35 万人（占总量的 26.0%）。中国科普统计数据显示，2019 年全国共有 73.91 万名女性科普人员，占科普人员总数的 39.51%。其中，女性科普专职人员 9.81 万人，占科普专职人员总数的 39.21%；女性科普兼职人员 64.10 万人，占科普兼职人员总数的 39.56%。

（二）女性科技工作人员行业分布日益丰富，但仍存在学科分布不均现象

根据 2010 年中国第六次人口普查的数据，女性在卫生技术人员、科学研究人员、工程技术人员、农业技术人员和教学人员中的比例分别为 61.4%、39.9%、24.0%、36.9% 和 57.1%。当前，从对全国科技工作者随机抽样专项调查结果的数据来看，女性在卫生技术人员（65.6%）、科学研究人员（40.3%）、工程技术人员（31.7%）中的比例相较 10 年前均有提升，特别是工程技术人员中的女性比例提升幅度较大。从当前科技领域的性别分布来看，10 年来科技领域女性从事不同工作内容所占的比例均有提升，特别是近 5 年来提升幅度更为明显。2017 年的第四次全国科技工作者调查数据显示，我国女性科技工作者主要从事医疗卫生和教学工作，且与 10 年前相比变化不大，但从事基础研究的女性科技工作者比例上升了 3.6

个百分点，从事科技管理的女性比例上升了 1.4 个百分点。①

但是，女性科技人才的学科专业分布不均。以中国工程院为例，在 9 个学部中，女院士主要集中在医药卫生学部、环境与轻纺学部、工程管理学部，能源与矿业学部、土木水利建筑学部、机械运载学部的女院士比例则非常低。② 理工科女性后备力量不足。武汉某大学 2011 ~ 2018 年的本科毕业生数据统计分析发现，机械工程学院、材料工程学院、数学与统计学院和电气工程学院，仍然是男生在数量上占优势，就近八年的毕业生统计看，男生所占比例基本保持在 65% 以上，显示出强烈的"男生专业"倾向。③

（三）女性科技人才的职级结构有所改善，但仍不够理想

就女性科技人才的职级分布而言，高层次女性科技人才依然未能随女性科技人才的总量和占比的增长而实现均衡分布。突出的表现在于，女性比例随专业技术职务的提高而逐层减少，女性科技人才"高位缺席"现象突出。整体来看，R&D 人员性别比不平衡现象仍旧严重，2019 年 712.94 万 R&D 人员中，有 185.35 万女性，占比 26%。但不少女性科技工作者主要分布在后勤管理等行政岗位，领军人才匮乏。2018 年专业技术人员中女性占 48%，男性占 52%，而按专业技术职务分组的性别构成是：高级、正高、中级、初级、未聘任者中女性占比分别为 40.1%、32.3%、50.0%、53.7% 和 39.7%④。以中国科学院为例，截至 2020 年，中国科学院 6 万名专业技术类岗位人员中，女性占比 34.4%，而在正高级专业技术岗位人员中占比 15.8%，在副高级专业技术岗位人员中占比 33.5%，在中级专业技

---

① 全国科技工作者状况调查课题组：《第二次全国科技工作者状况调查报告》，中国科学技术出版社，2010，第 215 页。全国科技工作者状况调查课题组，《第四次全国科技工作者状况调查报告（2017）》，中国科学技术出版社，2018，第 412 页。

② 根据工程院网站名单计算得出，https://www.cae.cn/cae/html/main/col53/column_53_1.html。

③ 余永跃、刘于兰：《高校女生：人数增多层次提高学科分布拓展——70 年来中国女性高等教育事业发展的成就与思考（上）》，《中国妇女报》2019 年 10 月 22 日。

④ 国家统计局社会科技和文化产业统计司编《2019 中国妇女儿童状况统计资料》，中国统计出版社，2020，第 72 页。

术岗位人员中占比41.4%。[①]2020年中国科学院网站显示，805名院士中，女性仅占6%。[②]

（四）女性科技人才在科研一线和科技创业方面发挥着重要作用，做出了重要贡献

部分女性科技工作者在科技领域发挥了重要作用，成为中国科学技术领域的骨干。她们奋战在中国科研一线，不仅从事一般性的科学技术工作，还跨进高能物理、遗传工程、微电子技术、激光技术、宇宙观测、卫星发射、南极考察等比较尖端的科学技术领域，屠呦呦便是其中的佼佼者。面对突如其来的新冠肺炎疫情，众多女性医护人员参与到救援一线，治病救人，其中女科学家李兰娟、陈薇等更是做出了突出贡献。国药集团中生北京公司疫苗研制青年团队女性科技人才占80%，2020年初就紧急投入新冠疫苗研发工作，率先实现新冠疫苗国际注册上市，60天建成世界上第一个新冠疫苗生产车间，成为女性科技人才开展团队科技创新的典范。

同时，还有较多女性科技人才参与科技创业。针对科创女性群体的调研报告显示，在中国互联网领域创业，女性已经顶起了大半边天，她们较为年轻，充满创新创业的活力和激情。《中国企业家》木兰汇通过在线问卷和访谈方式调研了270位中国创业女性，其中63%的是科技创业，她们分布较多的行业为高科技制造业、软件、金融服务和技术、电子商务、生物技术、软件等领域。[③] 在科技部公布的2016年中国131家独角兽企业中，有10家企业由女性创始人（或联合创始人）创办，占总数的7.6%。[④]

---

① 数据由2021年3月参加科技部女性科技人才座谈会的专家提供。

② 见 http：//casad. cas. cn/ysxx2017/ysmdyjj/qtysmd_ 124280/及 http：//casad. cas. cn/ysxx2017/xgtj/ysxbbl/201803/t20180306_ 4637292. html，上网时间：2021年4月20日。

③ 李雪婷：《科创女性正成为创业“后浪”》，中国妇女报·中国妇女网，2020年8月14日，http：//www. cnwomen. com. cn/2020/08/14/99206413. html。

④ 《中国女性创业态势分析》，https：//www. sohu. com/a/204202959_ 507264，2017年11月14日发布，上网时间：2021年4月20日。

（五）女性科技工作者发表论文与获得专利、应用技术成果的比例和数量在上升，但成就略低于男性

第四次全国科技工作者调查数据显示，2014～2017年，在发表学术论文方面，有44.8%的女性科技工作者发表过学术论文；在获得专利方面，2014～2017年，有13%的女性科技工作者获得专利，比2013年增加了3.2个百分点；在应用技术成果方面，2017年女性科技工作者平均获得技术成果2.3项，在从事过科研活动的女性科技工作者中，有28%的人将科研成果转化为产品或应用于生产，比2013年上升了1.4个百分点。[①] 但是，女性科技工作者在学术期刊上发表过的学术论文数量，专利、应用技术成果和成果转化率，近三年获得过的专利和应用技术成果等方面，明显低于男性，且性别差距有加大趋势：有44.8%的女性科技工作者在学术期刊上发表过学术论文，比男性低5.7个百分点；在专利、应用技术成果和成果转化方面差距更大，从事过研发活动的女性科研成果转化低于男性16.5个百分点。[②]

（六）女性科技人才日益得到社会认可

科研奖励是对女性科技工作者科研能力和学术地位的认可。第四次全国科技工作者调查数据显示，2014～2017年，有17.1%的女性科技工作者获得过科技奖励，平均获得奖励2.04项，高于2013年（13.4%，1.78项）。[③] 2018年，国内受表彰的科技人员中，女性占29.8%。[④] 据科技部统计，从

① 全国科技工作者状况调查课题组：《第四次全国科技工作者状况调查报告（2017）》，中国科学技术出版社，2018，第225～233页。

② 全国科技工作者状况调查课题组：《第四次全国科技工作者状况调查报告（2017）》，中国科学技术出版社，2018，第225～231页。

③ 全国科技工作者状况调查课题组：《第四次全国科技工作者状况调查报告（2017）》，中国科学技术出版社，2018，第234页。

④ 国家统计局社会科技和文化产业统计司编《2019中国妇女儿童状况统计资料》，中国统计出版社，2020，第76页。

2012～2018年7年间国家自然科学奖、技术发明奖和科学技术进步奖的获奖数据来看，获奖人员中女性作为第一完成人和主要完成人的平均比例分别为6.8%和13.6%，2019年分别占11.0%和16.2%。近年来，对女性科技人才的奖励和表彰力度进一步加大，在科技奖项评选中逐步放宽对女性科技工作者的年龄限制。如2010年中国青年女科学家奖的候选人年龄从40周岁放宽至45周岁；同年，中国青年科技奖的女性候选人年龄也相应地从40周岁放宽至45周岁。对女科学家的专门奖励持续开展。目前，我国专门为女性科研人员设立的奖项主要有中国青年女科学家奖、未来女科学家计划和中国女医师协会五洲女子科技奖。中国青年女科学家奖是欧莱雅和联合国教科文组织“为投身于科学的女性”计划在中国的发展和延伸，由中华全国妇女联合会、中国科协、中国联合国教科文组织全国委员会和欧莱雅（中国）在2004年合作创立。截至2018年，该奖项已有14届共108位获奖者。据中国科协资料，2015年中国科协设立的“未来女科学家计划”是中国青年女科学家奖的延伸，截至2019年，共评选出18位博士及博士后女性科研人员，并择优推荐入选者作为“世界最具潜力女科学家奖”中国区域候选人。中国女医师协会于2008年设立“中国女医师协会五洲女子科技奖”，奖励医学领域女性科技人才。但相比于男性，女性科技人才获奖数量还有差距。例如，2016年国家自然科学奖、国家技术发明奖、国家科学技术进步奖三大奖项中，女性占比14.8%；2018年，中国青年科技奖获奖者中，女性仅占8.4%。

二　影响我国女性科技人才发展的主要因素

我国女性科技人才队伍规模逐步扩大，能力显著提升，在推动我国科技事业发展中发挥了重要作用。但当前我国女性科技人才还存在上述“高位缺席”、学科分布不均、后备力量不足、职业成就相对较低等现象。可以说，女性科技人才发展仍然面临诸多挑战，作用尚未得到充分发挥。影响我国女性科技人才发展的主要因素包括如下几个方面。

（一）在就业与发展机会方面仍然存在不平等阻碍

1. 性别歧视影响女性进入科技领域

科技人才在择业就业中的性别歧视仍未完全消除。2013 年的调查发现，超过一半的男性和七成以上的女性都认为性别是他们求职中的一个重要影响因素。[①] 第四次全国科技工作者调查数据显示，33.4% 的女性科技人才反映，择业时遭遇过性别歧视，特别是具有高学历的女科技人才，择业就业时遭遇的性别歧视更为突出，博士、硕士、本科和大专学历分别为 45.3%、44.9%、28.8% 和 21.8%。从年龄来看，30～39 岁年龄段的女性反映择业遇到性别歧视的比例最高，为 37.6%，且未婚女性（34.8%）遭遇择业性别歧视的比例略高于已婚者（33.1%），无子女女性（34.6%）遭遇择业性别歧视的比例略高于有子女者（32.9%）。[②] 在入职的第一关口，科技领域的工作机会不平等甚至导致部分女性改变就业方向，减少了女性进入科技领域的机会。

2. 在职称/职务晋升中存在不公平现象

第四次全国科技工作者调查数据显示，33.3% 的女性科技工作者反映不受重视的现象非常严重或比较严重。还有 22.5% 的女性科技工作者反映晋升时遭遇性别歧视，其中 30～39 岁年龄段的女性反映晋升遇到性别歧视的比例最高，为 25.8%。从学历水平上看，硕士学历的女性科技工作者遭遇晋升性别歧视的比例最高，为 27.0%；博士学历、本科和大专学历的这一比例分别为 21.9%、21.6% 和 18.4%[③]。

3. 一些看似性别中立的政策未能考虑女性的特殊情况与需求

部分科研机构实行“终身教职”或“非升即走”制度，要求科研人员在

---

① 中国科学技术发展战略研究院课题组：《女性科技人才队伍建设研究报告》，2013，未刊稿。

② 全国科技工作者状况调查课题组：《第四次全国科技工作者状况调查报告（2017）》，中国科学技术出版社，2018，第 530 页。

③ 全国科技工作者状况调查课题组：《第四次全国科技工作者状况调查报告（2017）》，中国科学技术出版社，2018，第 530 页。

入职一段时间之后参与考核决定去留，科研人员发表成果、出国交流等方面的考评要求两性相同。这看似公平，但由于这一时期往往与生育期重叠，女性可能不能满足考核指标，从而影响其职业发展的延续性，甚至被踢出科研领域。此外，仍有不少单位未落实国家关于高级职称女性自愿选择退休年龄的相关规定。这也缩短了女性科技人才的职业周期，阻碍她们成长为高层人才。

4. 对女性科技人才的支持力度有待加大

我国女性科技人才获得资助的情况不够理想。国家自然科学基金委员会有分性别统计数据的项目包括：青年科学基金、面上项目、重点项目、优青和杰青等，女性科技人才在 5 个项目中平均获得资助的比例分别为 41.14%、23.56%、10.78%、14.43% 和 9.54%，占比均在 50% 以下。随着项目层次与难度的升高，女性科技人才获得资助的比例明显降低。以杰青项目为例，2011～2020 年，女性在获得资助者中的占比从 14.5% 下降到 6.7%。[①]

（二）女性科技人才面临社会角色带来的特殊压力

女性科技人才需要面对更大的科研工作与家庭责任之间的矛盾，全面二孩政策进一步加剧了女性科技人才事业发展与家庭责任的矛盾。

1. 工作与家庭的冲突是科技女性面临的首要压力

国家统计局《2018 年全国时间利用调查公报》显示，我国女性每天从事家务劳动的时间约是男性的 2.8 倍。在我国科学界，家务劳动的性别分工差异虽然小于普通人群，但由女性承担更多家务劳动的模式仍具有普遍性。科研工作与家庭责任之间的冲突和矛盾在 36～50 岁年龄段的女性科学家中体现得更为明显。这一年龄段的女性科学家在职称晋升、学术交流、科研活动等各方面开始与男性拉开距离，这与她们在这段时间需要承担生育、抚育的责任有关系。[②] 2020 年的有关调查数据显示，我国女性科研人员的家务劳动时间明显高于男性，对工作时间形成了明显的挤占效应。女性科研人员每

---

① 资助项目统计，http://www.nsfc.gov.cn/publish/portal0/tab505/。

② 中国科学技术发展战略研究院课题组：《科学基金促进女性科研人员成长发展政策评估研究报告》，2017，未刊稿。

天的家务劳动时间（包括照顾孩子）比男性同行多出近一个小时，无论是高校还是科研院所，这一差异都存在。在年龄、学历、职称、单位类型和专业领域等条件相同的情况下，女性科研人员的家务劳动时间与工作时间表现出明显的负相关关系，女性的家务劳动对工作时间不仅有挤占效应，且挤占程度比 2011 年还高。①

2. 怀孕和哺乳往往会中断女性科研人员的职业生涯

生育期和职业发展上升期的时间重合加剧科技女性的双重角色冲突。科技女性生育一孩的年龄高峰与科研高产的年龄高峰有 5 年左右的时间重叠，晚育和二孩年龄则与副高职称评选时间重合。基于产假而致的一定时间的职业中断，不仅会影响年度考核，也会在科研工作进度和成果产出等方面与他人特别是男性科技人员形成一定差距，进而给职业发展带来不利影响。2017 年的一项调查发现，有二孩生育意愿的女性科学家在工作压力上明显高于其他人。具体压力情况如下：将 50 岁以下已生育一孩者的女性科学家分为有二孩意愿、无二孩意愿和没想好三个群体，结果发现有二孩生育意愿的女性科学家面临“科研时间不足”（54.3%）和“教学压力大”（22.4%）等工作压力的比例都要比没有二孩生育意愿的女性科学家比例高。打算未来生育两个及以上孩子的女性科学家面临更高的“没有合作团队”“科研时间不足”“职称/职务晋升压力”等问题。②

（三）非科学的性别印象限制女性在科技领域成长成才

社会上仍有不少人认为女生不适合学习理工科，不适合搞科研，不具备科技创新所需要的智力、能力和投入程度，甚至有些博士也这么看。2016 年“博士学位获得者职业取向”调查显示，19% 的男博士认为“女性不适

① 中国科学技术发展战略研究院课题组：《科技工作者时间利用状况调查研究报告》，2020，未刊稿。

② 中国科学技术发展战略研究院课题组：《科学基金促进女性科研人员成长发展政策评估研究报告》，2017，未刊稿。

合搞科研”，29%的男博士认为“男人的成功在事业，女人的成功在家庭”。[①] 目前，科研领域的制度和规则设计主要以男性为参照，更符合男性的需求和特点。例如，现有的职业保护措施、工作时间安排等都主要是依据男性的生理、生活特征，不利于女性更好地维持生活和工作的平衡。[②]

这样的社会环境一定程度上导致女性科技人才自我定位及发展信心相对不足，影响其专业选择以及学习科技、投身科研的成功期望。有研究表明，相比男性，女性从事科技工作的自信心不足，一些女性科研人员职业抱负下降。而科学家对未来的期望和抱负会对未来的工作和科研成就产生重要的影响，职业抱负的提升会促使科学家投入更多的时间和精力来提升自己的科研能力。2017 年的调查发现，与 2010 年相比，女性科学家的职业抱负有所下降，40 岁以下的青年女性科学家的职业抱负下降更为明显。在 2017 年的调查中，有 5.1% 的女性科学家“希望成为本专业领域的领军人物”，比 2010 年下降了 2.8 个百分点。[③] 由于发展信心不足，一些女性科研人才生育后选择放弃一线科研工作，转而从事行政管理工作。有的女性愿意在 IT 行业就业，但不一定愿意在研究或者技术岗位工作。

（四）女性参与科技创新的支持有待加强

1. 女性在科技活动决策中缺乏话语权

在管理决策层面，科技领域以男性为主的客观现实仍未得到实质改变，参与科技管理决策的女性科技人才比例依然偏低。担任国家重大科技专家组成员、承担国家重大项目领头人的女性偏少，担任国家重大科技类评委的女性更少。国家科学奖评审委员会百余人，只有 2 名女性评委。2010 ~ 2017

① 中国科学技术发展战略研究院课题组：《博士学位获得者职业取向调查报告》，2017，未刊印。

② 中国科学技术发展战略研究院课题组：《科学基金促进女性科研人员成长发展政策评估研究报告》，2017，未刊印。

③ 中国科学技术发展战略研究院课题组：《科学基金促进女性科研人员成长发展政策评估研究报告》，2017，未刊稿。

年，国家自然科学基金评议专家中女性仅占 13.3%。[①] 科技女性参加学/协会的比例也有待提升。据中国科协介绍，2005～2014 年，中国科协所属全国学会女性会员从 76 万人增加至 101 万人，然而女性会员占全体会员的比例仅维持在 20%左右。2015 年中国科协印发了《关于发挥全国学会作用促进女性高层次科技人才成长的通知》，从推动提高女性高层次科技人才在学会的任职比例、鼓励设立女科技工作者委员会、举办适合女科技工作者学术活动等方面提出了指导性意见。但是，2017 年全国学会女性会员比例为 24.5%，女性理事的比例为 14.2%，提升幅度不大。

2. 女性科技人才更缺乏科研社会资本积累

相关研究发现，我国女性科研人员的科研社会网络规模小、性别差异小、学科差异度小、科研社会网络质量差，女性科学家希望在社会网络层面获得更多支持。相对于男性同行，科研社会网络资源不足，往往会造成女性科技人员的合作范围相对狭窄，进而限制了她们发现问题、合作解决问题、项目推广包括专利数据等方面的表现。[②]

3. 女性科研人才资源的统计工作不足

人才培养和使用是一个系统工程，基础信息是决策的重要依据。由于缺乏相关分性别统计数据，有关部门在了解女性科技人才发展状况、存在问题与评估政策效果等方面成本较高，这种情况不利于相关政策制定，甚至影响政策质量。目前，不少地方在政策制定、落实以及各类数据统计、评比表彰等方面，没有实行分性别统计，培养发展女性科技人才工作缺少科学的数据支撑。有的地方开展了性别统计工作，但尚未覆盖经济社会的各个方面，如中小企业中女企业家创新创业情况、女青年学生就业情况、理工科大学生性别比例等内容还没有相关统计，无法从性别平等视角审视相关工作成效。

---

① Ying Ma，Yandong Zhao，Xu Gong，Li Sun & Yonghe Zheng，"Close the Gender Gap in Chinese Science，" *Nature*，2018，557，25－27.

② 中国科学技术发展战略研究院课题组：《科学基金促进女性科研人员成长发展政策评估研究报告》，2017，未刊印。

三 新形势下我国女性科技人才队伍建设的对策建议

在当前国际科技竞争日趋激烈的情况下，更好地开发女性人才资源，使女性在科技创新中发挥更大作用，已经成为各国科技人才发展战略的重要内容。世界各主要科技大国都纷纷出台了支持女性科技人才发展的规划和措施。《中华人民共和国国民经济和社会发展第十四个五年规划和2035年远景目标纲要》提出，要“坚持创新驱动发展，全面塑造发展新优势”。通过强化国家战略科技力量、激发人才创新活力、完善科技创新体制机制等方式，实现高质量发展。实现这一规划目标离不开广大女性科技人才的参与和贡献。

为更充分发挥女性科技人才在世界科技强国和创新型国家建设中的作用，需要在实施创新驱动发展战略和人才强国战略过程中，同步谋划、同步推进女性科技人才成长，通过系统的政策支持为其创造条件、激发其潜能，切实解决女性科技人才职业发展中面临的瓶颈问题，增强女性科技人才的获得感、价值感、满意度，更好发挥“半边天”作用。在科学界，也有近一半的科学家认为在我国仍需进一步出台倾斜性的性别政策，有高达77.7%的女性科学家认为目前仍有必要继续增加女性倾斜政策，以促进女性科学家发展。①

（一）为两性提供平等进入与参与科研的机会

各级各部门应想方设法扩大女性在科技领域的就业机会，多措并举推动解决就业性别歧视问题。强化宣传，完善政策，严格落实《中华人民共和国就业促进法》等法律法规，贯彻执行九部门联合印发的《关于进一步规范招聘行为促进妇女就业的通知》等政策要求，不断拓宽女性毕业生就业

① 中国科学技术发展战略研究院课题组：《科学基金促进女性科研人员成长发展政策评估研究报告》，2017，未刊印。

渠道，积极推进各地各高校加强校园内招聘活动管理，严禁发布性别、民族、院校等歧视性信息，严格审核用人单位资质、工作岗位信息，同时通过就业指导课、专题讲座、专场招聘会等方式对女大学生进行有针对性的就业指导和服务。加强监察执法，依法惩处违法行为，积极落实由人社、工会、妇联三家建立省级部门联合约谈工作机制，对涉嫌歧视女性的用人单位开展联合约谈，有效纠正歧视女性科技人才的行为，切实维护女性工作人员的合法利益，确保各级各类女性科技人才能平等参与经济社会建设。

创建支持女性科技人才发挥作用的工作环境。鼓励用人单位为女性人才成长创造公平友好环境，在就业、职称职务晋升、评选先进、分配科研启动经费等方面做到男女平等。鼓励用人单位和社会组织为新入职的女性科技人才提供个人职业发展咨询和培训服务，帮助她们提高在科学技术领域的职业发展期望。鼓励用人单位创造条件，加强女性科技人才的专业知识、创新方法等方面的培训，并为女性参加进修、培训、学术交流以及出国境访问、考察等提供经费和时间保障。督促科研机构及企事业单位落实高级职称女性退休政策，明确具有高级职称的女性专业技术人员可以根据国家政策选择年满55 周岁或年满 60 周岁退休，充分发挥女性科技人才的工作积极性。

（二）为孕哺期女性科技工作者提供特殊支持

建议坚持并在更多部门、更多领域推广国家自然科学基金委员会自 2011 年开始实施的积极政策，如“放宽女性申请青年科学基金的年龄到 40 岁”“明确女性可以因生育而延长在研项目结题时间”“对由孕哺期女性科技人才承担的在研科研项目，可适当延长项目执行时间”“女性科研人员申请优秀青年科学基金项目的年龄上限设为未满 40 岁”，以及 2010 年修订的《中国青年科技奖条例》将女性候选人年龄由 40 岁放宽到 45 岁（比男性延长 5 岁）等。

支持科研单位和高等院校为科技人才创造生育友好型工作环境。鼓励用人单位允许女性科研人员因怀孕、哺乳等延长项目周期。通过实行弹性工作制、配备科研辅助人员、调整聘期评价和绩效考核办法等措施，在职称晋升、科研管理、聘期考核、绩效考核等方面给予孕哺期女性科研人员适当支持。在考核评价、职称评审、职务聘任等环节，对孕哺期女性科技人才放宽期限要求。比如，实行女性科技人才每生育一孩评聘考核期延长一定时间的制度，支持女性科技人才不因生育中断科研事业。支持科研单位自主设立支持女性科研人才孕育后开展科研工作的专项支出。

（三）培育后备人才科研兴趣，加大女科技人员宣传力度

在中小学科技创新大赛、机器人竞赛等科学竞赛和科学实践活动中，规定有一定比例的女生参与。设立“女性科技后备人才专项成长计划”。有针对性地开展高中阶段职业生涯规划指导，支持有意愿的女性报考理工类院校；在本科、硕士、博士研究生各阶段设立理工科女大学生奖学金，对理工科女生提供奖学金，为女生建立在线导师项目，引导女生提升科技工作兴趣；鼓励女本科生接触科研工作，支持女研究生参与或承担科研项目。试点组织“女企业家 + 女大学生”的一对一导师式免费培训课程，推动建立“女大学生双创教育平台建设”项目，以提高女大学生参与科技创新创业的兴趣。建立女性科技人才全事业期动态跟踪机制，对富有创新潜力的女性后备科技人才和具有重大创新突破能力的女性科技工作者进行跟踪培养，持续提供项目经费和科研活动等支持。

强化平等教育，加大对优秀女性科技人才的宣传和奖励表彰力度。支持各级各类学校开展性别平等教育，常态化开展女科学家进校园活动，消除学科性别刻板印象和性别因素对学生专业选择的不利影响。发挥各类媒体平台作用，加大女性科技人才宣传力度，强化榜样引领和舆论引导，切实改变社会上的性别刻板印象，在全社会营造尊重、学习女性科研创新精神的社会氛围。

（四）为女性科技人才发展和发挥作用提供社会支持

鼓励家庭成员共担家务劳动和育儿责任，鼓励社会力量参与提供社会化家政服务，为女性科研人员减轻后顾之忧。建议有关用人单位做实女性科技人才身心健康关爱服务，加强对女科技工作者的心理疏导，提高单位人文及

管理精细化程度。有效推进科研机构母婴、幼儿照护等设施建设。鼓励用人单位继续探索开展暑期托管班等多种形式的托育项目、建立女职工休息哺乳室等，对女科技工作者全心从事科研工作提供更大支持。

学术组织、科学技术社会团体要继续推进女性科技人才交流平台的建设，积极组织女性科技人才开展交流活动，帮助女性科技人才扩展科研学术网络。进一步推动女科学家在国际科技组织、学术组织中任职，提升我国女科学家的国际影响力。在国内外学术会议中设立女性专场论坛，提高主要学术报告人、主持人和大会主席中的女性占比。

进一步支持女性参与科技政策决策咨询，充分发挥女性科技人才在推动科技创新机制和制度建设中的重要作用，提高女性科技人才在重大科技管理和决策中的参与度、话语权。自 2011 年起，国家自然科学基金委员会实施了“逐步增加专家评审组中的女性成员人数”的措施，得到女性科技人才的好评。建议提高女性科技人才参与科技决策的比例。在科学院、工程院院士评比投票中，扩大评审专家范围，保证一定比例的女性评审专家参与。在国家科技专家库等科技评审专家库中，增加女性专家的数量，在国家科技计划项目、国家科技奖励、人才计划的评审评估等工作中，提高女性专家比例。在国家科技规划战略咨询与计划项目评审和科研项目同行评议中，开展科技政策咨询或征求意见时，保证一定比例的女性科技人才参与。继续提高各类学术组织、科学技术社会团体中理事、会员或代表中的女性比例。在政府部门组织的继续教育培训中，在党校、行政院校以及相关高等院校开展的干部培训中，重视吸纳一定比例的女性科技人员和管理者参加。在有关女性领导力培训中，开设科技战线女性领导干部专题培训班。

加强对女性科技人才资源的统计和评估，完善科技女性相关数据的统计指标体系，积极推进女性科技人才数据库建设，定期发布女性科技人才发展情况报告。设立“科技与性别”研究专项，建立指标体系，对科技政策进行性别平等评估，动态掌握女性科技人才发展状况，对女性科技人员发展问题进行持续研究。

B.4
老年人力资源开发基本状况分析

曾红颖　尤　红*

摘　要：我国是世界上老龄化速度超快、老龄人口总量最多的国家，具备开发老年人力资源的有利条件。但现实中，我国老年人力资源开发还存在一些问题：认知有误区、政策体系不健全、服务支持不足、开发层次较低等。未来一段时期，老年人力资源开发，应进一步优化社会环境，加强顶层设计，加快构建相关法律法规、政策、服务体系。

关键词：老年人口　人口老龄化　老年人力资源

一　老年人口总体特征

老龄化是一个全球现象。早在1956年联合国就明确了老龄化社会的判断标准，① 即一个国家或地区的总人口中，65岁及以上人口占比超过7%，这个国家或地区进入老龄化。1982年召开的维也纳老龄问题世界大会，又增加了一个判断标准，即一个国家或地区的总人口中，60岁及以上人口占比超过10%，这个国家或地区进入老龄化。目前，发达国家已经全部进入老龄化时代，其中，老龄化水平最高的20个国家，几乎都是发达国家。我

* 曾红颖，中国宏观经济研究院研究员，主要研究方向为公共服务和社会治理、社会服务业发展战略、创业创新政策；尤红，清华大学万科公共卫生与健康学院教授，主要研究方向为社会组织发展战略、公共卫生和残疾人政策促进。

① 这一标准出现在《人口老龄化及其社会经济后果》报告中。

国2000年开始步入老龄化，当前我国是世界上老龄人口总量最多、人口老龄化速度超快的国家。

（一）老龄人口总量超大

根据第七次全国人口普查（以下简称“七普”）数据，截至2020年11月1日，我国人口中，0～14岁人口为2.53亿人，占17.95%；15～59岁人口为8.94亿人，占63.35%；60岁及以上人口为2.64亿人，占18.70%，其中65岁及以上人口为1.91亿人，占13.50%（见表4－1）。我国60岁以上人口相当于2个日本的总人口，接近美国老龄人口（5300万人）的5倍之多。

表4－1　全国人口年龄构成

单位：人，%

年龄	人口数	比重
总计	1411778724	100
0～14岁	253383938	17.95
15～59岁	894376020	63.35
60岁及以上	264018766	18.70
其中:65岁及以上	190635280	13.50

资料来源：国家统计局第七次全国人口普查公报。

（二）老龄化速度超快

2000年，我国60岁及以上老年人口为1.3亿人，老龄化水平达到10%，2010年，我国60岁及以上人口比重为15.44%，2020年，我国60岁以上老龄人口比重达到18.70%。通过与主要国家老龄化率比较可以看出，我国的老龄化速度超快（见表4－2）。根据全国老龄办预测，“十四五”时期，我国将新增老年人口5400万人左右，60岁及以上人口占比将突破20%，65岁及以上人口占比将超过14%。我国老龄化率达到14%，预计在2022～2025年，老龄化速度超过日本，比发达国家平均少用45～50年。从中美国民年龄中位数也能看到我国快速老龄化的事实。1990年我国的中位数年龄比美国年轻了10岁，2020年美国和我国的中位数年龄几乎完全相同，美国是38.5岁，我国是38.4岁。

表4-2　主要国家老龄化率从7%到14%所用时间

老龄化率(65岁及以上人口占比)	法国	瑞典	英国	日本	美国	中国
7%	1865年	1890年	1930年	1970年	1944年	2000年
14%	1995年	1975年	1975年	1996年	2015年	2022年
时间	130年	85年	45年	26年	71年	22年

资料来源：《国家应对人口老龄化战略研究总报告》，华龄出版社，2014。

（三）老龄健康状况有显著改善

一是预期寿命快速提升。新中国成立后，我国人均预期寿命快速提高，从1949年约35岁到2000年的71.4岁，在短短的50年时间里提高了1倍还多，提高的幅度远远超过发达国家和世界平均水平。2016年预期寿命情况见表4-3。2019年底，我国人均预期寿命为77.3岁，已经接近高收入国家平均水平。

表4-3　世界主要区域和国家2016年出生预期寿命

单位：岁

区域/国家	人均预期寿命		
	男	女	两性
中国	75.0	77.9	76.4
全球	69.8	74.2	72.0
非洲区域	59.6	62.7	61.2
美洲区域	73.8	79.8	76.8
东南亚区域	67.9	71.3	69.5
欧洲区域	74.2	80.8	77.5
东地中海区域	67.7	70.7	69.1
西太平洋区域	75.0	78.9	76.9
美国	76.1	81.1	78.6
英国	79.7	83.2	81.4
德国	78.7	83.3	80.9

续表

区域/国家	人均预期寿命		
	男	女	两性
法国	80.1	85.7	82.9
日本	81.1	87.1	84.2
意大利	80.5	84.9	82.7
加拿大	80.9	84.7	82.8
俄罗斯	66.4	77.2	72.0
阿根廷	73.5	80.3	76.9
澳大利亚	81.0	84.8	82.9
巴西	71.4	78.9	75.1
印度	67.4	70.3	68.8
印度尼西亚	67.3	71.4	69.3
韩国	79.5	85.6	82.7
墨西哥	74.0	79.2	76.6
沙特阿拉伯	73.5	76.5	74.8
南非	60.2	67.0	63.6
土耳其	73.3	79.4	76.4

注："区域"是世界卫生组织区域。

资料来源：《2020 年世界卫生统计：针对可持续发展目标监测卫生状况》（World Health Statistics 2020：Monitoring Health for the SDGs，Sustainable Development Goals）。世界卫生组织，2020。

二是基本实现全民健康覆盖。根据世界卫生组织研究报告，我国全民健康覆盖指数明显高于全球水平，与主要发达国家接近（见表 4-4）。

表 4-4　世界主要区域和国家全民健康服务覆盖指数

单位：岁

区域/国家	全民健康覆盖:服务覆盖指数
	可比估计数(2017)
中国	79
全球	66
非洲区域	46
美洲区域	79
东南亚区域	56
欧洲区域	77
东地中海区域	57
西太平洋区域	77
美国	84

续表

区域/国家	全民健康覆盖:服务覆盖指数
	可比估计数(2017)
英国	87
德国	83
法国	78
日本	83
意大利	82
加拿大	89
俄罗斯	75
阿根廷	76
澳大利亚	87
巴西	79
印度	55
印度尼西亚	57
韩国	86
墨西哥	76
沙特阿拉伯	74
南非	69
土耳其	74

资料来源：《2020 年世界卫生统计：针对可持续发展目标监测卫生状况》（World Health Statistics 2020：Monitoring Health for the SDGs，Sustainable Development Goals）。世界卫生组织，2020。

（四）老龄化程度区域差异显现

我国老龄化程度呈现明显的地区差异。按照国际标准，60 岁以上人口超过 20% 或 65 岁以上人口超过 14% 属于深度老龄化阶段。当前我国有 10 个省份 60 岁及以上老年人口占比超过 20%，属于深度老龄化地区。其中，辽宁、上海、黑龙江、吉林是中国老龄化程度最深的省份。其他 21 个省份按照国际标准只有西藏未进入老龄化阶段，20 个省份在老龄化进程中，但老龄化程度有差别。我们按照全国平均老龄化水平和 60 岁以上人口超过 14%，划两条线，超过全国平均老龄化水平但低于 20% 国际标准的还有 8 个省份，属于较高老龄化地区；老龄化程度低于全国平均水平，但老龄人口超过 14% 的 8 个省份定义为老龄化地区；另外 5 个省份是相对较低老龄化地区（见表 4 –5）。

表4-5 中国区域老龄化程度

单位：%

类型	地区	60岁及以上人口比重
深度老龄化地区	辽宁	25.72
	上海	23.38
	黑龙江	23.22
	吉林	23.06
	重庆	21.87
	江苏	21.84
	四川	21.71
	天津	21.66
	山东	20.90
	湖北	20.42
较高老龄化地区	湖南	19.88
	河北	19.85
	内蒙古	19.78
	北京	19.63
	陕西	19.20
	山西	18.92
	安徽	18.79
	浙江	18.70
	全国	18.70
老龄化地区	河南	18.08
	甘肃	17.03
	江西	16.87
	广西	16.69
	福建	15.98
	贵州	15.38
	云南	14.91
	海南	14.65
相对较低老龄化地区	宁夏	13.52
	广东	12.35
	青海	12.14
	新疆	11.28
	西藏	8.52

资料来源：国家统计局第七次全国人口普查公报。

二　老年人力资源状况分析

（一）老年人力资源丰富

自2000年正式步入老龄化社会以来，我国老年人口数量不断增加，2020年60岁及以上人口多达2.64亿人。超大规模的老年人口蕴藏了巨大潜能。

一是低龄老人占比大。从老年人口结构来看，60～69岁的低龄老年人口占比较大。2019年，60～69岁的老年人口占总人口的10.61%（见图4－1），占老年人口的58.5%，总量接近1.5亿人。

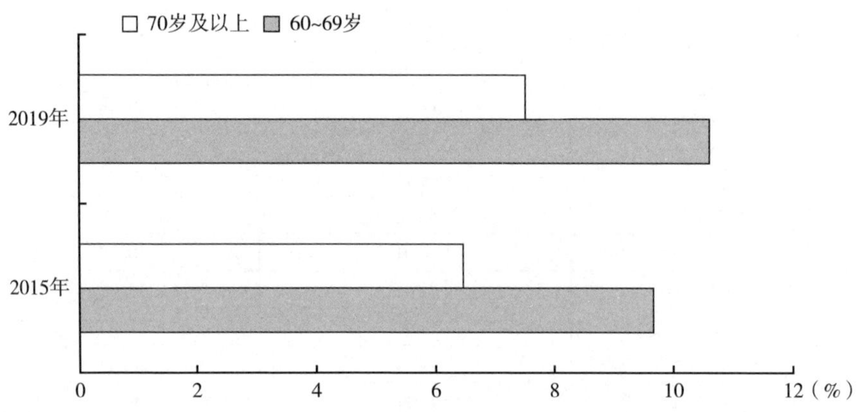

图4－1　2015年、2019年全国60岁及以上老年人口占比

二是“十四五”时期将步入老龄的人口受教育水平大大提升。根据南开大学的一份研究报告，2015年，我国60～69岁低龄老人中，接受过高中以上教育的占11.2%；在50～59岁的准老年组（2030～2039年进入老龄）中，这一比例为22.0%，占比几乎翻了一番；在20～29岁的年轻人群中，这一比例为57.0%。

三是老年人口健康水平不断提高。随着收入水平提升、人们健康意识改善和社会健康服务能力的进步，我国的人口预期寿命不断提高。2000 年我国居民平均寿命为 71.4 岁，2019 年增至 77.3 岁，人口预期寿命 10 年增加了 5.9 岁，已经基本达到发达国家水平，为老年人力资源开发奠定了坚实基础。

（二）老年人力资源开发条件基本具备

一是老年人口继续参加工作的愿望明显增强。在影响老年人口再就业意愿的因素中，年龄、健康状况和经济状况等影响显著。低龄老年人口普遍健康素养高、受教育水平高、思想观念新、身体较为健康，继续参与社会生活愿望较强。相关调查发现，我国大约有 1/3 的城市老年人有就业意愿。

二是老年人力资源开发具备成本优势。老年人口特别是城市低龄老年人经历了改革开放 40 年的工作洗礼，思想观念比较先进，工作经验相对丰富，对工资等期望降低，其人力资源再开发成本较低。

三是老年人力资源开发的政策环境在优化。经过多年论证，《中华人民共和国国民经济和社会发展第十四个五年规划和 2035 年远景目标纲要》明确提出，按照“小步调整、弹性实施、分类推进、统筹兼顾”等原则，逐步延迟法定退休年龄。这为老年人力资源开发提供了政策空间。我国现行法定退休年龄与国际惯例有较大差异，按照小步调整原则，逐步延长退休年龄，可在一定程度上缓解由人口老龄化带来的影响。

四是老年人力资源的开发有利于促进人口健康并降低医疗成本。中国科学院的相关调查数据显示，我国 60 岁及以上的老年人群抑郁症发病率高达 15%，65 岁及以上人群的阿尔茨海默病发病率为 5.6%，社交减少和长期独处是导致两病症的主要风险之一。由于家庭结构小型化，老人独居现象越来越多，开发老年人力资源，让老年人参与社会生活和工作，在一定程度上能缓解老年心理健康问题，降低医疗成本。

三　国外老年人力资源开发主要经验

（一）活到老、干到老成为基本共识

日本不断推迟退休年龄。日本是全球老龄化程度最高的国家。1986 年，日本《老年劳动法修正案》明确规定，到 1998 年废止 60 岁之前退休的行为；1990 年，日本再次修订《老年劳动法》，鼓励延迟退休到 65 岁；2004 年，日本的《老年劳动法修正案》强调分阶段强制性地提高退休年龄：退休年龄 2010 年 4 月提高到 64 岁，2013 年 4 月提高到 65 岁；2021 年 4 月，日本政府正式实施《改定高年龄者雇佣安定法》，把企业员工的退休年龄提高到了 70 岁。

美国正常退休年龄为 67 岁且鼓励延迟退休。根据政策，美国的退休分三个层次：提前退休、正常退休和延迟退休。提前退休年满 62 岁即可，退休金打折领取；正常退休层次中不同年代出生的人，退休年龄要求不同，如“60 后”正常退休年龄是 67 岁，可以领取全额退休金；选择延迟退休者，在原有退休金基础上可获得奖励性的收益。2021 年 3 月，新加坡宣布，将按计划在 2022 年 7 月 1 日将法定退休年龄提高到 63 岁，将返聘年龄提高到 68 岁；在 2030 年前将法定退休和返聘年龄分别提高到 65 岁和 70 岁。

（二）老年互助的时间银行模式

时间银行是对互助养老服务的创新，其核心是以时间为媒介，储蓄服务时间。低龄老人可以通过为高龄老人服务进行时间储蓄，到自己有需要的时候兑现。时间银行解决了家庭及社区照料功能和资金来源不足两大问题，在缓解养老资源紧张的同时也提高了老年人的社会参与程度。美国第一家时间银行成立于 1990 年。到 2000 年，英国时间银行制度成熟。英国的时间银行会员主要是老年人，超过 50% 的会员为赋闲在家的退休职工，因此，有明显的部分老年人为其他老年人和残障人提供家庭护理服务的特点。

不同的时间银行服务定位和特色不同。比如，美国及英国的时间银行以医疗照护服务为特色；日本则以丰富文化服务为特色。

四　我国老年人力资源开发面临的问题

目前，我国老年人力资源开发意识和观念有待强化，政策体系和保障机制还不够健全。

（一）老年人力资源开发存在认知误区

目前，老年人自身和社会两个方面对老年人力资源开发都存在认识不足问题。其中，以老年人再就业是和年轻人抢饭碗、老年人知识老化不适应新竞争环境、老年人力资源开发得不偿失等看法最为典型。从微观层面看，中国文化传统看重“孝”，认为老年人生活就是享福，老年人工作是子女无能或不孝的体现。从宏观层面看，我国《老年人权益保障法》把60岁定为老年，形成了60岁以后退休的集体认同。从操作层面看，也存在一些认识误区。比如，负担论，认为开发老年人力资源会加重社会负担，减少社会综合福利；再比如，抢饭碗论，认为开发老年人力资源会对年轻人就业存在挤出效应，加剧就业难矛盾。

（二）老年人力资源开发政策体系不够健全

我国老年人力资源开发缺乏战略性长远发展规划，相关政策和制度安排缺位。一是已经出台的政策对老年人再就业的合法权益缺乏明晰界定，保障老年人重新参与社会活动的法律法规不完善。二是老年人力资源开发原则、路径亟须明确，老年人力资源开发的政策措施和保障机制也亟待研究制定，改变老年人就业的自发状态。三是老年人力资源开发的责任单位和相关职责职能有待进一步清晰明确。我国还没有专门负责老年人力资源开发的管理服务机构，涉及老年人管理服务的有关部门对老年人力资源开发重视不够，尚未将老年人力资源开发纳入常态工作日程。

（三）老年人力资源开发支持服务不足

在人力资源开发的综合政策架构中，缺少对老年人再就业的服务设计，同时也未形成市场化的老年人口就业服务体系，老年人再就业主要是以个人选择和个体行为方式存在。由于缺乏针对老年人的职业服务机构，老年群体再就业比例偏低，一些身体健康且有一定专业技能的老年人也找不到就业岗位。

（四）老年人力资源开发层次较低

中国城乡老年人口状况追踪调查数据显示，城乡老年人就业状况有明显差异。在农村的老年人中，从事农业生产的占36.4%，其中，60~64岁的老年人达到63.32%。而在城市的老年人中，受教育水平较高且身体健康状况较好的再就业水平不高，再就业的占比远低于农村老年人的占比。此外，老年人力资源优势没有充分释放。分析老年人再就业的行业分布发现，60岁及以上的就业人员89.9%在第一产业。从第三产业内部的行业分布看，老年人再就业主要集中在传统服务业领域，比如，在居民服务业、公共管理和社会组织行业就业的60岁及以上的人占就业老年人口的1.5%。一些人力资源密集的行业，比如科学研究、技术服务等领域对老专家资源的开发明显滞后。根据调查，活跃在科学研究和技术服务领域的老年就业者仅占60岁及以上就业人口的0.079%。

五　老年人力资源开发展望

（一）优化老年人力资源开发社会环境

老龄化是我国未来相对较长时间的基本国情，老年人力资源开发势在必行。要纠正老年人养老的一系列认识误区，同时也要改变社会存在的“老年人再就业是和年轻人抢饭碗”等落后意识，更新社会对老年人力资源开发的看法，优化舆论环境，彻底改变“老年再就业歧视”现象，在全社会营造全龄友好环境，优化老年人再就业环境，引导更多健康、有技术技能、有意愿的老年人进入相应劳动力市场，发挥老年人力资源价值。

（二）加强人力资源开发顶层设计，统筹考虑全龄人力资源开发政策支持体系

适应我国人口新国情特点、性质，树立系统性、前瞻性、战略性应对理念。优化国家人力资源开发政策体系，把老年人力资源开发融入全局。一是提升对开发老年人力资源重要性的认知，把老年人力资源开发纳入国家人力资源开发规划，统筹构建老年人力资源开发的政策制度框架。二是要建立和完善老年人力资源开发的支撑政策体系，分类试点，分区推进，鼓励专业技术人才延长工作年限，有效发挥其在科学研究、学术交流和咨询服务等方面的作用。不搞“一刀切”，支持地方因地制宜探索适合本地区的老年人力资源开发的具体办法措施。三是探索老年人家庭扶持政策，科学测算老年人从事家庭内部隔代抚育、家务、社区服务等非市场体系服务产生的经济价值和社会价值，在家庭支持政策中给予一定的优惠和补贴。

（三）完善法律法规，保障老年人就业合法权益

深入贯彻落实《老年人权益保障法》，依法保护老年人就业权益和用人单位权益。根据我国老龄化进程，适时制定和完善相关法律法规，破除老年人再就业的年龄限制、权益保护等瓶颈，为老年人再就业提供法律解决方案。

（四）利用现代信息和数据技术，推动老年人力资源开发升级

一是利用大数据手段，建设老年人力资源大数据信息库，实现对老年人力资源状况的动态监测。二是开发、开放教育资源，为老年人健养、娱乐、再就业、自我提升提供终身教育便利。三是整合职业介绍、再就业培训、就业服务等资源，为老年人再就业提供支持服务。

B.5
城镇劳动者科学素质与技能状况分析

黄梅　谢晶　孙一平*

摘　要： 随着数字经济时代的到来，城镇劳动者科学素质和技能水平在稳步提升的同时，内容结构也发生了新的变化，数字技能成为其重要组成部分。本文在梳理总结城镇劳动者科学素质和技能水平基本情况、提升做法、面临形势的基础上，从强化就业优先政策、发挥行业推动作用、突出企业主体地位、加快政策机制创新、重视数字技能提升、利用信息技术手段、加强平台载体建设、动员社会力量参与等八个方面提出了城镇劳动者科学素质和技能水平提升的基本走势。

关键词： 城镇劳动者　科学素质　技能水平　数字技能

《中华人民共和国国民经济和社会发展第十四个五年规划和2035年远景目标纲要》（以下简称《纲要》）强调，"十四五"时期推动高质量发展，必须立足新发展阶段、贯彻新发展理念、构建新发展格局。这就要求在推动我国高质量发展的进程中，大幅提升劳动者科学素质和技能水平。本文所言之城镇劳动者特指在城镇就业的除公务员群体以外的18～60岁的人员。适应数字经济时代的新特征，本文关于城镇劳动者科学素质与技能的阐述，增加了有关数字技能的内容。

* 黄梅，博士，中国人事科学研究院研究员，主要研究方向为人力资源开发与配置；谢晶，博士，中国人事科学研究院副研究员，主要研究方向为职称和职业资格、心理测量与评估、人才选拔与评价、职业指导与咨询、人力资源服务标准化；孙一平，博士，中国人事科学研究院副研究员，主要研究方向为人才评价、职业发展、人力资源开发。

一　城镇劳动者科学素质与技能水平的基本情况

（一）城镇劳动人口规模

截至2020年末，全国就业人员总量75064万人（见表5－1），较2019年末下降3.11%，其中城镇就业人员总量46271万人，占全国就业总量的61.64%，较2019年增长4.57个百分点。在全国就业人员中，第一、第二、第三产业的比率由2019年的25.1∶27.5∶47.4调整为2020年的23.6∶28.7∶47.7（见图5－1）。2020年，全国农民工总量为28560万人，较2019年减少517万人，下降1.80%。其中，本地农民工11601万人，较2019年下降0.40%；外出农民工16959万人，较2019年下降2.70%。

表5－1　2016～2020年全国就业人员数量

单位：万人

指标	2016年	2017年	2018年	2019年	2020年
就业人员总量	77603	76058	75782	75447	75064
第一产业就业人员	21496	20295	19515	18652	17715
第二产业就业人员	22350	21762	21356	21234	21543
第三产业就业人员	33757	34001	34911	35561	35806

资料来源：国家统计局年度数据。

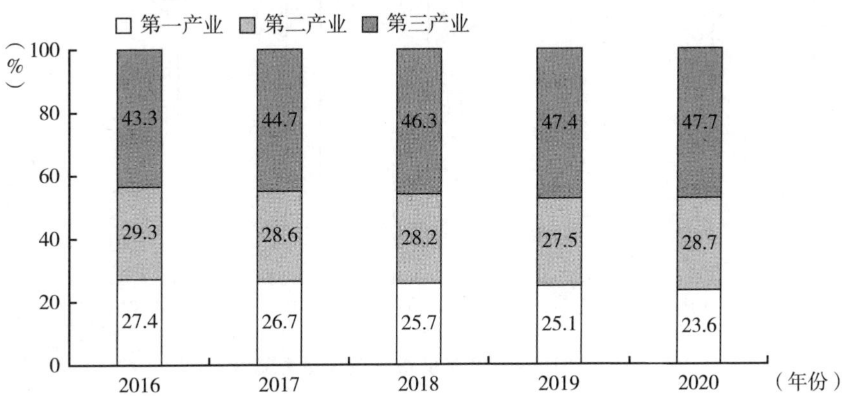

图5－1　2016～2020年全国就业人员产业分布

资料来源：国家统计局年度数据。

2020 年，全年城镇新增就业 1186 万人（见图 5 -2），较 2019 年下降 12.28%。其中，城镇失业人员实现再就业 511 万人，较 2019 年下降 6.41%；就业困难人员就业 167 万人，较 2019 年下降 6.70%（见图 5 -3）。2020 年末，城镇登记失业人员 1160 万人，登记失业率 4.24%（见图 5 - 4）；全国城镇调查失业率为 5.20%。

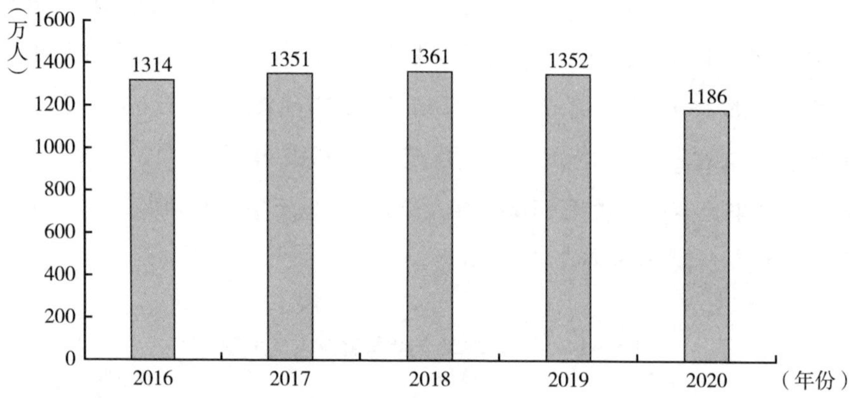

图 5 -2　2016 ~2020 年城镇新增就业人数

资料来源：2016 ~2020 年度人力资源和社会保障事业发展统计公报。

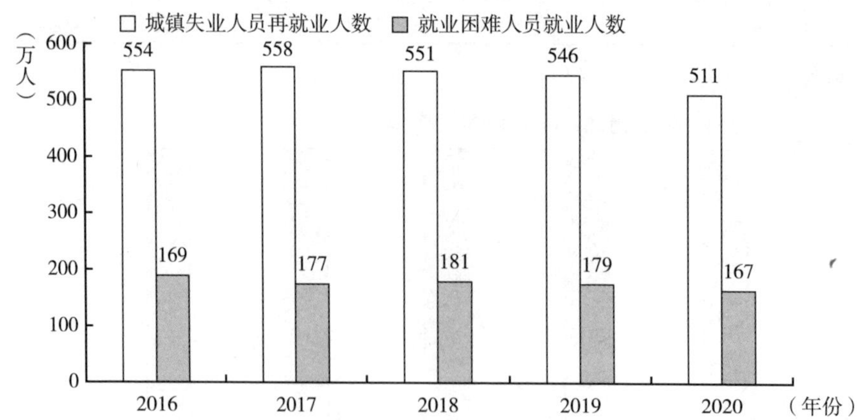

图 5 -3　2016 ~2020 年城镇失业人员再就业人数

资料来源：2016 ~2020 年度人力资源和社会保障事业发展统计公报。

图5－4　2016～2020年城镇登记失业人数及登记失业率

资料来源：2016～2020年度人力资源和社会保障事业发展统计公报。

（二）就业人口受教育程度

据统计，2019年全国就业人员中，研究生及以上学历占1.1%，较2018年增加0.2个百分点，大学本科占9.7%，大学专科占12.0%（见表5－2），大学专科及以上学历受过高等教育的从业人员占比较2018年增加2.6个百分点。从地区分布看，就业人口受过高等教育的比例排在前三位的省份依次是北京（62.2%）、上海（50.8%）和天津（43.2%），较2018年都有较大幅度的提升。随着高等职业教育和普通高等教育的快速发展，就业人员的受教育水平明显提高。

表5－2　2019年全国分地区就业人员受教育程度

单位：%

地区	合计	男	女	未上过学	小学	初中	高中	大学专科	大学本科	研究生及以上
全国	100.0	56.8	43.2	2.2	15.7	40.6	18.7	12.0	9.7	1.1
北京	100.0	55.0	45.0	0.2	1.9	17.4	18.3	21.5	31.1	9.6
天津	100.0	65.0	35.0	0.4	6.0	29.6	20.9	17.7	22.0	3.5
河北	100.0	57.7	42.3	1.0	12.4	49.0	18.9	10.8	7.1	0.8

续表

地区	合计	男	女	未上过学	小学	初中	高中	大学专科	大学本科	研究生及以上
山西	100.0	59.3	40.7	0.9	11.1	42.8	20.8	13.3	10.2	0.8
内蒙古	100.0	57.6	42.4	1.7	15.3	40.1	17.5	13.7	11.0	0.7
辽宁	100.0	56.4	43.6	0.4	11.5	48.3	16.3	11.2	11.3	1.1
吉林	100.0	55.3	44.7	0.5	16.7	44.9	17.0	10.0	10.0	0.8
黑龙江	100.0	58.3	41.7	0.7	14.6	46.6	16.7	11.5	9.4	0.6
上海	100.0	58.4	41.6	0.4	4.9	26.3	17.4	19.6	25.3	5.9
江苏	100.0	56.8	43.2	2.2	13.6	36.9	19.6	14.7	11.7	1.3
浙江	100.0	56.8	43.2	1.5	14.9	34.2	18.8	15.5	13.7	1.4
安徽	100.0	56.5	43.5	6.7	18.0	42.5	14.0	10.4	7.8	0.7
福建	100.0	59.1	40.9	2.2	17.4	39.8	19.0	10.6	10.2	0.8
江西	100.0	56.8	43.2	1.9	18.6	45.2	18.0	9.6	6.2	0.5
山东	100.0	57.0	43.0	2.3	14.2	44.4	19.7	10.1	8.3	0.9
河南	100.0	54.8	45.2	2.0	12.1	47.4	20.7	10.6	6.7	0.6
湖北	100.0	56.4	43.6	2.6	16.4	39.6	20.8	11.3	8.1	1.3
湖南	100.0	56.2	43.8	1.1	12.2	41.0	23.7	12.7	8.5	0.7
广东	100.0	60.5	39.5	0.5	10.7	39.1	25.7	13.2	9.8	1.0
广西	100.0	55.7	44.3	1.2	17.2	50.7	15.5	8.8	6.0	0.5
海南	100.0	53.4	46.6	1.5	9.8	46.4	21.2	12.0	8.5	0.6
重庆	100.0	55.2	44.8	1.9	19.3	32.6	20.5	14.5	10.1	1.0
四川	100.0	53.9	46.1	3.6	25.6	36.7	15.4	10.5	7.2	0.9
贵州	100.0	57.9	42.1	7.4	29.5	37.4	10.9	7.3	7.0	0.3
云南	100.0	54.3	45.7	4.1	31.7	37.5	12.0	7.7	6.4	0.5
西藏	100.0	52.5	47.5	13.2	55.4	12.3	5.6	5.8	7.4	0.2
陕西	100.0	57.7	42.3	2.3	11.7	41.3	20.1	14.3	9.4	0.9
甘肃	100.0	56.3	43.7	5.1	25.5	36.8	14.7	9.3	7.9	0.7
青海	100.0	59.9	40.1	5.7	20.7	35.2	14.3	12.6	11.0	0.4
宁夏	100.0	58.1	41.9	5.0	12.7	37.0	16.2	16.2	12.1	0.8
新疆	100.0	52.8	47.2	1.0	16.2	38.8	17.4	14.9	11.0	0.7

注：为与教育部学历分类保持一致，将2020年以前年鉴中的受教育程度分类进行了合并调整，其中高中包括中等职业教育，大学专科包括高等职业教育。

资料来源：国家统计局人口和就业统计司编《中国人口和就业统计年鉴（2020）》，中国统计出版社，2020。

（三）城镇劳动者科学素质水平

根据第十一次中国公民科学素质调查结果，2020 年我国公民具备科学素质的比例从 2015 年的 6.20% 提升至 10.56%，实现了“十三五”规划提出的“2020 年公民具备科学素质的比例超过 10%”的目标。从区域情况看，东部地区持续领跑，长三角、珠三角、京津冀三大城市群处于领先地位。从省份情况看，31 个省（区、市）和新疆生产建设兵团全部达到或超过“十三五”的发展目标。从不同分类人群情况看，城镇居民和农村居民分别达到 13.75% 和 6.45%；男性公民和女性公民分别为 13.12% 和 8.82%，较 2015 年分别提高 4.08 个和 5.44 个百分点。

（四）城镇劳动者技能水平

截至 2020 年末，全国技工院校共有 2423 所，累计招生 160.1 万人，在校学生 395.5 万人，毕业生 101.4 万人，面向社会开展培训 485.8 万人次。就业训练中心、民办培训机构、职业技能鉴定机构、职业技能等级评价机构分别为 2622 个、25851 个、8205 个、4105 个。2020 年，参加职业技能鉴定和职业技能等级认定的为 1195.8 万人次，取得职业资格证书或职业技能等级证书的为 962.6 万人次，其中取得技师、高级技师职业资格证书或职业技能等级证书的为 25.8 万人次。全年累计组织开展国家级一类、二类职业技能大赛分别为 10 项、73 项，涵盖职业（工种）分别为 35 个、162 个。

（五）专业技术人才素质水平

截至 2020 年末，全国有享受政府特殊津贴人员 18.7 万人、百千万人才工程国家级人选 6500 多人；博士后科研工作站、博士后科研流动站分别为 3850 个、3318 个，累计招收培养博士后 26.1 万人；取得各类专业技术人员资格证书的为 3588 万人。2020 年，遴选实施专家服务脱贫攻坚示范项目 104 个，新设立国家级专家服务基地 11 家，组织深入基层的一线专家 2300

多名；累计报名参加专业技术人员资格考试的有1625万人，其中取得资格证书的有354万人，取证率为21.8%，较2019年提高3.1个百分点。

二　提升城镇劳动者科学素质和技能水平的主要做法

（一）落实部门责任

1. 强化专业技术人才知识更新和实践锻炼

由人力资源社会保障部牵头，通过加强知识更新和实践锻炼，不断提升专业技术人员的科学素质。2020年，累计举办高级研修班210期，培训高层次专业技术人才1.3万多人次；急需紧缺人才培养培训和岗位培训规模达到111万人次；新建20家国家级专业技术人员继续教育基地，累计总量已达200家。

2. 全方位开展城镇劳动者技能提升行动

由人力资源社会保障部牵头，面对新冠肺炎疫情危机，通过创新政策和方式方法，持续提升城镇劳动者技能水平。2020年，共组织补贴性职业培训2700.5万人次、以工代训2209.6万人，其中，培训农民工、贫困劳动力、城镇登记失业人员、高校应届毕业生分别为1046.6万人次、270.4万人次、80.5万人次、109.8万人次；实施职业技能提升行动、“互联网+职业技能培训计划”、百日免费线上技能培训行动等专项计划；通过加大落实企业稳岗扩岗政策，不断拓宽以工代训范围。

3. 推动青年创业就业能力提升

由团中央牵头，主要通过开展技能培训、就业创业、扶贫助困等工作提升青年人的就业创业能力。一是开展“青年文明号”创建活动，通过推动活动的日常化、制度化、常态化，确保其成为青年服务大局的“建功大舞台”、职业文明的“行业高标杆”、青年成才的“蓄水池”。二是开展“全国青年安全生产示范岗”创建活动，推动省、市级团委联合应急管理部门组织开展2020年度全国、省级、市级青年安全生产示范岗创建活动。三是推进“三个10万+”学业就业创业扶贫项目，截至2020年末，推动758个贫困县成立青年创业服务组织，联系扶持15.6万名青年扎根贫困地区创业。四是开展“2020年寻访新时代脱贫攻坚青年网络主播”评选活动，引导青年网络主播深度参与乡村振兴。五是召开2020年“中国青创板”创业者年会，着力为全国青年创新创业项目和企业提供综合金融服务的资本市场平台。

4. 提升女性人才创业就业能力

由全国妇联牵头，通过打造妇女创业创新基地、加强女性培训与合作交流等提升妇女创业创新能力。一是创办妇女创业创新基地。在全国妇联指导推动下，截至2020年末，共建立全国级妇女手工协会1个、省级妇女手工协会19个、各级各类妇女手工协会（商会）等行业组织1370多家，扶持非遗传承人12800多人，拥有会员近20万人；建立各级各类妇女手工基地7000多个，辐射带动近千万妇女实现就地就近就业创业。二是开展女性技能培训。截至2020年末，依托各级妇女手工协会，引入高等特色专业院校资源，开展各类手工技能培训，共培训妇女280多万人次。三是加强科技创新型女企业家培训。2021年5月18~21日，由全国妇联、科技部、中国建设银行共同主办的科技创新领域女企业家专题培训班在江苏常州举办，共有近百名科创领域女企业家代表参加。四是搭建女性交流合作平台。近五年来，各级妇联和协会组织妇女参加各种展示展洽活动7100多次，参加各种国际交流活动900多次。

5. 加强安全生产知识教育

由国务院安委会办公室、应急管理部牵头，持续开展全国“安全生产月”和“安全生产万里行”活动。2021年6月是第20个全国“安全生产月”，本次活动以“落实安全责任推动安全发展”为主题。6月16日是全国安全宣传咨询日，通过“安全生产大家谈”云课堂、抖音、快手、直播、宣传橱窗、微博、微信等多种渠道的系列活动，围绕政策法规解读、工作技能培训、防灾减灾知识宣传、施工用电、测绘安全、消防安全、信息与网络安全、应急救援、事故案例警示教育等议题，组织开展专家讲座，普及安全知识，传授应急处置方法，强化干部职工安全生产责任意识，提高安全生产素质和防范能力。

（二）创新内容模式

1. 重视新职业培训工作

2021 年 5 月，人力资源社会保障部办公厅印发《关于加强新职业培训工作的通知》，明确了新职业培训工作的基本思路。一是坚持就业导向，突出能力建设，鼓励培训机构依据国家职业标准，采取多种形式开展新职业培训特别是数字经济领域人才培养。二是针对数字技术技能类职业，探索引入现代化培训手段和方式。三是举办新职业领域的专家论坛、专题研修、技能竞赛活动等。四是结合新经济、新产业、新职业发展需要，不断创新教育培训目录、内容和项目。五是研发新职业培训大纲、培训教材、教学课程、职业培训包等基础资源。六是鼓励龙头企业、行业组织和院校中从事与新职业相关工作的人员参加师资培训，充实新职业培训师资力量。

2. 注重劳动者创业培训

2020 年 11 月，人力资源社会保障部印发《关于实施职业技能提升行动创业培训“马兰花计划”的通知》，在工作举措上推出一套“组合拳”。一是培训对象为有创业意愿和培训需求的城乡各类劳动者，重点是贫困劳动力、各类高校学生、返乡入乡创业人员、乡村创业致富带头人等。二是准备创业和创业初期的人员可参加创业意识、创办企业、网络创业、创业（模拟）实训等课程的培训，已经成功创业的人员可参加改善企业管理方面的培训。三是推动职业院校将创业创新课程纳入教学计划，并依托技能大师工作室等开展各类创业创新活动。四是有针对性地开发创业培训指导课程，指导推动贫困地区、农村地区、边远地区创业培训助力脱贫致富。

3. 加强技工院校劳动教育

2020 年 4 月，人力资源社会保障部印发《关于加强技工院校劳动教育的实施意见》，提出构建技工院校劳动教育体系的实施措施。一是优化劳动教育课程设置，明确将劳动教育纳入技工院校人才培养方案，邀请大国工匠、世界技能大赛获奖选手开展讲座。二是依托校企合作实习实训。深入推进校企双制、工学一体办学模式，在实训教学中融入劳动教育内容。三是开展职业技能竞赛交流活动。组织引导技工院校师生参与世界技能大赛、全国技能大赛等竞赛活动，举办技能日、劳动周（月）、技能夏（冬）令营展示交流活动。四是鼓励技工院校开设创业训练营、创业孵化基地、创业咨询服务机构，参与“中国创翼”创业创新大赛、全国创业培训讲师大赛等各类比赛。

4. 促进青年职业能力提升

2020 年 12 月，共青团中央印发《关于“十四五”时期推动〈中长期青年发展规划（2016—2025 年）〉纵深实施的意见》的通知，提出“十四五”时期促进青年职业发展的一系列举措。一是提升青少年科技创新意识和能力，持续调整优化“挑战杯”赛事，推进“小平科技创新实验室”建设，举办科技创新训练营，开展“少年科学院”活动。二是实施青年就业促进计划，有组织地开展大学生实习“扬帆计划”和青年就业见习，加强线上服务平台建设，加大力度针对困难学生群体开展就业精准帮扶。三是深化“创青春”系列活动，推动全国、省、市三级青年创业导师队伍建设，着重开展县域青年创业服务。

5. 增强妇女创业就业能力

2017 年 5 月、2018 年 2 月，全国妇联先后出台《关于开展创业创新巾帼行动的意见》《关于开展“乡村振兴巾帼行动”的实施意见》。近年来，各级妇联大力实施“创业创新巾帼行动”，全力推进“乡村振兴巾帼行动”，通过培训提促、基地示范、典型培树、竞赛带动等形式，进一步引领城乡妇女巾帼建新功。一是推动职业技能培训下沉，加强农村妇女电商直播、手工制作等特色培训，引领广大妇女通过新经济新业态创业致富。二是建设巾帼产业示范基地、巾帼返乡创业示范基地、“大嫂车间”等示范基地，搭建“新农人”等交流合作平台，带动更多女性返乡创业就业。三是选树宣传妇女创业典型，提供政策咨询服务和帮助，开展巾帼创业创新云课堂、巾帼农业专家送科技下乡等系列活动。四是以赛促训强技能，举办女性职业技能大赛等，促进城乡妇女职业技能提升。

6. 实施安全技能提升行动

2019年10月，应急管理部、人力资源社会保障部等五部门联合出台《关于高危行业领域安全技能提升行动计划的实施意见》。一是围绕提升职工基本技能水平和操作规程执行、岗位风险管控、安全隐患排查及初始应急处置能力，开展全覆盖的安全技能提升培训。二是严控新上岗人员安全生产与工伤预防培训不得少于72学时，建立健全并严格落实师带徒制度。三是实施班组长安全技能提升专项培训，确保2021年底前将高危企业班组长轮训一遍。四是强化特种作业人员安全技能培训考试，考试合格后持证上岗。五是将安全生产知识贯穿各类人员职业培训全过程。将其编入各类人员职业技能标准和培训教材，并成为在职业院校相关专业教学必修内容。

（三）重视平台建设

1. 加快国家级继续教育基地建设

国家级专业技术人员继续教育基地是深入贯彻落实人力资源社会保障部关于专业技术人才知识更新工程的主要抓手。2011～2020年，依托高等院校、科研院所、大型企业等现有施教机构，全国分期分批推进国家级继续教育基地建设。

2. 举办第一届职业技能大赛

2020年6月，人力资源社会保障部印发《关于举办中华人民共和国第一届职业技能大赛的通知》。2020年12月，人力资源社会保障部在广东省广州市正式举办了中华人民共和国第一届职业技能大赛。此次大赛以“新时代新技能新梦想”为主题，共设86个比赛项目，其中包括世赛选拔项目63个、国赛精选项目23个，共有36支代表队参赛，参赛选手2557名。本次大赛旨在对接世界技能大赛，打造全国性综合职业技能竞赛新品牌，健全职业技能竞赛体系，建设职业技能领域互学互鉴的交流展示平台，引领各地、各行业不断扩大技能竞赛工作规模，提升质量，推动以赛促学、以赛促训、以赛促建。

3. 开展全国行业职业技能竞赛

2020 年 4 月，人力资源社会保障部印发《关于组织开展 2020 年全国行业职业技能竞赛的通知》，对 2020 年全国行业职业技能赛事做出统一安排。按照竞赛规定，对一类职业技能大赛各职业（工种）决赛单人赛项前 5 名、双人赛项前 3 名、三人赛项前 2 名以及二类职业技能竞赛各职业（工种）决赛单人赛项前 3 名、双人赛项前 2 名、三人赛项第 1 名且为职工身份的选手，经人力资源社会保障部核准后被授予“全国技术能手”。同时，获得相应名次的选手同时晋升职业资格或职业技能等级。

4. 组织开展职业技能提升行动质量年活动

2021 年 2 月，人力资源社会保障部印发《关于 2021 年组织开展职业技能提升行动质量年活动的通知》。一是紧扣制造强国、质量强国建设需求，提高培训层次，突出培训重点。二是强化岗位培训，突出高技能人才培训以及产业紧缺人才培训、安全技能提升培训、转岗转业培训、储备性技能培训、技术技能融合性培训等。三是依托职业院校资源，完善校企协作机制，提升培训规范化、专业化水平。四是推动线上线下培训融合，优先遴选开发高技能人才培训平台和课程资源。五是针对重点群体精准开展“菜单”式培训和定岗定向培训。六是强化新技术、新工艺、新材料、新装备等实操技能训练，适当延长培训时长。

5. 举办2020中国百杰女性创业高峰论坛

2020 年 12 月 19 日，由中国杰出女企业家联谊会、北京妇女儿童发展基金会等联合主办的 2020 中国百杰女性创业高峰论坛在北京召开。本届论坛以“巾帼携手共创未来”为主题，来自海峡两岸和香港、澳门的杰出女企业家、首都高校大学生共 160 余人出席，设有 2020 中国十大杰出女企业家、百杰创业女性示范基地颁奖，百杰理事单位及“爱心大使”聘书授予环节，并特别向 10 名在抗击疫情中表现优秀的大学生颁发了奖学金。中国百杰女性创业高峰论坛自 2003 年以来，已成功举办了 16 届，旨在通过分享交流展现女企业家才华，并搭建合作双赢、凝聚智慧的舞台。

6. 举办第九届中国创新创业大赛

2020 年 11 月 5 日，第九届中国创新创业大赛全国总决赛在杭州高新区（滨江）正式开幕。本届大赛是由科技部、财政部、教育部、国家网信办和全国工商联共同指导，共青团中央、致公党中央、招商银行共同支持的国内最高规格的创新创业赛事。按照省级地方赛、专业赛、全国赛三位一体总体开展工作，累计报名参赛企业超过 3.5 万家，经过层层选拔，全国总决赛的 12 强初创组企业和 22 强成长组企业涉及新一代信息技术、新能源、新能源汽车、节能环保、高端装备制造、新材料、生物等 7 个行业。自 2012 年中国创新创业大赛创办以来，累计超过 21 万家次的企业和团队参赛，数以万计的创投专家参与大赛评审和相关活动，上百个创业服务机构参与到大赛中；累计 2103 家参赛优秀企业获得中央财政奖补支持，实现创业投资和贷款授信数百亿元；至少 17 家参赛企业在境内外资本市场成功上市，还培育和选拔了一批在这一轮创新创业大潮中涌现出来的创业明星。

7. 举办全国乡村振兴职业技能大赛

为贯彻落实习近平总书记关于技能人才工作的重要指示精神和党中央、国务院关于巩固拓展脱贫攻坚成果、全面推进乡村振兴的决策部署，发挥职业技能竞赛引领示范作用，推动支持乡村振兴相关领域技能人才队伍建设工作，2021 年 6 月，人力资源社会保障部、国家乡村振兴局联合印发《关于举办全国乡村振兴职业技能大赛的通知》。按照通知要求，本次大赛定于 9 月 13 ~ 15 日在新疆维吾尔自治区乌鲁木齐市新疆会展中心举办，设有砌筑工、汽车维修工、农机修理工、电工、美发师、养老护理员、育婴员、西式面点师、餐厅服务员、电子商务师、中式烹调师（羊肉烘烤）等 11 个比赛项目。此外，根据承办地产业发展特色，将中式面点师（馕制作）作为表演项目。

三　城镇劳动者科学素质和技能水平提升面临的新形势

（一）实施科教兴国战略

自1995年5月中共中央、国务院在《关于加速科学技术进步的决定》中首次提出实施科教兴国战略以来，科技进步热潮在我国沛然兴起。据统计，2020年，我国全年研发（R&D）经费支出超过2.4万亿元，科技进步贡献率超过60%，全球创新指数排名跃升至第14位。《纲要》明确“完善国家创新体系，加快建设科技强国”，科教兴国不断被赋予新的时代内涵。科技兴则民族兴，教育强则国家强。实施科教兴国战略必须尊重知识、尊重人才与教育，培养同现代化要求相适应的数以亿计高素质的劳动者和数以千万计的专业人才。

（二）实施人才强国战略

2002年，中共中央、国务院首次提出“实施人才强国战略”；2007年，“人才强国战略”写进中国共产党党章和党的十七大报告。《纲要》进一步明确深入实施人才强国战略、建成人才强国重大战略部署。面对难得机遇和严峻挑战，要加快确立人才引领发展战略地位，必须坚持问题导向，深入分析当下人才队伍状况，更加突出“点上聚焦”“以点带面”“高端引领”，统筹国内国际两大市场吸引高素质人才，提升人才引进、培养、使用、激励、评价、服务等工作质量，瞄准重要领域和关键环节需要，深化人才发展理念、体制、机制和方式创新，加快构筑具有国际竞争优势的人才制度体系。

（三）实施创新驱动发展战略

党的十八大以来，我国全面深入实施创新驱动发展战略，加快创新型国家建设步伐。创新是引领发展的第一动力，人才是科技创新的核心和关键。

当前，我国科技人才队伍建设取得长足进步，但战略科学家和高精尖人才匮乏，能够把握、规划和推动关键领域取得创新突破并带领我国占据世界科技创新制高点的战略科学家、科技战略家极为稀缺，科研人员开展原创性科技创新的积极性、主动性、创造性还有待进一步激发。面对这种局面，《纲要》明确要激发人才创新活力，多措并举造就更多国际一流的科技领军人才和创新团队，培养具有国际竞争力的青年科技人才后备军。

（四）实施制造强国战略

党的十八大以来，我国制造强国建设取得重大成就，我国连续11年保持世界第一制造大国地位、连续12年稳居全球货物贸易第一大出口国地位、成为全世界唯一拥有联合国产业分类中所列全部工业门类的国家、220多种工业产品产量居世界第一位。面对新机遇新挑战，《纲要》要求“深入实施制造强国战略”，推进产业基础高级化、产业链现代化，保持制造业比重基本稳定，增强制造业竞争优势，推动制造业高质量发展。在此过程中，建设高素质人才队伍是确保制造强国战略实现的重要保障。为此，要最大限度地激发科技人才的创新创造热情，培育大国工匠，培养制造强国战略所需要的各级各类专业化人才，建设高水平的科技人才队伍和技能人才队伍，用顶尖科技实力培育和塑造制造强国的强大动力。

（五）实施质量强国战略

自2016年全国两会首次将“建设质量强国”写入政府工作报告以来，“十三五”规划纲要再次明确提出“实施质量强国战略”，《纲要》则进一步提出推进质量强国建设，这是我国进入高质量发展阶段的必然要求。“质量强国”是目标，也是方向；建设质量强国是过程，也是路径。从目前情况看，我国产品、工程和服务质量的总体水平与发达国家还有很大差距，产业竞争力不强仍然是经济发展中的薄弱环节和主要矛盾。为此，新时期新阶段，建设质量强国，必须从文化引领、创新驱动、管理支撑、人才依托、生态优化等方面入手，在政策落地、落细、落实上下功夫，加大对质量技术创新、质量管理数字化转型、质量监管能力提升，尤其是加大质量教育与人才培养的投入力度，推动质量治理体系和治理能力现代化。

（六）实施网络强国战略

党的十八大以来，以习近平同志为核心的党中央逐步形成了网络强国战略思想。《纲要》进一步强调：坚持把发展经济着力点放在实体经济上，坚定不移建设网络强国。当前，我国数字经济规模已跃居全球第二，网上交易、手机支付、共享出行等新技术新应用广泛普及，但传统企业运用互联网的意识和能力不足、互联网企业对传统产业理解不够深入、跨界融合型人才严重匮乏等问题依然存在。面对新机遇新挑战，要进一步推动信息领域核心技术突破、发挥信息化对经济社会发展的引领作用，其中技术和人才是关键，实用型、创新型、跨界融合型人才的培养和开发更加迫切。

（七）实施数字中国战略

以习近平同志为核心的党中央高度重视数字化发展，提出数字中国战略。《纲要》进一步提出要“加快数字化发展”，并对此作出了系统部署。当前我国正经历以数字化、智能化为核心的新一轮工业革命。据相关测算，① 2020 年我国数字经济增加值规模已超过 19 万亿元，占 GDP 比重约为 18.8%。1993 ~2020 年，我国数字经济平均增速为 16.3%，呈持续快速增长势头，已成为中国经济增长的重要引擎。遵循数字化发展规律，提高数字技术基础研发能力，突破通信网络、集成电路、人工智能等领域前沿技术和关键核心技术，都需要进一步深化数字领域产学研深度融合，培育数字领军企业，打造多元化、多层次、多类型的数字化人才队伍。

（八）实施区域协调发展战略

区域协调发展战略是党的十六届三中全会提出的“五个统筹”之一。

---

① 谢伏瞻：《数字经济蓝皮书：中国数字经济前沿（2021）》，社会科学文献出版社，2021。

《纲要》明确提出，深入实施区域协调发展战略，进一步推进西部大开发、东北全面振兴、中部地区崛起、东部率先发展，在区域协调发展中促进相对平衡。人才作为生产力的第一要素，是区域发展中最活跃的要素。当前，我国区域人才发展战略的分割化、区域人才政策的碎片化和区域人才竞争的无序化等问题日益显现，如何吸引人才、培养人才、用好人才、服务人才是区域发展进程中不可回避的重要问题，这就迫使我们从体制、政策、方法上创新求进，在育才、引才、用才等方面同向发力，使人才“来得了、待得住、用得好、流得动”，实现区域协同发展与人才协同发展同步。

（九）实施新型城镇化战略

党的十八大以来，推进新型城镇化成为重要的国家战略。党的十九大进一步明确了中国新型城镇化进程与中国现代化进程、治理改革过程的互动关系。《纲要》强调：“提升城镇化发展质量”“深入推进以人为核心的新型城镇化战略”。当前，我国新型城镇化正处于由高速度发展向高质量发展转变的关键时期。根据第七次全国人口普查数据，居住在城镇的人口为90199万人，占全国总人口的63.89%，与2010年相比，城镇人口增加23642万人，比重上升14.21个百分点。在城镇化率提高和流动人口增加的同时，流向城镇的流动人口比重仍在提升，城镇化率较高地区的流动人口比重仍比较高，省内流动人口增长更快。“十四五”期间，要多措并举提升转移人力资源城镇就业创业的能力和质量，增强归属感、获得感和幸福感。

（十）实施“一带一路”倡议

2013年9月、10月，习近平总书记先后提出建设“新丝绸之路经济带”“21世纪海上丝绸之路”的战略构想（统称“一带一路”倡议）。当前，“一带一路”倡议实施取得了举世瞩目的成效。《纲要》强调：“推动共建‘一带一路’高质量发展”，推进战略、规划、机制对接，加强政策、规则、标准联通。随着“一带一路”倡议的实施，必须关注人力资源以及人与人的交往，人才合作便成为“一带一路”倡议实施的源动力。从“一带一路”倡议实施对人才的需求来看，在涉外业务中，急需既有深厚专业知识、丰富行业经验，又深谙国际法律条例、精通外语的外向型人才；在国际合作中，急需懂得工程承包、知识产权、版权贸易的专业人才。同时，也要培养好、使用好和激励好我们本国员工以及共建“一带一路”各国（地区）的当地员工。

四　提升城镇劳动者科学素质与技能水平的基本走势

（一）强化就业优先政策

就业是民生之本，是发展之基，也是财富创造的源头活水，促进就业已成为扩大消费乃至构建新发展格局的重要支撑之一。“十四五”时期，要继续强化就业优先政策，从坚持经济发展就业导向、强化就业优先政策、完善重点群体就业支持体系等方面采取措施。一是坚持经济发展就业导向，健全就业目标责任考核机制和就业影响评估机制。二是完善高校毕业生、农民工等重点群体就业支持体系。三是支持吸纳就业能力强的服务业、中小微企业和劳动密集型企业发展。四是增加高质量就业，支持和规范发展新就业形态。五是建立促进就业带动就业、多渠道灵活就业机制，增强劳动力市场包容性。六是扩大公益性岗位安置，重点帮扶零就业家庭成员、残疾人等困难人员就业。

（二）发挥行业推动作用

提升城镇劳动者科学素质和技能水平，离不开行业组织的参与和指导。行业组织的参与和指导能力、水平、质量、力度对科学素质和技能水平提升至关重要。一是赋予相关职责，为行业组织创造发挥作用的良好工作条件。二是发挥行业组织联系政府、企业、市场之间的桥梁纽带作用，利用信息与人才等优势，以行业企业劳动者的共同需求为切入点，强化能力素质和技能水平提升、培训体系建设职能。三是推动行业组织主动与企业合作，全面提高服务产业转型升级和企业创新发展的能力，培养更多满足行业需要、受企业欢迎的高素质技术技能人才。四是推动企业创新发展，通过系列重要活动帮助企业进一步提升责任意识和担当意识，构建行业发展新格局。

（三）突出企业主体地位

企业是城镇劳动者科学素质和技能提升的主战场，要重视发挥其主体作用。一是加快建立健全企业主导机制，破除体制机制障碍，构建起“政产学研金服用”一体化的生态共同体。二是尊重科学素质和技能提升规律，落实和完善政府支持企业投入的政策措施，引导各类要素向企业集聚。三是鼓励企业建立技能人才评价体系，结合行业特点和自身岗位需求，自主开展相关技能人才评价，并与国家技能人才评价体系主动衔接。四是探索企业与学校跨界合作的培养模式，构建面向“问题解决”的政府、产业部门、行业院校、企业、服务机构等多方联动的产业人才培养开发机制。五是打通企业科技人才、能工巧匠的职业成长通道，把“尊重知识、尊重人才、尊重创新、尊重创造”的方针落到实处。

（四）加快政策机制创新

要更好更快地完成城镇劳动者科学素质和技能提升目标，必须着力加强政策支持和经费保障。一是优化工作布局，形成城镇劳动者素质和技能提升工作合力。二是创新科技投入方式，逐步提高教育、科普、技能培训经费的增长速度，夯实城镇劳动者科学素质和技能水平提升基础。三是加快发展创业投资，引导社会资金加大科技创新和技能培训投入。四是加快顶层设计落地，完善技能人才薪酬结构体系，加大技术要素参与分配的激励力度。五是按照政府推动、市场引导、产教融合、特色办学的原则，加大对现代技工教育体系建设的政策支持力度，形成多元化技能人才培养格局。六是推动将职业资格评价、职业技能等级认定和专项职业能力考核等制度纳入一体化框架，实现技能人才评价结果的可衔接可转换。

（五）重视数字技能提升

数字经济时代对劳动者掌握数字技能提出了新的更高要求。2021 年 4 月，人力资源社会保障部印发《提升全民数字技能工作方案》。一是完善全民数字技能提升政策措施，将加强数字技能培养作为职业培训的重要内容，谋划和推动一些重点项目。二是加强技工院校数字技能类人才培养，支持和引导全国技工院校开设数字技能类专业。三是加强技工院校数字技能师资队伍建设，将数字技能作为校长和师资培训重点内容。四是加强数字技能培训，指导各地在开展各类职业培训时增加有关数字技能的培训内容。五是提升数字技能人才培养基础能力建设，建设具有数字技能相关领域的技能大师工作室和培养优势的高技能人才培训基地。六是打造区域性数字技能公共实训基地。

（六）利用信息技术手段

现代信息技术正在成为推进城镇劳动者科学素质和技能提升的重要方式和手段，当前要更充分发挥其作用。一是广泛应用大数据技术，增强城镇劳动者科学素质和技能水平提升的信息汇聚能力、需求感知能力，提升其信息引导水平。二是深度融合互联网技术，大力发展城镇劳动者科学素质和技能提升线上服务、积极做好主动服务、高度重视引导服务。三是有效利用人工智能技术，拓展城镇劳动者科学素质和技能提升信息采集维度，改进信息分析能力，提升信息应用效能。四是加快建设城镇劳动者科学素质和技能提升大数据应用平台、信息录入网络平台、需求预测预警支撑平台、服务工作信息化平台。五是培养工作人员数据信息开放思维、数据信息整合思维及数据信息共享思维。

（七）加强平台载体建设

平台载体是城镇劳动者科学素质和技能提升的重要支撑力量之一，优质平台载体有利于各类资源的空间集聚。一是打造技能大师工作室和首席技师工作室，搭建带徒传艺、技能攻关、技艺推广平台。二是建设有利于实现产教融合、校企合作的实训基地，推行“校中厂”“厂中校”联合办学模式。三是聚焦优势产业建立完善配套扶持政策，建立从初级工、中级工、高级工到技师、高级技师的全方位职业技能培训体系。四是搭建开放的科学知识学习平台，提供知识普及、知识查询、知识测试等各类公共服务产品。五是完善劳动者求职和用人单位用工需求信息对接平台，研究建立分行业、分专业、分职业的劳动者供给与需求指数。六是构建网络培训平台，推进职业技能培训资源共建共享共用。

（八）动员社会力量参与

城镇劳动者科学素质和技能提升工作是一项复杂的系统工程，需要依靠政府部门的力量，还必须动员多方社会力量共同参与。一是发挥各相关部门的职能作用，激发工会、共青团、行业协会等社团组织以及市场中介机构的活力，探索“政府 + 社会组织 + 市场机构”的运作模式。二是培育发展行业协会组织，改进和完善行业协会的服务模式。三是发挥用人主体参与积极性，进而形成城镇劳动者科学素质和技能提升工作的强大合力。四是重视公共服务机构的作用，定期开展信息收集，面向社会免费提供信息服务产品，搭建信息公共服务平台。五是发挥第三方机构咨询功能，探索第三方开展城镇劳动者科学素质和技能提升工作方式，发挥高校和科研院所等智库的重要作用。

参考文献

Miller, J. D. , *Scientific Literacy and Citizenship in the 21st Century*. Shiele B. and Koster E. H. , “Multimode Science Centers for This Century,” *Multimondes*, 2000: 369 – 413.

谢伏瞻：《数字经济蓝皮书：中国数字经济前沿（2021）》，社会科学文献出版社，2021。

孙锐：《“十四五”时期人才发展规划的新思维》，《人民论坛》2020 年 11 月 20 日。

孙锐：《“十四五”人才发展规划：布局高质量发展人才工作新体系》，《大国人才》2021年3月18日。

国家统计局：《第七次全国人口普查公报（第八号）》，http：//www. stats. gov. cn/ztjc/zdtjgz/zgrkpc/dqcrkpc/，2021年5月11日。

《公民具备科学素质的比例达10.56%！打开我国公民科学素质建设“成绩单”》，新华社，2021年1月26日。

人力资源和社会保障部：《人力资源和社会保障事业发展统计公报》（2016～2020）。

教育部：《2020年全国教育事业发展统计公报》，2021。

全国妇联办公厅：《以妇女特色手工产业“升级版”助力全面乡村振兴》，http：//www. women. org. cn/art/2021/5/17/art_ 27_ 166285. html，2021年5月17日。

张吉：《第九届中国创新创业大赛全国总决赛将于本周在杭州举行》，http：//st. zjol. com. cn/kjjsb/202011/t20201102_ 21611674. shtml，2020年11月2日。

B.6
教育人才发展状况分析

安雪慧*

摘　要：　教育人才队伍是建设高质量教育体系的重要支撑。本文主要回顾了2020年下半年和2021年上半年我国教育人才队伍建设的进展，涉及教育人才发展现状、教育人才培养培训体系、教师人事制度改革创新等方面；结合存在的问题，对未来教育人才队伍建设可能呈现的趋势进行了展望。

关键词：　教育人才　培养培训　人事制度　教师管理

一　教育人才发展现状

近年来，我国教育人才队伍建设成效显著。教师队伍规模稳步扩大、结构逐步优化、专业水平不断提升，一支师德高尚、业务精湛、结构合理、充满活力的教师队伍正在形成。2020 年，全国共有专任教师 1792.18 万人，比 2019 年增加 60.15 万人，增长 3.47%，比 2015 年增加 248.72 万人，增长 16.12%。近 1800 万教师工作在 53.71 万所学校，支撑起有 2.89 亿在校学生的世界上最大规模的教育体系，为我国实现从人口大国向人力资源大国的转变做出了巨大贡献。

---

* 安雪慧，博士，教育部教育发展研究中心区域发展研究部主任，研究员，主要研究方向为中小学教师队伍建设、学校管理与制度、区域教育现代化、女童与妇女教育等。

（一）教育人才数量稳步增加

1. 幼儿园专任教师人数增长较快，生师比不断优化

2020 年，全国共有幼儿园专任教师 291.3 万人，比 2019 年增加 15.0 万人，增长 5.4%；比 2015 年增加 86.2 万人（见表 6－1），增长 42.0%。幼儿园专任教师数的增幅高于在园幼儿数的增幅，幼儿园生师比不断优化。2020 年，全国幼儿园生师比为 15.5∶1，比 2015 年的 17.1∶1 下降 1.6，幼儿教育专任教师配置水平明显改善。

表 6－1　2015～2020 年全国城乡幼儿园专任教师数量

单位：万人

年份	2015	2016	2017	2018	2019	2020
全国	205.1	223.2	243.3	258.1	276.3	291.3
城市	95.6	104.9	115.1	123.1	133.6	143.1
农村	109.5	118.3	128.2	135.0	142.7	148.3

资料来源：历年教育部《全国教育事业发展统计公报》《中国教育统计年鉴》。

2020 年，全国共有幼儿园园长 30.8 万人，比 2015 年增加 5.6 万人，增长 22.3%。分城乡看，城市幼儿园园长有 12.9 万人，比 2015 年增长 32.1%；农村幼儿园园长 18.0 万人（见表 6－2），比 2015 年增长 16.1%。分区域看，西部地区幼儿园园长增幅较大，增长 30.1%。

表 6－2　全国分区域、分城乡幼儿园园长数量

单位：万人

区域	2015 年			2020 年		
	合计	城市	农村	合计	城市	农村
全国	25.2	9.7	15.5	30.8	12.9	18.0
东部	10.3	5.0	5.3	12.4	6.3	6.1
中部	8.5	2.7	5.7	9.9	3.5	6.4
西部	6.5	2.0	4.5	8.5	3.0	5.5

资料来源：历年教育部《全国教育事业发展统计公报》《中国教育统计年鉴》。

2. 义务教育阶段专任教师人数稳步增长，生师比达到国家编制标准

2020 年，全国义务教育阶段专任教师 1029. 49 万人，比 2015 年增加 113. 39 万人，增长 12. 38%，其中，小学专任教师 643. 4 万人，比 2015 年增加 74. 9 万人，增长 13. 18%；初中专任教师 386. 1 万人，比 2015 年增加 38. 5 万人（见表 6 –3），增长 11. 07%。

表 6 –3　全国城乡义务教育阶段专任教师数量

单位：万人

城乡	2015 年		2019 年		2020 年	
	小学	初中	小学	初中	小学	初中
全国	568. 5	347. 6	626. 9	374. 7	643. 4	386. 1
城市	173. 5	116. 1	215. 2	137. 7	229. 9	146. 0
农村	405. 4	171. 9	411. 7	237. 1	412. 5	240. 1

资料来源：历年教育部《全国教育事业发展统计公报》《中国教育统计年鉴》。

2020 年，全国小学生师比为 16. 7∶1，比上年下降 0. 1，比 2015 年下降 0. 4，小学教师配置水平进一步改善。分城乡看，城市小学生师比为 18. 3∶1，农村为 15. 8∶1，均比 2015 年有所下降，农村教师配置更为宽松。全国初中生师比为 12. 7∶1。分城乡看，农村初中生师比为 12. 5∶1（见表 6 –4），城市初中生师比与 2015 年相同，城市教师相对紧张。根据中央编办发〔2014〕72 号文的有关要求，[①] 从全国和城乡层面看，义务教育阶段专任教师配置已经达到国家规定编制标准。

表 6 –4　城乡义务教育阶段生师比

地区	2015 年			2019 年			2020 年		
	合计	城市	农村	合计	城市	农村	合计	城市	农村
小学	17. 1	19. 0	16. 3	16. 8	18. 4	16. 0	16. 7	18. 3	15. 8
初中	12. 4	13. 0	12. 2	12. 9	13. 1	12. 7	12. 7	13. 0	12. 5

资料来源：历年教育部《全国教育事业发展统计公报》《中国教育统计年鉴》。

① 县镇、农村中小学教职工编制标准统一到城市标准，小学教职工与学生比为 1∶19，初中为 1∶13. 5。

3. 特殊教育专任教师人数持续增加，逐步满足儿童教育需要

2020 年，全国特殊教育专任教师 6.62 万人，比上年增加 0.38 万人，增长 6.11%；比 2015 年增加 1.59 万人（见表 6－5），增长 31.6%。

表 6－5　全国特殊教育专任教师数量

单位：万人

年份	2015	2016	2019	2020
全国	5.03	5.32	6.24	6.62

资料来源：历年教育部《全国教育事业发展统计公报》《中国教育统计年鉴》。

4. 高中阶段专任教师人数稳步增加，师资配置水平提高

2020 年，全国高中阶段专任教师 278.27 万人，比 2015 年增加 23.98 万人，增长 9.43%。其中，普通高中专任教师 193.3 万人，比 2015 年增加 23.8 万人，增长 14.0%。分城乡看，城市普通高中专任教师 99.9 万人，比 2015 年增加 18.0 万人，增长 22.0%；农村普通高中专任教师 93.4 万人，比 2015 年增加 5.8 万人，增长 6.6%（见表 6－6）。2020 年，全国普通高中生师比为 12.9∶1，比 2015 年的 14.0∶1 下降 1.1，师资配置水平有所提高。

表 6－6　2020 年全国普通高中专任教师数量及其城乡分布

单位：万人，%

城乡	专任教师数	比 2015 年增加	比 2015 年增长
全国	193.3	23.8	14.0
城市	99.9	18.0	22.0
农村	93.4	5.8	6.6

资料来源：历年教育部《全国教育事业发展统计公报》《中国教育统计年鉴》。

2020 年，中等职业学校①专任教师 84.95 万人，比 2015 年略增 0.54 人，增长 0.64%。2020 年，全国中等职业学校生师比下降到

① 中等职业教育包括普通中等专业学校、职业高中、技工学校和成人中等专业学校。技工学校数据由 2019 年代替。教育部发展规划司：《2020 年全国教育事业统计主要结果》（2021－03－01）［2021－06－17］，http：//www.moe.gov.cn/jyb_ xwfb/gzdt_ gzdt/s5987/202103/t20210301_ 516062.html。

19.5:1（见表6-7），[①] 达到国家《中等职业学校设置标准》规定20:1的要求。

表6-7 全国中等职业学校专任教师数量及其区域分布（不含技工学校）

项目	2015年	2018年	2019年	2020年
专任教师数(万人)	65.2	63.5	64.2	64.9
生师比	20.5	19.1	18.9	19.5
其中:东部(万人)	18.0	16.2	16.0	16.4
中部(万人)	20.3	20.5	20.4	21.1
西部(万人)	24.5	22.3	22.1	22.9

资料来源：历年教育部《全国教育事业发展统计公报》《中国教育统计年鉴》。

2020年，全国中等职业学校“双师型”教师占专任教师比例为30.9%，比2015年提高2.2个百分点，总体达到《中等职业学校设置标准》规定的“双师型”教师不低于30%的要求。

表6-8 全国中等职业学校“双师型”教师占专任教师比例

单位：%

地区	2015年	2018年	2019年	2020年
全国	28.7	30.7	30.6	30.9
东部	33.5	35.1	35.0	35.6
中部	24.3	26.6	26.5	26.5
西部	26.1	27.9	27.9	28.1

资料来源：历年教育部《全国教育事业发展统计公报》《中国教育统计年鉴》。

5. 高等教育专任教师人数稳步增加，教师配置水平提升

2020年，全国高等学校专任教师185.20万人，比上年增加9.1万人，增长5.17%。其中，普通高等学校专任教师183.30万人，比2015年增加26.05万人（见表6-9），增长16.56%。2020年，全国普通高等学校生师

① 生师比计算未包括2020年技工学校。

比为 18.4∶1，比 2015 年提高 0.7。其中，普通本科院校生师比为 17.5∶1，比 2015 年降低 0.2，高职（专科）院校生师比为 20.3∶1，比 2015 年提高 2.5（见表 6－10）。

表 6－9　各级各类教育专任教师数量

单位：万人

类别	2015 年	2018 年	2019 年	2020 年
普通高等学校	157.26	167.28	174.02	183.30
普通高中	169.54	181.26	185.73	193.32
中等职业	84.41	83.35	84.29	84.95
普通初中	347.56	363.90	374.74	386.07
普通小学	568.51	609.19	626.91	643.42
特殊教育	5.03	5.87	6.24	6.62
学前教育	230.31	258.14	276.31	291.34

资料来源：历年教育部《全国教育事业发展统计公报》《中国教育统计年鉴》。

表 6－10　全国普通高校生师比

项目	普通本科院校		高职(专科)院校	
	2020 年	比 2015 年增加	2020 年	比 2015 年增加
生师比	17.5	－0.2	20.3	2.5

资料来源：历年教育部《全国教育事业发展统计公报》《中国教育统计年鉴》。

（二）教育人才队伍结构不断优化

1. 幼儿教师学历水平明显提高

2020 年，全国幼儿教师中，具有大专及以上学历的专任教师 247.7 万人，比 2015 年增长 63.6%；占专任教师总数的 85.0%，比 2015 年提高 11.2 个百分点（见表 6－11）。2020 年，全国幼儿教师中，学前教育专业毕业的专任教师达到 210.7 万人，比 2015 年增长 56.4%；占专任教师总数的 72.3%，比 2015 年提升 6.6 个百分点，比 2019 年上升 0.8 个百分点。

表 6-11　全国幼儿专任教师中大专及以上学历人员占比

单位：%

年份	2015	2016	2018	2019	2020
全国	73.80	76.54	81.0	82.7	85.0
城市	80.16	82.85	87.1	88.7	90.3
农村	68.25	70.96	75.3	77.2	79.9

资料来源：历年教育部《全国教育事业发展统计公报》《中国教育统计年鉴》。

2. 义务教育阶段高于规定学历的教师占比持续提升且农村学校的提升幅度高于城市学校，城乡义务教育阶段教师的学历差距呈缩小态势

2020 年，小学专任教师学历合格率①为 99.98%，专任教师中本科及以上学历比例为 66.00%，比 2019 年提高 3.49 个百分点。初中专任教师学历合格率为 99.89%，专任教师中本科及以上学历比例为 88.56%，比上年提高 1.21 个百分点。

3. 接受过专业培训的特殊教育教师占比有所提高

2020 年，专任教师中接受过特殊教育专业培训的比例为 78.65%，比 2019 年上升 1.75 个百分点；比 2015 年上升 13.75 个百分点（见表 6-12）。

表 6-12　接受过特殊教育专业培训的专任教师占比

单位：%

年份	2015	2016	2019	2020
全国	64.9	69.0	76.9	78.65

资料来源：历年教育部《全国教育事业发展统计公报》《中国教育统计年鉴》。

4. 全国普通高中专任教师学历水平持续提升，城乡教师学历合格率差异缩小

2020 年，全国普通高中专任教师学历合格率②为 98.8%，比 2015 年提

① 小学教师学历合格是指高中及以上学历；初中教师学历合格是指专科及以上学历。

② 普通高中专任教师学历合格指具有本科及以上学历。

高1.1个百分点。分城乡看，城市普通高中专任教师学历合格率为99.2%，比2015年提高0.7个百分点；农村普通高中专任教师学历合格率为98.4%，比2015年提高1.4个百分点（见表6－13）。

表6－13　全国城乡普通高中专任教师学历合格率

单位：%

年份	2015	2019	2020
全国	97.7	98.6	98.8
城市	98.5	99.1	99.2
农村	97.0	98.1	98.4

资料来源：历年教育部《全国教育事业发展统计公报》《中国教育统计年鉴》。

5. 普通本科院校教师学位层次稳步提高

2020年，普通高校专任教师中，有研究生学位的教师比例为75.8%，比2015年提高7.4个百分点。其中，普通本科院校为86.0%，比2015年提高7.9个百分点；高职（专科）院校为52.4%，比2015年提高7.9个百分点。

2020年，全国普通高校专任教师中，高级职称教师比例为43.3%，比2015年提高1.4个百分点；普通本科院校①为49.2%，比2015年提高2.3个百分点；高职（专科）院校为29.8%，比2015年提高0.2个百分点。

二　教师培养培训体系

（一）初步形成中国特色教师教育培训体系

1. 教师教育的开放体系基本形成

2018年1月印发的《中共中央国务院关于全面深化新时代教师队伍建

① 本科院校数据含独立学院。

设改革的意见》强调要加大对师范院校支持力度并明确了相关具体措施。同年2月印发的《教师教育振兴行动计划（2018—2022年)》提出要实施教师教育改革实验区建设行动并做出了系统安排。

我国教师教育综合改革效果显著。2020年，我国参与教师教育的院校有696所，其中，师范院校207所（师范大学、师范学院、师范高等专科学校分别为50所、71所、86所)，培养师范生的非师范院校489所(大学、学院、独立学院、高职高专院校、其他院校分别为74所、179所、38所、192所、6所)。2019年，全国在校师范生共261.58万人，师范院校和非师范院校在校师范生分别为128.00万人、133.58万人，培养规模接近1∶1。师范院校与非师范院校共同举办师范教育的开放体系基本形成。①

2. 完善公费师范生教育

国家通过提高部属师范大学公费师范生生均拨款标准、完善公费师范生培养政策、改进履约管理、加大政策保障力度等措施，进一步增强相关政策吸引力。“十三五”期间，教育部直属的6所师范大学累计招收公费师范生3.7万余人。② 目前，全国有28个省份采取多种方式开展地方师范生公费教育，每年大约有4.5万名公费师范生到乡村任教。③

健全三级五类师范专业认证。全国纳入一级质量监测的师范专业超过4000个，通过第二、三级专业认证的师范专业达到221个。④

① 教育部：《对十三届全国人大三次会议第6638号建议的答复》，中华人民共和国教育部政府门户网站（2020-12-8）［2021-06-05］，http://www.moe.gov.cn/jyb_xxgk/xxgk_jyta/jyta_jiaoshisi/202101/t20210128_511571.html。

② 教育部：《对十三届全国人大三次会议第9632号建议的答复》，中华人民共和国教育部政府门户网站（2021-01-28）［2021-06-05］，http://www.moe.gov.cn/jyb_xxgk/xxgk_jyta/jyta_jiaoshisi/202012/t20201203_503248.html。

③ 教育部：《对十三届全国人大三次会议第5430号建议的答复》，中华人民共和国教育部政府门户网站（2021-01-28）［2021-06-05］，http://www.moe.gov.cn/jyb_xxgk/xxgk_jyta/jyta_jiaoshisi/202101/t20210128_511557.html。

④ 教育部教师工作司：《抓住机遇重点突破全力交出新时代教师队伍建设改革攻坚得意之作》，中华人民共和国教育部政府门户网站（2020-12-01）［2021-06-05］，http://www.moe.gov.cn/fbh/live/2020/52692/sfcl/202012/t20201201_502589.html。

3. 完善教师培训体系

“十三五”以来，国家教育管理部门和培养培训机构不断加强教师培训机构与体制机制建设，建立国家培训和省、市、县、校分工合理、责任明确的五级全员培训体系。

2020 年，幼儿园专任教师接受培训的总人次达到 1987.0 万，比 2019 年增长 5.6%。幼儿园专任教师人均接受培训次数为 6.8 次。其中，城市为 8.6 次、农村为 5.1 次。2019 年，全国小学和初中接受培训专任教师数分别为 594.5 万人和 354.4 万人，占专任教师数的比例均达到 95%。全国小学专任教师人均年培训 6.4 次，较上年提高 1.0 次。全国初中教师人均年培训 6.0 次，较上年提高 0.9 次。

（二）加强乡村教师队伍建设

2020 年 7 月，教育部等六部门印发《关于加强新时代乡村教师队伍建设的意见》，提出要加强新时代乡村教师队伍建设，努力造就一支热爱乡村、数量充足、素质优良、充满活力的乡村教师队伍。具体政策措施涉及如下几个方面：激发教师奉献乡村教育的内生动力、提高乡村学校教师编制的使用效益、引导优秀人才向乡村学校流动、培育符合新时代要求的高质量乡村教师、让乡村教师获得更广阔的发展空间、让乡村教师享有应有的社会声望、优化在乡村建功立业的制度和人文环境。切实推动乡村教师“下得去、留得住、教得好、有发展”。“十三五”时期中央财政共安排 700 亿元，支持和引导地方加强乡村教师队伍建设。①

（三）全面推进“双师型”教师队伍建设

2019 年 8 月，为加强职业教育“双师型”教师队伍建设，教育部等四部门印发《深化新时代职业教育“双师型”教师队伍建设改革实施方案》，

① 陈晨：《“十三五”时期中央财政安排 700 亿元支持乡村教师队伍建设》，《光明日报》2020 年 9 月 10 日。

要求健全普通高等学校与地方政府、职业院校、行业企业四方联合培养教师机制，发挥行业企业在“双师型”教师培养中的重要作用，鼓励高校以职业院校毕业生和企业技术人员为重点培养职业教育教师。“十三五”期间，中央财政投入27亿元实施职业院校教师素质提高计划，带动各地有计划有步骤地实施五年一周期的教师全员培训，努力打造一批专业带头人和职教名师，领军“双师型”教师专业发展。①

（四）人工智能助推教师队伍建设

2018年8月，教育部办公厅印发《关于开展人工智能助推教师队伍建设行动试点工作的通知》，在宁夏回族自治区和北京外国语大学开展试点，探索人工智能助推教师教育改革和教育教学创新路径。2020年11月，教育部召开人工智能助推教师队伍建设暨加强新时代乡村教师队伍建设现场推进会，会议总结近年来各地利用人工智能助推教师队伍建设和促进乡村教师队伍建设助力打赢脱贫攻坚战的经验成果，深入推广宁夏回族自治区和北京外国语大学首批试点经验。2021年4月，教育部开展第二批人工智能助推教师队伍建设试点推荐遴选工作，推进人工智能等新技术与教师队伍建设深度融合，为“十四五”时期建设高质量教育体系提供高质量教师队伍支撑。

2020年4月，依托华中师范大学创建国家教师发展协同创新实验基地，整合区域内教育信息技术优势学科和优势资源，创新研训体系，开展研训实践，建成特色鲜明、国内一流、具有国际水准的教师培训和研究工作示范基地。基地建设任务主要包括创新研训体系、开展研训实践和实施帮扶研训。

---

① 教育部：《对十三届全国人大三次会议第4631号建议的答复》（教职成建议〔2020〕125号），中华人民共和国教育部政府门户网站（2020－11－10）［2021－06－06］，http：//www.moe.gov.cn/jyb_xxgk/xxgk_jyta/jyta_zcs/202011/t20201110_499155.html。

三　教师人事制度改革创新

（一）推进义务教育教师“县管校聘”管理制度改革

为加强县（区）域内义务教育教师统筹管理，打破体制机制障碍，国家推进义务教育教师“县管校聘”制度改革。按照试点先行、示范带动，以点带面、稳步推进原则，自2015年以来，教育部分两批共公布了49个“县管校聘”管理改革示范区，覆盖东中西部25个省份。截至2020年底，北京、河北、山西、辽宁等15个省份在省级层面专门出台指导意见或实施方案，进行全面部署。通过“县管校聘”改革，提高了编制岗位的使用效益，一些边远山区学校教师得到足额配备，缩小了城乡、校际教师队伍水平差距，促进了区域内中小学教师均衡、优化配置，缓解了农村学校师资尤其是音、体、美及英语等学科师资紧缺压力。[①]

（二）推进教师资格证制度改革

2020年4月，人力资源社会保障部、教育部等7部门印发《关于应对新冠肺炎疫情影响实施部分职业资格“先上岗、再考证”阶段性措施的通知》，对中小学、幼儿园、中等职业学校教师资格实施“先上岗、再考证”阶段性政策，进一步强化稳定就业举措。2020年9月，教育部印发《教育类研究生和公费师范生免试认定中小学教师资格改革实施方案》，深化“放管服”改革，完善教师资格准入办法，将教育类研究生和公费师范生教师资格准入关口前移到培养学校，并要求实施免试认定改革的高等学校，根据有关能力标准，建立师范生教育教学能力考核制度。

2021年4月，教育部办公厅关于印发《中学教育专业师范生教师职业

① 教育部：《对十三届全国人大三次会议第9632号建议的答复》，中华人民共和国教育部政府门户网站（2020－12－03）［2021－06－05］，http：//www. moe. gov. cn/jyb_ xxgk/xxgk_ jyta/jyta_ jiaoshisi/202012/t20201203_ 503248. html。

能力标准（试行）》等5个文件的通知，明确了中学教育、小学教育、学前教育、中等职业教育和特殊教育专业师范生教师职业基本能力，加强师范类专业建设，建立师范生教育教学能力考核制度，提高师范类专业人才培养质量，从源头上提升教师队伍教书育人的能力水平。

（三）深化教师职称制度改革

2020年12月，人力资源社会保障部、教育部印发《关于深化高等学校教师职称制度改革的指导意见》，完善高校教师职称评价标准，严把思想政治和师德师风考核关，克服唯论文、唯“帽子”、唯学历、唯奖项、唯项目等倾向，突出教育教学能力和业绩，推行代表性成果评价。将高校教师职称评审权下放至高校，与此同时，加强监管并优化服务。

（四）督导落实义务教育教师工资待遇保障

2018年，国务院办公厅印发《关于进一步保障义务教育教师工资待遇的通知》，进一步明确了义务教育教师和当地公务员工资收入的比较口径，并要求对公务员普遍发放奖励性补贴时，应及时统筹考虑义务教育教师，在政策上保证了义务教育教师平均工资水平不低于当地公务员平均工资水平。2020年9月，国务院办公厅督查室对贵州省大方县拖欠教师工资补贴、挤占挪用教育经费等问题在全国进行通报后，各地以通报为警戒，结合当地实际，组织全面摸查。2020年，经各方努力，全国所有县（市、区）均实现“义务教育教师平均工资收入水平不低于当地公务员”的目标。为防止问题反弹，2021年，国务院教育督导委员会办公室继续关注各地“不低于”落实情况。

四　未来展望

“十四五”时期是建设高质量教育体系的关键阶段，教育人才队伍建设仍是基础和关键。相关数据表明，教师队伍建设一直是公众和社会关注的热点。[①] 中国教育报刊社数据中心对两会期间的教育热点分析表明，“教师队伍建设”连续4年受关注，高居教育类话题榜首。其中，教师培养、教师待遇、乡村教师、师德师风等话题关注度较高。从教育人才队伍的发展数据看，仍然存在一些不平衡和不充足问题。比如，在各级教育教师队伍优化情况下，仍然存在城乡和区域之间的不平衡现象。从城乡角度看，2020年，城市幼儿园生师比为13.7∶1，农村为17.2∶1，农村教师仍显不足；城市幼儿园大专及以上学历教师比例明显高于农村，城市为90.3%，农村为79.9%，相差10.4个百分点；城市普通高中生师比为12.3∶1，农村普通高中生师比为13.5∶1，城市师资配置水平低，没有达到国家规定12.5的配置标准。从区域角度看，2020年，中、西部地区中职学校生师比和“双师型”教师占专任教师比例未达到国家规定标准。随着高职（专科）院校连续扩招，教师数量出现紧缺现象，需要继续加快补充高职（专科）院校教师队伍供给。在“双一流”建设目标下，高校教师队伍也面临数量和质量的双重压力。展望“十四五”，我国要以推进高质量人才队伍建设为目标，不断优化教育人才队伍结构，全面建设高素质专业化创新型教师队伍。

（一）推动师德师风建设常态化长效化

师德师风是评价教师质量的首要标准，是落实立德树人目标的基本前提，也是高水平教师教育体系的重要标准。未来各级教育主管部门和中小学要深入落实国家教师教育振兴决策部署，落实师德师风第一标准，强化师德建设主体责任，深化拓展师德师风治理成果。深入推进深化落实新时代幼儿园、中小学、高校教师职业行为准则，着力完善教师荣誉表彰制度体系，发挥典型示范引领作用。加强高校教师思想政治工作，健全高校教师分层分类教育制度。

---

① 董鲁皖龙：《中国教育报刊社大数据透视两会前热点话题——“教师队伍建设”连续4年受关注》，《中国教育报》2021年3月4日［2021-06-05］，http://www.moe.gov.cn/jyb_xwfb/xw_zt/moe_357/2021/2021_zt01/baodao/202103/t20210304_517328.html。

（二）深化教师管理制度改革

完善中小学教师资格制度，推进师范毕业生免试认定教师资格改革，建立教师教育院校对师范生教学能力进行考核的机制，执行师范生教师职业能力标准，严把教师准入关口。稳步推进三级五类师范类专业认证。根据专业或行业特点，研制“双师型”职教教师认定标准及资格标准，加强“双师型”职教教师队伍建设。

完善教师岗位设置，继续推进义务教育教师“县管校聘”管理改革，提高教育人才的使用效率。各级政府要加强中小学教职工编制管理，积极挖潜创新。不断深化教师职称制度改革，研究完善中小学岗位设置管理，尤其是高职职称岗位设置比例。落实关于加强新时代高校教师队伍建设改革的指导意见，完善高校教师职称制度。

（三）完善教师培养培训体系

职前培养和职后培训是教师素质能力提升的两个“车轮”，缺一不可。未来国家将启动国家师范教育基地和教师教育改革实验区建设，强化师范院校职前职后一体化发展，把师范院校办成高素质专业化创新型教师的培育基地。加大研究生层次中学教师培养改革力度。

启动实施新一轮“国培计划”和名师名校长领航工程。2021 年 4 月，教育部、财政部印发《关于实施中小学幼儿园教师国家级培训计划（2021—2025 年）的通知》（教师函〔2021〕4 号），持续推进教师培训提质增效和教师队伍高质量发展。深入实施职业院校教师素质提高计划，加强国家级职业教育教师教学创新团队遴选工作，推动教师企业实践基地和产业导师库建设。引导教师自觉适应信息化、人工智能等新技术发展，积极开展教育教学活动。中央财政进一步巩固完善相关政策措施，优化教育经费支出结构，继续支持和引导地方把教师队伍建设作为教育投入重点优先保障，提升乡村教师队伍素质。

（四）探索完善职业教育人才管理制度改革

当前，职业教育和培训改革成效逐步显现，但职业教育人才队伍不足和能力提升问题依然是制约职业教育改革发展的重要因素。国务院出台的《国家职业教育改革实施方案》和教育部等四部门印发的《深化新时代职业教育“双师型”教师队伍建设改革实施方案》等文件都提出，要多措并举打造“双师型”教师队伍，实施校企无缝合作，加快实现产教深度融合，提高教师教育教学水平。鼓励各地进一步完善职业院校人才薪酬待遇，调整绩效工资管理权限，支持“双师型”教师队伍建设并落实待遇。加快推进以“双师”素质为导向的新教师准入制度改革，支持校企共建“双师型”教师培养培训基地和教师企业实践基地，完善职业学校自主聘任兼职教师的办法等。

参考文献

教育部教师工作司：《抓住机遇重点突破全力交出新时代教师队伍建设改革攻坚得意之作》，中华人民共和国教育部政府门户网站，2020 年 12 月 1 日。

陈晨：《“十三五”时期中央财政安排 700 亿元支持乡村教师队伍建设》，《光明日报》2020 年 9 月 10 日。

历年教育部《全国教育事业发展统计公报》《中国教育统计年鉴》。

B.7
卫生健康人才发展成效、问题及形势分析

闫丽娜　李晓燕*

摘　要：　“十三五”时期，我国卫生健康人才队伍建设成效明显，但短板和不足仍然明显。“十四五”时期，我国卫生健康人才队伍建设应立足发展现状、贯彻新发展理念、有效回应健康中国建设发展需求，加大力度补短板，持续扩大人才总量规模，加快培养相关领域人才，加强高层次人才队伍建设，不断优化人才结构分布，稳步提升人才服务能力和质量，进一步深化体制机制改革，构建整合型卫生健康服务体系，创新人才配置政策和激励机制。

关键词：　卫生健康人才　队伍建设　服务体系

一　“十三五”期间卫生健康人才发展成效[①]

（一）卫生健康人才资源总量稳步增长

截至2020年底，我国卫生人员总量达到1347.5万人。其中，执业

* 闫丽娜，国家卫生健康委卫生发展研究中心助理研究员，主要研究方向为卫生人才队伍建设和人才政策；李晓燕，国家卫生健康委人才交流服务中心干部，主要研究方向为卫生人才队伍建设和人才政策。

① 除特殊注明外，本文数据均来源于2016~2021年中国卫生健康统计提要、2016~2020年中国卫生健康统计年鉴，“十三五”期间指2016~2020年。

（助理）医师408.6万人、注册护士470.9万人。“十三五”期间，全国卫生人员年均增长4.8%，每千人口执业（助理）医师由2.31人增加到2.90人，每千人口注册护士由2.54人增长到3.34人，每万人口全科医生由1.51人增加到2.90人；医院卫生人员由654.2万增加到811.2万，年均增长5.5%；基层医疗卫生机构卫生人才由368.3万增加到434万，年均增长4.2%，各类医疗卫生机构、各类人员规模均不断壮大。

（二）卫生健康人才素质能力持续提高

“十三五”期间，卫生技术人员中大学本科及以上学历者所占比例由32.2%提高到42.1%。其中，硕士研究生及以上学历增加0.9个百分点，本科及以上学历执业（助理）医师增加7.5个百分点；从机构看，社区卫生服务机构、乡镇卫生院、疾病预防控制机构卫生技术人员本科及以上学历均增加10个百分点以上；截至2020年底，医院、疾病预防控制机构本科及以上学历卫生技术人员占比接近一半。此外，医院、社区卫生服务机构、疾病预防控制机构本科及以上学历执业（助理）医师占比均超过50%，医院达到74.3%。

“十三五”期间，医疗卫生机构高级职称卫生技术人员比例由7.7%提高到8.9%。其中，高级职称执业（助理）医师占比增加1.6个百分点；医院、疾病预防控制机构、社区卫生服务机构、乡镇卫生院高级职称的技术人员占比分别增加1.2个、3.7个、2.0个、2.0个百分点。2020年，医院、疾病预防控制机构高级职称执业（助理）医师分别占25.0%和21.3%。

（三）卫生健康人才结构不断优化

“十三五”期间，卫生人才的专业化程度不断提高，卫生技术人员占卫生人员的比重由2016年的75.7%提高到2020年的79.2%；医护人才结构持续优化，整体医护比由1∶1.1优化到1∶1.15（其中，农村地区医护比倒置现状得到扭转，由1∶0.94优化到1∶1.02；西部地区医护比由1∶1.17优化到1∶1.26）；基层医疗卫生机构卫生技术人员、执业（助理）医师、注册护士占全国同类人员的比重分别增加1.4个百分点、1.7个百分点和2.6个百分点；城乡间每千人口卫生技术人员配备差值缩小0.06；东、中、西部地区每千人口执业（助理）医师配比由1∶0.87∶0.86提高到1∶0.92∶0.89，每千人口注册护士配比由1∶0.88∶0.93提高到1∶0.98∶1.04；非公立医疗卫生机构卫生技术人员占全国卫生技术人员的比重由18.8%提高到24.7%；在乡村卫生人员中，乡村医生和卫生员占比由69.7%下降到54.9%，执业（助理）医师占比由22.3%提高到32.3%，注册护士占比由8.1%提高到12.8%。

（四）卫生健康人才服务能力和服务效率不断提高

受新冠肺炎疫情影响，2020年医疗卫生机构诊疗人次和住院人次分别减少9.8亿人次和3583万人次。2016～2019年，医疗卫生机构门急诊人次增加9.9%，年均增长3.2%；出院人数增加17.2%，年均增长5.4%，平均住院日由8.8天下降到8.6天，其中三级医院由10.1天下降到9.1天。反映医疗服务能力的病例组合指数（CMI值）不断提高，综合医院CMI值由2016年的1.015提高至2018年的1.019。三级公立医院诊疗病种覆盖面逐年增加，DRG组数中位数由2016年的530组增加至2018年的590组，出院手术患者微创手术比例增加3.21个百分点，出院手术患者四级手术比例增加2.27个百分点。①

（五）卫生健康人才制度机制不断完善

医教协同深化医学人才培养制度改革。毕业后医学教育质量和规范不断提高，住院医师规范化培训制度、管理体制、培训体系不断完善，培训质量不断提高。

---

① 数据来源于国家卫生健康委办公厅2018年度、2019年度全国三级公立医院绩效考核国家监测分析有关情况的通报。

人才评价坚持注重实践。根据卫生健康人才规划监测评估调查，2019年分别有92%、85.8%的样本县已落实取消外语和计算机的相关要求，[①] 比2016年（80.3%、71.8%）分别增加11.7个百分点和14个百分点；评价指标从过度依赖科研、论文、学历转为以突出能力业绩为导向、更加注重实践的基层医疗卫生人才评价标准基本建立。

适应服务需求的人才流动配置机制建设探索不断深化。“十三五”期间，继续统筹推进和加强“万名医师支援农村卫生工程”“东西部地区医院省际对口支援”等工作，成效明显；继续开展医疗人才“组团式”援疆、援藏工作，从“输血式”支援向“造血式”支援转变。

体现医务人员劳动价值的薪酬制度改革探索持续推进。“十三五”期间，公立医院薪酬制度改革试点扩面提速，试点公立医院约占全国公立医院数量的23%。2020年6月9日，李克强总理主持召开国务院常务会议，确定深化公立医院薪酬制度改革的措施，更好调动医务人员积极性，更优服务人民群众。一是完善公立医院薪酬水平决定机制。有关部门要在确保群众就医整体负担不增加的基础上，动态调整公立医院薪酬水平。对公益任务重、承担科研教学任务等的公立医院适当给予倾斜。各地要综合考虑不同层级不同性质医院工作量、服务质量等因素，合理增加薪酬总量。二是落实公立医院内部分配自主权。统筹考虑薪酬总量及相关因素，继续完善岗位绩效工资制度，也可结合实际，自主确定其他更加有效的内部分配模式，向关键岗位和群众急需的岗位、业绩突出的医务人员倾斜，推动更好地解决大病重病等方面看病难问题。适当提高低年资医生薪酬水平，统筹考虑编内外人员薪酬待遇。

（六）卫生健康人才环境和理念日益优化

在2016年的全国卫生和健康大会上，习近平总书记指出，长期以来，我国广大卫生与健康工作者弘扬“敬佑生命、救死扶伤、甘于奉献、大爱无疆”的精神，全心全意为人民服务，特别是在面对重大传染病威胁、抗

---

① 数据来源于2020年卫生健康人才规划监测评估，2019年样本县为288个。

击重大自然灾害时，广大卫生与健康工作者临危不惧、义无反顾、勇往直前、舍己救人，赢得了全社会赞誉；2017 年，国务院批准设立“中国医师节”；2020 年 6 月，《中华人民共和国基本医疗卫生与健康促进法》颁布，设立医疗卫生人员专章，保障医疗卫生人员权益，弘扬“尊医重卫”的社会氛围；2020 年 9 月，全国抗击新冠肺炎疫情表彰大会向作出杰出贡献的功勋模范人物颁授共和国勋章和国家荣誉称号，表彰抗疫先进个人和先进集体，弘扬伟大抗疫精神；人才是第一资源、人才强卫的理念进一步强化。

二 “十三五”期间卫生健康人才发展存在的问题

（一）公共卫生队伍建设滞后

“十三五”期间，除妇幼保健机构外，其他各类专业公共卫生机构卫生人员数量增长缓慢，尤其是卫生监督机构卫生人员绝对量逐年减少，年均增长率为 -3.8%；受新冠肺炎疫情影响，2020 年疾病预防控制机构卫生人员较 2019 年有所增加，扭转绝对数量持续下降趋势，总体上看，“十三五”期间，疾病预防控制机构卫生人员增加 2798 人，年均增长率为 0.4%；公共卫生类别执业（助理）医师增加 0.6 万人，占执业（助理）医师的比重由 3.5% 下降到 2.9%。

专业公共卫生机构对高学历人员吸引力减弱。与 2016 年相比，疾病预防控制机构新进人员中研究生以上学历占比下降 1.9 个百分点；公共卫生机构流失人员“转行”的比例最高，2019 年转行人员占流出人员的比重为 6.4%，其中疾病预防控制机构为 9.7%。公共卫生机构的绩效和薪酬制度改革也滞后于公立医院和基层医疗卫生机构。

（二）编制制度改革需进一步凝聚共识

一是人员编制数量不足。医疗卫生机构人员编制数量严重不足，部分地区财政实力有限，医疗卫生机构缺乏用人自主权，导致编制使用时存在限制。二是人员编制核定滞后于医疗服务需求和医院职责任务的变化。医院诊疗人次数由1985年的12.55亿增加到2019年的38.42亿（增长206.1%），入院人数由2560万增加到21183万（增长727.5%），公立医院承担的对口支援、援外医疗以及公共卫生等任务也明显增加。三是编制外人员稳定性差。编制内、外人员在养老保险、职称、岗位、培训、薪酬等方面存在较大差距，导致编制外人员稳定性差。

（三）岗位管理制度、薪酬制度改革需进一步加大力度

卫生人员岗位晋升空间小或晋升渠道不通畅，尤其是医疗卫生机构高、中、初级岗位数量以人员编制数量为基础进行核定，医院编制外用人比例普遍偏高，导致中、高级岗位数量不能满足实际工作需求。符合行业特点的薪酬决定机制还需要进一步探索，尤其是医疗卫生机构的投入和补偿机制不尽完善，体现保障功能的基本工资水平比例低，与公益性定位不符。不同类型机构在岗职工收入水平差距大，医院收入水平明显高于基层和专业公共卫生机构。根据卫生健康人才监测评估调查，2019年医院在岗职工年均收入分别是基层医疗卫生机构和专业公共卫生机构的1.8倍和1.3倍；编制内、外人员收入差距也普遍偏大。

三　“十四五”期间卫生健康人才发展形势分析

（一）新时代卫生健康事业需要大力补足人力资源的短板

经过近些年来的高速发展，我国医疗卫生资源尤其是硬件条件快速改善，但人力资源增长缓慢。新医改以来，我国医疗卫生机构床位、设备均快速增加，与“十二五”初期相比，我国床位数增加76.4%，年均增长6.5%；万元以上设备增加158%，年均增长12.6%，其中100万元以上设备年均增长17.5%；[①] 同期，我国卫生人员增加56.4%，年均增长率为

① 万元以上设备数和100万元以上设备数为2019年数据。

5.1%，远低于床位和设备的增速。《中华人民共和国国民经济和社会发展第十四个五年规划和2035年远景目标纲要》提出，到2035年，我国人均国内生产总值达到中等发达国家水平，基本公共服务实现均等化，城乡区域发展差距显著缩小。2018年10个公认的中等发达国家每千人口医师、注册护士分别为2.92人和6.92人；[①] OECD国家每千人口医师、护士、药师分别为2.97人（31个OECD国家）、7.86人（29个OECD国家）、1.08人（28个OECD国家）。[②] 与中等发达国家、OECD国家相比，我国床位配备水平较高，但卫生人员尤其是注册护士、药师差距较大，与经济社会总体发展目标悬殊。城乡间、区域间人才配备差距等成为我国医疗卫生资源配备的短板，需要花大力气予以弥补，推动卫生健康与经济社会协调发展。

（二）全面推进健康中国建设，需要拓展培养视野

随着健康中国建设的不断推进，人口老龄化将是未来一段时间内我国的基本国情，全面放开二孩及三孩政策，除了医药护技等卫生技术人才外，老年健康、托育服务、职业健康、妇女健康、健康服务业等相关领域的人才需要一并纳入卫生健康人才范畴，加强培养、开发和管理，康复医学、医学工程、物理治疗、信息技术等医学技术人员和辅助类卫生人才以及一些新专业、交叉复合型人才等，也需要加强关注，处理好专业化分工越来越细与健康需求越来越综合的矛盾，实现卫生人才类别、技能需求、服务模式相匹配。

（三）推动高质量发展，需要大力提升人才能力和水平

我国经济已由高速增长阶段转向高质量发展阶段，因此，“十四五”期间，卫生健康人才建设必须适应高质量发展要求，卫生资源配置从注重物质要素向注重人力资源转变，多角度提高人力资源的配置效率，建立人力资源供需匹配监测预警机制，动态调整各类卫生人才的供需；把能力建设摆在更

① 数据来源于世界卫生组织。

② 数据来源于OECD统计调查数据，https：//stats. oecd. org/Index. aspx。

为突出的位置，进一步提高各类人才的服务能力和技术水平；进一步缩小城乡、区域间人才配置差距，促进卫生服务均等化；优化制度机制，统筹推进各类人才可持续发展。

（四）坚持预防为主保障公共卫生安全，需要大力加强公共卫生人才队伍建设

新冠肺炎疫情发生以来，我国公共卫生体系发挥了非常重要的作用，但在特大疫情面前，暴露出能力不强、机制不活、动力不足、防治结合不紧密等问题。其中，专业技术人才短缺是公共卫生体系短板中的短板。近 10 年来，公共卫生人才队伍建设滞后，近年来公共卫生人员数量甚至出现负增长，与日益增长的公共卫生服务需求不相适应，与构建平战结合、“全面、科学、精准”、人民满意的公共卫生体系要求还存在很大差距。因此，下一步需要加强公共卫生人员配备、提高公共卫生人员能力、改善公共卫生人才环境、创新公共卫生人才政策、激发公共卫生人才活力。

（五）实现创新驱动发展，构建人类卫生健康共同体，需要加强高层次医学人才队伍建设，提高卫生人才国际化水平

国家坚持以科技创新催生新发展动能，“十四五”期间，面向人民生命健康，需加强高层次医学人才队伍建设，全方位培养、引进、使用好高层次卫生健康人才，探索医工、医信、医理相结合的产学研医创新型人才培养开发，加快提高科技创新能力。打造卫生与健康科技创新的中坚力量，实行更加开放的人才政策，面向世界汇聚一流人才，引进具有国际影响力的科学家、创业领军人才及创新团队。以高水平对外开放打造国际合作和竞争新优势，推动构建人类卫生健康共同体，需要加强国际化卫生人才培养，提升我国参与全球卫生健康治理的能力。

（六）构建整合型卫生健康服务体系，需要创新人才配置政策和激励机制

当前，我国正在推进健康领域供给侧改革，构建以人民健康为导向，体

系完整、服务优质、分工明确、功能互补、密切协作的整合型卫生服务体系，这就要特别重视人力资源的适宜技能组合，即由合适的人提供合适的服务，这给人力资源发展带来新的挑战。一是如何盘活并充分利用现有人力资源，通过适合的人力资源的技能组合，为居民提供公平、可持续的卫生服务，满足公民的健康需求。目前，跨机构跨专业合作存在障碍，技能组合不合理，资源利用率仍然不高。二是如何吸引卫生人员参与整合型卫生服务，需要合理回应相关需求，进一步提高卫生人员参与积极性，实现在适当地点为适当岗位配备适当技能。三是如何更有效地定位各类卫生人力资源，有必要调整专科医生、全科医生、护理人员以及其他卫生工作者的相关配置和供应，需要考虑新的人力资源类别、新的职业发展路径以及充分发挥现有人力资源作用的选择方案。四是如何处理好专业化分工越来越细与健康需求越来越综合的矛盾，实现整合型卫生服务需要具备多样且可持续的技能结构，团队是这种技能结构的有效实现方式和载体。因此，在卫生人力资源配置和团队合作中需要合理的工作流程设计、明确的职责任务分工以及相应的有效激励措施，充分释放跨专业服务团队的潜能。

B.8

科技人力资源发展状况分析

黄园淅*

摘　要： 经过持续努力，我国已成为世界科技人力资源规模最大的国家，且科技人力资源的结构不断优化、质量不断提升。但我国科技人力资源依然面临人均指标偏低、结构性短缺、学历层次偏低、基础研究和产业人才培养不足、潜力发挥有待挖掘等问题。为促进我国科技人力资源的持续发展和作用发挥，建议加强科技人力资源的培养和吸引，提高培养质量，构建良好环境，在保持总量优势的同时，促进科技人力资源的潜力发挥，提高科技人力资源对科技创新的支撑能力。

关键词： 科技人力资源　科技创新　科技事业

科技人力资源①反映的是一个国家或地区科技人力的储备水平和供给能力。科技人力资源储备是国家科学技术发展的最基本条件之一。数量庞大、结构合理的科技人力资源是我国科技事业发展的重要保障之一，也是未来科技事业发展的重要基础。经过多年的发展和努力，我国已成为世界

---

* 黄园淅，中国科协创新战略研究院副研究员，主要研究方向为科技人才。

① 科技人力资源是一个兼具学术意义和政策含义的概念，是指实际从事或有潜力从事系统性科学和技术知识的产生、发展、传播和应用活动的人力资源，既包含实际从事科技活动（或科技职业）的劳动力，也包含可能从事科技活动（或科技职业）的劳动力。主要通过完成科技领域大专及以上学历（学位）教育的人员（即符合“资格”条件）和在科技岗位工作的人（即符合“职业”条件），取二者并集进行测算。

科技人力资源储备第一大国，科技人力资源在我国社会经济发展过程中发挥着越来越重要的作用。

一　我国科技人力资源发展的基本情况①

（一）总量持续增长，长期保持世界第一

我国科技人力资源总量持续增长，近十年来一直保持世界科技人力资源第一大国的地位。2005 年，我国科技人力资源总量为 4252 万人，此后一直稳步增长，截至 2018 年底已达 10154.5 万人（见图8－1）。

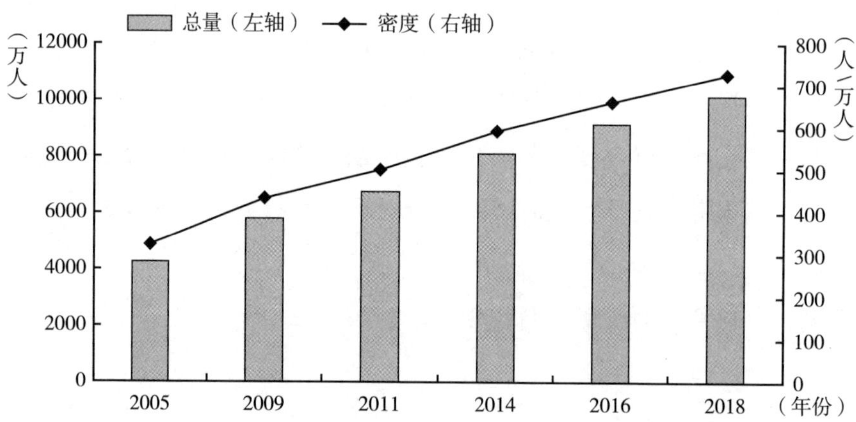

图 8－1　2005～2018 年部分年份我国科技人力资源总量和密度

资料来源：根据历年《中国科技人力资源发展研究报告》、相关年份《中华人民共和国国民经济和社会发展统计公报》数据整理计算。

科技人力资源密度，即为科技人力资源在总人口中的比例。一般情况下，一国或地区科技人力资源密度高，则科技创新潜力比较大。② 随着我国

---

① 本部分数据主要来源于《中国科技人力资源发展研究报告（2018）——科技人力资源的总量、结构与科研人员流动》，总量数据截止到 2018 年底，结构数据截止到 2017 年底。

② 唐婷：《我国科技人力资源总量居世界第一，未来质量提升是重点》，《科技日报》2020 年 8 月 13 日。

科技人力资源总量的不断增长，科技人力资源密度也在不断增加，已从2005年的325.2人/万人增长到2018年的727.7人/万人。科技人力资源密度的增长，表明了我国科技创新潜力有所提高，也是我国科技人力资源发展的有效体现之一。

（二）结构不断优化，质量有所提升

对于我国科技人力资源的结构描述，一般从学科结构、学历结构、年龄结构和性别结构等几个方面进行。由于数据获取的影响，本文对我国科技人力资源的结构分析主要是通过符合“资格”条件的科技人力资源数据进行的。

从学科结构来看，根据科技人力资源的定义，我国科技人力资源学科分布包含我国高等教育所有学科。其中，理工农医学科为科技人力资源的核心学科，其高等教育毕业生全部属于科技人力资源范畴。截至2017年底，核心学科（即理工农医）科技人力资源占总量的77.6%。其中，工科背景科技人力资源数量和占比一直居于各学科首位，尤其是在专科和本科层次。与此同时，我国科技人力资源中管理学背景的占比提高迅速，且在各学历层次都呈现这一特点，尤其是研究生层次更为明显。目前管理学占比为11.5%，超过核心学科中的医学、理学和农学，居第二位。

从学历结构来看，我国科技人力资源的学历结构呈现明显的金字塔形，随学历升高，人数减少，即专科人数和占比最多，然后依次为本科、硕士和博士。截至2017年底，我国专科、本科、硕士、博士学历的科技人力资源分别为4878.1万人、3518.1万人、500.1万人和75.9万人，与2005年相比，增长倍数依次升高（分别为0.95、1.50、3.13和3.74倍）。这体现了学历结构变化中本科及以上学历层次科技人力资源增长迅速的特点，既是我国科技人力资源学历层次提升的重要体现，也是科技人力资源质量提升的重要基础。

从年龄结构来看，我国科技人力资源年龄结构呈现明显的年轻化特征，并将继续保持。截至2017年底，我国39岁及以下的科技人力资源为6846.2

万人，占科技人力资源总量的76.3%，是这一特征的直接体现。2005年我国科技人力资源40岁以下人群占比为65.7%。高校毕业生数量持续增加将进一步强化我国科技人力资源队伍的年轻化特征。

从性别结构来看，我国科技人力资源中女性数量和比例有所提高且有望进一步提升，性别结构均衡化特点日益明显。截至2017年底，我国女性科技人力资源占总量的比例为38.9%。这一数据比2005年我国女性科技人力资源约占总量1/3的情况有明显增长，也是性别均衡化的显著体现。近年来，我国女性科技人力资源增长速度高于我国科技人力资源总量的增长速度。根据女性科技人力资源的增长速度快和高校招生中女性学生数量多的现实，可以推测未来我国女性科技人力资源比例仍将继续增长。

（三）留学归国人员成为新增长点

随着学术环境的不断改善和科技事业发展的机会逐渐增多，加之新冠肺炎疫情所体现的大国担当和能力，近年来，我国已经吸引了越来越多的留学或在国外工作的科技人员回国，成为科技人力资源的有效补充，也将成为我国科技人力资源总量扩大和结构变化的新生力量。整体来看，我国出国留学人员数量总体增速放缓，学成回国人员增速上升。根据教育部最新统计数据，2019年度我国出国留学人员和各类留学回国人员总数分别为70.35万人和58.03万人，较上一年度分别增长6.25%和11.73%，[①] 留学回国人员增长更为明显；1978~2019年，我国各类出国留学人员累计656.06万人，其中约3/4已完成学业，这一群体中有86.28%选择回国发展。[②] 据《中国留学回国就业蓝皮书》统计，自2015年以来，我国留学回国人员中拥有硕士以上学历的人员比例已超过90%，这一人群将补充到我国科技人力资源队伍中。尽管回国留学生不能全部作为科技人力资源来统计，但随着回国人

① 教育部：《2019年度出国留学人员情况统计》（2020-12-14）［2021-04-30］，http://www.moe.gov.cn/jyb_xwfb/gzdt_gzdt/s5987/202012/t20201214_505447.html。

② 教育部：《2019年度出国留学人员情况统计》（2020-12-14）［2021-04-30］，http://www.moe.gov.cn/jyb_xwfb/gzdt_gzdt/s5987/202012/t20201214_505447.html。

员学历的提升，其纳入比例有所提高。因此，大量留学生和在国外工作的科研人员回国工作，将有效扩充我国科技人力资源队伍。

二　我国科技人力资源发展的突出问题

（一）人均指标偏低，结构性短缺依然存在

尽管我国科技人力资源总量规模位居世界第一，且在不断增长，但从人均水平来看，还较低。比如，我国科技人力资源密度与世界发达国家或地区相比还有很大增长空间。2005 年，欧盟、美国、日本每万人口科技人力资源数分别为 1160 人、909 人和 828 人，2010 年分别增长到 1329 人、1619 人和 1024 人，[①] 均高于我国当前科技人力资源密度每万人口中 727 人的水平。这些国家和地区都是典型的创新型国家（或地区），科技人力资源在其创新发展过程中发挥着重要作用。与之相比，我国科技人力资源密度仍需继续提升。

同时，我国科技人力资源的结构性短缺也较为明显，尤其是高层次人才和高技能人才不足。在高层次人才短缺方面，尽管我国科技人力资源的学历结构不断优化，但具有博士、硕士学历的不足 10%；我国诺贝尔奖获得者寥寥无几，与世界发达国家差距甚远，与大国地位也很不相称；最新发布的 2020 年高被引科学家数量我国尽管处于世界前列，但与世界第一名的美国相比仍然逊色；在国际组织任职方面，联合国系统中的中国籍国际职员实际比例远低于其应占比例，高级职位数量也偏少，代表性严重不足；[②] 我国学者在主要学术组织担任核心关键职位的比例还很低。同时，在重大科研项目、重大工程、重点学科等领域领军人才不足，已经成为制约我国科技经济

① 中国科协调研宣传部、中国科协发展研究中心：《中国科技人力资源发展研究报告（2012）——科技人力资源与战略性新兴产业》，中国科学技术出版社，2013。

② 张海滨：《为什么在国际组织中任职的中国人不多?》（2018 - 06 - 28）［2021 - 05 - 18］，https：//www. sohu. com/a/404640722_ 200224。

发展的短板之一。

科技人力资源队伍的结构性问题还体现在高技能人才不足方面。整体来看，随着我国经济进入高质量发展阶段，产业结构升级和发展动力转化，需要更多掌握高技能、高技术、高素质的科技人力资源。然而，我国高技能人才占技能劳动者的比例过低，根据人力资源和社会保障部发布的数据，我国技术工人占就业人员的比重约为20%，高技能人才只占6%，这两个比例在国际上都属于较低水平；从市场需求来看，当前就业市场技术工人求人倍率都在1.5~2，特别是高技能人才、高级工以上包含技师和高级技师非常短缺，这意味着在我国科技人力资源队伍中，技能人才的供给还有待加大。① 除此之外，作为我国科技人力资源重要组成部分的乡村医生和卫生员的数量增长和质量提升也需要得到进一步重视。长期以来，基层医疗机构医疗服务不完善，医疗设备和技术力量较为缺乏，服务能力低，乡村医护人员长期得不到专业的培训，专业技术水平难以得到提高。新冠肺炎疫情发生以来，乡村医疗队伍人员结构老化、人员素质较低、防控意识不足、信息化基础薄弱等问题都有显现。②

（二）学历层次较低，基础研究和产业人才培养不足

尽管我国科技人力资源学历结构不断改善，但专科人数和比例超过一半，科技人力资源学历层次重心较低。不同学历的毕业生在知识和技能方面通常存在差异。③ 一般情况下，学历层次越高，知识和技能水平越高，发展潜力越大。因此，学历层次一定程度上影响着科技人力资源的总体质量水平，当前，我国科技人力资源的学历结构层次依然有较大优化空间。

我国科技人力资源对基础研究的支撑不够。从科技人力资源的学科结构

---

① 《人社部：技术工人、高技能人才占就业人员比重较低》（2018-03-26）［2021-01-26］，中国新闻网，http://www.ce.cn/xwzx/gnsz/gdxw/201803/26/t20180326_28610469.shtml。

② 孙煜、方鹏骞：《新冠肺炎疫情下我国农村基层卫生防控能力建设分析》，《中国卫生事业管理》2020年第37（5）期。

③ 中国科学技术协会调研宣传部、中国科学技术协会发展研究中心：《中国科技人力资源发展研究报告》，中国科学技术出版社，2008，第132页。

变化来看，作为基础研究学科的理学学科人才数量在我国科技人力资源总量中所占比重一直低于8%，在理工农医四大核心学科中所占比例仅高于农学，且从2005年以来呈现下降趋势，截至2019年底仅为7.19%，即便在2009年达到最高点也仅为7.88%。作为基础研究的重要供给学科，理学背景科技人力资源比例下降，体现出我国基础研究人才供给和储备不足。当前，我国基础研究同国际先进水平的差距十分明显，基础研究能力和基础学科取得的成果仍不尽如人意。实际上，我国面临的很多“卡脖子”技术问题，根源也在于基础理论研究不到位。[①] 尤其是当前形势下，核心技术必须依靠自主创新，必须在前瞻性基础研究、引领性原创成果上掌握主动权。这就对瞄准世界科技前沿、强化基础研究、加强应用基础研究提出了新的要求。而加强基础研究，首先要保障基础研究人才的供给，这也是未来我国科技人力资源储备与供给需要解决的重要问题之一。

我国科技人力资源对产业的支撑尚显不足。《中共中央关于制定国民经济和社会发展第十四个五年规划和二〇三五年远景目标的建议》（以下简称《建议》）中明确指出，到2035年，我国关键核心技术实现重大突破，进入创新型国家前列。而目前我国科技人力资源对关键核心技术的支撑还不够，具体体现在重点产业人才供给不足、人才培养与需求脱节等方面。比如，根据已有研究对制造业人才缺口的预测，十大重点领域均有不同程度的人才缺口，且随时间推移人才缺口数量明显增大，其中新一代信息技术产业、电力装备两个领域的人才缺口到2025年均超过900万人，缺口最小的先进轨道交通装备领域也达到10.6万人（见表8－1）。再比如，作为发展“中国芯”计划中最为重要组成部分的芯片人才短缺一直是个难题，尤其是高端人才团队短缺。[②] 根据《中国集成电路产业人才白皮书（2019—2020年版）》，到2022年，芯片专业人才缺口仍将近25万人。从学科人才培养角度来看，根

① 胡敏：《加强基础领域研究，实现“从0到1”的突破》（2020－09－17）［2021－05－13］，http：//www.china.com。cn/opinion2020/2020－09/17/content_ 76711422.shtml。

② 袁于飞：《中国芯片人才紧缺专家：人才培养提速刻不容缓》（2020－10－15）［2021－05－11］，https：//baijiahao.baidu.com/s？id＝1680587976094282318。

据2018年数据，19.9万名集成电路专业毕业生中只有3.8万人进入本行业，即人才留存率仅有19%。与此同时，我国专业人才培养能力水平也有待提高。以与芯片行业关系密切的电子电气类专业为例，2021年QS大学电子电气工程专业排名前50中，我国大陆只有清华大学（第12位）、上海交通大学（第25位）、北京大学（第28位）和浙江大学（第39位），而排名前三位均为美国大学。在技能人才方面，从职业教育供给能力来看，截至2018年底，我国高等职业院校数达到1418所，教职工68.5万人，在校生超过1133.7万人，已建成世界范围内最大规模的职业教育体系。但教学质量需要提高、吸引力不强、与其他教育体系沟通衔接不畅等问题长期存在，尤其是职业教育的人才培养和产业需求在一定程度上存在“两张皮”现象，校企协同、实践育人的培养模式亟待健全完善。这些问题不但影响职业教育水平，也不利于高质量技能型人才的培养和对相关产业人才的补充与供给。

表8-1　制造业十大重点领域人才情况及2025年需求预测

单位：万人

序号	制造业十大重点领域	2015年	2020年		2025年	
		人才总量	人才总量预测	人才缺口预测	人才总量预测	人才缺口预测
1	新一代信息技术产业	1050	1800	750	2000	950
2	高档数控机床和机器人	450	750	300	900	450
3	航空航天装备	49.1	68.9	19.8	96.6	47.5
4	海洋工程装备及高技术船舶	102.2	118.6	16.4	128.8	26.6
4	先进轨道交通装备	32.4	38.4	6	43	10.6
6	节能与新能源汽车	17	85	68	120	103
7	电力装备	822	1233	411	1731	909
8	农机装备	28.3	45.2	16.9	72.3	44
9	新材料	600	900	300	1000	400
10	生物医药及高性能器械	55	80	25	100	45

资料来源：孔微巍、廉永生、刘聪《人力资本投资、有效劳动力供给与高质量就业》，《经济问题》2019年第5期。

（三）发展潜力有待进一步挖掘

科技人力资源体现的是科技人力的储备水平和供给能力，其潜力的发挥一方面取决于科技人力资源总量的储备，另一方面与活跃在科技岗位上的科技人力资源作用开发相关。受多种因素影响，目前我国科技人力资源“人岗不相适”的情况依然存在。在科技人力资源储备方面，符合“资格”条件的科技人力资源进入“岗位”的比例不高。近年来，我国每年通过高等教育培养的新增科技人力资源数量在500万人左右，但实际上，我国从事科技工作的科技人才数量增长却没有这么迅速，很多科技领域的高等教育毕业生没有进入科技领域工作，也就造成符合“资格”条件的科技人力资源未能转化为在科技岗位上工作的人才直接投身我国科学技术事业发展的建设中。随着新一轮产业革命的兴起，新兴产业对科技人力资源，特别是新型工程类人才的需求不断增加，但与此同时，一方面，我国高等教育质量，尤其是本科教育质量仍有待提高，另一方面，高等教育的学科设置调整相对滞后，人才培养需要一定周期，加之我国高等教育存在工程类教育理科化误区，在一定程度上使我国具有实际科研应用转化能力的科技人力资源相对不足，产生“人岗不相适”的现象。

三　对策建议

（一）加强科技人力资源培养和吸引，继续保持总量优势

党的十九届五中全会明确指出，坚持创新在我国现代化建设全局中的核心地位，把科技自立自强作为国家发展的战略支撑。《建议》提出，我国将在2035年建成文化强国、教育强国、人才强国、体育强国、健康中国。这些要求和目标进一步明确了创新和科技在国家发展战略全局中的地位，对科技人力资源的开发保障提出了新的要求。为了落实好国家的新要求，继续加强科技人力资源的培养和吸引，保持科技人力资源的总量优势是不可回避的话题。

从国内科技人力资源培养渠道来看，应加强科学、技术、工程和数学教育，保持科技人力资源的稳定供给。通过加强舆论宣传、改进现行教育体系、提升科技岗位待遇水平等方式，提高科技专业和科技岗位对年轻一代的吸引力，有效引导青年学生学科学、爱科学，选择科技作为就学专业和终身职业，从源头上不断增加科技人力资源存量，吸引更加优秀的人才进入科技人力资源队伍。重视技能人才培训培养。提高职业技能教育的社会地位，让更多优秀学生愿意选择技能人才成长道路，对于已经在技能人才岗位上工作的科技人员，应提供在职培训和职业能力提升培训等机会，不断提高技能水平。推进职业教育扩招，拓宽入学来源，改革完善高职院校考试招生办法，扩大高职院校奖助学金覆盖面、提高补助标准，鼓励更多应届高中毕业生、退役军人、下岗职工、农民工、新型职业农民和其他有意愿的在职人员报考，提升职业教育群体的全面性和广泛性。

从国际科技人力资源流动的渠道来看，实行更加开放的人才政策，促进科技人力资源回流。当前，我国正在努力加快形成以国内大循环为主体、国内国际双循环相互促进的新发展格局，必须毫不动摇地推动更高水平对外开放，坚持主动开放、高水平开放、全方位开放。应抓住国际环境机遇，发挥我国国内疫情管控得力、经济快速恢复的优势，继续体现大国担当和优势，进一步优化学术环境，更好地吸引人才回流。实际上，这一优势已在现实中有所体现，《2020 中国海归就业创业调查报告》显示，不少留学生选择回国发展，回国求职的人数较往年同期高出 2 倍。

（二）提高科技人力资源培养质量，增强对科技创新的支撑能力

高等教育是我国科技人力资源培养的主要渠道。长期以来，高等教育的发展为我国科技人力资源队伍输送了大量人才并在优化科技人力资源结构方面做出了重大贡献。高等教育招生规模扩大直接促进了科技人力资源的数量增加，高等教育的发展和质量水平关乎我国科技人力资源质量。提高科技人力资源的培养质量，应积极落实高等教育内涵式发展、建设高质量教育体系的政策导向和要求，抓住高等教育从规模扩大和数量增长向内部各要素有序

开发的转换机遇期，增强高等教育改革对科技和社会经济发展的支撑能力。一方面，突出对接经济结构转型升级需要，落实《建议》对教育事业发展的部署，分类建设一流大学和一流学科，加快培养理工农医类专业紧缺人才，尤其应注意在基础研究、关键核心技术等领域学科、专业的人才培养支持等；另一方面，提升职业教育支撑产业发展的能力，创新高等职业教育人才培养模式，构建适应技能中国建设需要的职业技术教育体系，切实落实好《建议》提出的要求："增强职业技术教育适应性，深化职普融通、产教融合、校企合作，探索中国特色学徒制，大力培养技术技能人才。"深入实施2020年9月教育部等九部门印发的《职业教育提质培优行动计划（2020—2023年）》，通过10项重点任务、27条具体举措全面推进职业教育提质培优，深化产教融合，促进教育链、人才链与产业链、创新链有机衔接。

继续推动科技人力资源学历结构升级，落实好专升本扩招和研究生扩招任务。2020年专升本大规模扩招，扩招人数达32.2万人。[①] 同时，研究生扩招力度也有所加大，2020年实现扩招18.9万人。按照2020年9月教育部、国家发展改革委、财政部联合印发的《关于加快新时代研究生教育改革发展的意见》提出的要求："博士研究生招生规模适度超前布局，硕士研究生招生规模稳步扩大。"抓住高学历规模扩招契机，不断提高科技人力资源的学历水平。

充分发挥科技人力资源对于基础研究的支撑作用。2020年习近平总书记在科学家座谈会上指出，加强基础研究要持之以恒、久久为功，不断坚持；要以探索世界奥秘的好奇心来驱动基础研究；要创造有利于基础研究的良好科研生态。在加强创新人才教育培养方面，总书记还特别强调，要加强数学、物理、化学、生物等基础学科建设和本科生培养，在数理化生等学科建设一批基地，吸引最优秀的学生投身基础研究，等等。这些讲话内容强调了基础研究和基础学科建设的重要性，也提出了加强基础研究人才培养的基

① 《2020年，专升本再次迎来大规模扩招，计划扩招人数32.2万人》（2020-09-07）[2021-02-07]，中原新闻网，https://baijiahao.baidu.com/s?id=1677169166463686345。

本思路。科技人力资源培养作为基础研究人才的重要供给，需要在深入把握国家需求的基础上，调整专业布局，提高教学质量，加大基础研究人才的培养和有效供给。

（三）构建良好生态环境，促进科技人力资源潜力发挥

不断深化改革，推进形成有利于引导和挖掘科技人力资源队伍潜力发挥的良好环境。一方面，深化人才发展体制机制改革，在全社会营造崇尚人才发展的良好氛围，通过积极培育创新型文化环境和文化土壤，大力弘扬科学精神、工匠精神、专业精神，推动形成人才辈出、拔尖人才脱颖而出的良好局面；另一方面，推进教育体制、科技体制等改革，创新“揭榜挂帅”等新型科研项目组织管理方式，促进已有科技人力资源中有潜力有能力的人才脱颖而出，营造各类人才施才展才的氛围。

加强人才培养、使用、评价、引进等各环节与产业、项目、资本、资源禀赋对接，营造人才发展的良好生态。推动促进人才链与产业链的互嵌互融，促进人才发展良性循环；破除人才流动的体制机制障碍，充分发挥市场作用合理配置人才；健全创新激励和保障机制，构建体现知识、技能等创新要素价值的收益分配机制；落实好《技能人才薪酬分配指引》，激励企业大力提高技能人才职业荣誉感和经济待遇。

人才工作篇

Talent-related Work

B.9

地方人才工作的发展趋势与特点

范青青　孙 锐*

摘　要： 近年来，在人才强国战略和创新驱动战略实施背景下，各地从实际出发不断深化体制机制改革，构建招才引智矩阵，注重专业人才培养，创新人才评价机制，加大技能人才培养激励力度等，进一步提高人才发展效能，促进发展红利释放，推动经济社会高质量发展再上新台阶。

关键词： 地方人才工作　管理机制　人力资源

随着知识经济的迅猛发展，人才越来越成为经济社会发展的战略性资源和决定性要素。在科技创新驱动经济发展的大背景下，我国加快建设人才强

---

* 范青青，中国人事科学研究院助理研究员，主要研究方向为人才战略与人才政策；孙锐，博士，中国人事科学研究院研究员，主要研究方向为人才战略与人才政策、创新人力资源管理。

国，党中央做出了一系列部署安排，实行更加积极、更加开放、更加有效的人才政策。近年来，各地积极贯彻落实中央人才工作部署，从自身实际出发不断推动人才工作发展路径创新，深化体制机制改革，释放人才红利，提高人才效能。本文在梳理近期各地人才工作实践的基础上，进一步分析了地方人才工作的发展趋势和特点。

一　构建招才引智矩阵

（一）创新招才引智模式

近期，各地政府通过创新组织引才方式，用好“联盟引才”“以会引才”“以赛引才”“以产促才”等招才引智抓手，不遗余力诚邀海内外精英。

1. 实行“联盟引才”方式

2020 年 10 月，北京市海淀区成立人才发展联盟。该联盟在海淀区委组织部（区人才办）、区人力社保局指导和支持下成立，是由企业人力资源高级经理人、科研院所专家学者、企业、园区运营机构、相关服务型社会团体等共同建设的自发型、公益型组织。联盟成立之时有美团、快手、旷视、协同创新发展研究院等 50 余家成员单位，并计划开展 2021 届高校毕业生入校招聘、人才政策宣讲解读、企业人才发展需求调研、人工智能大讲堂等系列活动。[①] 目前，招才引智的联盟机制已经成为一种效率比较高的引才方式。

2. 搭建“以会引才”平台

2020 年，云南、重庆等省市和杭州、深圳、南宁、合肥等市陆续召开了一系列具有区域影响力的人才盛会，采用线上线下相结合的方式，搭建了一个个在更深层次、更广领域开展人才智力交流合作的重要平台，吸引聚集国内外高层次人才参会。例如，杭州国际人才交流与项目合作大会自 2009

① 《海淀首个人才主题周圆满收官！爆出这些好消息》，澎湃新闻，https://www.thepaper.cn/newsDetail_forward_9692176。

年举办以来，已成功举办11届，累计吸引了58个国家和地区的5770名海外人才携5700多个项目参会，累计签约项目1797个，签约金额达到256.24亿元，成为浙江省和杭州市招引高层次人才的“金名片”。

3. 加大“以赛引才”力度

深圳龙岗区连续五年承办中国深圳创新创业大赛，打造全球人才竞技舞台。龙岗区在承办赛事的同时搭建平台，服务人才、引进项目，为赛事制定组合式配套政策，通过“以赛引才”，先后引进一批国内外优秀人才，成功落地一批优质参赛项目，进一步推动创新创业发展。2020年，第四届大赛共征集1047个项目，其中，人工智能专业赛和电子科技行业赛项目报名量分别达到181个和302个，反映出人工智能和电子科技行业作为创新热门领域正爆发出强劲的产业生命力和创新动力。① 近年来，通过“以赛引才”的方式，各地引进了大批紧缺优秀人才和高端项目，有效助推本地经济跨越式发展。

4. 推动“以产促才”发展

近年来，厦门市在“以节促产、以节促城”的发展战略指导下，紧抓中国金鸡百花电影节长期落户的发展机遇，大力开展影视产业招商引资，加强影视产业园区、影视拍摄基地等基础设施建设。同时，通过“以投带引”，吸引集聚了一大批影视企业及影视人才，加快培育创作、拍摄、制作、发行、后期特效制作等领域人才，储备一批影视产业领军型人才。自2019年11月起，厦门市先后出台《厦门市文化产业人才引进和培养实施办法》、《厦门市文化产业高质量发展三年行动计划（2020年—2022年）》、《厦门市文化产业杰出（引进）人才评价认定标准》（2019年版）等政策文件，对文化产业人才和项目给予相关扶持，市区两级相辅相成的文化产业人才政策助推厦门市影视产业发展步入“快车道”。②

---

① 《深圳龙岗区打造全球人才竞技舞台》，《经济日报》2020年11月16日。

② 《最高100万元工作补助我市新出台7大扶持政策吸引文化产业领域各类人才来厦施展才华》，中国经济网，http：//news.xmnn.cn/xmnn/2020/07/01/100746413.shtml。

（二）实施更加开放的人才政策

近年来，不少地方出台更加开放的人才政策，进一步加速聚集国际人才。

1. 推动人员进出自由和用工便利

自2019年以来，海南省着眼于打造国际人才集聚高地，打出国际人才政策组合拳，先后出台《关于加强新形势下引进外国人才工作的实施意见》，以及出入境与停居留、港澳台专业人才来琼执业、外国人来琼工作许可、事业单位聘用外国人、外国人才服务一卡通等系列政策，初步形成了“1+2+N”的国际人才政策体系。[①] 2020年9月14日，海南省印发《关于开展海南自由贸易港国际人才服务管理改革试点工作的实施方案》（以下简称《实施方案》），围绕人员进出自由和用工便利提出实施一系列便利化措施。在出入境和停居留管理方面，要细化落实出入境便利化政策措施，同时实行“容缺承诺+失信惩戒”制度，此外还提出要扩大外籍人才享受R字签证待遇范围。在工作许可方面，要鼓励外国高层次人才兼职或离岗创业，同时也要建立外国人来琼工作许可负面清单管理制度。[②]

2. 助推国际人才干事创业

2019年5月，广东省出台《加强港澳青年创新创业基地建设的实施方案》，鼓励港澳青年在粤港澳大湾区创新创业。到2025年，广东省将构建以粤港澳大湾区（广东）创新创业孵化基地为龙头的“1+12+N”孵化平台载体布局。截至2021年4月，“1+12+N”孵化体系建设初具规模，重点建设的13个基地中已投入运营12个，孵化港澳项目765个。[③] 2020年5月，广州市南沙区印发《广州南沙新区（自贸片区）鼓励支持港澳青年创

① 李磊：《创新服务管理体制吸引集聚国际人才》，《海南日报》2020年9月23日。

② 王心武：《海南出台全国首个覆盖全省的国际人才服务管理改革试点方案》，《中国经济导报》2020年9月18日。

③ 周聪：《广东：拓展港澳青年创业就业空间 两年孵化港澳项目765个》，《羊城晚报》2021年4月26日。

新创业实施细则（试行）》（即“港澳青创30条”），为港澳青年的学业、就业、创业“三业”与食住行需求提供个性化政策兑现服务。[①] 在实习支持与奖励方面，为参与“港澳青年学生南沙‘百企千人’实习计划”的港澳青年提供实习岗位，以及用餐、交通、住宿、保险等后勤保障服务，实习期间表现优秀者可获得一次性3000元奖励。在租房交通补贴方面，给予在南沙区就业创业的港澳青年一年期每人每月1500元租房交通补贴。[②] 2021年2月，《深圳市推进粤港澳大湾区建设2021年工作要点》提出，深圳市将与香港合作制定联合“政策包”，加强与港澳规则机制衔接，支持部分公务员和事业单位职位用于招录港澳青年。北京市于2020年6月1日起实施的《关于持永久居留身份证外籍人才创办科技型企业的试行办法》明确，“持有外国人永久居留身份证的外籍人才”创办“科技型企业”，可享受国民待遇。同时鼓励持有外国人永久居留身份证的外籍人才以自有知识产权、专有技术等非货币财产作价出资创办科技型企业。外籍人才还可以外国人永久居留身份证作为有效身份证件办理参加社会保险的各项手续。[③] 2020年9月1日，为支持外籍人才来沪创新创业，上海市科委（市外专局）在全国范围内率先出台《关于支持外国人才及团队成员在创业期内办理工作许可的通知》（中、英、日三语版本），突破原来外国人才因在创业期内没有聘请单位而无法办理工作许可的问题。[④]

3. 加大国际人才激励力度

2020年9月海南省出台的《实施方案》提出，要建立灵活有效的国际人才薪酬激励机制，实行项目工资制、协议工资制和年薪制，探索岗位分红权、项目收益分红、股权激励等中长期激励办法。[⑤] 此外，根据《海南自由

---

① 宾红霞：《实习、就业、创业“通通有奖励”》，《南方日报》2020年5月21日。

② 宾红霞：《一站式服务助力港澳青年湾区逐梦》，《南方日报》2020年5月21日。

③ 《北京发布外籍人才创办科技型企业试行办法》，http：//news. sciencenet. cn/htmlnews/2020/6/440962. shtm。

④ 金叶子：《上海打造国际一流人才高地启动外籍人才薪酬购付汇便利化试点》，《第一财经日报》2020年12月25日。

⑤ 李磊：《创新服务管理体制吸引集聚国际人才》，《海南日报》2020年9月23日。

贸易港建设总体方案》以及有关规定，在个人所得税优惠政策方面，2025年前个人所得税税负不超过15%，2025年后直接实行3%、10%、15%三档税率。2020年7月，深圳发布《关于落实粤港澳大湾区个人所得税优惠政策的通知》，结合本地实际出台个人所得税优惠政策、人才认定和补贴办法。[①] 此外，上海浦东新区率先启动外籍人才薪酬购付汇便利化试点，线上线下同步提升涉外金融服务效率，可惠及各类外籍人才近8万名，试点经验将有序向全市推广。[②]

4. 加强外籍人才公共服务保障

近年来，各地从实际出发，尽全力打造对外籍人才有吸引力的环境和氛围。2020年9月，广州南沙提出率先探索打造一流“营智环境”，打造全国首个“国际化人才特区”。南沙已经启动“营智环境”建设工作，全面提升人才服务质量，打造拴心留人的创新创业软环境。目前，南沙已建立完善的“共有产权房+人才公寓+住房补贴”住房保障体系。扩大广州南沙人才卡服务范围，持卡人可享受本人及配偶双方父母每年一次体检，可享受通关快捷、消费优惠、金融服务、商务服务、居家便利和文化休闲娱乐服务等13类30项个性化公共服务和市场化服务。构建“无障碍”国际语言环境，在教育医疗、酒店宾馆、城市道路、公园绿地等公共服务场所设置中英文服务指示标识。免费举办外籍人才中文培训交流活动，向海外人才提供优质便捷的政务服务和社会融入服务。[③] 北京市政府国际版门户网站上线运行，打造集信息发布、公共服务、咨询交流等功能于一体的一站式、多语种互联网国际化服务平台；[④] 北京CBD国际人才一站式服务中心揭牌，重点构建国际人

---

① 李定：《境外高端紧缺人才将获补贴！深圳出台大湾区个税优惠政策》，南方网，http：//news. eastday. com/eastday/13news/auto/news/china/20200703/u7ai9368721. html。

② 金叶子：《上海打造国际一流人才高地启动外籍人才薪酬购付汇便利化试点》，《第一财经日报》2020年12月25日。

③ 《南沙首提营智环境：打造全国首个“国际化人才特区”》，广州市人民政府门户网站，http：//www. gz. gov. cn/qx/nsqrmzf/zwlb/content/mpost_ 6557300. html。

④ 《北京市政府国际版门户网站上线》，http：//news. eastday. com/eastday/13news/auto/news/society/20201106/u7ai9582920. html。

才一站式服务平台“四级服务网络体系”；[①] 深圳市启动光明科学城国际人才街区示范点建设，授牌“国际人才服务驿站”，从街区规划、服务提升、文化融入三个方面不断加快国际化建设步伐；石家庄成立“海外人才之家”，以“政府政务服务 + 社会专业服务”的服务模式，为海外人才提供更加优质、高效、多维度、一条龙的贴心服务。[②]

（三）加强人才安居落户保障

2020 年 11 月，智联招聘发布了 2020 年最佳引才城市榜单，北京市、上海市、广州市、成都市、宁波市、青岛市、苏州市、无锡市、银川市荣获“最佳引才城市奖”称号。综合分析各地的人才聚集政策，其中的安居落户政策措施不拘一格，有效吸引了各类人才尤其是年轻人。[③]

1. 实施更宽松的户口管理政策

上海市于 2020 年 9 月印发《2020 年非上海生源应届普通高校毕业生进沪就业申请本市户籍评分办法》，对在上海的“世界一流大学建设高校”包括复旦大学、上海交通大学、同济大学、华东师范大学四大名校本科应届生开放落户政策，符合基本申报条件即可直接落户。[④] 2020 年 11 月以来，上海市连续印发了《关于优化本市居住证转办常住户口政策的通知》《留学回国人员申办上海常住户口实施细则》《上海市引进人才申办本市常住户口办法》，自 2020 年 12 月 1 日起施行上述政策。[⑤] 珠海市于 2020 年 7 月印发《关于进一步放宽我市人才引进及入户条件的通知》（自 2010 年 12 月 25 日起施行），进一步放宽引进人才及落户的年龄、学历等条件，毕业 5 年内的

---

① 《北京 CBD 国际人才一站式服务中心今天揭牌！CBD 国际人才港正式启动》，https：//baijiahao. baidu. com/s？ id = 1682064930696346659&wfr = spider&for = pc。

② 《“石家庄市海外人才之家”成立》，河北新闻网，http：//sjz. hebnews. cn/2020 - 11/06/content_ 8194395. htm。

③ 《2020 最佳引才城市榜单发布！青岛等城市强势崛起》，凤凰网，https：//qd. ifeng. com/c/81lHimICQlH。

④ 《上海加入抢人大战？专家：上海需要塔尖人才，也需要年轻人才》，澎湃新闻，https：//www. thepaper. cn/newsDetail_ forward_ 9367556。

⑤ 许倩：《“一房难求”的上海，被惹怒的博士》，《中国房地产报》2021 年 1 月 18 日。

全日制本科以上学历人员，可申请“先落户后就业”，同时，将技工院校高级工班及以上毕业生、大专（高职）以上学历人员均纳入珠海市人才引进范围。苏州市于2020年11月发布《姑苏人才“青春无忧”计划》，在落户政策方面，提出全日制本科在人事档案转入后可直接落户苏州，而大专学历落户从此前的缴纳社保满两年放宽至6个月，进一步简化青年人才落户和居住流程。

2. 完善人才租、购住房政策体系

2020年9月，山东省印发实施我国首个专门推进人才住房工作的政策——《关于加快推进人才住房工作的指导意见》（即“人才住房22条意见”），在顶层设计上统筹商品住房、市场租赁住房等社会资源和人才公寓、公共租赁住房、政策性租赁住房、共有产权住房等公共产品，逐步建立完善租售并举的人才住房制度体系，多渠道、多方式满足人才的多样化住房需求。其中，各类人才在租赁、购房、补贴、信贷政策等方面享受利好。为支持“人才住房22条意见”，2020年山东省财政统筹安排资金17.24亿元，对各地筹集建设公共租赁住房给予补助，支持济南市、青岛市发展住房租赁市场，多渠道加大租赁住房房源供给。[①] 自2017年以来，嘉兴市、县两级纷纷出台“人才新政”配套政策，通过提供购房补贴等形式，进一步加强人才安居保障。截至2020年底，嘉兴市共发放购房补贴1.47亿元，惠及2743名人才。[②] 2020年9月，嘉兴市出台的《嘉兴市本级人才房票实施办法（试行）》突出了四个“体现”：导向上体现开放性、补贴方式上体现获得感、操作流程上体现便捷性、制度设计上体现严谨性。该政策是继2018年出台《嘉兴市人才安居暂行办法》和《关于实施硕博倍增计划的若干政策意见》后对人才安居政策进行的又一次迭代升级。[③]

---

① 《山东出台全国首个人才住房指导意见　建租售并举人才住房体系》，https://news.e23.cn/shandong/2020-09-12/2020091200020.html。

② 《欢迎来嘉，本科生最高补贴13.2万，顶尖人才最高补贴800万！嘉兴重磅发布两大人才新政》，嘉兴在线，https://www.cnjxol.com/3056/202009/t20200904_662675.shtml。

③ 张静：《浙江嘉兴：顶尖人才最高获800万人才房票，夫妻房票可叠加》，东方网，https://n.eastday.com/pnews/1599261748020605。

二 注重专业人才培养

（一）创新集成电路产业人才培养模式

我国关于集成电路的人才缺口非常大，在2018年的相关统计中，缺口超过30万人。为打破芯片相关技术的垄断，解决高校院所培养芯片设计人才的“最后一公里”问题，弥补我国芯片人才缺口，2020年6月，中关村集成电路设计园与包括北京大学在内的7所在京示范性微电子学院和北京市半导体行业协会等共同发起成立“中关村芯学院”，面向在校学生、集成电路从业者、集成电路企业管理人员以及高端国际人才开展培训。中关村芯学院现已与兆易创新、兆芯、中庆现代、广利核等30余家芯片企业达成订单化人才培养合作。①

2020年10月22日，中国首个“芯片”大学——南京集成电路大学在南京江北新区揭牌。南京集成电路大学是一个衔接政府、高校、企业，深化产教融合的开放平台，以面向产业人才为定位，围绕从理论学习向创新实践过渡的关键环节，创新机制，全面升级集成电路人才培养，解决当前人才培养难点，促进地方产业发展。② 该校是企业人才的预备基地，与华为海思、中芯国际等企业有深入合作。

（二）加大电竞行业人才培养力度

近年来，电子竞技（简称“电竞”）行业发展迅速，产业规模已达千亿元，已经成为孕育新业态、拉动新消费、带活新经济的数字创意产业之一。截至2020年底，电竞行业有350万的人才缺口，催生出职业选手、赛事组

---

① 《芯片人才缺口32万！中关村这个“学院”觅良方》，https：//baijiahao. baidu. com/s? id = 1669469443636810744&wfr = spider&for = pc。

② 《新型大学！“及时雨”南京集成电路大学正式揭牌》，https：//baijiahao. baidu. com/s? id = 1681534468156608137&wfr = spider&for = pc。

织、游戏主播、电竞解说员、电竞分析师等职业。

2020年11月，北京市海淀区成立中关村电竞学院，率先推出电竞扶持政策，强调对电竞人才的培养。学院开展电竞专业相关学历和非学历教育，为电竞人才的引进、培育搭建平台。学院在成立初期首先开设电竞直播、电竞解说、电竞运营、游戏开发等专业，后期将逐步开发新专业，进一步拓展教育范围和规模，[①] 为产业发展提供坚实基础。2020年11月，广州黄埔区印发《广州市黄埔区、广州开发区、广州高新区促进游戏电竞产业发展若干意见》，明确提出，广州黄埔区要建立电竞游戏产业人才认证服务体系，在国内率先开展电竞人才认定，重点构建面向电竞游戏人才的落户培育、创业创新、技能培训的人才服务体系。成为电竞“黄埔工匠”的，每人每年最高奖励30万元。[②]

（三）加强急需紧缺金融人才培养

2009年，上海市围绕建设成为国际金融中心的国家战略，由著名海外华人学者牵头，依托上海交通大学，按照国际一流商学院模式创立上海高级金融学院。该学院探索创新办学模式和课程设置，在创新办学、人才培养、师资引进、研究智库、国际影响等方面取得了跨越式发展，形成了具有示范性的成功经验。截至2018年底，该学院各学位项目已成功为国内外金融机构输送2500余名优秀毕业生。[③]

2019年初，深圳市出台《深圳市支持金融人才发展的实施办法》及相关配套政策措施，提出按照分类分步的培养思路稳定推进金融领域领军人才、骨干人才、青年人才培养工程，建设具有较高培训能级的金融人才国际化培训载体，深化粤港澳大湾区金融人才交流合作，并强化金融博士后工作

---

① 《奔涌吧，电竞后浪——中关村电竞学院正式成立》，《中关村》2020年12月1日。

② 《黄埔区出台电竞游戏“双10条”率先开展电竞人才认定》，广州市人民政府门户网站，http：//www. gz. gov. cn/xw/jrgz/content/mpost_ 6938836. html。

③ 《探索高端金融人才培养的“高金模式”》，《财商时报》，http：//www. szzengjin. com/jinr/34271. html。

站人才储备功能。[①] 近年来，深圳市定期发布更新《深圳金融领域急需紧缺人才目录》，不断加大对金融人才的扶持力度，进一步优化深圳市金融人才发展环境。

（四）创新旅游人才培养模式

2019 年，海南省印发《海南省酒店业人才培养实施方案》，根据当地气候特点和旅游业淡旺季发展实际情况创新旅游业人才培养模式，创造性开展“旺工淡学”旅游人才培养项目，鼓励海南省旅游从业人员“旺季上班、淡季进修、工学交替”，免费为其提供学历教育及职业技能培训。[②] 截至 2019 年底，海南省超额完成在职教育招生 3000 人的目标，共有 3153 名酒店业员工报名参加该项目。[③] 2020 年，该项目招生规模扩大至 5000 人，培养对象由酒店业从业人员扩大到旅游景区、旅行社和旅游餐饮企业从业人员。[④] 该项目作为制度创新项目入选“2020 年海南自贸港首批制度创新案例”。

（五）加快推进社会工作专业人才队伍建设

2020 年 9 月，为加快推进社会工作专业人才队伍建设，湖南省 14 个部门联合出台《关于加强社会工作专业岗位开发与人才激励保障的实施意见》，进一步明确了从事社会工作服务的事业单位设置专业技术岗位的比例问题。[⑤] 2020 年 11 月，北京市印发《北京市养老服务人才培养培训实施办法》。此办法从 2021 年 1 月 1 日起实施，共 18 条，以建立职业补贴和职业

---

① 《深圳实施百千万金融人才培养工程》，新华社，https：//baijiahao. baidu. com/s? id = 1622260868045848677&wfr = spider&for = pc。

② 《“旺工淡学”新模式破除海南旅游人才“潮汐”现象》，海口网，http：//www. hkwb. net/news/content/2020 - 08/27/content_ 3899470. htm。

③ 赵优：《政府来买单工学两不误》，《海南日报》2020 年 8 月 27 日。

④ 《“旺工淡学”新模式破除海南旅游人才“潮汐”现象》，海口网，http：//www. hkwb. net/news/content/2020 - 08/27/content_ 3899470. htm。

⑤ 《湖南 14 部门联合出台政策加快推进社会工作专业人才队伍建设》，华声新闻，http：//hunan. voc. com. cn/article/202008/20200805062831370 9. html。

培训并重的养老服务人才培养体系为目标。[①] 办法首次将岗位补贴与护理员职业技能等级挂钩，岗位奖励津贴直接发放给养老护理员本人。办法还明确，对进入北京市养老服务机构专职从事养老服务工作的毕业生，不分岗位都给予一次性入职奖励。[②]

三 创新人才评价机制

（一）推动职称和工作许可跨地区互认

2020 年 7 月，国务院办公厅下发《关于进一步优化营商环境更好服务市场主体的实施意见》，要求促进人才流动和灵活就业，2021 年 6 月底前实现专业技术人才职称信息跨地区在线核验，鼓励地区间职称互认。[③] 2020 年 8 月，北京市开始实施的《北京市职称评审管理暂行办法》明确提出，京津冀职称评审结果在人才引进、岗位聘用、职称晋升、培养选拔、服务保障等领域实行三地互认。[④] 此外，在推动工作许可跨地区互认方面，2020 年 7 月，《长三角生态绿色一体化示范区推进外国高端人才工作许可互认实施方案》出台，[⑤] 明确提出在一体化示范区建立高端人才工作许可互认和服务制度，一地认定，三地互认。[⑥]

① 马丽萍：《入职奖励 + 岗位补贴　北京市积极推进养老服务人才队伍建设》，《中国社会工作》2020 年 12 月 15 日。

② 余翰林：《职业补贴和职业培训并重力推养老服务人才队伍专业化建设——解读〈北京市养老服务人才培养培训实施办法〉》，《社会福利》2020 年 12 月 15 日。

③ 《年底前工程建设项目审批将纳入线上平台！鼓励职称跨地区互认!》，https：//baijiahao. baidu. com/s? id = 1673084765957552745&wfr = spider&for = pc。

④ 北京市科学技术委员会、中关村科技园区管理委员会：《“大手拉小手”中关村为雏鹰人才企业搭台唱戏》，http：//zgcgw. beijing. gov. cn/zgc/yw/gzdt/10846029/index. html。

⑤ 毛丽君：《一地认定三地互认　长三角一体化示范区实现外国高端人才互认》，《新民晚报》2020 年 9 月 1 日。

⑥ 一财区域：《外国高端人才互认，长三角示范区要素流动一体化再突破》，《第一财经》2020 年 9 月 1 日。

（二）改革涉外职业资格管理制度

2020年9月，北京市开展新一轮服务业扩大开放综合试点工作，在涉外职业资格管理方面提出探索建立过往资历认可机制，允许金融、建筑设计、规划等领域内具有境外职业资格的专业人才，符合条件的经备案后可依规办理工作居留证件（金融领域有法律法规考试等特殊要求的，须通过相关考试并符合要求的条件），并在北京市行政区域内服务，其境外从业经历可视同境内从业经历。除涉及国家主权、安全外，允许境外人士在北京市内申请参加我国相关职业资格考试（不含法律职业资格考试）。允许北京市实施对金融等服务领域国际执业资格的认可。① 2020年12月30日，中国期货业协会发布《关于具有境外期货职业资格的人员申请国家服务业扩大开放综合示范区和中国（北京）自由贸易试验区期货从业资格的公告》，境外期货职业资格认可机制率先在京取得重大突破。

2020年9月，海南省出台的《实施方案》提出，放开境外人员参加职业资格考试限制，允许取得部分境外职业资格或公认的国际专业组织资质（除注册会计师、法律服务等领域外）的国际人才，通过技能认定后直接为海南自由贸易港内的企业和居民提供专业服务。②

2020年10月，国务院办公厅印发的《香港法律执业者和澳门执业律师在粤港澳大湾区内地九市取得内地执业资质和从事律师职业试点办法》指出，在广东省深圳市、珠海市、广州市、惠州市、东莞市、佛山市、中山市、肇庆市、江门市开展试点工作，对试点工作涉及的报名、考试、申请执业、业务范围、执业管理和组织实施等作出规定。③ 此举标志着粤港澳人才的进一步融合发展，为港澳相关人才的职业发展开辟了更广阔的空间。

---

① 《国务院批复同意〈深化北京市新一轮服务业扩大开放综合试点建设国家服务业扩大开放综合示范区工作方案〉》，中国政府网，http：//www.cs.com.cn/xwzx/hg/202009/t20200907_6092621.html。

② 李磊：《对外籍人员工作许可实行负面清单管理》，《海南日报》2020年9月15日。

③ 《国办印发〈香港法律执业者和澳门执业律师在粤港澳大湾区内地九市取得内地执业资质和从事律师职业试点办法〉》，《人民日报》2020年10月23日。

（三）创新职称评审管理

甘肃省自2018年9月起启动实施特殊人才职称特殊评价工作，截至2020年1月，已有28批143名特殊人才获得高级职称，其中，1/3以上的人才来自民营企业，包括企业高级管理人才、高技能人才和农民企业家。[①] 这种特殊评价方式产生了全省第一个“工人教授”，第一个“农民教授”，第一个以引进的急需紧缺人才身份获评的高级工程师和第一个以博士后身份获评的正高级职称。2020年，湖南省相继出台民营企业职称评审相关政策，组织开展一系列民营企业高级职称专场评审，涵盖全省五大专业领域10个专场。[②] 湖南省进一步放开职称评审台阶限制，特别优秀的民营企业专业技术人才可直接申报副高级职称。[③] 近年来，浙江省探索深化农业职称制度改革，将新型职业农民纳入农业系列职称评审范围。2020年3月，浙江省新晋农业正高级职称人员109名，其中有4名职业农民。[④]

（四）制定大数据产业人才职业技能标准

2020年10月，国内首个大数据应用人才职业技能标准出台。为了应对四川重庆地区当前面临的大数据产业发展实用人才大范围短缺、产业人才供给失调、产业人才培养水平参差不齐等突出问题，中关村智酷产教融合创新发展中心和重庆市大数据产业人才联盟联合制定该标准。该标准在大数据开发、分析、运维三个方向上都设置了初、中、高三个等级，每个等级都从院校条件、人才技术能力、岗位特征、企业要求等方面明确了相应标准。[⑤]

---

① 文洁：《对特殊人才要“特殊对待”》，《甘肃日报》2020年8月10日。

② 何金燕：《特别优秀民营企业人才可直接申报副高》，《湖南日报》2020年8月6日。

③ 王智芳、刘蓓：《湖南：民营企业特别优秀人才可直接申报副高》，《华声在线》2020年8月6日。

④ 孟飞：《不拘一格评价人才　农民晋升正高职称》，《经济日报》2020年8月9日。

⑤ 周雨：《国内首个大数据应用人才职业技能标准出台》，《重庆日报》2020年10月19日。

（五）推进职业技能等级认定工作

2018 年，中共中央办公厅、国务院办公厅印发《关于分类推进人才评价机制改革的指导意见》，明确提出“加快构建国家职业标准、行业企业工种岗位要求、专项职业能力考核等多元化评价方式”。为贯彻落实指导意见，2019 年 8 月，人力资源社会保障部出台《关于改革完善技能人才评价制度的意见》，明确要求由用人单位和社会培训评价组织按照有关规定开展职业技能等级认定。围绕中央部署，各地纷纷出台政策，全面推进职业技能等级认定工作。2020 年 8 月，湖南省公布第一批 35 家职业技能等级认定技工院校（含职业院校）和 15 家职业技能等级认定社会培训评价组织名单。2021 年 3 月，湖南省人社厅出台《湖南省技工院校职业技能等级认定流程（试行）》，同时公布了第二批 20 家职业技能等级认定技工院校（含职业院校）和 24 家职业技能等级认定社会培训评价组织名单，这标志着湖南职业技能等级认定工作从制度建设到组织实施又向前迈进了一大步。截至 2021 年 3 月，湖南省具备职业技能等级认定资质的各类单位已有 133 家，为落实“放管服”改革要求、全面推进职业技能等级认定工作奠定了坚实基础。[①]

四　加大技能人才培养激励力度

（一）加强高技能人才培养

2020 年，湖南省在“专升本”过程中首次推出新政，进一步完善高层次应用型人才培养体系。在校期间获得世界技能大赛、中国技能大赛、全国职业院校技能大赛一、二、三等奖，以及全省职业院校技能竞赛一等奖的高

---

① 湖南省人力资源和社会保障厅：《湖南大力推进职业技能等级认定工作》，http：//www. csx. gov. cn/zwgk/bmxxgkml/xrsj/gzdt59/202103/t20210324_ 9846192. html。

职专科应届毕业生，可获得“专升本”推荐免试资格。[①] 2020 年，湖南省 44 所高职院校的 540 名学生通过这一方式进入本科院校学习深造。[②]

2021 年 4 月，北京市围绕高精尖产业发展对人才的需求，推出高精尖产业技能提升培训补贴政策，符合条件的人工智能（含区块链技术）、科技服务、新能源智能汽车、医药健康、新材料等相关产业人员参加培训，最高可获得不超过培训总费用 50% 的补贴支持。

（二）加大技能人才激励力度

2017 年 6 月，长沙市委市政府出台“长沙人才政策 22 条”，打造工匠人才高地，把“长沙工匠”铸造工程列入“芙蓉英才星城圆梦”计划五大工程，拿出“真金白银”奖励技能人才。优先推荐“十行状元、百优工匠”竞赛获奖者劳模评选，并分别给予 6 万元、3 万元奖励。[③] 同时，给予新引进或获得“中华技能大奖”“全国技术能手”及相当层次奖项的高技能人才 100 万元奖励。[④] 截至 2020 年底，长沙市已共计发放奖补资金 4300 多万元，奖励对象 9698 人次。

（三）开展技能人才职业技能竞赛

自 2018 年起，江苏省每年组织开展一届百万技能人才技能竞赛岗位练兵活动，成为江苏省活动时间最长、参与规模最大、辐射职业（工种）最广、社会各界最为关注的重要职业技能竞赛活动。[⑤] 通过大规模举办技能大赛，江苏紧缺人才、技术人才、高技能人才队伍快速发展。截至 2021 年 3 月，

---

① 《湖南培养高素质技能人才又出新招　凭一技之长免试读本科》，新华网，http://www.hn.xinhuanet.com/2020－07/14/c_1126234420.htm。

② 黄京、刘镇东：《“牛”！他们凭一技之长免试读本科》，《三湘都市报数字报刊》2020 年 7 月 13 日。

③ 王鑫、方大丰：《长沙连续 3 年重奖技能状元工匠人才》，《工人日报》2020 年 12 月 4 日。

④ 李国庆：《智能建筑行业首个“国字头”赛事开赛　深度解读智能楼宇管理员竞赛含金量有多高?》，《智能建筑》2019 年 10 月 6 日。

⑤ 张韩虹、陈阁：《江苏开展百万技能人才岗位大练兵》，《江苏经济报》2020 年 7 月 31 日。

江苏省共有大国工匠 2 人、中华技能大奖获得者 14 人、全国技术能手 295 人，高技能人才总量达 455 万人，每万名劳动者中高技能人才达 959 人。

（四）加快技能人才培养基地建设

2020 年 6 月，江西省印发《加快技工教育发展加强技能人才队伍建设的若干意见》，加速设立技工院校规划，加快培养技能人才“赣军”。[①] 若干意见明确提出，要在江西省建设 1～2 家国家级技能人才培养综合园区，打造一批省级技能人才培养综合园区，进一步优化资源配置，高效融合竞赛集训、技工教育、公共实训、公共就业创业服务、创业孵化、人力资源服务等功能，通过对技能人才提供“一站式”服务，大力弘扬工匠精神，助推技能人才引进与培养。

各地在改革人才体制机制方面积极探索、不断创新，人才工作快速发展，成效明显。但与此同时，人才流动渠道不够通畅，创新创业生态系统构建不够完备，人才工作法制体系不够健全等问题仍然明显，各地还需要持续深化改革，推动人才政策创新，进一步释放人才红利，实现人才链、产业链、创新链、政策链、资金链有机融合。

---

① 《江西省人民政府办公厅关于加快技工教育发展加强技能人才队伍建设的若干意见》，《江西省人民政府公报》2020 年 6 月 23 日。

B.10 人才评价制度改革与发展趋势

孙一平*

摘 要： 人才评价是人力资源管理与开发的重要方式。近一年来，我国人才评价制度改革多个领域取得了显著成绩，评价标准进一步完善，评价机制逐步健全，管理服务更加完善，重点领域人才评价改革逐步深入，为将改革推向深入奠定良好基础。

关键词： 人才评价 人力资源 人才评价标准

以职称制度、职业资格制度、职业技能等级认定制度等为主体的人才评价制度是我国人力资源开发制度的重要组成部分。近年来，我国的人才评价制度改革有序推进。本文聚焦2020年以来中央及各部门各地区发布的人才评价政策和进行的实践探索，分析我国人才评价制度的改革举措和发展趋势。

一 改革整体情况

2020年至今，专业技术人才和技能人才评价制度改革取得新进展。进入新阶段，开启新征程，对推进人才评价制度改革的要求更加迫切，党中央、国务院从总体上对人才评价制度改革进行了部署。

* 孙一平，博士，中国人事科学研究院副研究员，主要研究方向为人才评价、职业发展、人力资源开发。

（一）总体部署人才评价制度改革

《中华人民共和国国民经济和社会发展第十四个五年规划和2035年远景目标纲要》提出“要深入实施科教兴国战略、人才强国战略、创新驱动发展战略”，阐述了“深化人才发展体制机制改革，全方位培养、引进、用好人才”的总体要求。2021年5月，在两院院士大会上，习近平总书记强调，要激发各类人才创新活力，建设全球人才高地。这为我国人才评价制度改革提供了根本遵循。新时代坚持深入推进人才评价制度改革，必须准确把握人才强国战略深入实施面临的机遇和挑战，准确把握人才评价在人力资源开发中的重要作用，加快形成支持创新的人才评价制度安排。

2021年6月，《人力资源和社会保障事业发展“十四五”规划》印发，提出要全面完成各系列职称制度改革工作；完善职业资格制度，推动职业资格国（境）内外互认；实施技能人才评价提质扩面行动。这为未来我国人才评价制度改革提供了行动指南。

（二）职称制度改革持续推进

按照深化职称制度改革的总体部署，加快推进各系列职称制度改革。2020年以来，人力资源和社会保障部（以下简称“人社部”）会同行业主管部门先后出台了船舶、体育、艺术、公共法律服务等系列的职称制度改革指导意见。

打通高技能人才与专业技术人才职业发展通道，推进职称与职业资格和职业技能等级制度有效衔接。2021年1月，人社部在总结前期试点经验的基础上，印发了《关于进一步加强高技能人才与专业技术人才职业发展贯通的实施意见》，支持高技能人才参加职称评审，出台多项举措，解决技能人才“能参评、评得上、评得快”的问题。

（三）职业技能等级认定工作有序启动

积极推进完善职业技能等级认定制度。贯彻职业资格分步改革要求，构建社会化、多元化的技能人才评价机制。遴选职业技能认定社会培训评价组织，推动企业完善职业技能等级认定工作，稳妥有序承接退出目录后的职业技能等级认定工作。据2020年9月22日人社部网站发布的有关文章，截至目前，全国共有406家社会培训评价组织、1872家企业完成了职业技能等级认定备案，32万余名技能人才取得了职业技能等级证书。①

加强技能人才评价工作的监督、检查和指导，建立科学高效的职业技能等级认定管理体制。2020年，人社部先后印发了《职业技能等级认定工作规程（试行）》《技能人才评价质量督导工作规程（试行）》，对技能等级认定的范围和依据、组织实施、质量督导、用人单位和社会培训评价组织的遴选等进行了规范，为进一步提高技能人才评价质量提供了保障。

（四）职业技能竞赛体系持续完善

充分发挥全国职业技能大赛的龙头作用。2020年12月，以“新时代、新技能、新梦想”为主题的我国第一届职业技能大赛在广州举行。大赛共设86个比赛项目，36个代表团的2557名选手、2376名裁判人员参赛，这是新中国成立以来首次举办的综合性国家职业技能大赛。

夯实行业和地方职业技能竞赛与专项赛的主体作用。2020年全国行业职业技能竞赛顺利举行，共开展10项一类职业技能大赛和73项二类职业技能竞赛。同时，根据党中央、国务院决战决胜脱贫攻坚的决策部署，结合技能脱贫工作和52个未摘帽贫困县、“三区三州”深度贫困地区实际，2020年6月在新疆乌鲁木齐组织开展“三区三州”职业技能大赛，2020年8月在山西大同组织开展全国扶贫职业技能大赛。

加强对全国行业职业技能赛事的计划和管理。每年印发《关于组织开展全国行业职业技能竞赛的通知》，从统筹规范实施竞赛活动、切实提升竞赛工作质量、确保赛事公平公正、积极做好宣传推广工作等方面对全国行业职业技能赛事进行了统一安排。

---

① 《技能强国　奋楫中流——全国人社系统贯彻落实习近平总书记对技能人才工作重要指示见成效》，mohrss.gov.cn，2020年9月22日。

（五）技能人才表彰认定体系持续完善

完善以政府奖励为导向、用人单位奖励为主体、社会奖励为补充的具有中国特色的技能人才表彰奖励体系。2021 年 6 月，举行第十五届高技能人才表彰大会，授予 30 名同志“中华技能大奖”称号、293 名同志“全国技术能手”称号。[①] 引领形成丰富多样的地方技能人才表彰奖励体系，各地基本上都出台了高技能人才评选制度，为高技能人才设立了荣誉称号。

二　重点改革举措

按照中央深化人才评价制度改革的部署要求，各地各部门积极谋划、主动研究，围绕重点问题领域，提出了许多特色鲜明的改革举措，取得了积极成效。

（一）健全评价标准

1. 完善技能人才国家职业技能标准体系

编制国家职业技能标准制定工作计划。2020 年 7 月，人社部印发《国家职业技能标准制定工作计划（2020—2022 年）》，计划于近三年内陆续完成 32 个新职业、11 个社会急需紧缺职业、153 个行业特需职业、52 个社会需要职业的国家职业技能标准制定工作，以助力深入推进职业技能等级认定工作。

颁布一批新的国家职业技能标准。2020 年 7 月，人社部会同有关部门颁布了工业机器人系统运维员等 4 个职业的国家职业技能标准；2021 年 2 月，又颁布了老年人能力评估师、城市轨道交通服务员等 13 个职业的国家

① 截至目前，共评选表彰了 290 名中华技能大奖获得者、3321 名全国技术能手，表扬 706 家国家技能人才培养突出贡献单位、394 名突出贡献个人。

职业技能标准。

建立国家职业技能标准查询系统。2021 年 6 月，人社部开发的“国家职业技能标准查询系统”实现线上免费查询。该系统覆盖了目前正式出版的全部国家职业技能标准，共计 1109 个，其中依据《职业分类大典（1999 年版)》规定的职业（工种）制定颁布并正式出版的有 898 个；依据《职业分类大典（2015 年版)》规定的职业（工种）制定颁布并正式出版的有 211 个。该系统的开发有助于更好地发挥国家职业技能标准在职业技能等级认定中的基础性作用。

2. 颁布多个专业技术人员的国家职业技术技能标准

按照职业属性和工作要求，坚持以职业活动为导向、以专业能力为核心，研究制定新职业中专业技术人员的国家职业技术技能标准。2021 年 2 月，人社部与工信部联合颁布了智能制造工程技术人员等 3 个新职业的国家职业技术技能标准，针对从业人员的理论知识和专业能力提出了综合性、引导性培养标准，为专业技术水平评价提供了基本依据。

3. 完善职称评价标准体系

突出产业需求、企业需求，提高人才评价与产业发展的契合度。江西鼓励特色产业聚集区开展特色产业职称评审，单独制定特色产业职称评价标准。湖北武汉在职称评审中，重点考核工作绩效、实际贡献、创新成果，逐步形成人才与产业深度融合的良性格局。贵州聚焦脱贫攻坚和经济社会发展需求、突出“贵州需要”，修订专业技术人才评价标准。河南在民营企业职称评审过程中，注重对专业技术人员工作能力和职业道德的考核，技术突破、工艺流程等均可作为职称评审重要内容。

采取多元化的评价指标体系。教育部破立并举健全高校人才评价体系，先后发布了《关于破除科技评价中“唯论文”不良导向的若干措施（试行)》《关于破除高校哲学社会科学研究评价中“唯论文”不良导向的若干意见》等多个文件，强调并引导高校把教书育人的成效及由此形成的学术成果作为重要评价标准。

（二）创新评价机制

1. 综合运用考核鉴定、业绩评审、过程化考核等人才评价方式

推行灵活多样的评价方式。甘肃对于“三类人才”① 实行评委会考核认定方式，专业技术人员可以用技术推广总结、教案、病历等代替论文进行答辩。探索多元主体评价，如医生由医院、医生、病人进行评价，教师由学校、教师、学生、学生家长进行评价。

拓宽评价渠道。围绕脱贫地区和乡村振兴实际，四川大力开发专项职业能力考核规范，截至目前，已开发并通过备案 119 项；山西则致力于把各级各类职业技能竞赛打造成为技能人才的交流展示平台，努力完善省内技能竞赛体系，夯实企业岗位练兵和技术比武基础，加强行业企业和市级竞赛的主体作用，进一步提升各级各类大赛的规模和质量。

2. 拓展评价范围

扩大范围，畅通职称申报渠道。探索在新兴职业领域增设新职称评审专业，以适应经济社会发展的新需求。多种新职业（专业）纳入地方职称评审范围，北京、天津、甘肃、湖北将快递工程纳入职称评审范围；浙江、山东积极推进新型职业农民高级职称评审工作。进一步打破户籍、地域、身份等的制约，畅通各类人才职称申报渠道。青海规定对外省来青和军队自主择业人员原有职称继续有效，促进不同人员职业发展与民营企业发展并线并轨。天津印发《“科创企业评职称”专项服务工作方案》，建立职称评审“直通车”，“按需申报，市区联动，一年多评”，倡导精准评价，对企业研发团队整体开展“一企一评”。河南建立健全民营企业职称评审组织，支持有一定规模、内部管理规范、专业技术人才密集、技术实力较强的民营企业组建职称评审委员会，鼓励专业相同或相近的民营企业联合组建职称评审委员会。

---

① 在乡村工作的硕士研究生，在基层工作的全科医生，在基层工作时间长、任职时间长、贡献大的人才等。

3. 进一步加强监督制度建设

广东建立职称评审委员会核准备案制度和自主评审单位备案管理机制；明确职称评审承接条件；建立健全省市县三级职称评审质量监管体系。陕西优化职称评审专家来源和结构，构建随机、回避、轮换的评委专家遴选机制和异地交流机制。

（三）完善管理和服务

1. 完善制度实施办法和配套规定

推出地方职称管理服务实施办法和配套规定。山东人社厅制定了《山东省职称评审管理服务实施办法》，针对评审主体、适用对象、评审程序、参与各方权利义务等职称评审环节中的关键问题等逐一作出规范；广东人社厅研究制定了《广东省职称评审管理服务实施办法》及 5 个配套规定，针对自主评审管理服务、跨区域跨单位流动的专业技术人才职称相关问题等进行了规范。

制定关于评选评奖活动的负面清单。为了更好地规范评奖活动，有效彰显表彰奖励的引领作用，2021 年 6 月，全国评比达标表彰工作协调小组制定了关于评选评奖活动的负面清单，涵盖了评选评奖活动的名称、名义、宣传报道等 11 个方面的内容，以推动培育风清气正的评价氛围和社会环境。

建立技能人才评价技术资源快速响应机制。江苏将质量控制的要求始终贯穿评价工作全过程各领域，向社会公布评价机构目录，明确开展评价的地域范围、职业（工种）技能等级和有效期限，实行能进能出的动态管理；加强职业评价规范和评价题库建设；着眼专业化和公信力，建立健全 3000 多人的考评员、督导员两支队伍，为职业技能等级认定工作保驾护航。

2. 继续推动区域和国际化人才评价互认

采认台湾职业资格。福建围绕推进海峡两岸行业标准共通，率先开展直接采认台湾地区职业资格工作。一是直接采认台湾职业资格。对于两岸职业能力标准相近度达到60%以上的20个职业技能资格予以直接采认；并按照结构框架相似、报考条件相当、职业管理要求相近、产业发展急需的原则，确定持台湾地区有权机构颁发的14项专业技术职业资格证书的执业人员，可对应大陆相应职业资格，按证书许可范围在福建开展相应的业务。二是台湾职业资格直接采认职称。印发《关于开展台湾地区专门职业及技术人员（技术士）直接采认相应职称有关事项的通知》，对于取得《台湾地区专门职业及技术人员（技术士）考试及格证书比照认定职称目录》中所列的52项考试及格证书并在福建从事相关专业技术工作的台湾居民，可直接认定助理级职称，符合学历或资历条件的可比照认定中级职称或申报高级职称。三是台湾专业技术人员直接聘用。出台《关于做好在闽就业台湾医师聘任工作的通知》《福建省引进台湾地区全职教师资助计划实施办法》等，允许用人单位在相关的专业技术职务基本任职条件的基础上，自主设定聘任条件，直接认定其专业技术水平，在核定的岗位结构比例内，自主聘任专业技术职务（职称）并发放聘任证书。

境外职业资格认定取得新进展。苏州市以境外职业资格与职称的比照认定为切入点，出台了《苏州市国际职业资格比照认定职称资格办法（试行）》，分4批发布了344项国际职业资格比照认定职称目录；海南自由贸易港出台《境外人员执业管理办法（试行）》，对20多个国家和港澳台地区共200多项境外人员资格进行认定，有助于持证人员在自贸港便利就业创业。

境内职业资格对境外人员开放程度不断加深。2020年9月，海南发布《海南自由贸易港境外人员参加职业资格考试管理办法（试行）》，吸引境外人才参加职业资格考试。2021年4月，北京发布《国家服务业扩大开放综合示范区和中国（北京）自由贸易试验区对境外人员开放职业资格考试目录（1.0版）》，围绕“两区”建设的重点领域，向境外人员开放35项职业资格考试，其中专业技术类34项、技能类1项。

3. 开启区域职称资格互认

川渝职称互认机制进一步完善。2021年3月，四川与重庆印发《关于川渝职称互认工作有关事项的通知》，规定持有两地颁发的高级职称证书的专业技术人才在川渝跨地区、跨单位流动时，无须再进行重新评审或者确认。京津冀职称互认进一步向前推动。2020 年 8 月，《北京市职称评审管理暂行办法》开始实施，规定津冀两地职称证书在北京市职称晋升、岗位聘用、培养选拔、人才引进等领域与北京颁发的证书具有同等效力。长三角职称互认机制初步形成。2020 年 7 月，上海、江苏、浙江印发《关于支持长三角生态绿色一体化发展示范区高质量发展的若干政策措施的通知》，规定在两省一市已经按照国家规定评聘专业技术职务的人员，在示范区跨域流动的，无须复核或者换发职称证书。

（四）加强重点群体人才评价工作

1. 乡村振兴人才

2021 年 2 月，《关于加快推进乡村人才振兴的意见》印发，提出了乡村振兴人才评价改革重点。意见提出要建立健全乡村人才分级分类评价体系，完善乡村高技能人才职业技能等级制度，完善人才评价标准。

2. 基层一线人才

坚持向基层、向一线、向乡村倾斜。甘肃为鼓励人才向深度贫困的临夏州、甘南州流动，为省内引进人才开辟“全省特殊人才职称特殊评价”渠道。① 贵州对长期在基层一线特别是县以下工作的专业技术人员，单独列出评价条件，重点考察基层工作经历、实际工作业绩和岗位贡献。② 新疆拓展基层专业技术人员晋升空间，以阿克苏为例，增加专业技术高、中级岗位比例，将专业技术岗位高、中、初 2∶4∶4 结构比例调整为 3∶4∶3。③

3. 抗击疫情医务人员

人社部实施“关爱抗疫一线行动”，为抗疫一线人员出台职称（岗位）晋升、及时表彰等十余项关心关爱措施。优先晋升岗位等级和职称评定，26 个省份为 1943 名抗疫一线专业技术人员晋升了职称。指导开展奖励和表彰，

---

① 《甘肃：“双定向”让基层人才搭上“快车道”》，mohrss. gov. cn，2020 年 9 月 24 日。
② 《贵州：修订 12 个职称系列评审条件》，mohrss. gov. cn，2020 年 10 月 27 日。
③ 《新疆阿克苏：完善事业单位职称评定机制》，mohrss. gov. cn，2020 年 12 月 24 日。

奖励个人15845人、集体689家，在全国卫生健康系统表彰先进集体113个、先进个人472名，追授34名同志“先进个人”称号。①

三　发展展望

（一）针对新职业发展新的人才评价形式

2019年以来，已有56个新职业正式确定和发布。针对新职业中的技能人才，职业技能等级认定制度已经建立了明确的工作机制，能够快速顺畅地建立起包含国家职业技能标准在内的新职业的职业技能等级认定评价体系。而新职业中的专业技术人员，无论是职称制度还是职业资格制度都难以快速实现更新。对此，迫切需要建立起针对新职业中专业技术人员既不同于职称评审也不同于职业技能等级认定的评价机制，满足新职业从业人员评价需求。同时，新的评价机制既要充分考虑与现有的职称、职业资格等机制的衔接，也要借鉴技能人才评价经验，制定国家职业技术技能标准，编写培训大纲和培训教材，出台配套政策措施，指导社会培训和评价机构积极开展培养培训和评价工作，促进培养与使用、评价相衔接。

（二）加强评价机构能力建设

职业技能等级认定制度是我国职业资格制度改革和技能人才队伍建设的重要举措，包含用人单位和社会培训评价组织在内的评价机构建设则是职业技能等级认定制度取得成功的重要任务和有力保障。当前，我国的评价机构作为评价主体，市场化、社会化和专业化程度仍有不足，难以有效保障职业技能等级认定制度的实施质量。对此，应积极引导用人单位和社会培训评价组织编制行业企业评价规范，贴合行业需要开发高含金量的职业技能等级认

---

① 《大战大考中书写“人社答卷”——全国人社部门战疫记》，mohrss. gov. cn，2020年6月24日。

定证书；根据《职业技能等级认定工作规程（试行）》要求，高质量开展职业技能等级认定活动。加大对评价机构的扶持和监督力度，建立合理的经费投入保障机制和绩效评估机制，建立动态更新的机构评估机制。

（三）持续推进“四唯”清理行动

《关于深化项目评审、人才评价、机构评估改革的意见》和《关于开展清理“唯论文、唯职称、唯学历、唯奖项”专项行动的通知》印发实施以来，改革取得了显著的成效，但是在一些地方和单位多元化评价标准体系虽然已经建立，“四唯”现象仍较突出，科学可行的评价新标准尚未建立，对论文等评价标准的依赖短期内难以改变，量化考评之风依然存在。对此，应基于中央文件精神，继续坚持分层分类分阶段的评价改革，循序渐进，试点先行，分行业、分领域推进，逐步建立科学可行的新评价标准体系。

参考文献

《中华人民共和国国民经济和社会发展第十四个五年规划和2035年远景目标纲要》，《人民日报》2021年3月13日。

《两院院士大会中国科协第十次全国代表大会在京召开》，《党建》2021年第6期。

刘云：《推动建立新时代科技人才评价体系》，《中国社会科学报》2021年6月8日。

陈敏、刘佐菁、苏帆：《“三评”改革两周年回顾：取得成效、存在问题与对策建议》，《科技管理研究》2021年第41（08）期。

夏晓晖：《技能等级认定质量监管体系构建的探索》，《中国产经》2021年第10期。

《技能强国奋楫中流——全国人社系统贯彻落实习近平总书记对技能人才工作重要指示见成效》，mohrss. gov. cn，2020年9月22日。

《大战大考中书写“人社答卷”——全国人社部门战疫记》，mohrss. gov. cn，2020年6月24日。

B.11

职业资格制度改革与发展趋势

谢 晶*

摘 要： 2020～2021年职业资格制度改革持续推进，具体工作集中在以下几个方面：大幅压缩国家职业资格目录；全面开展用人主体技能人员自主评价；积极推进境外职业资格认可事项；进一步规范社会组织职业资格认定工作；逐步分领域优化职业资格制度；突出发挥扶持登记失业人员就业创业作用。在"放管服"改革持续深化和经济社会高质量发展背景下，职业资格制度体系亟待健全、科学化和法治化程度亟待提高，建议下一步改革从强化政府综合管理职能、推进职业资历框架建设、提高资格设置科学化水平、丰富资格评价认证方式、提升职业资格制度的法制化水平、发挥社会组织评价主体作用等方面进行探索。

关键词： 职业资格 准入类 水平评价类 职业技能 等级认定

党的十八大以来，为了适应深化行政体制改革的新要求，重点从简政放权、放管结合、优化服务入手，职业资格制度改革不断深化。2014～2016年，在国务院总体部署下，人力资源和社会保障部（以下简称"人社部"）牵头对职业资格进行了"七连清"，清理压缩70%多国家层面设立的职业资

---

* 谢晶，博士，中国人事科学研究院副研究员，主要研究方向为职称和职业资格、心理测量与评估、人才选拔与评价、职业指导与咨询、人力资源服务标准化。

格证书，并于2017年建立动态调整的职业资格目录清单制度，治理整顿职业资格挂靠行为。2020～2021年，为了改善就业环境、更大力度激发市场主体活力，国务院提出职业资格领域深化“放管服”改革举措：“推动降低就业门槛，动态优化国家职业资格目录，降低或取消部分准入类职业资格考试工作年限要求。”① “压减准入类职业资格数量，推进社会化职业技能等级认定。”② “动态优化国家职业资格目录，进一步降低就业创业门槛。”③ 人社部积极完成国务院部署的简政放权任务，强化放管结合，优化职业资格服务，推进建立职业资格评价质量监督管理机制。

一 “放管服”改革推进情况

2020～2021年，职业资格领域聚焦促进就业深化“放管服”改革，在简政放权方面，大幅压缩国家职业资格目录，全面开展用人主体技能人员自主评价；在规范管理方面，积极推进境外职业资格认可事项，进一步规范社会组织职业资格认定工作；在优化服务方面，逐步分领域优化职业资格制度，突出发挥促进登记失业人员就业创业作用等。

（一）大幅压缩国家职业资格目录

2017年9月，国家建立职业资格目录清单，最初共包含140项职业资格，分为59项专业技术人员资格（包括36项准入类资格和23项水平评价类资格）、81项技能人员资格（包括5项准入类资格和76项水平评价类资格）。2019年因《会计法》修订，专业技术人员中的会计准入类资格从目录

① 2021年政府工作报告《第十三届全国人民代表大会第四次会议》，2021年3月5日，http：//www.gov.cn/premier/2021－03/12/content_5592671.htm。

② 《李克强主持召开国务院常务会议推出深化“放管服”改革新举措等》，2021年3月31日，http：//www.gov.cn/xinwen/2021－03/31/content_5597073.htm。

③ 《李克强在全国深化“放管服”改革着力培育和激发市场主体活力电视电话会议上的讲话》，2021年6月2日，https：//baijiahao.baidu.com/s?id=1701932249177271028&wfr=spider&for=pc。

中调整出去，剩139项。2019年底，国务院决定将水平评价类技能人员职业资格于2020年底全部退出国家职业资格目录，其中3项转为准入类，[①] 73项实行社会化职业技能等级认定制度。截至2020年底，我国职业资格目录清单保留66项职业资格，其中专业技术人员职业资格58项（包括35项准入类资格和23项水平评价类资格）、准入类技能人员职业资格8项。2021年初，专业技术人员职业资格目录调整方案进行网上公示，总数不变，准入类减少4项，水平评价类增加4项。我国职业资格目录清单从2017年设立的140项调整到目前的66项，共削减74项，削减率为52.8%。

（二）全面开展用人主体技能人员自主评价

2020年11月1日，国务院办公厅印发《全国深化“放管服”改革优化营商环境电视电话会议重点任务分工方案》，确定由人社部牵头推进企业技能人才自主评价，评价依据分两种情况，有国家职业技能标准的企业要按照标准开展技能人才评价，没有国家标准的企业可以自主开发评价规范。企业发放的职业技能等级证书，如果符合职业培训、职业技能鉴定补贴等政策相关要求即可享受相应待遇。11月7日，人社部办公厅印发《关于支持企业大力开展技能人才评价工作的通知》，明确按照“谁用人、谁评价、谁发证、谁负责”的原则，向用人主体放权，支持各级各类企业自主开展技能人才评价工作，发放职业技能等级证书。根据《职业技能等级认定工作规程（试行）》，遴选用人单位和社会培训评价组织等开展职业技能等级认定工作的机构，按照《技能人才评价质量督导工作规程（试行）》开展评价工作质量督导，加强技能人才评价事中事后监管。截至2020年底，完成职业技能等级认定备案的共有3700余家企业、近900家社会培训评价组织，共有104万余名技能人员经评价获得了职业技能等级证书。[②]

---

① 航空运输服务人员、消防和应急救援人员职业资格下所有工种均依照法定程序调整为准入类职业资格。安全保护服务人员职业资格中保安员和安检员两个工种依照法定程序调整为准入类职业资格，智能楼宇管理员和安全评价员推行社会化职业技能等级认定。

② 《2020年职业能力建设领域十件大事》，《中国组织人事报》2021年1月19日。

（三）积极推进境外职业资格认可事项

我国在1994年实行职业资格制度之初，就开始引入一些在国外有影响的职业资格证书。随着经济全球化的不断发展，人才国际化的客观需求日益增长，部分自贸区（港）为了鼓励和吸引更多境外人员来当地就业创业，便利境外人员在本地工作，积极推进境外职业资格认可事项。比如，苏州作为江苏自贸区片区，2017~2020年，分四批公布了《苏州市国际职业资格比照认定职称资格目录》；2020年9月，海南发布《海南自由贸易港境外人员执业管理办法（试行）》《海南自由贸易港认可境外职业资格目录清单（2020）》；2021年3月，江苏南京自贸片区印发《中国（江苏）自由贸易试验区南京片区职称评价与国际职业资格认定实施办法（试行）》，发布了首批《江北新区国际职业资格比照认定职称资格目录》。此外，北京于2021年9月发布了支持“两区”① 建设的境外职业资格认可目录（1.0版），深圳②也正在研究制定11个专业领域境外职业资格认可清单。

（四）进一步规范社会组织职业资格认定工作

2020年7月，国务院办公厅印发《关于进一步规范行业协会商会收费的通知》，对社会组织的职业资格认定工作进行规范。根据市场和行业发展需要，行业协会商会可以自行开展相关领域的职业能力水平评价活动，但严禁以此为由变相开展职业资格认定活动，相应证书的发放不允许使用“中华人民共和国”“中国”“全国”“中华”“国家”“职业资格”“人员资格”等字样和国旗、国徽标志。同时严禁乱收费，行业协会商会

---

① “两区”指国家服务业扩大开放综合示范区和中国（北京）自由贸易试验区。

② 2021年2月深圳市人社局印发《深圳市推进高度便利化的境外专业人才执业制度的实施方案》，提出，2021年，涉及11个领域的港澳专业人才在深执业便利取得重要进展，出台服务港澳专业人才的执业便利管理规定；2022年，各领域形成首批境外国际通行职业资格认可清单，建立动态调整机制，出台首个境外专业人才执业管理规定；2025年，基本形成覆盖多个国家（地区）的国际通行职业资格认可清单，制定辐射全球的境外专业人才执业管理规定。

承担相应职业资格认定工作的，只能收取考试费、鉴定费，不得收取除此之外的其他费用。

（五）逐步分领域优化职业资格制度

由于学业和执业衔接不畅等，大学生在选择从事乡村医生和兽医工作时，虽然经过多年专业学习取得了专业文凭认证，但仍然需要参加职业资格准入考试，不仅增加了他们的重复评价负担，也为其顺利就业造成掣肘。为了破除这一障碍，2020 年 6 月，国务院常务会议决定改革完善乡村医生和兽医职业资格制度。同年 7 月，国家卫生健康委发布《关于允许医学专业高校毕业生免试申请乡村医生执业注册的意见》，提出自 8 月起，在河北省、山西省、内蒙古自治区、辽宁省、山东省、湖北省、湖南省、广东省、海南省、四川省、贵州省、云南省、陕西省、甘肃省、青海省、新疆维吾尔自治区等 16 个省份，允许相关专业应届毕业生免试申请乡村医生执业注册。对兽医职业资格，则在 2020 年 4 月提出的“先上岗、再考证”的阶段性措施基础上，进一步推动相关法律修订，改革资格考试方式，允许兽医相关专业高校学生在校期间报考，考试合格的毕业时即取得执业资格。此外，将执业兽医注册和乡村兽医登记许可改为备案即可执业，乡村兽医的备案条件只需要具有兽医相关专业中等以上学历。

（六）突出发挥扶持登记失业人员[①]就业创业作用

2020 年 10 月，人社部公布了登记失业人员就业创业扶持政策清单，其中鼓励企业（单位）吸纳就业政策和支持技能提升政策中都提到，登记失业人员通过岗位技能、就业技能和创业等培训，并取得相应职业资格、职业技能等级、专项职业能力、培训合格等证书，即可按规定享受职业培训补贴；同一职业（工种）同一技能等级，如果登记失业人员通过初次职业技

① 登记失业人员是指劳动年龄内、有劳动能力、有就业要求、处于无业状态，并在户籍地、常住地、就业地、参保地进行了失业登记的城乡劳动者。劳动年龄为年满 16 周岁（含）至依法享受基本养老保险待遇。

能鉴定并取得相应职业资格、职业技能等级、专项职业能力等证书，可按规定享受职业技能鉴定补贴。提倡各地对纳入重点产业职业资格和职业技能等级评定指导目录的，适当提高补贴标准。这一举措促进了登记失业人员能力提升，为这一群体的就业创业提供了扶助和支持。

二　职业资格制度改革面临的形势

职业资格制度是世界各国普遍采用的人力资源开发管理的一项基本制度，不仅在提升劳动者能力素质、促进就业创业等方面发挥着重要作用，而且在规范职业行为、消除专业壁垒、促进职业高质量发展等方面也发挥着积极作用。“放管服”改革持续深化和经济社会高质量发展，对我国职业资格制度改革提出了更高要求。

（一）制度体系亟待健全

在深化“放管服”改革背景下，国家职业资格目录清单中的职业资格大幅削减。2020年技能人员水平评价类职业资格不再由政府或其授权的单位认定发证，全部退出目录清单，实行接受市场和社会认可和检验的职业技能等级认定制度，这是落实人社部2019年出台的《关于改革完善技能人才评价制度的意见》的重要举措。但要使职业技能等级认定制度发挥应有的效力，需要及时建立健全相关配套制度体系，比如，要“健全技能人才评价标准”“完善评价内容和方式”“加强监督管理服务”等以及做好制度衔接。

比如，就监管而言，在开展市场和社会评价的同时，必须适时建立健全监管机制，否则会产生评价乱象。如2017年9月正式颁布的国家职业资格目录清单中取消了心理咨询师资格，[①] 之后市场异常活跃，但也异常混乱，

① 2016年底拟列入职业资格目录清单的151项职业资格向社会公示，心理咨询师列在技能人员职业资格中，2017年正式颁布的国家职业资格目录清单中包含140项职业资格，心理咨询师资格被取消。

国内部分协会学会开展的培训认证标准不一、方式不一，质量参差不齐。在此过程中，甚至很多境外非法机构也乘虚而入。因此，在推行职业资格市场化、社会化改革的同时，需要强化监管和公共服务，抓好“标准的标准”“认证的认证”等工作。

比如，制度衔接。国务院于 2017 年 1 月印发《进一步减少和规范职业资格许可和认定事项的改革方案》，提出要推进职业资格、职称、职业技能等级认定制度的有效衔接。在总结工程技术领域试点工作的基础上，人社部于 2020 年 12 月印发《关于进一步加强高技能人才与专业技术人才职业发展贯通的实施意见》。但在制度衔接的实际做法方面，仍然是符合相应条件的参评人“多头考试参评”，并没有实现制度上的主动贯通。这在一定程度上加重了人才考试评价负担。就制度建设而言，此类问题也需要顶层设计上予以解决。

（二）科学化程度亟待提高

从资格设置角度看，我国的职业资格分为准入类和水平评价类。其中准入类职业资格，必须是涉及公共安全、人身健康、人民生命财产安全等的特殊职业，并且依据有关法律、行政法规或国务院决定来设置；而水平评价类资格，涉及的则是社会通用性强、专业性强、技术技能要求高的职业，不需要行政许可，可按照行业管理和人才队伍建设需要来设置。从目前的职业资格设置来看，虽然准入类职业资格设置都有法律依据，水平评价类职业资格设置也有相应的政策依据，但是基本还是以各部门出台的法律和政策依据做支持，标准界定相对粗放，同时也缺少必要的社会效应评估。

从职业资格的评价方式角度看，目前职业资格评价均采取考试方式，无论是常模参照测验还是标准参照测验，都是按考生的考试成绩，来获取相应的职业资格证书。考试内容大多仅涉及知识层面，对于技能层面的考查很有限。这种方式对于工程师、医师等技能要求较高的职业，很难全面反映应试者的职业能力。部分职业资格考试的报考条件设置也不太科学，如很多专业化职业需要大量相关领域从业经验的累积，年限要求过低，不利于专业化职业发展。此外，部分职业资格与学历教育不衔接，容易造成重复评价。比如《教师法》规定，幼儿园、中小学教师都要求具备相应的师范类学校学历。作为师范类学校的合格毕业生，应已具备从事相应学段教育教学的能力素质要求，再要求其参加相应的教师资格证考试，实属重复评价。

从新职业发展角度看，2020 年李克强总理在《全国深化“放管服”改革优化营商环境电视电话会议上的讲话》中明确指出：“稳定和扩大就业，要转变观念，顺应就业结构变化的大趋势，加快调整相关准入标准、职业资格、社会保障、人事管理等政策，使之能够适应并促进多元化的新就业形态。”新就业形态也催生了很多新职业，自 2015 年版《中华人民共和国职业分类大典》颁布以来，人社部等部门已陆续向社会发布四个批次 56 个新职业。2021 年 4 月，人社部办公厅印发《关于加强新职业培训工作的通知》，提出要“有序开展新职业评价”“探索多元化评价方式”“探索‘互联网 + 人才评价’新模式”等。职业资格是一种对职业进行社会性规制的评价方式，目前的职业资格目录清单反映的只是当前职业的规制状况。面对新职业，是否需要规制，应该怎样合理规制都需要予以规范。

（三）法治化水平亟待提升

世界主要国家（地区）均有较完善的职业资格法律制度体系，并具有较为系统的支持规范体系，通过立法形式使职业资格管理具有权威性和可操作性，有相对成熟的经验。比如，在许多发达国家的职业资格法律法规中，不仅规定职业资格认证名称、考核标准、注册条件等，还会规定如何管理职业资格，包括涉及部门的职责、资格以及运营费用，同时对于用人单位、中介组织、培训机构的责任也会在相关法律法规中予以明确。此外，发达国家职业资格立法还有一项重要特征，就是对职业许可①的法律授权。不论是政

① 许可，即 license，是指“由有资格的权威机构发放的、准许在某些行业或职业岗位上工作或开展某些活动的文件，如果没有相应的许可文件，上述的活动就是违法的”。《威伯斯特新大学词典》（Webster's New College Dictionary）。

府部门还是民间机构，除非获得法律授权，否则不能设立对进入相关行业具有门槛限制性的职业资格，即准入类资格。通常都是法律授权职业许可由政府部门进行直接管理，这样确保在有限范围内严格控制准入类职业资格的数量。此外，对职业资格的审核和授予进行管理的具体职业资格委员会也由法律授权成立，一旦授权撤回，相应资格委员会也随之取消。虽然我国也初步形成了包括综合法律、行业管理法律法规和单项法律法规在内的职业资格法律法规体系，但是与国外具有200多年历史的职业资格制度相比，我国的职业资格立法仍处于探索阶段，存在职业资格制度母法缺失、相关法律对职业资格的规定不完善、基于专门职业的行业立法亟须推进、职业资格立法的规范性程序亟待建立等一系列需要解决的问题。

比如，我国于2004年开始实施、2019年修订的《中华人民共和国行政许可法》对设定公民资格许可事项作出规定，① 认可了职业资格认证属于行政许可范畴，但是相关规定过于原则、可操作性不强。又比如，工程师资格认证，在典型国家（地区）的工程师制度中，政府依据相应法律法规建立准入资格，通过国家立法来确立资格管理规范，由政府部门或政府授权社会公益机构与行业协会（或学会）依法进行管理实施。政府通过法律授权，确立社会组织作为工程师培养和资质认证的合法权威机构，奠定其群众基础，同时也为工程社会的自我调节与自我发展功能的实现提供充分的空间。在权责划分上，政府、行业组织、工程企业、高校等各方代表共同参与资格认证制度设计。具体而言，准入认证的实施由政府部门负责，水平认证一般由多部门组成的第三方机构及其授权的行业组织共同承担相应职责，政府与非政府部门在该过程中均发挥重要作用，各主体分工较为明晰。对比而言，我国相关资格认证的法治化水平亟待提高。

---

① 《行政许可法》第12条规定："下列事项可以设定行政许可：……（三）提供公众服务并且直接关系公共利益的职业、行业，需要确定具备特殊信誉、特殊条件或者特殊技能等资格、资质的事项；（四）直接关系公共安全、人身健康、生命财产安全的重要设备、设施、产品、物品，需要按照技术标准、技术规范，通过检验、检测、检疫等方式进行审定的事项；（五）企业或者其他组织的设立等，需要确定主体资格的事项。"

三　下一步的改革建议

深化职业资格证书制度改革既要解决制度本身存在的问题，也要解决面向未来的创新发展问题。要坚持整体规划、依法监督、适度规制、同步推进、共同治理的原则，不断提高职业资格管理的规范化、科学化、法制化、国际化水平。

（一）强化政府综合管理职能

建议以增强相关制度安排的系统性、协调性和整体性为中心，完善职业分类体系、资格设定评估体系、评价标准体系、考试考务管理体系和证书质量服务保障体系。

1. 职业分类体系

以国家职业大典修订工作平台为基础，建立职业发展状况监测机制和职业分类动态更新机制，强化《中华人民共和国职业分类大典》对职业资格制度的支撑作用。

2. 资格设定评估体系

以《中华人民共和国行政许可法》规定精神为指导，以必要性、公平性、效率性、便民性为原则，制定职业资格设定评估标准，完善职业资格立法和决策过程中的听证、论证制度。建立健全资格认证和鉴定机构认可制度。

3. 评价标准体系

以职业分类为基础、以职业活动为导向、以职业能力为核心，建立健全职业标准体系。制定职业标准制定技术规范和程序规则。

4. 考试考务管理体系

完善命题、阅卷、考务等管理办法。创新考试（认证）方式方法，提升考试（认证）质量。严格执行国家职业资格保密制度和考试纪律要求。

5. 证书质量服务保障体系

统一国家职业资格证书印制、发放和管理。加强职业资格证书名称、样式和标识管理与保护。建立健全国家职业资格证书质量监测评估标准体系和第三方评估机制（见图 11－1）。

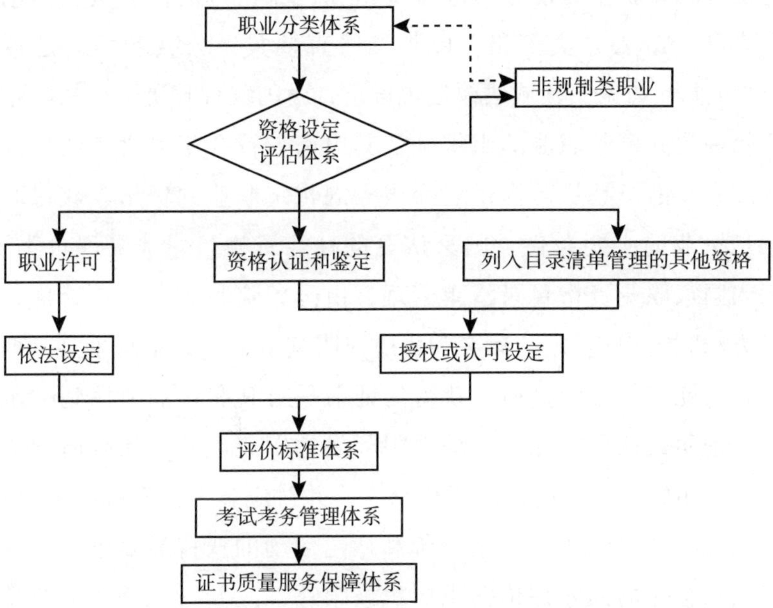

图 11－1　职业资格运行机制

（二）推进职业资历框架建设

建议以“学习成果”为导向，进一步明确职业资格、职称、职业技能等级认定以及职业技能培训和继续教育等制度的功能定位、制度的具体安排及其内在结构关系。通过在深化职业资格证书和技能等级认定证书制度中率先导入国家资历框架的理念、原则和方法，确立职业资历等级标准、认证认可机制和质量保障机制。以职业资格证书、职业技能等级认定证书为抓手，分类探索职业资历与教育资历的衔接办法和“学习成果”认定、积累和转换办法。建立健全职业资历证书管理体制，建立有人力资源社会保障部门、教育部门、行业主管部门、代表性协会学会和社会培训评价组织参加的工作协调机制。

（三）提高资格设置的科学水平

建议将国家职业资格分为国家资格和国家认可的社会资格。国家资格，即许可（准入）类资格，此类资格直接关系公共利益，是指依据《行政许可法》和相关领域法律法规设定，由国家行政机关或法律法规授权具有管理公共事务职能的组织确认其申请人符合相关法律法规规定的资格标准，并准予其从事提供公众服务的特定职业的资格。获得职业资格证书是执业的必要条件。国家认可的社会资格，即水平评价类资格，是指列入国家职业资格目录清单管理，由国务院职业资格主管部门认可的第三方①机构依据一定的标准和程序证明其申请人具备从事某一职业所需知识、技能或信誉的资格。获得的证书是对其职业能力达到一定水平的鉴定、证明或认可。此外，综观国际发达国家经验，除政府规制的职业资格外，由官方认可的民间资格众多，并对应多个国家标准分类职业。建议加强对我国民间职业资格评价和认定活动的扶持和监管，以充分满足市场化社会化的人才评价需求。积极跟踪“三新”经济发展，适时更新职业资格目录。

表 11－1　国家资格与国家认可的社会资格的区别

项目	国家资格（许可）	国家认可的社会资格
实施主体	行政机关或法律授权具有行政管理职能的社会组织	国务院主管部门认可的全国性协会、学会等社会组织
功能定位	公共管理	公共服务、行业自律
适用对象	特定职业	其他技术技能类职业
管理模式	政府主管	政府监督管理
评价标准	国家标准、强制性标准	行业标准、推荐性标准

① 第三方，是指独立于职业资格申请人和用人单位之外的评价组织，如社会组织。

续表

	国家资格(许可)	国家认可的社会资格
层次划分	除能力等级直接关系职业活动范围外,一般为一级	从国际情况看,一般2~3级
评价应用	所获得的职业资格证书是执业的必要条件	获得的证书是对学术技术水平和相应"称号"的认可,而不是对就业、执业的限制
法律特征	是依申请的具体行政行为; 是采用颁发职业资格证书等形式的行政行为; 是行政主体赋予行政相对方某种法律资格或法律权利的行政行为	是依约定而形成的评价与被评价的关系
职业特征	是特殊的职业,需要具备"特殊信誉、特殊条件或特殊技能"; "直接提供公众服务"; 执业者的行为对国家、社会或公民有产生危害的可能; 有法定的职业活动范围	除国家已经设定职业许可的其他所有职业; 有利于提升专业服务质量; 应当设定和实施许可,按照《行政许可法》第十三条规定可不设定和实施许可的职业

注:《行政许可法》第十三条规定:本法第十二条所列事项,通过下列方式能够予以规范的,可以不设行政许可:(一)公民、法人或者其他组织能够自主决定的;(二)市场竞争机制能够有效调节的;(三)行业组织或者中介机构能够自律管理的;(四)行政机关采用事后监督等其他行政管理方式能够解决的。

(四)丰富资格评价认证方式

建议贯彻落实《关于分类推进人才评价机制改革的指导意见》的有关要求,打破考试这一单一评价方式,丰富评价手段,根据学科专业和技术技能特点,灵活采用"考试、评审、考评结合、考核认定、个人述职、面试答辩、实践操作、业绩展示、竞赛选拔"等不同方式,充分挖掘AI(人工智能)、VR(虚拟现实)等新科技在职业资格评价领域的应用潜力,探索"互联网+人才评价"新模式,以提高评价的针对性和精准性。按照技术技能人员的职业发展规律科学设置评价条件和评价周期,强调现实性和发展性并重,注重过程评价和结果评价、短期评价和长期评价相结合。

（五）提升职业资格制度的法制水平

建议参照发达国家制定国家技术资格法的经验，抓紧做好制定符合我国国情的职业资格制度母法的准备工作。制定母法，可以明确国家职业资格的法律地位、类别界定、职业范畴、设置权限、标准程序、管理体制以及权责关系。同时，针对在我国境内开展的境外各类职业资格的相关活动也需要制定专门管理办法。进一步发挥国家职业资格证书主管部门在有关职业资格法律法规草案编制和立法过程中的指导、监督和协调作用。职业资格制度既关系公共健康和安全，也关系公民自由劳动的权利，应建立咨询听证制度，通过专家咨询充分吸收行业专家意见，采取听证会的形式充分听取公民的建议。通过“抓认证的认证”“抓标准的标准”强化对职业资格认证管理机构的法律授权。

（六）发挥社会组织的评价主体作用

建议建立健全职业资格认证机构认可制度和职业资格证书质量监测评估标准体系，稳步推进行业组织有序承接职业资格具体认定工作，加快建立市场化、社会化评价体系，强化法律授权。借鉴发达国家和世界一流学会协会先进经验，将会员评价、学历教育认证、资格认证、继续教育等关键节点纳入统一的框架内，以会员等级设计和能力标准为核心，构建专业人员培养、评价、继续教育的衔接机制。培育社会组织的管理服务能力，保证会员评价标准与市场准入要求和国际技术技能人员互认体系相一致。推进会员认证标准与教育认证标准、资格认证标准、企事业单位用人标准有效衔接。分领域建立会员认证标准体系，实现其与专业标准和职业标准的紧密结合，突出对不同领域技术技能人员的能力素质要求差异以及对不同级别技术技能人员的专业深度要求差异，确保会员管理服务与技术技能人员职业发展、产业需求的一致性，促进会员评价制度与教育认证制度、社会化资格评价制度的有效衔接。

参考文献

《2020 年职业能力建设领域十件大事》,《中国组织人事报》2021 年 1 月 19 日。

《形成以市场为导向的技能人才培养使用机制的“一场革命”》,中国政府网,2020 年 1 月 2 日,http://www.gov.cn/xinwen/2020-01/02/content_5465976.htm。

人力资源和社会保障部:《关于改革完善技能人才评价制度的意见》,2019。

国务院办公厅:《全国深化“放管服”改革优化营商环境电视电话会议重点任务分工方案》,2020。

人力资源和社会保障部办公厅:《关于支持企业大力开展技能人才评价工作的通知》,2020。

国务院办公厅:《关于进一步规范行业协会商会收费的通知》,2020。

《李克强主持召开国务院常务会议部署进一步压缩企业开办时间清理规范行业协会商会收费为市场主体减负松绑增添活力决定改革完善乡村医生和兽医职业资格制度为高校相关专业毕业生就业提供便利》,http://www.gov.cn/guowuyuan/cwhy/20200624c22/mobile.htm。

《登记失业人员就业创业扶持政策清单》,http://www.gov.cn/xinwen/2020-10/14/content_5551175.htm。

人力资源和社会保障部:《进一步减少和规范职业资格许可和认定事项的改革方案》,2017。

人力资源和社会保障部办公厅:《关于加强新职业培训工作的通知》,2021。

中共中央办公厅、国务院办公厅:《关于分类推进人才评价机制改革的指导意见》,2018。

B.12
国家创新型城市建设中的人才发展新动态

王芳霞　杨 梅*

摘　要：建设国家创新型城市具有重要意义。人才是国家创新型城市建设的关键，决定着创新型城市建设的路径和成效。本文梳理了近年来部分城市在国家创新型城市建设中人才发展方面的典型政策、做法和区域特色，分析了人才发展的制度内容，总结了人才发展的新动态。上述分析有助于进一步健全完善人才发展政策，更好地推动创新型城市建设。

关键词：创新型城市　人才发展　创新驱动

人才是经济社会发展的第一资源，创新是第一动力。建设国家创新型城市是实施创新驱动发展战略、完善国家创新体系和构建创新型国家的核心支点，是引领我国经济发展新常态、推动区域协调发展的内在需要，也是完善城市创新发展内涵和理念的重要举措。本文通过考察若干国家创新型城市建设中的人才发展状况，分析归纳各地的典型做法和区域特色，揭示国家创新型城市建设中人才发展的新动态。

* 王芳霞，博士，中国人事科学研究院副研究员，主要研究方向为事业单位人事管理、退役军人安置制度、公务员管理、人才政策等；杨梅，博士，中国人事科学研究院助理研究员，主要研究方向为人事制度、人才政策、就业创业和公共财政。

一　人才发展与国家创新型城市建设

（一）国家创新型城市建设

2004 年 11 月，科技部同意《合肥国家科技创新型试点市实施方案》，合肥成为我国第一个国家级科技创新型试点城市。2005 年 10 月，《中华人民共和国国民经济和社会发展第十一个五年规划纲要》提出加快建设国家创新体系。2006 年 1 月，深圳率先提出建设创新型城市。2007 年 10 月，党的十七大报告提出建设创新型国家。2008 年 6 月，国家发改委批准深圳成为首个创建国家创新型城市试点城市。2010 年 1 月，国家发改委印发《关于推进国家创新型城市试点工作的通知》，大连等 16 个城市被批准为第二批创新型城市试点；同年 4 月，科技部印发《关于进一步推进创新型城市试点工作的指导意见》和《创新型城市建设监测评价指标（试行）》，国家创新型城市建设加快步伐。

2016 年 5 月，中共中央、国务院印发《国家创新驱动发展战略纲要》提出建设创新型省份和创新型城市。习近平总书记在全国科技创新大会讲话中强调要“加快打造具有全球影响力的科技创新中心，建设若干具有强大带动力的创新型城市和区域创新中心”。[①] 为深入贯彻科技创新大会精神和实施创新驱动发展战略，同年 12 月，科技部、国家发改委联合印发的《建设创新型城市工作指引》公布了 61 个创新型城市的名单和指标体系，标志着国家创新型城市建设进入新阶段。2018 年 4 月，科技部、国家发改委印发《关于支持新一批城市开展创新型城市建设的函》，同意 17 个城市开展创新型城市建设。至此，我国共支持 78 个城市（区）建设国家创新型城市，包括 72 个地级市、4 个直辖市的区（北京市海淀区、上海市杨浦区、

① 《全国科技创新大会两院院士大会中国科协第九次全国代表大会在京召开》，新华社，2016 年 5 月 30 日，http：//www. xinhuanet. com//politics/2016 - 05/30/c_ 1118956522. htm。

天津市滨海新区、重庆市沙坪坝区）以及2个县级市（昌吉市、石河子市）。[①]

（二）人才发展对国家创新型城市建设的作用

习近平总书记指出："创新驱动实质是人才驱动，人才是创新的第一资源。"[②] 创新型城市作为主要依靠科技、知识、人才、体制等各类创新要素驱动发展的城市，关键靠人才。通过对比2010年、2016年国家创新型城市建设指标发现，2016年的创新要素集聚能力、综合实力和产业竞争力、创新创业环境、创新对社会民生发展的支撑、创新政策体系和治理架构五个一级指标，都与人才发展息息相关，反映了国家创新型城市建设的整体性、系统性，并凸显了地方特色；二级指标增加了国家和省级重点实验室、工程实验室和工程（技术）研究中心数量以及科技进步贡献率、人才工程、引进人才数量等直接反映人才发展的指标，说明人才发展在国家创新型城市建设中的引领和支撑作用越来越重要（见表12－1、表12－2）。

表12－1　2010年与2016年国家创新型城市建设一级指标对比

2010年	2016年
创新投入	创新要素集聚能力
企业创新	综合实力和产业竞争力
成果转化	
高新产业	
科技惠民	创新对社会民生发展的支撑
创新环境	创新创业环境
	创新政策体系和治理架构
	特色指标

① 中国科学技术信息研究所：《国家创新型城市创新能力评价报告（2020）》，科学技术文献出版社，2020，第6页。

② 《习近平在中国科学院第十九次院士大会、工程院第十四次院士大会上的讲话》，《国务院公报》2018年第17期。

表 12-2　2016 年国家创新型城市建设指标体系中新增与人才发展有关的二级指标

一级指标	二级指标
创新要素集聚能力	国家和省级重点实验室、工程实验室和工程(技术)研究中心数量
综合实力和产业竞争力	科技进步贡献率
	全员劳动生产率
创新创业环境	技术市场成交合同金额占地区 GDP 比重
创新政策体系和治理架构	拥有能抓创新、会抓创新、抓好创新的科技管理队伍
特色指标	人才工程引进人才数量
	引进国内外高端科技人才和研发机构等的数量

一定程度上可以说，人才发展状况基本上反映了国家创新型城市建设的实力和潜力，影响着国家创新型城市建设的路径和成效。

二　国家创新型城市建设中人才发展的典型做法

随着国家对人才工作的高度重视和《建设创新型城市工作指引》发布，各地在创新型城市建设中不断出台和完善人才政策。如上海为建设具有全球影响力的科技创新中心，于 2015 年、2016 年、2019 年先后印发“人才 20 条”、“人才 30 条”、科改“25 条”等一系列人才配套政策。北京、深圳、杭州、苏州、西安、武汉、成都、广州、合肥等地也出台了相应的人才政策，在人才培养支持、评价、创新创业以及构建有国际竞争力的引才用才机制等方面为创新型城市建设提供支撑和保障。

（一）创新人才培养支持机制

为了培养创新人才，各地通过创新教育培养模式、改进支持战略科学家和创新型科技人才培养方式、促进青年人才脱颖而出等方式，着力进行改革。

1. 人才教育培养模式的创新

各地在创新人才的教育和培养中，都更加注重与当地经济社会发展需求相结合，将产业发展和人才培养开发相统筹，在重点行业、重要领域、战略性新兴产业人才方面加快培育速度。北京坚持需求导向，完善高校学科专业动态调整机制，使专业设置与产业需求、课程内容与职业标准相对接。上海要建设若干具有国际影响力的大学、标志性学科，重点培育一批具有国际影响力的创新人才；建立学科专业、类型、层次和区域布局的动态调整机制。苏州实施名城名校融合发展战略，学科建设坚持与本市发展需求相匹配，集成校地政策和平台优势共同引育高端人才。西安面向产业和行业开设适用型专业，培养适应当地经济社会发展的创新人才和技能人才；支持市域高校根据市场需要面向产业行业设置专业。武汉建立校地合作、产教融合的人才培养机制，发挥大学之城的优势。成都聚焦城市发展战略和重点产业需求，引进世界一流大学、国内“双一流”大学来蓉创设特色学院，按“一事一议”给予综合支持。杭州启动“名校名院名所”十年计划等。

2. 战略科学家和创新型科技人才培养支持方式的改进

习近平总书记指出“我国要实现高水平科技自立自强，归根结底要靠高水平创新人才”。[①] 各地在创新型城市建设中，不断完善高层次创新型科技人才的培养和支持方式，打造本地优势。上海聚焦重大技术创新平台培育造就一批具有国际影响力的战略科学家和创新型科技人才。合肥突出“高精尖缺”导向，拓展领军人才和创业团队引进计划、庐州英才和产业创新团队培养计划，着力集聚培养创新创业领军人才。武汉致力于打造世界级产业科学家团队，通过聘请诺贝尔奖获得者、发达国家院士等世界级产业科学家担任产业创新研发机构法定代表人或项目负责人，引进集聚国家人才计划等产业领军团队。

3. 青年优秀人才的脱颖而出

各地还出台了专门针对青年优秀人才的项目和倾斜政策。上海对青年创新创业人才团队加大选拔资助力度，加大各类人才计划、科技项目向青年科技人才的倾斜力度，进一步优化对青年人才的普惠性支持。西安实施“百名优秀人才培养计划”“百名双创新星计划”“百名管理人才培训（交流）

① 《习近平在中国科学院第二十次院士大会、中国工程院第十五次院士大会、中国科协第十次全国代表大会上的讲话》，人民网，2021 年 5 月 28 日，http://politics.people.com.cn/n1/2021/0528/c1024-32116546.html。

计划”三大计划培养中青年骨干人才。苏州实施青年人才“储备工程”。杭州、合肥均提高青年人才入选各类人才工程比例，组建青年人才举荐委员会，促进优秀人才脱颖而出。

此外，加强博士后培养也是青年优秀人才脱颖而出的重要方式。上海实施“超级博士后”激励计划。苏州推进企业博士后建设创新体系建设。南京推动博士后工作高质量发展，在促进博士后工作站（流动站）单位建设运行、支持博士后工作站（流动站）单位引才留才、强化博士后人才培养等方面加大力度。杭州、西安、广州、合肥等地也都出台支持博士后创新的政策。

（二）创新人才评价机制

1. 品德、能力和业绩导向

上海强化评价导向，以品德、能力、业绩、贡献为主要标准。北京坚持凭能力、实绩和贡献评价人才。武汉建立差异化的评价体系，突出能力和业绩导向，减少应用型人才的评价限制性条件。深圳探索运用大数据和国际通用指标，分类制定针对各行业、各层次及产业细分领域的人才评价标准体系，建立完善非共识性人才、新业态新产业人才和具有行业重大影响力人才的评价标准。西安以职业属性和岗位需求为基础制定特征性评价指标、评价标准和评价方式，突出对人才创新能力的评价。合肥、苏州推动人才评价去行政化。

2. 突出用人单位的自主评价

在职称制度改革方面，上海支持用人单位自行探索人才评价要素和评价标准。北京推动相关单位开展自主评审，由用人主体根据研究领域和岗位特点确定评价依据。广州鼓励处于行业领先地位的企事业单位自主建立人才评价标准，并支持纳入全市行业人才评价体系。

3. 人才评价方式的改进

深圳注重引入市场评价、同行评价和社会评价，把人才薪酬待遇、创造的市场价值、获得的创业投资、代表性成果等作为人才评价的重要依据。北京采用国际同行评价、代表作评价等方式，引入第三方机构参与。苏州建立更加科学的人才分类评价体系，对产业紧缺人才建立个人素质、紧缺指数和薪酬水平“三位一体”的积分制人才评价体系。成都探索“自主评价＋业内评价＋市场评价”多元化的评价体系，对基础研究人才除了突出同行评价外，还强化行业标准；对应用型人才，则突出市场评价。武汉建立市场、专业组织、用人单位、客户等多主体参与的高层次人才评审机制。广州建立以同行专家评审为基础的业内评价机制，并积极引入市场评价和社会评价。合肥将薪酬水平等市场化要素作为重要的评价指标，对产业发展急需、社会贡献较大、人才分类目录中难以界定的人才，经评估认定享受相应人才政策。深圳、苏州、广州、南京、成都、武汉等地还建立了举荐人制度。

4. 畅通人才评价渠道

一是畅通非公经济和社会组织人才参加职称评审通道。北京开通优秀外籍人才、港澳台人才、自由职业人才、高技能人才的职称申报渠道，打破国籍、户籍、身份等制约。二是探索实施职称直聘办法。其代表性做法是各地实施的职称评审直通车制度。经过多年时间，以引进的高层次人才为重点对象，各地的职称直聘制度各有特色，不断健全完善。此外，深圳、苏州、西安、成都、武汉等地对具备条件的企事业单位组织、行业领军企业和新型科研机构，放宽自主认定高层次人才的权限。

（三）强化人才创新创业激励机制

强化人才创新创业激励机制主要体现在加大创新人才薪酬激励力度、鼓励和支持人才创新创业、加强创新成果知识产权保护等方面。

1. 创新人才薪酬激励力度的加大

（1）改革国有企业高层次人才薪酬办法

北京、深圳提出国有企业引进的海内外高层次人才，可采用年薪制、协议工资制等方式，可依据国际薪酬标准，不受工资总额限制。西安规定国有企业试行高层次人才协议工资制、项目工资制，探索建立职业经理人薪酬管理办法，对企业引进人才所支付的薪酬，可据实在企业所得税前扣除。杭州规定在计算企业所得税时，扣除引进外国高层次人才所支付的一次性住房补贴、安家补助、科研启动经费等费用，引进外国高层次人才经费视同利润考核，薪酬不纳入当年和次年薪酬总额。苏州规定国有企业可单独制定针对急需紧缺的高层次人才的收入分配倾斜政策和个人贡献奖励政策。

（2）完善事业单位绩效工资政策

一是职务科技成果转化收益等不纳入绩效工资总量。上海科改“25 条”明确了科研人员不受绩效工资总量限制的收入项目。西安也明确了对科研人员承担企业科研项目所获得的收入、科技成果转化奖励和科研经费绩效奖励均不纳入绩效工资总量。二是高层次人才薪酬不纳入绩效工资总额。上海规定高层次人才自定薪酬，超过单位核定绩效工资总量的部分，不计入绩效工资总量。深圳规定事业单位引进高层次人才采用协议工资、项目工资、特别补贴、一次性奖励等分配方式，不纳入工资总额基数，实行单列核定。西安明确，事业单位可单独制定急需紧缺的高层次人才的绩效工资倾斜政策，不纳入绩效工资总量。三是建立绩效工资总量正常增长机制。上海建立事业单位绩效工资总量正常增长机制；苏州规定对事业单位创新业绩突出的，可适当增加绩效工资总量。

（3）强化职务科技成果转化激励

合肥、西安规定将不低于 90% 的职务发明成果转化净收益奖励给成果完成人和为科研成果转化做出贡献的人员。西安对 2 年内未转化的，采取挂牌交易、拍卖等方式实施转化，并将不低于 80% 的转化净收益用于奖励，个人所得税可在 5 年内分次缴纳。深圳、上海、成都、苏州等地将科研成果转化收益用于人员激励的比例提高至 70% 以上。

2. 对人才创新创业的鼓励和支持

（1）鼓励多种方式创新创业

上海支持和鼓励科研人员多种方式的创新创业，比如，支持科研人员离岗创业、兼职创新和在职创办企业，选派科研人员到企业工作或者参与项目合作，设置创新型岗位，等等。苏州鼓励高校、科研院所科研人员离岗创业。北京支持科研人员在职创业或离岗创业。

（2）强化创新创业待遇保障

上海对不同创新创业行为给予相应的待遇保障。一是离岗创业待遇。享受原事业单位基本工资、正常晋升薪级工资、代缴社会保险费、职业年金，参加职称评审、连续计算工龄等。二是兼职创新和在职创办企业待遇。兼职创新人员与企业职工享有获取报酬、奖金、股权激励的同等权利；为企业创新提供有偿服务可获取兼职报酬；在职创办企业人员与原单位职工同等享受职称评审、项目申报、竞聘、培训、考核、奖励等权利，工资、社会保险等福利待遇不受影响；两种创新方式的工作时间均相对灵活、弹性，参加培训时间计入人事关系所在单位累计培训时间。三是到企业参加项目待遇。选派人员与派出单位在岗同类人员享有同等权益，在企业取得的工作业绩作为其职称评审、岗位竞聘、考核奖励等的主要依据，派出单位对业绩突出人员岗位竞聘时予以倾斜。四是创新型岗位人员的待遇。创新岗位工作期间取得的创新成果作为职称评审、项目申报、岗位竞聘、考核、奖励的主要依据，绩效工资分配向业绩突出的科研人员倾斜，可实行协议工资、项目工资等灵活多样的分配方法。苏州规定离岗创业人员的职称评聘、岗位晋级、社会保险等权利不变，如果在创业孵化期内返回原单位连续计算工龄。

（3）延长离岗创业期限

上海规定，离岗创业期限不超过 3 年，如期满未能实现盈利，可申请不超过 3 年的延长期一次。在同一单位申请离岗创业的期限累计不超过 6 年，最长不超过离岗创业人员达到法定退休年龄的年限。苏州对离岗创业科研人员 5 年内保留人事关系。

3. 对创新成果知识产权保护的加强

各地根据本地实际情况，采取多种方式保护知识产权。北京注重加强知识产权保护方面的顶层设计，持续优化知识产权政策环境；深化知识产权领域改革，主动融入“两区”建设主战场；坚持首善标准，知识产权保护彰显首都特色，在新业态、新领域知识产权保护方面取得诸多突破。① 上海创新人才维权援助机制，试点开展知识产权信托交易和证券化业务。深圳成立

① 《“北京知识产权保护状况”新闻发布会》，北京市人民政府网站，2021 年 4 月 22 日，http：//www. beijing. gov. cn/shipin/Interviewlive/453. html。

人才知识产权法律服务联盟，依法强化知识产权保护，将侵犯知识产权的失信行为纳入社会信用记录。成都推动设立知识产权法院，建立重点行业和领域的知识产权侵权行为查处快速反应机制，设立总规模不低于20亿元的知识产权运营基金。杭州出台《知识产权保护行动计划（2020—2022年）》。此外，北京、上海、苏州开展知识产权质押融资；北京、成都建设知识产权智库；苏州对企业寻求知识产权专业性服务，给予服务总费用30%、最高100万元的补贴。

（四）构建具有国际竞争力的引才用才机制

各地通过完善海外人才引进方式，健全工作和服务平台，扩大对外交流等方式构建具有国际竞争力的引才用才机制。

1. 海外人才引进方式的完善

北京运用互联网大数据、云计算等手段动态绘制“全球高端人才分布地图”，建立海外人才精准对接机制。苏州实施顶尖人才“引领工程”、领军人才“集聚工程”、国际化人才“汇智工程”等7项人才工程，使人才引进与培养政策更具有竞争优势。杭州充分发挥G20峰会和乌镇世界互联网大会效应，深入实施国家、省、市海外高层次人才引进计划，编制国际高端紧缺人才开发目录。成都建立高层次人才礼聘制度，对本市经济社会发展急需的高层次人才（团队），直接采用“一人一策”“一企一策”的方式扶持，增强人才政策吸引力。合肥实施人才发展“6311”工程，西安实施“5531”计划，等等。

2. 工作和服务平台的健全

（1）大胆使用外籍人才

北京、上海规定取得永久居留资格的外籍科学家可在中关村内或上海担任新型科研机构的法定代表人，领衔国家科技项目。上海鼓励聘用外籍人才担任重点实验室、研发中心、二级学院等机构负责人；持有永久居留身份证的外籍人才创办科技型企业可享受同等国民待遇。成都支持诺贝尔奖获得者、世界500强企业或国际知名高校、科研院所科技人才来蓉建立联合实验室、新型产业技术研究院，开展科研项目攻关。

（2）完善户籍政策和子女教育措施

在户籍政策上，北京实施积分落户管理办法，明确了优先办理人才落户的人员范围。[①] 上海完善居转户政策，优化留学回国人员、高校应届毕业生、青年人才等人才直接落户政策，对自贸试验区临港新片区、张江科学城等重点区域试行更为宽松的居转户政策。苏州、广州、西安、南京、杭州均降低了人才的落户门槛。在人才子女教育上，深圳将人才的社会贡献纳入子女入学的积分权重以及高层次人才子女的受教育待遇，并推进中小学国际合作办学、建设国际学校。广州在部分中小学探索开展双语教学试点，让海外人才子女尽快适应国内求学环境。合肥增设外籍子女学校或开办国际部，外籍人才子女就学可实行弹性学制。成都实施外籍人士“家在成都”工程，从子女入学，支持国际学校和医疗机构建设等方面为外籍人才提供优质服务。苏州、杭州、合肥等地为高层次人才子女入学提供便利。

（3）完善外国人才来华签证、居留等服务

北京实施外籍人才绿卡制度。上海实施更为开放的国际人才引进政策，健全完善市场认定的外籍人才标准，简化外籍高层次人才办理永久居留证程序；试点为外籍高层次人才办理人才签证（R 字签证）；开展外国留学生毕业后直接留沪就业试点；完善海外人才居住证（B 证）制度。2021 年印发《关于持续完善外国人来华工作许可“不见面”审批（4.0 版）大力吸引外国人才事项的通知》，为用人单位聘请外国人才来华工作提供更多便利。杭州落实外国人来杭工作、出入境、居留等便利措施，建立安居保障、子女入学和医疗保健服务通道。苏州、成都、武汉、西安等地为海外高层次人才创新创业提供停居留和往来便利。

3. 人才对外交流的扩大

鼓励和支持人才广泛参与国际学术交流与合作。上海对因学术交流合作

① 《中共北京市委关于深化首都人才体制机制改革的实施意见》，《北京日报》2016 年 6 月 27 日。

需要临时出国的按照工作需要据实安排，包括出访次数、团组人数、在外天数和证件管理要求等方面。特殊情况下，经批准，科研人员可持普通护照出国。苏州打破因公临时出国批次数量限量管理，对部分专家学者和专业技术人才出国实行计划报备、区别管理。

此外，上海鼓励各类组织在海外建立机构，就地吸引使用优秀人才。如，高校建立办学机构，科研院所建立科研机构，企业投资设厂、并购、建立研发中心和高端孵化基地等。

三　国家创新型城市建设中人才发展的区域特色

我国幅员辽阔，城市众多。各城市自然资源禀赋、科教资源、市场化程度、经济发展水平等差别大，不能简单要求所有城市“齐步走”。各地在国家创新型城市建设中人才发展采用典型做法的基础上，还注重利用城市自身优势，走上错位发展、发挥特色之路。

（一）依托高校科研院所人才推动原始创新

北京、合肥充分依托高校、大院大所的资源，集聚和培养人才，推动原始创新。2016 年国务院出台《北京加强全国科技创新中心建设总体方案》，明确北京全国科技创新中心的定位是全球科技创新引领者、高端经济增长极、创新人才首选地、文化创新先行区和生态建设示范城。“中关村科学城依托的是大院、大所、大学；怀柔科学城依托的是大科学装置、大型科研基础设施；未来科技城依托的是大企业的研发中心。这些都是着眼于增强原创能力。”①

合肥充分发挥“科教之城”和科研院所优势，聚焦原始创新能力，将人才资源优势转化为城市创新发展动力。合肥现有高等院校 56 所、中科院

① 《北京加强全国科技创新中心建设的特点》，国务院新闻办公室网站，2016 年 9 月 5 日，http：//www. scio. gov. cn/32344/32345/33969/35073/zy35077/Document/1490009/1490009. htm。

物质科学研究院等中央驻肥科研机构8家、各类研发机构超过1400家、院士工作站59家、博士后工作站112家。① 合肥以综合性国家科学中心为引领，注重用好政府“有为之手”，加大基础研究投入，加快大科学装置群建设，努力突破关键技术、核心技术，打造原始创新策源地。

（二）充分发挥市场机制引进评价配置人才

1. 人才引进采用市场化评价

上海在体制内外人才引进中，以市场评价方法统筹引进条件，进一步确立市场主体评价权，主要运用薪酬评价、投资评价和第三方评价（行业协会）等市场化方法，推动体制内以评价为主向以市场化评价为主的转变。② 对引进人才落户，明确优先5类市场化创新创业人才，更加突出人才评价的市场导向。

2. 人才激励采用市场化薪酬

上海提出市场决定创新报酬机制，赋予研究机构充分自主权，创新运行管理机制，建立具有竞争力的薪酬体系。③ 深圳充分发挥市场机制作用，充分依靠人力资源服务机构、社会组织、行业协会、企业，促进人才要素自由流动和资源优化配置。《深圳建设中国特色社会主义先行示范区综合改革试点实施方案（2020－2025年）》提出，完善要素市场化配置体制机制，健全要素市场评价贡献机制。

（三）职务科技成果转化激发人才创新活力

西部地区在国家创新型城市建设中走差异化和跨越式发展道路，成都表现尤为突出。针对高校科技成果转化率不高、激励机制不足问题，成都聚焦

① 《合肥：人才磁场创新高地》，《光明日报》2019年4月20日。

② 《上海：人才引进从体制内转向市场化评价》，中央政府门户网站，2015年10月31日，http：//www. gov. cn/xinwen/2015－10/31/content_ 2957163. htm。

③ 《〈关于进一步深化科技体制机制改革增强科技创新中心策源能力的意见〉相关情况新闻发布会》，上海市人民政府新闻办公室网站，2019年3月20日，http：//www. shio. gov. cn/sh/xwb/n790/n792/n1070/n1074/u1ai20554. html。

高校科技成果转化改革。2014 年出台“成都十条”[①]，调整科技成果处置权和收益分配权，促进科技成果在蓉转移转化，建设科技成果转化载体，引导社会资本投向成果转化，规定科技成果转化收益用于人员激励比例可不少于70%。2016 年出台“成都新十条”[②]，在全国率先实施科技成果所有权改革，加大科技成果转化激励力度。2021 年印发《成都市深化职务科技成果权属改革促进科技成果在蓉转化实施方案》，赋予高校院所和科研人员更多自主权，对落地成都的科技成果转化进一步激励。允许科研人员兼职和离岗创办企业并取得合法报酬；鼓励对科研人员采取灵活薪酬政策；支持在科技成果转化中实施“同股不同权”，保障科研人员决策权，实现与“成都十条”“成都新十条”有效衔接。

（四）培育新型研发机构集聚人才

新型研发机构俗称“四不像”研发机构，因其具有开展基础前沿研究和原创性研究、孵化科技型企业和促进科技成果转化等功能，集聚人才效果突出而被众多城市青睐。2020 年，南京新增 113 家市级新型研发机构，研发机构总数超过 400 家，新增孵化和引进企业 3538 家。截至 2020 年 5 月，新型研发机构吸引 5 位诺贝尔奖得主、86 名国内外院士创新创业。[③] 截至2019 年，苏州累计有 45 家新型研发机构，集聚各类科研人员近 4000 人，孵化企业 604 家，实现销售收入 50. 15 亿元。[④]

1. 对新设机构的资助或奖励

深圳对领军人才或创新创业团队发起设立具备独立法人资格的新型研发机构开展科技研发、成果转化、高端人才培养等，给予最高 1 亿元资助。在深研发机构经认定为广东省新型研发机构的，给予最高 3000 万元资助。成

---

① 《促进国内外高校院所在蓉协同创新的若干政策措施》。

② 《促进国内外高校院所科技成果在蓉转移转化若干政策措施》。

③ 《南京市 2021 年政府工作报告》。

④ 《苏州市新型研发机构达 45 家》，江苏省人民政府官网，2019 年 6 月 21 日，http：//www. jiangsu. gov. cn/art/2019/6/21/art_ 65450_ 8372248. html。

都支持龙头骨干企业联合高校院所共建市场化运行的高水平新型研发机构，引入国际高端创新资源，对符合要求的给予综合资助最高1亿元。苏州鼓励知名科学家、海外高层次创新创业团队、著名科研机构和高等院校设立新型研发机构，对符合条件建立的独立建设类、合作共建类、境外设立类国际研发机构，按照机构上年度研发经费投入的30%给予经费支持，按单一机构累计分别不超过1000万元、800万元、600万元给予支持。南京对认定备案的新型研发机构奖励50万元。

2. 对新型研发机构的绩效奖励

深圳对新型研发机构，按绩效择优给予每家每年最高1000万元奖励。南京对绩效考核优、良的新型研发机构分别奖励500万元、300万元。[①] 苏州对绩效补助类新型研发机构，根据上年度非财政经费支持的研发经费支出额度，给予最高20%、500万元支持。

四　国家创新型城市建设中人才发展的总体态势

通过梳理国家创新型城市建设中人才发展的典型做法和区域特色，发现国家创新型城市建设的人才发展呈现如下总体态势。

（一）人才政策制度不断完善

一是人才政策数量激增。各地充分意识到人才发展在国家创新型城市建设中的作用，先后出台各类人才政策。上海自2020年以来出台了大学科技园建设、事业单位科研人员创新创业、留学人员来沪创业、高新技术成果转化、科技创新创业载体、科技专项计划补助、浦江人才计划、长三角区域资格互认、优化营商环境、设立外资研发中心等一系列人才政策。二是人才政策愈发精准。各地在出台人才政策时，紧密围绕当地的经济社会发展实际需

① 《市财政全力支持新型研发机构建设》，南京市财政局官网，2019年3月8日，http：//czj.nanjing.gov.cn/njsczj/201903/t20190308_1460098.html。

求，政策精准度、匹配度不断提高。三是引才政策更加开放。人才政策的视野更加开放，结合国家战略需求和本地经济社会发展需要，不拘一格引进、大胆使用，为人才提供优质便捷服务，把城市打造成区域性的人才中心或者全球人才高地。

（二）人才发展的引领作用越来越突出

人才在国家创新型城市建设的引领作用越来越突出，人才效能不断增强，尤其是在高层次人才集聚、高新技术企业数量、知识产权产出方面尤为明显。北京中关村充分发挥中关村中小企业的创新活力，近年来在股权和分红激励、科技成果使用处置、收益管理改革等先行先试政策激励下，有“独角兽”企业 81 家，在全球排在第二位，仅次于美国硅谷，国家高新技术企业 1.6 万家。[①] 深圳国家级高新技术企业达 1.86 万家，五年增长 237%。[②] 苏州自 2010 年入选国家创新型城市试点以来，已集聚 9772 家国家高新技术企业，拥有高层次人才 28 万人，国家级重大人才工程 291 人，科技进步贡献率达 66.5%。[③] 南京自 2018 年以来，高新技术企业数量从 1844 家增长到 4593 家，高新技术产业产值突破 1.2 万亿元，其中独角兽企业达 12 家，仅次于“北上杭深”。2019 年，PCT 专利申请达 1400 件，增长 89%，技术合同成交额达 530 亿元，增长 31.5%。[④]

（三）充分发挥市场和政府的作用

在国家创新型城市建设中，各地充分发挥政府、市场两种手段在促进人才发展方面作用。一是充分发挥市场在人才资源配置中的决定性作用。各地

---

① 《中关村继续向更高目标迈进打造世界一流科技园区和创新高地》，国务院新闻办公室官网，2020 年 7 月 23 日，http：//www. scio. gov. cn/32344/32345/42294/43330/zy43334/Document/1684323/1684323. htm。

② 《深圳市 2021 年政府工作报告》。

③ 《苏州市 2021 年政府工作报告》。

④ 《南京速度背后的发展逻辑》，新华每日电讯，2020 年 5 月 7 日，https：//www. chinacourt. org/article/detail/2020/05/id/5182243. shtml。

采用人才引进市场化评价、市场化薪酬、职务科技成果市场转化等手段，促进人才链、创新链、产业链与财富链的有机衔接和良性互动。二是更好发挥政府作用。各地贯彻党中央把创新摆在国家发展全局的核心地位的战略部署，把握各自在国家创新体系和创新型国家建设中的使命和地位，通过建立政府人才管理权力清单和责任清单，推动全面创新的基础制度建设、改革重大科技项目立项和组织管理方式，加大地方财政科技投入，设立政府创新引导基金，加大城市基础设施建设，优化人才服务，整体性地综合打造创新创业生态，实现政府更加有为。

（四）持续增强人才发展的区域比较优势

一座城市成长为创新型城市是一个历史演进的过程，也是城市内生驱动力不断转换和升级的过程。在创新型城市建设中，遵循人才发展的客观规律，增强人才发展的比较优势，缩小城市间发展差距，才能最终建成创新型国家。一是人才流动促进创新型城市建设。人才向发展态势良好的创新型城市集聚是客观规律，人才聚集引领创新型城市发展，同时创新型城市的发展会进一步增强区域人才聚集的能力。二是注重发挥区域比较优势。由于不同区域不同城市在自然资源禀赋、教育情况、产业基础等方面的差异，人才发展与城市融合需要在尊重本地实际的基础上，更好发挥区域比较优势，走差异化道路，实现跨越式发展。

（五）人才发展与经济社会发展深度融合

一是人才政策更加贴合地方实际。创新型城市更加注重人才政策与地方实际相结合，与当地产业政策、财政政策、教育政策、金融政策、知识产权保护和政府治理等方面相配套，注重政策之间的系统性、协同性和集成性，最大限度发挥政策协同效应。二是城市各类创新资源之间有效链接。创新型城市建设需要各种创新资源，包括人才资源、产业资源、项目资源、平台资源、信息资源、技术资源乃至交通资源等，通过人才引领将各类创新资源有效链接，实现人才、信息、技术等创新要素互联互通互融，发挥人才效能。

三是推动层级间、部门间、城市间政策协同。创新型城市建设要实现对中央政策、省（市）本级相关政策的有效承接；在城市范围内，需要组织人事部门政策与科技、发改、财政、税务、经信、公安等部门政策的有效协同；具有较好区域带动力的城市还需要辐射周边城市，如京津冀、长三角、粤港澳大湾区，推动区域内各城市相关领域的政策协同。四是国家创新型城市建设推动人才强国战略与其他国家战略的有机融合。国家创新型城市建设是一项系统工程，需要人才、科技、教育、产业、财政、金融等多种资源协同，最终形成推动创新的吸附效应和聚合效应。在国家创新型城市建设中，人才强国战略需要与创新驱动战略、科教兴国战略、区域协调发展战略、可持续发展战略、军民融合战略、制造强国战略、长江经济带战略等多种国家战略实现日益深入的有机融合。

公共部门人事管理篇

Public Sector Personnel Management

B.13

公务员管理工作的新要求与新进展

刘军仪 *

摘 要： 2021年是我国“十四五”开局之年，意味着全面建设社会主义现代化国家新征程的开启。面对新形势新任务新要求，各级公务员主管部门围绕建立健全素质培养、知事识人、选拔任用、管理监督、正向激励的公务员管理体系，在完善配套法规建设、优化管理机制、加强队伍建设等方面实施了一系列新举措。

关键词： 公务员管理 分类改革 队伍建设

“十四五”时期是我国开启全面建设社会主义现代化国家新征程、向第二个百年奋斗目标进军的第一个五年。近年来，我国公务员管理工作以习近

* 刘军仪，博士，中国人事科学研究院副研究员，主要研究方向为公务员管理、干部人事制度、科教政策。

平新时代中国特色社会主义思想为指导，全面贯彻党的十九大和十九届二中、三中、四中、五中全会精神，在分类管理、考录、考核、奖惩、培训等方面进行了积极的实践探索，为大力加强高素质专业化公务员队伍建设，不断提升公务员把握新发展阶段、贯彻新发展理念、构建新发展格局的能力，提供了强有力的制度保障。

一 公务员管理面临的新要求

（一）党的十九届五中全会对公务员管理提出了新要求

党的十九届五中全会审议通过《中共中央关于制定国民经济和社会发展第十四个五年规划和二〇三五年远景目标的建议》，明确提出“十四五”时期要以推动高质量发展为主题，以深化供给侧结构性改革为主线，以改革创新为根本动力，以满足人民日益增长的美好生活需要为根本目的，并在经济社会发展主要目标中明确提出要实现国家治理效能得到新提升。进入“十四五”时期，我国开启了全面建设社会主义现代化国家的新征程，公务员管理也进入一个新发展阶段，面临一系列的新任务和新要求。公务员队伍是我国治国理政的主体，实现推进国家治理体系和治理能力现代化、实现国家治理效能提升的总体目标，需要建立一支政治过硬、高素质专业化的公务员队伍，提升公务员治理能力，为实现国家战略目标提供强有力的人才保障。

（二）全国组织部长会议对公务员管理提出了新要求

2021 年全国组织部长会议明确提出要“深入贯彻落实新时代党的建设总要求和新时代党的组织路线，以完善上下贯通、执行有力的组织体系为重点，以建设政治过硬、具备领导现代化建设能力的干部队伍为关键，以全方位培养、引进、用好人才为支撑，着力提高组织工作质量”。这对新时代公务员管理工作提出了新要求。2021 年 5 月，中共中央印发的《中国共产党组织工作条例》提出，要着力建设忠诚干净担当的高素质专业化干部队伍，围绕加强干部队伍政治建设、建立健全素质培养、知事识人、选拔任用、从严管理、正向激励体系，完善中国特色公务员制度等方面提出了具体的要求。公务员是干部队伍的重要组成部分，公务员管理需要贯彻落实新时代党的组织路线，积极构建规范完备的法规制度体系、健全科学有效的管理机制，加强队伍建设，不断提高管理质量。

二　公务员管理的新进展

（一）加强《公务员法》相关配套法规建设

为了贯彻落实新修订的《公务员法》，进一步提升新时代公务员工作的规范化、法治化水平，中央公务员主管部门对《公务员辞退规定》《公务员辞去公职规定》《公务员回避规定》《公务员考核规定》《公务员奖励规定》五个配套法规进行了修订，并出台了《公务员转任规定》，于 2020 年 12 月 28 日统一发布施行。

新修订的《公务员辞退规定》共 4 章 24 条，对辞退的概念、辞退工作的基本原则、辞退情形和程序、不得辞退情形、管理与纪律等方面进行了具体规定。主要修订内容包括如下几点。①在“总则”一章，明确了公务员辞退工作的指导思想，强调了应坚持党管干部、从严管理、公道正派和依法依规办事的原则。②在“辞退情形和程序”一章，增加了“公务员不遵守法律”可被辞退的情形；规定辞退公务员通知书的送达时限为作出辞退决定后 10 个工作日内；强化公务交接手续的时限要求和纪律性要求，被辞退的公务员自辞退通知书送达之日起 10 个工作日内完成公务交接手续，对拒不办理的，撤销辞退决定，给予开除处分；增加对涉密人员被辞退进行脱密期管理的要求。③在“管理和纪律”一章，对公务员辞退后档案转递的时限要求调整为自批准辞退之日起 2 个月内；辞退费发放标准由原来的职务和级别对应的基本工资修改为领导职务、职级对应的基本工资；辞退费停发的六种适应情形由原来的“领取期限已满、重新就业、应征服兵役、移居境外、被判刑或者被劳动教养、死亡”修改为“重新就业、应征服兵役、移居国（境）外、被判处刑罚、享受基本养老保险待遇和死亡”。

新修订的《公务员辞去公职规定》共4章22条，对辞去公职的概念、辞去公职工作的基本原则、辞去公职情形和程序、不得辞去公职情形、管理与纪律等方面进行了具体规定。主要修订内容包括如下几点。①在“总则”一章，明确了公务员辞去公职工作的指导思想，强调了应坚持党管干部、尊重个人意愿和从严审核审批相结合、保障合法流动和加强离职后从业管理相结合和依法依规办事的原则。②在“辞去公职情形和程序”一章，增加了“未满国家规定的最低服务年限的公务员”“正在接受监督调查”不得批准辞职的适用情形；对担任县处级副职以上领导职务或者二级调研员及相当层次以上职级的公务员提交辞职申请时应当一并报告个人有关事项；强化公务交接手续的时限要求和纪律性要求，申请辞职的公务员应当自批准之日起10个工作日内办理公务交接手续，对拒不办理的，撤销同意辞去公职的决定，给予开除处分。③在“管理和纪律”一章，对公务员辞去公职后档案转递时限调整为自批准辞去公职之日起2个月内；对公务员辞去公职的从业限制规定更加严格，不得接受与原工作业务直接相关的企业、中介机构或者其他营利性组织的聘用；在从业限制的适用时间期限内，每年年底前辞去公职的公务员要向原所在机关报告从业情况，原所在机关要进行了解和核实，并对是否违反从业限制规定作出认定。

新修订的《公务员回避规定》共6章24条，对回避的概念、回避工作的基本原则、任职回避的适用情形和程序、地域回避的适用情形和程序、公务回避的适用情形和程序、管理与纪律等方面进行了具体规定。主要修订内容包括如下几点。①在“总则”一章明确了公务员回避工作的指导思想，强调了应坚持党管干部，从严管理、注重预防、及时调整，客观公正和依法依规办事的原则。②在“任职回避”一章，增加了任职回避的事项范围，对于公务员具有亲属关系的，不得以录用、调任、聘任、转任等方式到其中一方担任领导成员的机关工作；禁止公务员在其配偶、子女及其配偶经营的企业、营利性组织的行业监管或者主管部门担任领导成员。此外，针对需要进行回避的情形，明确要求任免机关在组织人事部门提出回避意见之日起30日内要对岗位予以调整。特殊情况下，任免机关可以直接作出回避决定。③在“公务回避”一章，对应当回避的公务活动事项进行了调整和补充。在第一类活动事项中将“职务升降任免”修订为“领导职务与职级升降任免”、“交流”修订为“转任”、“出国审批”修订为“出国（境）审批”，并增加了“聘任”这一活动事项。在第二类活动事项中，增加了“巡视”“巡察”“纪检”“审判”“检察”“信访举报处理”的活动事项，将“案件审理”修订为“案件侦办”。在第三类活动事项中，增加了“招标采购”、“行政许可”和“行政处罚”的活动事项，将“项目资金审批”修订为“项目和资金审批”，删除“监管”。④在“管理和纪律”一章，更加强化了纪律性要求。明确提出对拟晋升、转任的人员要加强事前提醒，避免形成回避关系。对无正当理由拒不服从回避决定的公务员，除了免职，还增加了降职的处分。对有需要回避的情形不及时报告或者故意隐瞒的公务员，由原来单一的予以“批评教育”修订为，区分不同情况作出予以“批评教育、责令检查、诫勉、组织调整或者组织处理”；强化对处理机关违规行为的责任追究，并要求各级公务员主管部门推进公务员回避工作信息化、规范化。

新修订的《公务员考核规定》共6章37条，对考核的概念、考核工作的基本原则、考核内容和标准、考核程序、考核结果运用、相关事宜等方面进行了具体规定。主要修订内容包括以下几点。①在“总则”一章明确了公务员考核工作的指导思想，强调了应把政治标准放在首位，坚持注重实绩、群众公认，客观公正、精准科学，分级分类、简便易行，奖惩分明、有效管用的原则。②在“考核内容和标准”一章，把“政治素质”作为考核重点之一，并对德、能、勤、绩、廉5个方面提出了新的要求。增加了“专项考核”的方式，定期考核以平时考核、专项考核为基础。如果公务员存在“不担当、不作为”的情况，年度考核将被确定为不称职；提高年度考核优秀等次人数的比例，由15%以内提升为20%以内，由最高不超过20%调整为可以掌握在25%以内。同时，优秀等次名额向获得表彰奖励以及基层一线、艰苦岗位公务员倾斜。③在“考核程序”一章，强调了党委

（党组）的主体责任，并将纪检监察机关人员纳入考核委员会成员；规范了年度考核程序的五个步骤，并将平时考核、专项考核结果与年度考核优秀等次挂钩。④在“考核结果运用”一章，强化了考核结果与日常管理环节的衔接，将年度考核结果作为调整公务员职位、职务、职级、级别、工资以及公务员奖惩、培训、辞退的依据。发挥考核奖优罚劣的作用，年度考核确定为优秀等次的晋升职级时任职年限缩短半年；对连续3年以上被确定为优秀的，晋升职务职级时优先考虑；对连续两年确定为基本称职等次的公务员，予以组织调整或者组织处理。此外，还对参加年度考核不确定等次的公务员作出了相应的规定。⑤在“相关事宜”一章，增加了对援派、参加专项工作的公务员考核工作的规定；对病、事假累计超过考核年度半年的公务员，由原来“不参加考核”修订为“参加考核，不确定等次”；对分别受党纪处分和组织处理、诫勉的公务员和受政务处分的公务员，以及同时受到党纪处分、政务处分或所在机关给予处分的公务员参加年度考核的情况进行了说明；对考核工作的信息化提出了要求。

新修订的《公务员奖励规定》共6章25条，对奖励的概念、奖励工作的基本原则、奖励的条件和种类、奖励的权限和程序、奖励的实施、奖励的监督等方面进行了具体规定。主要修订内容包括如下几点。①在“总则”一章明确了公务员奖励工作的指导思想，强调了把政治标准放在首位，坚持以德为先，突出功绩导向；依法依规，做到公开、公平、公正；发扬民主，注重群众公认；定期奖励与及时奖励相结合，精神奖励与物质奖励相结合；以精神奖励为主的工作原则。②在“奖励的条件和种类”一章，增加了对“勇于担当”和“工作实绩显著”的奖励情形。③在“奖励的权限和程序”一章，将原来奖励公示时限“不少于7个工作日”修改为“不少于5个工作日”；为了突出奖励的时效性，及时奖励可适当简化程序，必要时由审批机关直接确定奖励对象。④在“奖励的实施”一章，将奖励周期由原来的每5年开展一次调整为每3～5年开展一次；增加了以下方面的内容，包括“奖励作为考核和晋升职务职级的重要参考”；对获得记二等功以上奖励的公务员、公务员集体所属工作人员，可组织其参与休假疗养、学习培训、参观考察等活动；加大对受奖励公务员、公务员集体的宣传工作，并纳入公务员培训内容；奖励注重向基层和工作一线倾斜；“向参与特定时期、特定领域重大工作的公务员颁发纪念证书或者纪念章”；明确授予公务员、公务员集体称号，一般应当召开表彰大会。⑤在“奖励的监督”一章，规定市（地）级以上机关应当将上一年度实施公务员奖励工作情况，报送同级公务员主管部门备案。县级以上公务员主管部门将本地区上一年度实施公务员奖励工作情况，报送上级公务员主管部门备案。

转任是公务员交流的一种重要形式，是促进公务员在不同岗位之间的合理流动，提高工作效率，从源头上防止不正之风、加强廉政建设的有效措施之一。新出台的《公务员转任规定》共 5 章 23 条，对转任的概念、转任工作的指导思想、基本原则、转任对象和情形、转任程序和要求、纪律与监督等方面进行了具体规定。针对基层公务员招人难、留人难问题，为了涵养基层培养公务员的蓄水池功能，规定明确提出“乡镇机关新录用公务员工作未满规定的最低服务年限的，不得转任到上级机关”，同时要求各级公务员主管部门和机关应当采取有效措施，激励、引导和支持公务员转任到艰苦边远地区、基层一线或者服务保障重大战略、重大工程、重大项目、重点任务的职位工作。

上述配套法规的及时修订和适时出台，体现了坚持监督约束与激励保障并重的管理原则，为各地各部门贯彻落实新修订的《公务员法》和有序开展公务员管理工作提供了制度保证和重要依据。

（二）深入推进公务员分类改革

《中共中央关于制定国民经济和社会发展第十四个五年规划和二〇三五年远景目标的建议》明确提出了“十四五”时期国家治理效能得到新提升的目标，这需要我们通过提升我国公务员队伍管理水平、加强高素质专业化公务员队伍建设来提供保障，而分类管理是促进管理科学化、队伍建设专业化的重要抓手。随着新修订的《公务员法》的颁布实施，一些地区以此为契机，在行政执法类、专业技术类公务员管理方面进行了积极探索。

一是各地贯彻落实新修订的《公务员法》和《专业技术类公务员管理规定（试行）》《行政执法类公务员管理规定（试行）》的要求，加强制度建设，为实施分类管理提供指导。例如，江苏2021年出台《江苏省深入推进行政执法类公务员分类管理实施方案》，在选拔、培养、管理和使用等环节采取针对性措施，为推进行政执法类公务员队伍建设提供了制度保障；广东制定专业技术类公务员管理试点方案，为进一步推动公务员分类管理提供指导。

二是各地从实际工作需要出发，积极开展分类管理试点工作，构建分类管理机制，推动分类管理落到实处。例如，上海积极探索行政执法类公务员分类管理改革，将市场监管、城市管理作为改革试点，从分类招录、分类培训、分类考核、强化日常管理监督等环节入手构建分类管理机制，在实现执法力量向基层一线下沉、拓宽行政执法类公务员晋升通道、推动行政执法类公务员专业化建设等方面取得了明显成效；宁夏将地级市以下市场监管部门执法机构整体纳入行政执法类公务员实施范围，设置1900多个职位，完成职级转任工作。

三是各地认真研究制定职位分类标准，提升分类管理的科学性。例如，广东明确行政执法类职位设置标准、审批程序和职级套转等要求，明确行政执法类职位约5.9万个；江苏为了保证职位划分符合实际工作需求，在对法检系统各类职位进行划分时，考虑到员额等因素的影响，引入动态调整机制。在设置执法勤务、警务技术职位时，充分考虑人民警察的岗位职责特点。对专业技术类公务员管理进行专题调研，研究审计系统专业技术类职位设置方案。

（三）不断提升公务员考录科学化水平

“十四五”时期，国家经济社会发展的新需求对公务员队伍建设提出了更高的要求。做好新时代公务员考录工作，需要充分发挥考录主渠道作用，坚持改革创新，不断提升公务员入口管理的科学化、规范化水平。

一是加强制度规范建设，提高公务员考录规范化水平。例如，江苏在贯彻中央精神的基础上，针对本省特点，出台了关于公务员录用、面试考官管理、特殊职位录用、体检、考察等系列文件，为考录工作的规范化开展提供了制度支撑；又如，浙江丽水制定公务员考试录用地方标准，细分为通用要求、笔试、面试3个部分，涵盖考录工作全流程，为实际操作提供指导。

二是对标好干部标准，强化政治素质要求，把好公务员队伍“入口”关。例如，云南在设置公务员报考资格条件、考试、考察、试用等各管理环节工作中突出政治标准严格把关；又如，山东在公务员录用考察中突出政治标准，明确7类不得录用的情形和3类应当暂缓做出考察结论的情形，对政治素质有问题的考生实行“一票否决”；根据考生的个体特征区分制定考察内容，综合使用多种考察方式，提高考察工作的科学性、有效性和规范性；制定“录用考察表”和“干部档案审核登记表”细化考察内容，建立考察责任倒查追究机制防止不正之风，实行差额考察和定量考察等举措将考察工作落到实处。2020年，山东全省有106名考生在考察环节被取消录用资格。

三是提升考录精准化水平，提高选人用人质量。新修订的《公务员录用规定》明确提出录用政策和考试内容应当体现分类分级管理要求。为了把符合岗位需求的高素质专业化人才选拔出来，一些地方在建立公务员分类分级考录体系、提高公务员考录精准化方面进行了积极探索。例如，江苏根据行政执法类职位特点单独设置报考条件、制定测试内容，并在招录中根据岗位要求探索实行心理素质测评和体能测评；山东突出事业需要选人导向，着眼社会经济发展需求加大专业化人才招录力度，2021年共设置1647个专业人才岗位，鼓励各地区各部门根据重点工作任务需要开展专项招录，及时补充紧缺人才；广东为了提高专业性较强岗位的人岗匹配度，增加专业科目（技能）测试并采取案例式题型。同时，一些地方根据不同层级机关岗位的特点，分层级命制试题。例如，广东、湖南实行乡镇与县级以上机关分别命题，山东实行市级以上、县级以下机关分别命题。

四是积极拓宽招录渠道，延揽各方人才。新修订的《公务员录用规定》明确提出公务员录用要坚持五湖四海、任人唯贤的原则。一些地方充分发挥考录主渠道作用，进一步拓宽用人渠道，为提高治理能力，保障经济社会高质量发展提供强大的人才支撑。例如，上海知识产权法院于2020年向社会公开招录2名聘任制技术调查官，这是全国法院首次在编制内招录具有聘任制公务员身份的技术调查官，对于知识产权案件事实的认定和案件的审理有着积极意义；深圳于2020年12月定向港澳招录5个工作岗位，涉及行政、金融、城市规划、涉外人员管理、医疗监督等方面，共吸引了446名港澳籍人士报名，其中，福田区福保街道办的1个岗位就有244名考生报考；湖北武汉实施定向考录街道（乡镇）公务员职位计划，拓宽优秀社区工作者进入公务员队伍的渠道；云南针对基层用人需求，印发《从优秀村（社区）干部中考录乡镇公务员专项工作方案》，拓展选人视野。

此外，各地各部门为积极做好疫情防控常态化下的公务员考录工作，确保考录工作顺利进行，做出周密部署。一方面，按照疫情防控要求开展布置考场、人员健康筛查、清洁消毒等工作，严格落实防疫措施；另一方面，严格按照考务组织工作流程，对考试过程进行全程监督，确保考务工作安全平稳有序。

（四）持续完善公务员考核制度

公务员考核是公务员管理的基础环节，是激励鞭策公务员恪尽职守、监督约束公务员日常工作表现的重要手段，也是公务员职务、职级升降，工资以及公务员奖励、培训、辞退管理环节的依据。根据新修订的《公务员法》《公务员考核规定》《公务员平时考核办法（试行）》的相关要求，各地不断总结公务员考核工作的做法、经验和存在的问题，积极完善考核制度，大力推行公务员平时考核办法，不断创新办法，提升精细化管理水平。

一是各地根据具体情况，适时出台平时考核办法，设立平时考核联络点，积极推进平时考核工作全覆盖。例如，重庆作为平时考核试点地区，出台《重庆市公务员平时考核暂行办法》，大力推进平时考核工作全覆盖；青海制定《青海省公务员平时考核实施办法》和《关于进一步加强改进公务员考核工作提高工作能力和水平的意见》，系统推进高质量的考核；宁夏制定《宁夏回族自治区公务员平时考核实施办法（试行）》，有效发挥考核激励作用。

二是各地以提升平时考核质量为主线，通过科学设置考核指标、改进考核方法等举措来破解平时考核的难点堵点问题。例如，山东临朐县将日常工作成效作为考核评价的重要标准，公务员受到各级通报表扬、获得荣誉，工作受到各级领导批示肯定、主动承担急难险重任务、超额完成任务或有重大创新可获得加分，公务员受到各级通报批评、党纪政纪处分以及工作出现重大失误则实行减分；海南积极探索分类考核，对直接面向群众的窗口单位和服务部门的公务员，突出考核服务态度、服务质量和服务承诺兑现情况；甘肃高台县分类制定“平时考核评价量表”，使考核便于量化和操作。

三是各地积极开展专项考核，激发公务员在大事要事上干出实绩。例如，四川德阳市统筹选派60名职级公务员担任为期2年的重大项目“领航员”，每年进行专项考核，评优比例不超过选派总数的25%。对重大项目推进得力的“领航员”，优先晋升职级；对表现特别优秀的、符合条件的可提拔重用。

四是各地积极发挥考核奖优罚劣的指挥棒作用，考核结果与公务员培养、选拔、使用相结合，形成激励先进、鞭策落后的良好工作氛围和积极向上、踏实肯干的工作作风，有效激励引导公务员的担当作为和奉献精神。例如，江西把考核结果与评先奖优相结合，连续两年每年推荐5000名担当作为表现突出干部，在省、市两级通报表扬并给予物质奖励，激励广大公务员担当作为；山东临朐县将季度考核分为“A、B、C、D”四个等次，对获得两次“A”以上的公务员予以及时通报表扬，并在选拔任用、职务职级晋升等方面优先考虑。对连续两次为“C”及以下的，通过限期整改、调离岗位等方式进行动态调整；青海对平时考核较差、年度考核基本称职及以下等次的公务员，严格控制职务职级晋升、年度考核奖金发放，对不胜任、不适合现岗位工作的公务员进行调整交流。

奖励制度是公务员激励机制的重要组成部分，有利于激发公务员尽职尽责的积极性，教育引导公务员积极向上，促使公务员队伍能力素质不断提高，进而促进廉政建设。一方面，各地根据新修订的《公务员法》《公务员奖励规定》的要求，在开展公务员表彰奖励工作时始终坚持把政治标准放在首位、突出功绩导向、群众公认、公开公平公正的工作原则，通过树模范、立典型和广宣传，激发公务员干事创业的动力和激情，增强职业荣誉感和使命感。例如，浙江从2020年以来共表彰奖励了5200余名公务员和700多个公务员集体，对公务员队伍建设起到了良好的示范作用；甘肃平凉市开展公务员及时奖励，对在推动全市经济社会高质量发展中表现突出的60名公务员给予嘉奖。另一方面，将公务员表彰奖励与培养使用相结合，激发公务员干事创业的活力。例如，浙江2019年以来有6位获得全国"人民满意的公务员"称号的公务员晋升了职务职级，在39位获得全省"人民满意的公务员"称号的公务员中有25人晋升了职务或职级；江苏坚持实干实绩导向，对在脱贫攻坚、疫情防控中表现突出的公务员优先晋升职务职级；湖南将一批乡镇（街道）党政正职、驻村扶贫和长期在乡镇工作的公务员进行提拔重用或交流到县直单位任职，形成正向激励机制。

（五）大力加强公务员培训

推进国家治理体系和治理能力现代化对公务员队伍的能力素质结构提出了新的要求，需要进一步提升公务员的能力素质来适应国家事业发展的需求。各地积极贯彻落实《公务员培训规定》的要求，针对不同类别、不同层级、不同岗位公务员的能力素质需要，着力提升培训的针对性、有效性，不断提高培训质量。

一是把学习贯彻习近平新时代中国特色社会主义思想作为培训首要任务，教育引导公务员增强"四个意识"、坚定"四个自信"、做到"两个维护"，提升政治素养、理论水平。把提高治理能力作为培训重大任务，坚持问题导向、需求导向，有针对性地帮助公务员补短板、强弱项，以高质量培训推动公务员高水平服务高质量发展要求，做到知行合一，进而避免公务员陷入少知而迷、不知而盲、无知而乱的困境。

二是立足本地区、本行业实际需求，以提升脱贫攻坚能力为着力点，大力开展基层公务员能力培训。例如，湖南依托省委党校和省属高校，举办乡镇党政正职培训班，开设乡镇党政正职学历提高班，实施脱贫攻坚专项培训；云南突出重点地区、突出重点问题、突出少数民族进行因需施训，2020年度培训各级公务员6.42万人次，其中，基层公务员占95%以上，少数民族公务员占40%以上；青海通过实战化培训提升基层公务员政策执行、服务群众、沟通协调、应急处置等能力。

三是积极搭建宣传教育交流平台，强化先进模范的榜样示范引导效应。新修订的《公务员奖励规定》第十四条明确规定“采取多种形式，广泛宣传获得奖励的公务员、公务员集体先进事迹。重大典型事迹编入公务员培训教材，列入公务员培训内容”。浙江积极搭建先进典型示范教育平台，组织先进典型为党员干部作报告、上党课，将“人民满意的公务员”事迹作为各级党校、干部学院重要教学内容；重庆在初任公务员培训中邀请人民满意的公务员代表、在抗击疫情中表现突出的基层公务员代表现场授课，教育引导公务员系好第一粒扣子，增强职业荣誉感和使命感。

（六）大力加强基层公务员队伍建设

基层公务员是公务员队伍的主体，直接服务人民群众，处在贯彻落实党的路线方针政策的最前沿，是党执政能力和执政水平的具体体现，是推动经济发展、构建和谐社会的主力军。巩固拓展脱贫攻坚成果、创新基层治理、实施乡村振兴、加大基层党建等任务对基层公务员的能力素质提出了更高的要求，加强基层公务员队伍建设的重要性日益凸显。

一方面，针对基层“招人难”问题，制定实施公务员考录倾斜政策，提升招录质效。例如，江苏公务员招录注重向基层倾斜，每年拿出1/3的计划招录乡镇机关公务员，并允许省扶贫开发重点片区乡镇机关招录一定数量的本地生源或户籍人员；湖南增加基层招录计划，大力加强公务员队伍源头建设，近两年全省招录公务员总数的74%是招录县乡公务员，其中乡镇公务员占63%。

另一方面，针对基层“留人难”问题，多措并举强化激励保障和关心关爱，增强基层公务员的荣誉感、归属感和获得感。

一是在实施职务与职级并行制度中严格落实向基层一线倾斜的要求。比如，湖南明确县乡机关分开核定、分级使用等政策措施，让基层公务员充分享受改革红利，3.1万余人次晋升职级；陕西在职级晋升中向县乡优秀主官倾斜，31名县（区）委书记晋升二级巡视员，128名乡镇党委书记晋升三级、四级调研员；山西对奋战在脱贫攻坚基层一线、积极促进转型发展等工作突出、群众满意的19名县（区）委书记、15名县长进行了职级晋升，享受二级巡视员的待遇。

二是在职务晋升和交流上向基层一线公务员倾斜。例如，湖南深入开展脱贫攻坚专项考察，一批乡镇（街道）党政正职、驻村扶贫和长期在乡镇工作的公务员得到提拔重用或交流到县直单位任职。近两年来，省市机关面向基层公开遴选公务员2019人，选拔505名乡镇公务员到市州直单位担任科级以上领导职务。对在乡镇工作累计满20年或在乡镇工作时间较长且年满50周岁、表现优秀的公务员，可根据本人意愿优先安排到县（市、区）直机关或离家庭居住地较近的乡镇工作；广东为了进一步拓展基层公务员职业发展空间，制定了乡镇公务员选拔任用办法，两年来晋升职级4.24万人次，约占同级公务员的19.1%。

三是在薪酬待遇上向基层一线公务员倾斜。例如，湖南明确从2020年7月起，乡镇公务员工资收入要高于县（市、区）直单位同职级人员13%～15%，并要逐步达到20%的目标；同时对驻村工作队员、驻村第一书记，落实体检、保险、生活补贴等制度。又如，宁夏出台《关于建设高素质专业化公务员队伍的实施意见》，针对基层公务员实施工资待遇优厚、选拔使用优先、生活条件优待的“三优”政策。

三　结语

进入“十四五”时期，公务员管理工作面临一系列的新挑战新任务新要求，要从全面建设社会主义现代化国家的战略目标出发，以打造一支适应国家治理体系和治理能力现代化要求的高素质专业化公务员队伍为首要任务。在公务员管理工作上，要以人民满意为公务员管理工作的落脚点，激励公务员积极履职、敢于担当、勇于作为；要深入推进公务员分类管理改革，提高管理效能和科学化、精细化水平；要积极贯彻落实新修订的公务员法，强化制度执行力，提升公务员管理效能。在公务员队伍建设上，要旗帜鲜明地把政治建设放在首位，提高公务员队伍的政治判断力、政治领悟力、政治执行力；要综合考虑经济社会发展的新形势新任务新要求和公务员管理的内在规律，通过加强思想淬炼、政治历练、实践锻炼和专业训练，全面提升公务员队伍治理能力，不断提高公务员队伍的专业化水平。

参考文献

《努力打造一支高素质专业化公务员队伍——全国公务员工作推进会发言摘登》，《中国组织人事报》2021 年 4 月 13 日。

B.14

事业单位人事制度改革回顾与展望

丁晶晶*

摘　要：“十三五”时期，事业单位人事制度改革稳步推进，人事管理体制机制不断健全完善，在公开招聘、岗位管理、收入分配、评价与奖惩、回避与培训、创新创业支持和领导人员管理等方面的制度改革与建设取得较大进展。当前，在公开招聘、岗位设置、聘用合同管理以及人员激励、考核评价、行政监督等领域仍存在系统性不到位、科学性不足、精准性不够、可操作性不强等问题。“十四五”期间，事业单位人事制度改革的重点是在持续推进人事分类管理和审慎落实事业单位人事管理自主权的基础上，不断健全和完善事业单位人事管理制度体系。

关键词：事业单位　人事制度　人事管理

在事业单位分类改革和机构改革逐步走向深入的过程中，事业单位人事制度改革亦同步推进，取得了较大进展。未来事业单位人事制度改革仍要以公益化为重要导向，健全完善制度体系，不断提高事业单位人事管理科学化、规范化水平。

---

* 丁晶晶，博士，中国人事科学研究院副研究员，主要研究方向为事业单位管理。

一 “十三五”时期事业单位人事制度改革的主要进展

“十三五”时期，事业单位人事制度改革稳步推进，人事管理体制机制不断健全完善。

（一）扩大人事管理自主权

为进一步激发事业单位活力，提升事业单位治理能力现代化水平，“十三五”期间，围绕进一步扩大事业单位自主权，我国相继出台了一系列政策，广东、上海等地也在陆续开展试点工作。

比如，围绕进一步扩大高校和科研院所自主权，科技部、教育部等7部门联合印发《关于开展“扩大高校和科研院所自主权、赋予创新领军人才更大人财物支配权技术路线决策权”试点工作的通知》以及《关于开展扩大高校和科研院所自主权，赋予创新领军人才更大人财物支配权技术路线决策权试点的工作方案》，国务院印发《关于优化科研管理提升科研绩效若干措施的通知》，国务院办公厅印发《关于抓好赋予科研机构和人员更大自主权有关文件贯彻落实工作的通知》和《关于抓好赋予科研机构和人员更大自主权有关文件贯彻落实工作的通知》等。

上述文件通过赋予单位相关人员聘用、相关岗位设定、技术路线调整决策、绩效考核办法、绩效工资分配办法等方面的自主权，重点对关键岗位人员、业务骨干和高层次人才进行激励，以激发和释放科研人员创新活力。与此同时，上述文件还对各地区、各部门和各单位提出明确要求，比如，制定具体实施办法，推动自主权落实到位，做好已出台法规文件中相关规定的衔接等。

各地区、各部门积极落实文件要求，做出相关部署安排。广东印发《高水平大学建设人事制度改革试点方案》，围绕岗位设置、公开招聘、职称评审、薪酬分配、人员调配等方面，提出了“五个下放”，并细化为22项自主权。广东的改革有较为明确的政策细则，并有一定的政策突破。上海出台《关于进一步深化科技体制机制改革增强科技创新中心策源能力的意见》，提出了“一所（院）一策”的改革思路，突破行政级别、编制、岗位设置和工资总额限制，更大程度上赋予部分医疗卫生机构、科研院所、高校以充分的自主权。此外，一些部门和地方通过健全法人治理机制，完善事业单位法人治理结构，提升其治理能力，进一步落实人事管理自主权。例如，2017 年 9 月，中宣部、文化部等 7 部门联合印发了《关于深入推进公共文化机构法人治理结构改革的实施方案》。

（二）完善公开招聘制度

“十三五”期间，人力资源和社会保障部（简称“人社部”）等部门一方面针对艰苦边远地区和疫情防控的特殊需求，出台了相应的公开招聘政策；另一方面则就公开招聘过程中出现的一系列难点热点问题，如资格条件设置、违纪处理等，做出了具体的政策回应。

针对艰苦边远地区招人难、留人难等问题，2016 年 11 月，中组部、人社部印发的《关于进一步做好艰苦边远地区县乡事业单位公开招聘工作的通知》提出：招聘乡镇事业单位工作人员可以放宽年龄、降低学历要求以及进行本地招聘；对紧缺专业人才可以直接采取面试、组织考察等方式公开招聘，降低或不设开考比例，对“三支一扶”人员进行专项招聘；在岗位晋升、职称评审等方面向县乡事业单位倾斜；落实乡镇工作补贴、艰苦边远地区津贴等特殊补贴政策。

2020 年 5 月，人社部、教育部、中央编办、财政部联合印发《关于做好 2020 年中小学幼儿园教师公开招聘有关工作的通知》，强调要加大事业单位对高校毕业生的招聘力度，尤其是引导其去基层中小学幼儿园、艰苦边远地区基层事业单位工作，鼓励其参加“三支一扶”基层服务项目计划。对于去艰苦边远地区学校任教的大学生，则可适当放宽年龄、学历、专业等招聘条件。2021 年 4 月，人社部、教育部印发《关于做好 2021 年中小学幼儿园教师公开招聘工作的通知》，再次强调了做好义务教育阶段“特岗计划”招聘的组织实施工作，创新教师招聘办法，适当放宽乡村中小学幼儿园招聘条件，为乡村振兴提供人才保障。2020 年 6 月，人社部、国家卫健委印发《关于做好 2020 年县级及基层医疗卫生机构公开招聘高校毕业生工作的通知》，亦提出要加大县级及基层医疗卫生机构公开招聘力度，适当放宽年龄、学历等招聘条件。

为应对疫情对事业单位公开招聘工作的影响，2020 年初，人社部联合中组部、教育部、中央编办、财政部等部门及时出台支持政策，如《关于切实做好新型冠状病毒感染的肺炎疫情防控期间事业单位人事管理工作有关问题的通知》《关于应对新冠肺炎疫情影响做好事业单位公开招聘高校毕业生工作的通知》等。根据疫情防控的需要，可简化招聘程序，采取网上面试、考察等非现场接触方式直接招聘，对于部分急需岗位，可以“先上岗、再考证”。

2017 年 10 月，人社部印发《关于事业单位公开招聘岗位条件设置有关问题的通知》，回应了事业单位公开招聘中岗位条件设置方面出现的问题，明确提出招聘岗位条件设置要遵从科学性原则，尤其是不能设置带有指向性或歧视性的条件，并对专业要求、专业名称等事项进行了明确规定。

为保证招聘工作公开、公平、公正，2017 年 9 月 25 日，人力资源社会保障部第 135 次部务会审议通过了《事业单位公开招聘违纪违规行为处理规定》，对公开招聘违纪违规行为的认定与处理进行了规范。该规定主要针对近年来在事业单位公开招聘中频发的问题，明确了应聘人员违纪违规的情形及处理规定、招聘单位和招聘工作人员违纪违规的情形及处理规定、违纪违规行为的处理程序。

（三）推动岗位管理工作

“十三五”期间，事业单位岗位管理工作主要围绕下放高校和科研院所的岗位管理自主权，建立职员等级晋升制度，进行中小学校长职级制改革，以及对拓宽基层人员晋升空间等方面展开。

1. 职员等级晋升制度

2018 年，国家有关部门印发了县以下事业单位管理岗位职员等级晋升试点意见，对县以下管理岗位职员的晋升条件、比例、程序等做出明确规定，并在东、中、西部多个省份共选取15个县开展试点工作。

2021年，中央全面深化改革委员会第三次会议审议通过了《关于开展县以下事业单位管理岗位职员等级晋升制度试点工作的实施意见》，提出要改造现有职员等级，建立主要体现德才素质、个人资历、工作实绩的职员等级晋升制度。

2. 中小学校长职级设置

为拓宽中小学校长的晋升空间，设置适合于本地校长特点的岗位等级，近年来，北京、江苏、上海、山东、黑龙江等地相应出台了校长职级的设置办法。例如，中共北京市委教育工作委员会、北京市教育委员会印发的《关于开展2019年中小学校长职级评审和认定工作的通知》，将校长职级分为四级十二等，并进行了结构比例控制。

3. 高校和科研院所岗位管理

2019年7月，科技部等6部门印发《关于扩大高校和科研院所科研相关自主权的若干意见》（以下简称《若干意见》）的通知。《若干意见》提出高校和科研院所在编制或人员总量内自主制定岗位设置方案和管理办法，确定岗位结构比例。

4. 基层职员等级晋升与专技岗位设置

2019年12月，中共中央办公厅、国务院办公厅印发《关于促进劳动力和人才社会性流动体制机制改革的意见》（以下简称《意见》），特别提出要加快推行基层职员等级晋升制度并优化扶贫一线事业单位的中高级专技岗位设置比例。

（四）推进收入分配制度改革

“十三五”期间，事业单位收入分配制度改革的难点之一是如何建立符合行业、职业特点的收入分配制度，特别强调完善以知识价值为导向，向有突出贡献的人员倾斜的由要素市场决定的报酬机制。

建立符合医疗行业特点的人事薪酬制度是“十三五”期间事业单位人

事制度改革的重点。2017 年，人社部等部门联合印发《关于开展公立医院薪酬制度改革试点工作的指导意见》、国务院办公厅出台《关于建立现代医院管理制度的指导意见》，提出公立医院在核定的薪酬总量内可以进行自主分配，体现岗位差异，兼顾学科平衡，做到多劳多得、优绩优酬，要着重处理好几个分配关系：一是不同地区、不同等级、不同类型公立医院之间的收入分配关系；二是医、护、技、药、管等不同岗位的收入分配关系；三是一般工作人员与关键和紧缺岗位、高风险和高强度岗位、高层次人才、业务骨干和作出突出成绩的医务人员以及专业人才的收入分配关系；四是编制内外人员的收入分配关系。

关于科研事业单位收入分配制度，健全由知识、技术、管理等要素市场决定的报酬机制，调动科技人员积极性和创新活力，相关的政策文件主要有：中共中央印发的《关于深化人才发展体制机制改革的意见》；中共中央办公厅、国务院办公厅印发的《关于实行以增加知识价值为导向分配政策的若干意见》；国务院印发的《实施〈中华人民共和国促进科技成果转化法〉若干规定》、《关于抓好赋予科研机构和人员更大自主权有关文件贯彻落实工作的通知》、《关于优化科研管理提升科研绩效若干措施的通知》；人社部、财政部、科技部印发的《关于事业单位科研人员职务科技成果转化现金奖励纳入绩效工资管理有关问题的通知》。

上述文件对科研事业单位的收入分配制度改革做出了具体部署和安排：要在科研事业单位按实际贡献进行分配，对做出突出贡献的人员加大绩效激励力度，可获得现金、股份或者出资比例等奖励和报酬；探索年薪制、协议工资、项目工资等多种分配办法；提高科研人员科技成果转化收益分享比例，职务科技成果转化的现金奖励计入所在单位绩效工资总量，但不受核定的绩效工资总量限制；允许相关试点单位从科研业务费中提取不超过 20% 作为奖励经费，对智力密集型项目可提高间接经费比例，并可从技术开发、咨询与服务等活动中提取奖酬金；同时，要根据岗位职责，处理好不同类型人员之间的收入分配关系，允许科研人员从事兼职工作获得合法收入，提出建立绩效工资稳定增长机制。

为调节事业单位收入分配关系，深化事业单位工资制度改革，2017 年，有关部门出台加强事业单位绩效工资总额管理和总额核定的办法，事业单位绩效工资总额核定工作全面开展。明确事业单位绩效工资总额的核定要根据其以往的绩效工资水平和目前的绩效状况进行。今后各事业单位必须严格在批准的工资总额范围内，根据本单位人员状况进行自主分配，一般情况下不得突破总额限制。

为激励一线医务工作者，2020 年，人社部联合国家卫健委、财政部印发了《关于新型冠状病毒肺炎疫情防控期间事业单位人员有关工资待遇问题的通知》《关于改善一线医务人员工作条件切实关心医务人员身心健康若干措施的通知》等文件，明确指出，对于参加抗疫的一线医务人员，在进行内部分配时应向其倾斜，可以为其发放临时性工作补助，并提高卫生防疫津贴标准。对于其他事业单位工作人员，如果因疫情不能提供正常劳动的，可以保障其工资、福利待遇。

（五）深化评价制度改革

建立科学合理的人才评价机制是“十三五”期间人事制度改革的重点之一。相关政策文件从评价标准、评价方式、评价主体、评价周期等方面明确了人才评价的相关要求。与此同时，职称制度改革不断走向深化，健全完善了职称制度的基本规范，并建立起地区和行业职称制度体系。

2018 年，中共中央办公厅、国务院办公厅印发《关于分类推进人才评价机制改革的指导意见》《关于深化项目评审、人才评价、机构评估改革的意见》，提出：要以职业属性和岗位要求为基础，分类健全人才评价标准；在同行评价的基础上，引入市场评价和社会评价，并科学灵活地采用不同的评价方式，以提高评价的针对性和精准性；根据人才特点分别采取短期评价和长期评价，合理确立评价与使用的结合度，发挥用人单位的主体评价作用。

2018 年，科技部、教育部、人社部、中科院、工程院联合下发《关于开展清理“唯论文、唯职称、唯学历、唯奖项”专项行动的通知》；2020

年，科技部、财政部印发《关于破除科技评价中“唯论文”不良导向的若干措施（试行）》，教育部、科技部印发《关于规范高等院校SCI论文相关指标使用树立正确评价导向的若干意见》。上述文件强调对人才评价中“唯论文、唯职称、唯学历、唯奖项”问题进行集中清理，实行同行评议；强调对代表作、标志性成果的评价，重点评价其实际水平、学术价值、发展潜力和岗位匹配度等。

2016年，中共中央办公厅、国务院办公厅印发《关于深化职称制度改革的意见》；2017年，中共中央印发《关于深化人才发展体制机制改革的意见》；2019年，人社部印发《职称评审管理暂行规定》。以上政策文件突出用人主体在职称评审中的主导作用，合理界定和下放职称评审权限；健全职称制度体系，完善职称评价标准，创新职称评价机制，促进职称评价与人才培养使用相结合，改进职称管理服务方式；规范职称评审程序，保证职称评审质量。

为贯彻落实深化职称制度改革要求，加快建立适应行业发展特点的职称制度，人社部联合教育部、中国社科院、农业农村部、中国外文局、国家文物局、国家档案局等部门，分别印发了相应专业人员职称制度改革的指导意见，具体包括：《关于深化经济专业人员职称制度改革的指导意见》《关于深化中等职业学校教师职称制度改革的指导意见》《关于深化哲学社会科学研究人员职称制度改革的指导意见》《关于深化农业技术人员职称制度改革的指导意见》《关于深化翻译专业人员职称制度改革的指导意见》《关于深化文物博物专业人员职称制度改革的指导意见》《关于深化统计专业人员职称制度改革的指导意见》《关于深化档案专业人员职称制度改革的指导意见》等。

这些政策文件按专业属性，对职称名称进行命名，设置了新的职称系列并统一了职称等级和名称，建立了专业人员职称与专业技术岗位等级间的对应关系；针对岗位、行业、专业特点，分别设置不同的评价内容、重点和标准依据，推行代表作制度，建立职称评审绿色通道，适当放宽条件限制。

与此同时，各地也及时出台本地区职称制度改革政策，形成了地方职称制度体系。

为做好对疫情防控一线人员的关爱工作，2020 年 3 月，人社部印发《关于做好新冠肺炎疫情防控一线专业技术人员职称工作的通知》，对参加疫情防控的一线专业技术人员的职称评审进行倾斜，可提前一年申报评审，将抗疫表现作为职称评审的重要内容，评审通过的不受本单位岗位结构比例限制。

（六）强化奖惩制度的适用性

为进一步增强事业单位工作人员奖惩制度的适用性，2017 年，人社部印发《关于贯彻执行〈事业单位工作人员处分暂行规定〉若干问题的意见》，2018 年，中组部、人社部印发《事业单位工作人员奖励规定》。

两个文件针对奖惩中遇到的具体问题给出了明确意见：对依法判处刑罚的人员、“双肩挑”人员、无岗位等级可降的工作人员、已退休人员的处分都有具体规定，并对用人单位行为进行了规范。同时，对奖励条件和种类等级、权限等都有清晰规定。

针对疫情防控和脱贫攻坚工作，人社部专门发布通知，部署了相关的奖惩工作。2020 年 1 月，人社部印发《关于切实做好新型冠状病毒感染的肺炎疫情防控期间事业单位人事管理工作有关问题的通知》，提出对在疫情防控中做出贡献的事业单位工作人员和集体开展及时奖励，可给予一次性奖金，或经批准可以追加其他物质奖励。对于在疫情防控中不服从指挥、调遣或者消极对抗的事业单位工作人员，可给予警告、记过、降低岗位等级或者撤职处分，情节严重的给予开除处分。2020 年 7 月，人社部办公厅印发《关于在全国事业单位集中开展脱贫攻坚专项奖励工作的通知》，对在脱贫攻坚工作中表现突出、成绩显著的事业单位工作人员和集体进行奖励；专项奖励工作要以工作实绩作为衡量标准，向一线基层岗位、贫困地区、脱贫成效明显的地区倾斜。

（七）构建事业单位人员回避制度和培训制度

为从源头上规范事业单位用人和工作人员履职行为，2019 年 10 月，中组部、人社部印发《事业单位人事管理回避规定》，对事业单位人事回避的类型、适用范围、事项、权限程序、管理监督等进行专门规范，完善了公职人员回避制度体系。

为推进事业单位工作人员培训工作科学化、制度化、规范化，2019 年 11 月，中组部、人社部印发《事业单位工作人员培训规定》，对培训类型、培训对象、组织形式、培训内容、监督保障、纪律要求等做出了具体规定，建立了统一的事业单位工作人员培训制度。

（八）支持和鼓励创新创业

为了支持和鼓励事业单位人员创新创业，激发其创新创业活力和积极性，国家从完善科技成果转移转化激励和收入分配机制的角度，陆续出台相应政策。

2016 年 3 月，中共中央印发《关于深化人才发展体制机制改革的意见》，提出要开展高校、科研院所等事业单位科研人员离岗创业的政策措施的研究制定工作。此后各地有关事业单位人员离岗创业的政策文件陆续出台。

2017 年 4 月，人社部出台《关于支持和鼓励事业单位专业技术人员创新创业的指导意见》，明确了与企业合作、创办企业、离岗创业、设置创新型岗位等四个方面的支持和鼓励举措。

（九）完善领导人员管理制度

2017 年 1 月，中组部会同中宣部、教育部、科技部、国家卫计委印发了《宣传思想文化系统事业单位领导人员管理暂行办法》《高等学校领导人员管理暂行办法》《中小学校领导人员管理暂行办法》《科研事业单位领导人员管理暂行办法》《公立医院领导人员管理暂行办法》（以下简称 5 个办法）。5 个办法分别就相关事业单位的领导人员选育管用各个环节作出具体规定。在任职资格条件上更加突出对管理能力、专业水平和职业素养的要求；在选拔任用方面，进一步打破人才选拔的身份限制，加大聘任制推行力度；在日常管理方面，推行任期制和任期目标责任制，并实行分类考核；在职业发展和激励保障方面，完善后续职业发展制度，建立容错纠错机制；在监督约束方面，要构建严密有效的监督体系，突出重点监督对象。

二 “十四五”时期事业单位人事制度改革面临的主要难题

尽管事业单位人事制度改革成效与挑战并存。当前，公开招聘、岗位设置、聘用合同管理以及人员激励、考核评价、行政监督等领域仍存在系统性不到位、科学性不足、精准性不够、可操作性不强等问题。

（一）人事管理自主权有待有效落实

目前，事业单位自主权的落实仍然缺乏法制保障，尤其是在授权范围、程度和执行等方面缺乏清晰规范。如自主权的范围界定不清，导致主管部门与事业单位在人事管理中的事权分工、职责界限难以确定。现有的相关政策还存在不配套或冲突、缺乏可操作性等情况，一些已出台的明确自主权的政策，在实践中无法充分落实。与此同时，对于落实自主权可能出现的风险还缺少预判，尚未建立相应的监督制度。

（二）公开招聘方式的科学性和有效性有待提高

事业单位公开招聘在实践中还存在招聘时间不灵活、周期过程长、人力和资金投入大、招聘成本较高等问题。在招考中普遍缺乏对岗位需求的调查分析，使招考不能体现干什么考什么的原则。招聘过程中还存在重视形式、忽视内容的情况。考试的针对性不强，笔试面试命题失误现象也时有发生。

（三）岗位设置的科学性需要加强

由于受编制、岗位总量和结构比例的限制，部分事业单位岗位总量不足，超编、超岗问题突出，编外岗位设立随机性、随意性强，缺乏规划；部分事业单位岗位结构比例设置不够合理，尤其是在高层次人员比较集中的事业单位，高级岗位严重不足，晋升空间有限；由于岗位行政级别和职数限制，基层职员晋升空间有限；岗位动态调整机制尚未建立，不能根据公共服务需求的变化进行动态调整，未能实现编制结构比例设置与事业单位职能需要的科学对接。此外，一级岗设置和特设岗设置不够规范，一级岗设置方案迟迟未能出台，部分单位和地区在没有授权的情况下，自行设置一级岗和特设岗。

（四）聘用合同管理缺乏全面规范

《事业单位人事管理条例》虽然对聘用管理的重点环节作出了规定，但并没有对聘用合同进行全面规范，有关聘用合同的规定还存在模糊事项，需要进一步明确。正因为缺乏统一的管理细则，一方面，各地、各单位在聘用管理上存在标准差异，经常引发争议；另一方面，由于合同内容简单且与岗位管理、工资发放、绩效考核没有进行有效衔接，聘用合同的签订往往流于形式，在实践中发挥的作用十分有限，并未真正实现合同用人。

（五）激励与工资总额限制的矛盾进一步凸显

尽管“十三五”期间，我国出台了一系列向科研人员倾斜的收益分配激励政策，但由于受到事业单位统一的工资制度的约束，特别是工资总额的限制，要实现事业单位工资制度的增量改革，很难达成。在不突破工资总额的限制下，向一些做出较大贡献的人员倾斜，一方面很难大幅提高工资水平，达到与市场接轨的薪酬水准，另一方面也势必会造成单位内部矛盾的加剧。

（六）考核评价机制改革尚未到位

目前，事业单位考核还存在过于形式化，科学性、有效性不足等问题，主要表现在年终考核大多只在形式上填写简单的考核表，而很少设置定量评价指标，定性指标分数的确定客观性不足。由于缺乏一套科学合理的考核指标体系，因此，不能实现根据岗位特点进行人员的分类评价，进而造成“干多干少一个样，干好干坏一个样”的困局。在职称评定过程中，评价标准的设定往往不够科学合理，尤其是有些单位仍然存在论资排辈、走形式等问题。

（七）行政监督方式需要完善

目前，事业单位人事监管仍存在漏洞，主要表现为：一是监管主体多元且责任不明确，主管部门、编制部门、人社部门等很容易形成职权冲突；二是没有厘清审核事项的范围和标准，即监督内容不明确导致一些事业单位对各个用人环节——招聘、设岗、定薪、工资总额等均需向主管部门和同级的人事行政管理部门请示、报批；三是上级人事综合部门行政监督缺乏力度，权威性不强，又缺少充分授权，难以进行独立调查；四是由于审批程序烦琐和缺乏规范，而影响审批进度；五是缺乏有效的投诉渠道，导致很多违纪行为难以及时发现和纠正。

三　“十四五”时期事业单位人事制度改革的展望

“十四五”期间，事业单位人事制度改革的重点是在持续推进人事分类管理和审慎落实事业单位人事管理自主权的基础上，不断健全和完善事业单位人事管理制度体系。

（一）推进分类改革

事业单位涉及国民经济的各个行业领域，机构众多，类型多样，工作人员超过公务员 3 倍，实行分类分级管理是实现科学管理的重要前提。

随着事业单位分类改革的进一步深化，事业单位人事分类制度必须与之相配套。此外，事业单位人事制度改革与行业管理、财政管理、资产管理等改革密切相关，必须实行分类指导，按照事业单位的不同类别，探索具有自身特点的决策机制和运行机制以及聘用合同、岗位设置、公开招聘、竞聘上岗等方面的管理办法。与此同时，必须依从事业单位人事管理的规范，统筹兼顾，注意改革的关联性、耦合性，既与机构编制、收入分配、社会保险、财政制度以及行业体制改革协同，又要与干部制度改革、国企人事制度改革相衔接。

（二）审慎落实人事管理自主权

从政策走向和自身特点来看，事业单位作为独立法人主体，势必要对组织的战略发展具有一定的决策权，尤其要有用人自主权。事业单位的有效发展有赖于人才的科学使用和合理调配，充分激发人才的积极性、主动性和创造性。

推进落实事业单位人事管理自主权，第一，要明确事业单位的独立法人地位；第二，相关部门要做好落实自主权的制度安排，明确自主权的行使范围以及不同类型事业单位自主权下放的方式和程度，提高政策的可操作性；第三，要对各种可能发生的风险进行预判，建立风险预警和应对机制，并建立相应的监督制度。

（三）健全人事管理制度体系

其一，要加快建立与《事业单位人事管理条例》相配套的人事管理制度，即加快新的配套规章的制订进程并有效提高制度规范的可操作性。

其二，要加快完善聘用合同管理制度，明确聘用合同的适用对象、期限、续聘、终止等要求，规范聘用合同的聘期管理。与此同时，要深入研究目前亟待解决的难点热点问题并做出政策安排。例如，针对高校普遍施行的长聘制、非升即走等制度，在不违背公共部门属性和公职人员统一管理需要的基础上，适度做出灵活性的制度安排。又如，针对目前编外用工的混乱状况，应明确编外人员的身份和聘用关系，在甄选标准、岗位职责、绩效考核、待遇标准等方面建立相应的管理规范。

其三，要进一步深化岗位管理制度改革。随着公共服务需求的增加，在编制总量不能增加的基础上，研究制定科学核定岗位总量的实施办法，通过分层分业制定“特设岗位”标准条件，为合理引进“高精尖缺”人才提供政策依据。同时，进一步调整优化岗位结构比例，研究制定分行业的“优化岗位结构比例指导意见”。在高层次人才相对集中的事业单位，可适当突破一般性岗位结构比例限制，给予其较多的岗位设置自主权。

其四，在公平性和科学性目标指引下，不断完善公开招聘制度。针对不同行业、不同岗位、不同类别人员，选择科学有效的选拔方式方法，基于岗位职责要求，科学设置专业、学历、执业证书等任职资格要求，明确笔试和面试以及专业测试和公共科目测试的合理比重、考察招聘的合理范围等。同时要加强对招聘资格条件设置、考试考察程序、体检等各个重点环节的指导与监督，避免和防止“萝卜招聘”。

其五，稳慎推进事业单位工资制度改革。随着工资总额管理改革的进一步深化，事业单位收入分配的个性化和差异化将更加突出，行业、单位之间的收入差距有可能进一步扩大，如何完善工资管理的宏观调控，在强化激励的同时如何提高分配的公平性、降低公共服务成本，都是改革面临的重大问题。

B.15
启动国企改革三年行动 加大人事制度改革推进力度

佟亚丽*

摘　要：国有企业改革在实施“双百行动”“科改示范行动”等专项工程的基础上，又启动实施了“三年行动”，完善中国特色现代企业制度、落实董事会职责权限、推行经理层任期制和契约化管理，深化三项制度改革。今后一段时期，国企改革，特别是实施“三年行动”还要强化落实，确保实现既定目标。

关键词：国企改革　人事制度改革　任期制　契约化管理

一　启动实施国企改革三年行动方案

2020年6月中央深改委审议通过的《国企改革三年行动方案（2020—2022年）》（以下简称《三年行动方案》），明确了未来三年国有企业改革的思路与目标，是新发展阶段落实国有企业改革“1+N”政策和顶层设计的行动纲领，为进一步加快推进国有企业改革提供了行动指南。

---

* 佟亚丽，中国人事科学研究院副研究员，主要研究方向为工资薪酬问题、企业家队伍建设与职业化问题、高级专门人才的管理问题、企业人事制度改革、专业技术人员队伍建设、技能人才培养。

（一）《三年行动方案》之人事制度改革重点

随着四批 210 家混合所有制企业改革试点、“百余户中央企业子企业和百余户地方国有骨干企业实施的国企改革行动”[①]、“区域性国资国企综合改革试验”、“百户科技型企业深化市场化改革提升自主创新能力专项行动”[②]等举措的实施，国企改革稳步推进。

当前，由于国内外经济形势复杂多变，再叠加新冠肺炎疫情影响，深入实施国企改革的紧迫性更强，遇到的困难也更大。党中央国务院以及国资委都明确要求“全面推进国企改革‘1 + N’文件落地见效”“深入推进综合性改革，力求在重点领域和关键环节取得实质性突破”“提升国资国企改革综合成效”。

《三年行动方案》的出台意味着国企改革迎来新一轮提速升级。就人事制度改革而言，《三年行动方案》重点强调了如下几个方面：一是推动党的领导融入公司治理更加深入有效，企业各治理主体权力与职责边界更加清晰，董事会普遍实现配齐建强，进一步完善中国特色现代企业制度；二是推动实施企业经理层成员任期制和契约化管理，推动企业用工市场化；三是完善薪酬分配机制，推进关键岗位核心人才激励工作，采取多种方式实施中长期激励。

（二）发挥“专项工程”示范引领作用

2019 年 12 月，为深入贯彻落实党的十九届四中全会精神，落实国务院国企改革领导小组提出的深化国有企业市场化改革、提升自主创新能力等要求，国务院印发了“科改示范行动”方案，明确了遴选企业的范围和标准、组织实施的流程以及政策指导、跟踪督查及宣传推广等工作的具体要求。

“科改示范行动”于 2020 年 4 月启动，是国务院国有企业领导小组实施的又一个新的改革专项工程，共选取了 204 家（包括 138 家央企子公司和 66 家地

---

① 简称“双百行动”。

② 简称“科改示范行动”。

方国企，其中有多家上市公司的母公司和参股公司）改革创新紧迫性较强的国有科技型企业作为示范，重点在完善治理体制机制、健全市场化选人用人机制、强化市场化激励约束机制、提升自主创新能力、坚持党的领导和加强党的建设等五个方面深化改革创新，强化示范作用并总结推广其成功经验。

2020 年 9 月，国务院国改办在杭州召开“科改示范行动”现场推进会，再次明确相关要求，进一步强化工作推动。

（三）全力抓紧抓实国企改革三年行动

《三年行动方案》下发后，2020 年 9 月，国务院国有企业改革领导小组和国资委陆续召开电视电话会和视频会对实施《三年行动方案》进行动员部署，强调了实施三年行动的重要性，明确了实施三年行动的具体要求。

国务院国资委要求央企制定完善本企业的具体实施方案，建立健全上下贯通的责任传导机制，确保任务责任“一竿子扎到底”，可衡量、可考核、可检验。国资委通过在线督办系统强化任务落实督导，并将落实情况纳入国企业绩考核。

国务院国有企业改革领导小组办公室要求各地抓紧制定完善本地区国有企业改革三年行动实施方案，建立第一责任人制度，分解任务、压实责任，明确行动推进落实时间表。

2021 年 2 月，国务院国资委召开国企改革三年行动推进会，再次强调要健全机制，狠抓责任落实。

二　持续完善中国特色现代企业制度

（一）完善中国特色现代企业制度是三年行动的重点任务之一

通过扎实落实国企改革“1 + N”政策，中国特色现代企业制度建设已经取得了实质性重大突破，央企首次实现功能界定分类，全面完成公司制改制。当前，国企改革的一项重要任务就是持续完善中国特色现代企业制度。

根据国资委的实施“三年行动”的部署安排，在2020年的七大改革方向中，“完善中国特色现代企业制度”位列第一条。2020年9月，国资委党委书记、主任郝鹏在中央企业改革三年行动动员部署视频会上强调，要“在形成更加成熟更加定型的中国特色现代企业制度……等方面取得明显成效”。2020年10月，《中共中央关于制定国民经济和社会发展第十四个五年规划和二〇三五年远景目标的建议》提出，加快完善中国特色现代企业制度。2021年3月，《中华人民共和国国民经济和社会发展第十四个五年规划和2035年远景目标纲要》，在第十九章单列一节对“推动国有企业完善中国特色现代企业制度”进行部署安排。

（二）坚持“两个一以贯之”把党的领导有机融入公司治理

2016年10月，习近平总书记在全国国有企业党的建设工作会议上提出的“两个一以贯之”的重要论断，为国有企业加强党的全面领导和完善公司治理指明了方向。《三年行动方案》全面贯彻落实“两个一以贯之”的重要论断，从职能职责定位、制度建设等角度，强调提出了具体明确的贯彻落实要求。2020年9月，在中央企业改革三年行动工作动员部署会上，国资委再次强调了贯彻落实“两个一以贯之”的相关要求。下一步，在中央企业改革实践层面的重要任务就是制定相关政策文件，建立健全党的领导融入公司治理的制度规范。

（三）坚持党管干部原则，董事会、经理层依法行使用人权

进一步健全完善国有企业干部管理和选人用人管理体制，选好人用好人。一方面，明确企业党组织在干部管理权限上的政治领导责任，另一方面，也要明确董事会在选人用人方面的法定职权。具体而言，企业党组织在选人用人方面主要履行“确定用人标准、研究推荐人选、严格组织考察、完善评价体系、加强监督管理”的职责，重点做到“五管”、把好“五关”，即管原则，把好导向关；管标准，把好资格关；管程序，把好规则关；管机制，把好政策关；管监督，把好调整关。

三　推进董事会建设，落实董事会职权

（一）推进董事会建设

2015年中共中央国务院印发的《深化国有企业改革的指导意见》提出，健全公司法人治理结构，重点在推进董事会建设。2019年3月9日时任国务院国资委主任肖亚庆在十三届全国人大二次会议记者会上介绍：83家中央企业建立了规范的董事会，1.5万家中央企业所属的二、三级单位都建立了规范的董事会。各省国资委也加大了改革力度，省级国资委出资企业中超过90%的企业建立了规范董事会。根据2020年10月国务院国资委副主任翁杰明在广州召开的“双百行动”现场推进会上的介绍，超过八成的“双百企业”建立了董事会，实现外部董事占多数。

（二）落实董事会职权

落实董事会职权就是将所有权和经营权分离，明确董事会权责，重点是决策权责，切实发挥董事会作用。具体而言，要落实董事会职权主要是做好如下几方面的工作。首先是充分授权。在国务院以及国务院国资委印发的相关文件中，都有比较明确的对董事会具体授权的规定。比如，国务院印发的《改革国有资本授权经营体制方案》、国务院国资委印发的《关于深化落实中央企业董事会职权试点工作的通知》等都有相关规定。其次是厘清党委（党组）、董事会、经理层各主体的职责边界，建立职责清晰、协调运转、制衡有效的治理机制。最后是充分发挥外部董事作用。国资委已经出台了相关管理办法，加强外部董事队伍建设并已取得明显成效。

（三）建立健全配套制度

加强董事会建设，落实董事会职权，是国企改革三年行动的重要部署之一，也是在既有试点经验基础上的再实践、再深化、再推广。具体而言，就

要从现在试点的五家中央企业集团以及各省选择的试点企业，向更多的国企一级公司扩展；中央企业和地方国企要层层落实董事会职权，不能只停留在总部一级；目前试点企业确定的六项职权，还需要结合“权责法定、权责透明、协调运转、有效制衡”的总体要求，以及董事会“定战略、做决策、防风险”的功能定位，持续优化和深化。

2021 年 5 月 19 日召开的落实董事会职权专题推进会指出，落实董事会职权是按照中央要求开展的一项深层次改革，要着力建立健全配套制度，有序组织实施，规范落实各项职权。这里所说建立健全配套制度，就是要从授权主体和行权客体两个方面，对于落实董事会职权进行制度建设和机制建设。

四　推行经理层成员任期制和契约化管理

（一）进行制度试点

2015 年中共中央国务院印发的《关于深化国有企业改革的指导意见》，就已经提出了推行职业经理人制度、推行企业经理层成员任期制和契约化管理等方面的要求。2016 年，国务院国企改革领导小组将相关制度改革试点统一列入“十项改革试点”协同推进。同年 12 月，中央深改组审议通过《关于开展落实中央企业董事会职权试点工作的意见》，对落实经理层成员选聘权做出部署安排，推行契约化管理和职业经理人制度由此进入一个新发展阶段。

2020 年 1 月，国务院国有企业改革领导小组办公室印发“双百企业”“两个操作指引”，贯彻落实推行职业经理人制度、经理层成员任期制和契约化管理的决策部署。

（二）加快推行经理层成员任期制和契约化管理

国企改革三年行动，把激发活力放在重要位置。2021 年 3 月，国有企业改革领导小组办公室召开国有企业经营层成员任期制和契约化管理专题推进视频会，对这一工作进行再部署、再推进。会议强调，各中央企业和地方国资委要明确工作职责和目标任务，健全工作机制和督促考核机制，保证2021年底完成各级子企业推行任期制和契约化管理工作的户数占比超过70%的任务目标，倒排工作进度，确保2020年6月前基本完成。

推行经理层成员任期制和契约化，是深入贯彻国企改革决策部署的重要举措，也是提高企业市场竞争力的重点工作。国有企业仍需进一步加大力度确保改革落实落地。

（三）更加强调市场化的选聘和退出

真正实行职业经理人制度，就要切实落实董事会选人用人权，也要更加注重有关人员的市场化选聘和退出。比如，具体到“双百企业”，要根据《两个操作指引》的规定，落实改革要求，完善治理体系和治理结构，提高治理能力，依法依规实施经理层任期制，做好有关人员市场化选聘和退出工作。

五　深入开展国企三项制度改革

（一）“双百企业”三项制度改革成效显著

2020年10月，国务院国有企业改革领导小组办公室召开“双百行动”现场推进会。会上对413家“双百企业”开展的三项制度改革专项评估的分析显示，央企所属“双百企业”和地方“双百企业”的全员劳动生产率2019年底分别达到90.1万元/人和78.5万元/人，近三年增长率分别为25.4%和13.7%；“双百企业”营业收入增长率达到9.3%、净资产增长率达到11.4%，利润总额正向增长。“双百企业”的改革成绩清晰可见，改革红利已然释放，并呈现逐年递增态势。

在健全市场化经营机制方面，“双百企业”率先突破，到2019年底，已经实行任期制和契约化管理（或职业经理人制度）的“双百企业”达到“双百企业”总量的87.4%，到2020年10月，在本级实行经理层任期制和契约化管理或者推行了职业经理人制度的“双百企业”已经接近200家。

在推进用工市场化方面，“双百企业”全面推行全员绩效考核，且力度不断加大。相关数据显示，截至2019年底，近三年来，“双百企业”全员绩效考核覆盖率平均达到97.7%、公开招聘率达到93.3%，且三年来保持逐年递增趋势；员工市场化退出率每年都在10%以上，其中，2019年为10.2%。

在收入分配与企业效益挂钩方面，截至2019年底，有100多家“双百企业”开展了股权、分红权等不同方式的中长期激励；有90.8%的“双百企业”实现了工资总额增幅与经济效益基本匹配，其中，工资总额增幅与经济效益高度匹配的达到236家。

（二）2020年是央企三项制度改革专项行动落地年

国务院国资委将2020年确定为央企三项制度改革专项行动落地年，2020年1月，国资委在京召开的中央企业考核分配工作会议再度强调了三项制度改革的重要性，并明确提出力争本年度在建立市场化机制上实现新突破。

（三）构建三项制度改革考核评价体系

随着三项制度改革的不断深入，央企的三项制度改革工作更关注改革成效。2020年国有企业改革领导小组办公室下发的《开展“双百企业”三项制度改革专项评估有关事项的通知》提出了“双百企业”的三项制度改革评估指标体系。2020年12月，国有企业改革领导小组办公室印发文件，部署进一步深化国企改革“双百行动”，文件肯定了国企改革“双百行动”实施两年多来的成果，通报表扬了评估结果为A级的企业，要求评估结果为D级的企业限期整改。同时文件明确，对“双百企业”的专项或综合评估将会持续进行，并建立“双百企业”名单动态调整机制，即根据评估结果，适时调整“双百企业”名单。正因如此，就需要不断健全完善评估指标体系并合理优化评估方式方法，建立一套“可落地、可量化、可评估、可检查”的改革评估工具，发挥好评估指标指挥棒作用，切实推动三项制度改革落到实处、取得成效。

结束语

国企改革三年行动重在见行动、提实效，因此全力抓紧抓实《三年行动方案》改革措施落地是2021年度国企改革的重要工作，要更加聚焦重点任务，更加注重激发活力，更加突出基层创新，确保改革稳步推进，为2022年实现改革目标奠定扎实基础。

就业创业与劳动关系篇

Employment, Entrepreneurship and Labor Relations

B.16

中国就业状况分析（2020～2021）

奉　莹*

摘　要：　2020年我国的就业形势保持总体稳定并好于预期，就业结构优化发展，就业报酬持续增加。就业相关部门加强宏观调控和政策支持、突出重点群体就业帮扶、积极推进创新创业、持续强化公共就业服务、巩固脱贫成果，促进就业工作取得新进展。今后一段时期，面对国内外各种不确定因素影响，就业形势依然十分严峻。

关键词：　就业形势　重点群体就业　就业结构

一　2020年就业基本状况

2020年，新冠肺炎疫情对全球经济造成巨大冲击和影响，就业成为困

* 奉莹，博士，中国人事科学研究院助理研究员，主要研究方向为劳动力市场、就业创业。

扰各国的难题。在党中央领导下，我国坚持减负、稳岗、扩就业等多措并举，最终使就业形势保持了总体稳定并好于预期，就业结构得到优化，就业报酬实现了增长。

（一）就业形势总体稳定

1. 提前超额完成城镇新增就业人数全年目标任务,失业率保持在可控范围

2020 年，我国就业总量为 75064 万人，比 2019 年减少 383 万人（见图 16－1）。

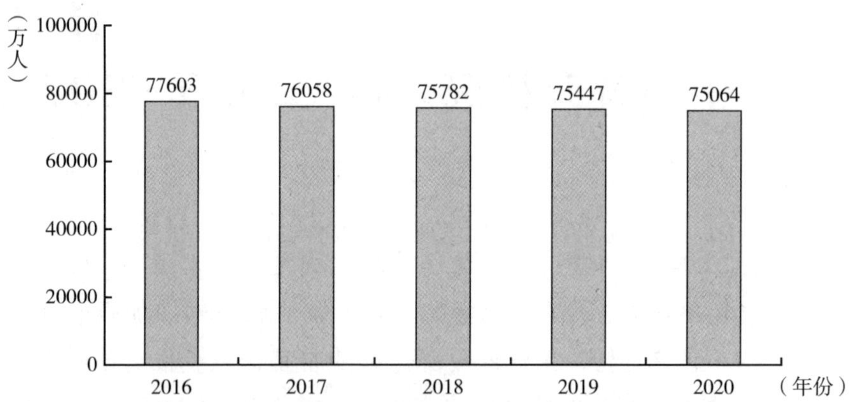

图 16－1　2016～2020 年全国就业人员总量

资料来源：国家统计局年度数据。

2020 年，全国城镇新增就业目标任务为 900 万人，年末实际达到 1186 万人，超过目标 286 万人。城镇新增就业人数从 2013 年到 2019 年连续 7 年保持在 1300 万人以上，2020 年下降到 1186 万人，下降了 12.28%（见图 16－2）。

2020 年，城镇失业人员再就业、就业困难人员就业人数分别为 511 万人、167 万人，比上年分别减少 35 万人和 12 万人（见图 16－3）。

2020 年，全国城镇登记失业人数 1160 万人，同比增加 215 万人，增长了 22.75%。年末城镇登记失业率为 4.24%，城镇调查失业率为 5.2%，均低于预期控制目标（见图 16－4）。

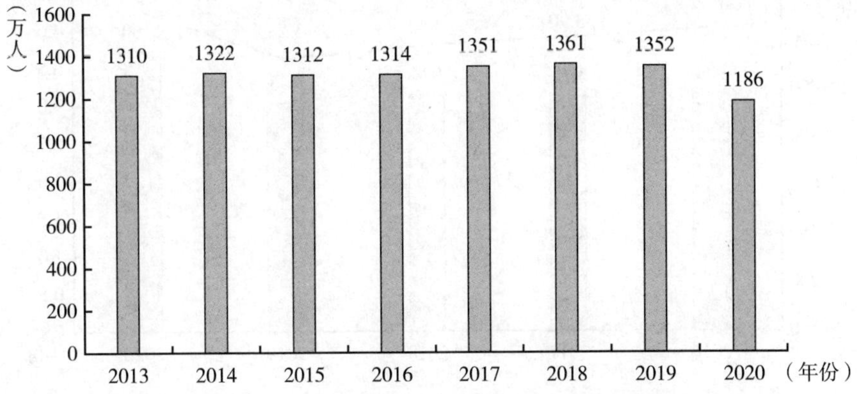

图 16 －2　2013 ~ 2020 年城镇新增就业人数

资料来源：2013 ~ 2020 年历年人力资源和社会保障事业发展统计公报。

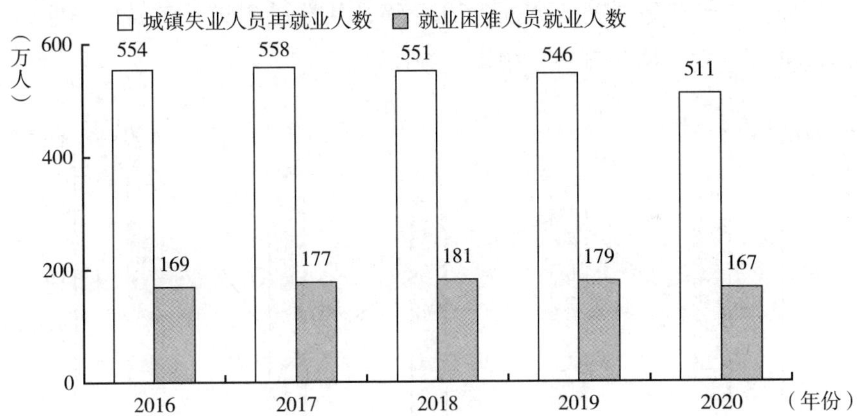

图 16 －3　2016 ~ 2020 年城镇失业人员再就业人数和就业困难人员就业人数

资料来源：2016 ~ 2020 年历年人力资源和社会保障事业发展统计公报。

2. 高校毕业生总量持续增加，增速高于上年

2020 年，高校毕业生达到 874 万人，比上年增加 40 万人，增长了 4. 80% 。2016 ~ 2020 年，高校毕业生总量从 765 万人增加到 874 万人，增加了 109 万人，年均增加 27. 25 万人（见图 16 －5）。面对严峻的形势，多措并举促进高校毕业生就业，保持了高校毕业生就业总体平稳，形势好于预

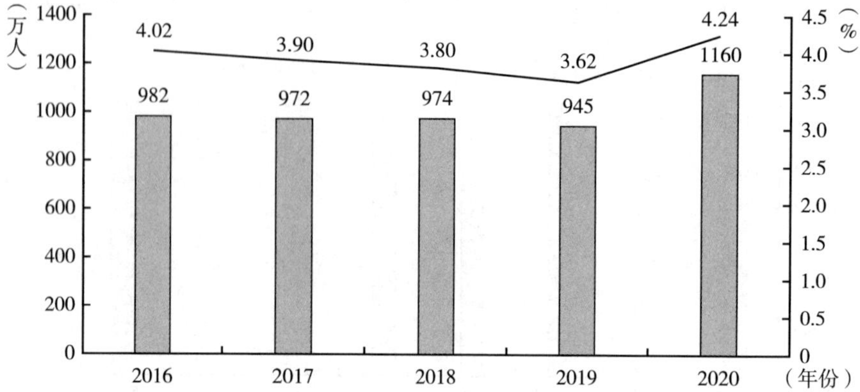

图 16－4　2016～2020 年城镇登记失业人数及登记失业率

资料来源：2016～2020 年历年人力资源和社会保障事业发展统计公报。

期。例如，在支持基层就业方面，2020 年，共选派 3.9 万名高校毕业生到基层从事“三支一扶”服务，规模大于往年。

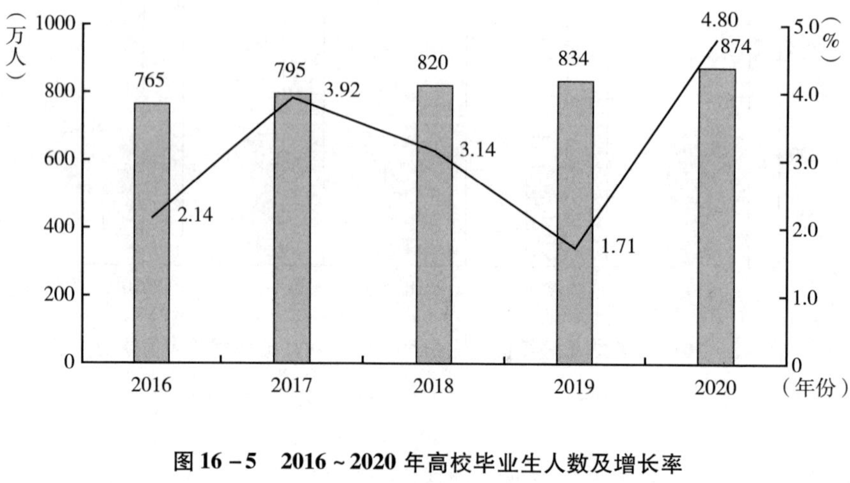

图 16－5　2016～2020 年高校毕业生人数及增长率

资料来源：国家统计局。

3. 农民工规模缩小，外出务工人数下降

2020 年，全国农民工总量比 2019 年减少 517 万人，同比减少 1.78%，为 28560 万人。其中，外出农民工减少 466 万人，同比减少 2.7%，为

16959 万人（见图 16 - 6）；本地农民工减少 51 万人，同比减少 0.4%，为 11601 万人。

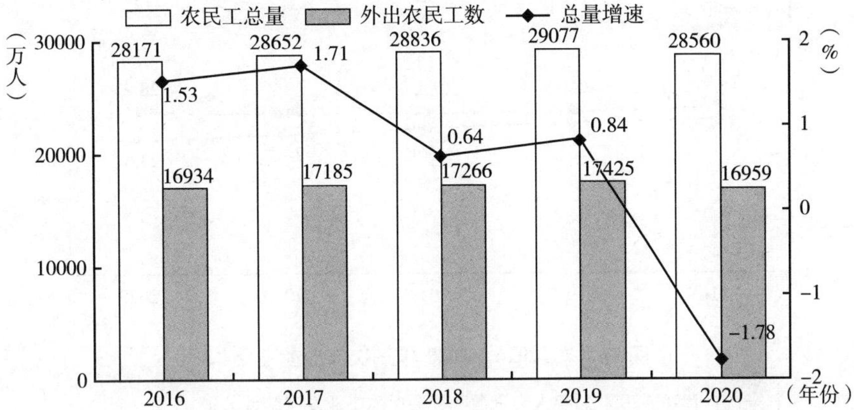

图 16 - 6　2016 ~ 2020 年农民工总量、外出农民工数及总量增长率

资料来源：国家统计局《2020 年农民工监测调查报告》。

（二）就业结构日益优化

1. 第三产业就业人数不断增加

2020 年，全国就业人员在第一、第二、第三产业的分布为 17715 万人、21543 万人和 35806 万人，占比分别为 23.6%、28.7% 和 47.7%（见图 16 - 7）。2016 ~ 2020 年，三次产业就业人员中，第一产业减少 3781 万人，年均减少 945.25 万人，占比下降了 4.4 个百分点；第二产业减少 807 万人，年均减少 201.75 万人，占比下降了 0.6 个百分点；第三产业增加 2049 万人，年均增加 512.25 万人，占比提高了 4.4 个百分点。

2. 城镇就业人员占比持续增加

2020 年，我国城镇就业人员 46271 万人，乡村就业人员 28793 万人。2016 ~ 2020 年，城镇就业增加了 4220 万人，年均增加 1055 万人，占比从 55.1% 增加到 61.6%；乡村就业减少了 5401 万人，年均减少 1350 万人，占比从 44.9% 下降为 38.4%（见图 16 - 8）。

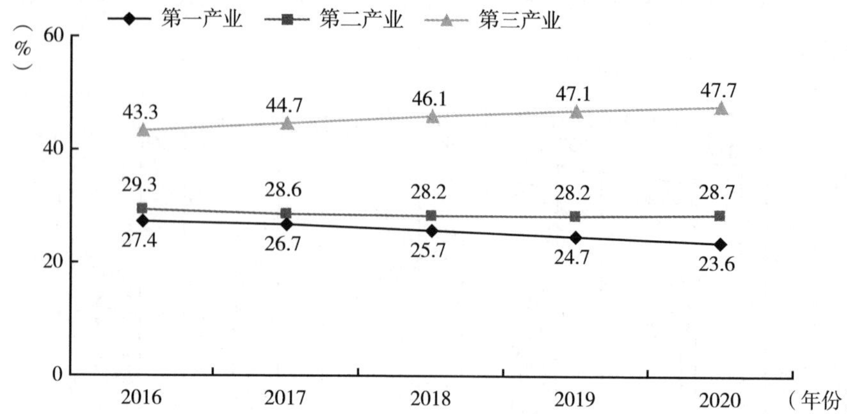

图 16－7　2016～2020 年三次产业就业结构

资料来源：2016～2020 历年人力资源和社会保障事业发展统计公报。

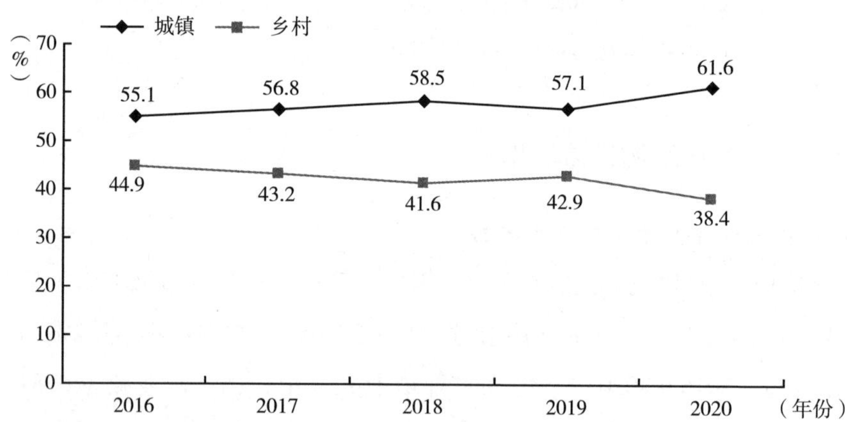

图 16－8　2016～2020 年城乡就业结构

资料来源：国家统计局。

（三）就业报酬持续增加

1. 城镇单位就业人员年平均工资保持增长

2020 年全国城镇非私营单位就业人员年平均工资为 97379 元，同比增长 7.6%，扣除价格因素实际增长 5.2%；城镇私营单位就业人员年平均工资为57727元，同比增长7.7%，扣除价格因素实际增长5.3%。从增速变化情况来看，均有所下降。其中，城镇非私营单位就业人员年平均工资增速比上年回落2.2个百分点；城镇私营单位就业人员年平均工资增速比上年回落0.4个百分点。

2016～2020年，城镇非私营单位就业人员年平均工资与私营单位就业人员年平均工资之间的差距逐年增大，从24736元增大到39652元（见图16－9）。

图16－9　2016～2020年城镇单位就业人员年平均工资及工资差距

资料来源：国家统计局。

2016～2020年，城镇非私营单位和私营单位就业人员工资增速的差距有减小趋势。城镇非私营单位就业人员的工资增速从2016年的8.93%增加到2018年的11.00%，之后快速下降，到2020年工资增速下降到7.60%，下降了3.4个百分点；同时，城镇私营单位就业人员的工资增速从2016年的8.19%下降到2017年的6.84%，之后回升到8%左右，到2020年达到7.69%，反超城镇非私营单位的工资增速（见图16－10）。

2. 农民工人均月收入继续增长

2020年，农民工人均月收入比上年增加110元，同比增长2.78%，达到4072元。其中，外出农民工月均收入比上年增加122元，同比增长

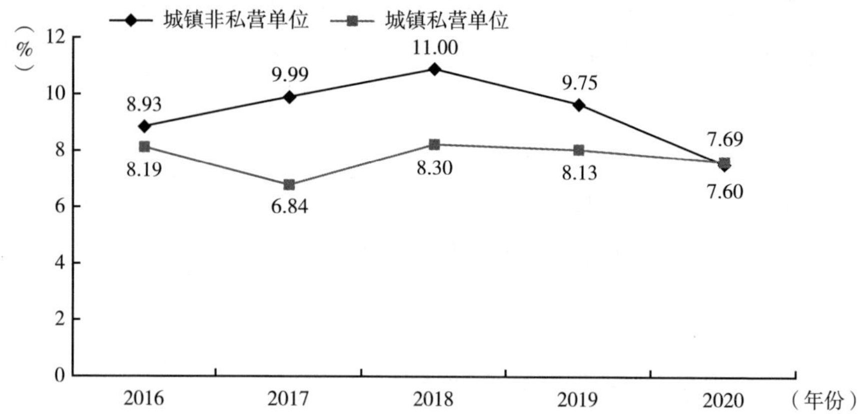

图 16－10　2016～2020 年城镇单位就业人员年平均工资增速

资料来源：《2020 年度人力资源和社会保障事业发展统计公报》。

2.7%，达到 4549 元；本地农民工月均收入比上年增加 106 元，同比增长 3.0%，达到 3606 元，月均收入增速快于外出农民工。2016～2020 年，农民工人均月收入稳步增加，从 3275 元增加到 4072 元，增加了 797 元，年均增加 199.25 元；农民工人均月收入增速呈下降趋势，从 2016 年的 6.61% 下降到 2020 年的 2.78%（见图 16－11）。

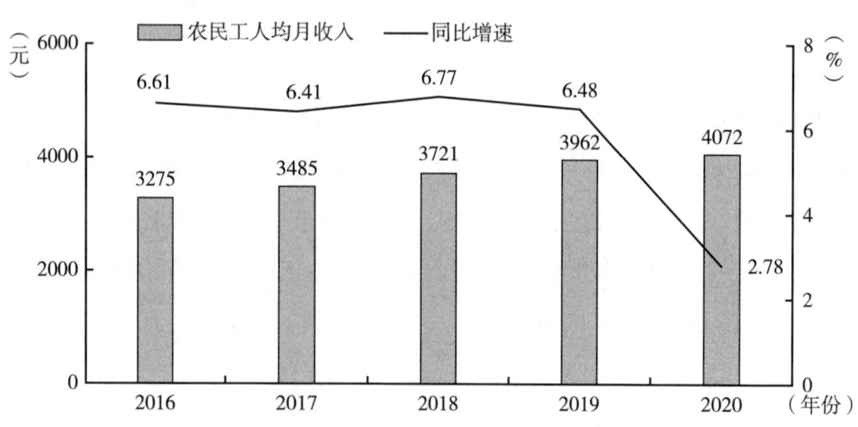

图 16－11　2016～2020 年农民工人均月收入及增速

资料来源：国家统计局《2020 年农民工监测调查报告》。

在农民工就业比较集中的六大行业中，月均收入增速最快的行业是制造业，比上年增加138元，同比增长3.49%；增幅排在后三位的依次是住宿餐饮业、批发和零售业、居民服务修理和其他服务业，增幅分别为2.10%、1.73%、1.50%（见表16-1）。

表16-1 农民工就业比较集中的六大行业月均收入情况

单位：元，%

行业	2019年	2020年	增速
合计	3962	4072	2.78
制造业	3958	4096	3.49
交通运输、仓储邮政业	4667	4814	3.15
建筑业	4567	4699	2.89
住宿餐饮业	3289	3358	2.10
批发和零售业	3472	3532	1.73
居民服务、修理和其他服务业	3337	3387	1.50

资料来源：国家统计局《2020年农民工监测调查报告》。

3. 绝大部分行业年平均工资保持增长

从行业年平均工资水平来看，2020年，全行业年平均工资水平为97379元，同比增加6878元。年平均工资最高的行业是信息传输、软件和信息技术服务业，年平均工资为177544元，高于全行业平均水平的82%；其次是科学研究和技术服务业，年平均工资为139851元，高于全行业平均水平44%；排第三名的是金融业，年平均工资为133390元，高于全行业平均水平37%。年平均工资最低的行业是农、林、牧、渔业，年平均工资为48540元，是全国平均水平的49.85%；其次是住宿和餐饮业，年平均工资为48833元，是全国平均水平的50.15%；年平均工资水平倒数第三的是居民服务、修理和其他服务业，年平均工资为60722元，是全国平均水平的62.36%。

从年平均工资的增长速度来看，全行业年平均工资增速为7.60%，在19个行业中，有6个行业年平均工资增速高于全行业年平均工资增速。年平均工资增速最高行业是农、林、牧、渔业，同比增长23.39%，高于全行业平均增长水平15.79个百分点；其次是公共管理、社会保障和社会组织，同比增长10.72%；排第三的是信息传输、软件和信息技术服务业，同比增长10.04%。年平均工资增速最低的行业是住宿和餐饮业，同比下降3.01%，这也是唯一年平均工资呈负增长的行业；其次是居民服务、修理和其他服务业，同比增长0.81%；倒数第三的是金融业，同比增长1.51%（见表16-2）。

表16-2 2019~2020年城镇非私营单位就业人员分行业年平均工资

单位：元，%

行业	2019年	2020年	名义增长率
合计	90501	97379	7.60
农、林、牧、渔业	39340	48540	23.39
采矿业	91068	96674	6.16
制造业	78147	82783	5.93
电力、热力、燃气及水生产和供应业	107733	116728	8.35
建筑业	65580	69986	6.72
批发和零售业	89047	96521	8.39
交通运输、仓储和邮政业	97050	100642	3.70
住宿和餐饮业	50346	48833	-3.01
信息传输、软件和信息技术服务业	161352	177544	10.04
金融业	131405	133390	1.51
房地产业	80157	83807	4.55
租赁和商务服务业	88190	92924	5.37
科学研究和技术服务业	133459	139851	4.79
水利、环境和公共设施管理业	61158	63914	4.51
居民服务、修理和其他服务业	60232	60722	0.81
教育	97681	106474	9.00
卫生和社会工作	108903	115449	6.01
文化、体育和娱乐业	107708	112081	4.06
公共管理、社会保障和社会组织	94369	104487	10.72

资料来源：国家统计局网站。

二　就业工作基本情况

在新冠肺炎疫情全球范围扩散并且引发世界经济深度衰退的严峻形势下，积极进行宏观调控，提供就业政策支持，大力促进重点群体就业，积极推进创新创业，不断加强公共就业服务，持续巩固脱贫攻坚成果。

（一）加强宏观调控和政策支持

1. 加强就业工作总体部署

2020 年政府工作报告指出要全面强化就业优先政策。财政、货币和投资等政策要聚力支持稳就业，努力稳定现有就业，积极增加新的就业，促进失业人员再就业，要求各地清理取消对就业的不合理限制，出台促进就业举措，大力增加就业岗位。2020 年 12 月，全国就业工作座谈会提出，要加快构建政策体系，制定“十四五”就业规划，健全就业扶贫政策与乡村振兴衔接长效机制。

2. 采取稳就业政策措施

为有效应对国内外疫情形势和经济下行压力对就业的影响，做好常态化疫情防控中的稳就业工作，国务院办公厅于 2020 年 7 月印发《关于支持多渠道灵活就业的意见》，提出多项措施支持灵活就业。同时，中央还出台了促进“以工代训”的相关要求，各地结合本地实际情况，细化以工代训补贴政策。为了支持民营企业等各类企业复产达产，2020 年 7 月，人力资源社会保障部、教育部、全国总工会、全国工商联以民营企业、中小微企业为重点，在全国开展 2020 年全国民营企业招聘月活动。2021 年 5 月国务院常务会议部署进一步支持小微企业、个体工商户纾困和发展的政策措施。同月，人力资源社会保障部、国家发展改革委、教育部、财政部、中央军委国防动员部印发《关于延续实施部分减负稳岗扩就业政策措施的通知》，规定要继续实施普惠性失业保险稳岗返还、扩大以工代训范围、给予困难人员培训生活费补贴等政策，提前发放就业见习补贴，继续放宽技能提升补贴申领条件，继续扩大失业保险保障人群范围，支持毕业生基层就业和升学入伍，支持毕业生就业创业。

（二）继续聚焦重点群体就业

1. 继续将促进高校毕业生就业作为重中之重

一是加大高校毕业生工作部署力度。为全面贯彻党的十九届五中全会精神和党中央、国务院决策部署，2021 年 3 月，人力资源社会保障部印发《关于做好 2021 年全国高校毕业生就业创业工作的通知》。2021 年 6 月召开的全国就业创业工作暨普通高等学校毕业生就业创业工作电视电话会议强调，要促进毕业生更加充分更高质量就业。二是继续实施高校毕业生基层项目。各地各高校会同有关部门，继续组织实施“西部计划”“三支一扶”“大学生村官”“特岗计划”等大学生基层项目，促进实施乡村振兴战略、服务乡村建设行动，引导毕业生围绕城乡基层社区各类服务需求就业创业。三是促进未就业高校毕业生就业。中共中央组织部、人力资源社会保障部、教育部、科技部、民政部、财政部、共青团中央七部门于 2020 年 9 月至 12 月，针对 2020 届未就业高校毕业生和往届未就业高校毕业生，实施高校毕业生就业创业推进行动。四是开展高校毕业生就业见习和职业技能培训工作。2020 年 7 月，人力资源社会保障部、教育部、财政部、商务部、国务院国资委、共青团中央、全国工商联七部门印发《关于进一步加强就业见习工作的通知》，确保 2020 年、2021 年两年见习规模持续扩大，最大限度发挥就业见习稳定就业、促进就业作用。2021 年 5 月，人力资源社会保障部、财政部、教育部共同印发《关于扩大院校毕业年度毕业生参加职业技能培训有关政策范围的通知》，指出要持续做好院校应届毕业生职业技能培训工作。五是加强贫困家庭高校毕业生就业帮扶。2020 年 7 月，人力资源社会保障部、教育部、国务院扶贫办印发《关于进一步加强贫困家庭高校毕业生就业帮扶工作的通知》。

2. 促进农民工就业

一是组织农民工“点对点”安全有序返岗。自 2020 年 2 月，人社部开通“点对点”对接服务平台（http：//wgfw. mohrss. gov. cn）、小程序，支持企业在线填报员工返岗需求，支持各地根据企业需求组织农民工成规模、成批次“点对点”安全有序返岗，推动企业复工复产。2021 年 2 月，人力资源社会保障部、公安部等六部门联合印发《关于做好农民工返岗复工“点对点”服务保障工作的通知》，促进春节后农民工返岗复工。二是促进开展农民工职业技能培训。大力推行“先对接、后培训”等农民工职业技能培训模式，引导各类培训机构与用工单位、劳务机构定点开展技能培训，实现“培训、输转、就业”一体化。采取以工代训等方式，开展在岗培训和岗位技能提升培训。提高培训质量，统筹各类农民工培训项目，加强实训基地建设，加强培训资金监管。三是为农民工提供平等就业服务。2020 年 8 月，人力资源社会保障部等 15 部门印发《关于做好当前农民工就业创业工作的意见》，9～12 月，人力资源社会保障部开展了就业创业服务攻坚季活动，规定农民工享有与本地居民同等的公共就业服务，并允许农民工在户籍地、常住地、就业地、参保地进行失业登记。

3. 继续推进其他重点群体就业工作

一是促进登记失业人员就业创业。一方面，对于吸纳登记失业人员就业的用人单位，对其提供职业培训补贴、一次性吸纳就业补贴、税费减免、创业担保贷款及贴息；另一方面，对于登记失业人员，根据参保情况和生活困难程度，可享受失业保险金、失业补助金、一次性生活补助、临时生活补助、最低生活保障、一次性临时救助金政策，对于参加职业技能培训的登记失业人员，给予职业培训补贴和职业技能鉴定补贴；对于自主创业（个体经营）的登记失业人员，给予创业担保贷款及贴息、税费减免、行政事业性收费减免。此外，登记失业人员可在当地公共就业服务机构和基层服务平台免费享受招聘岗位信息发布以及职业指导、职业介绍、创业开业指导、职业培训项目推荐等服务。符合条件的登记失业人员，可按规定申请认定为就业困难人员，纳入就业援助体系，通过市场渠道难以实现就业的，可享受公益性岗位托底安置。二是对就业困难人员开展就业帮扶。例如，帮助 4.9 万户零就业家庭实现每户至少一人就业，对招用就业困难人员的企业给予社会保险补贴，开展帮助残疾人就业脱贫的专项活动，等等。三是开展针对长江禁捕退捕渔民的安置保障工作。自2021年起，长江重点水域全面实施“十年禁渔”，针对长江流域重点水域退捕渔民，人力资源社会保障部、国家发展改革委、财政部、农业农村部于2021年5月印发了安置保障工作的通知，为长江禁捕退捕渔民实施全覆盖就业服务。把有就业意愿的退捕渔民全部纳入当地就业管理服务体系，普遍开展就业观念、职业素养、融入城市等适应性培训。有针对性推出一批涉渔类职业技能培训和创业培训项目，加大鱼虾种养、水产加工、休闲渔业等相关岗位以及就近岗位信息收集发布力度。将符合就业困难人员条件的退捕渔民全部纳入就业援助范围，规范开发公益性岗位及时兜底安置。

（三）积极促进创新创业

1. 激发市场主体创造活力

为了激发市场活力、激活全社会创新创业创富积极性，2020年7月，国家发改委、中央网信办等13个部门联合印发《关于支持新业态新模式健康发展激活消费市场带动扩大就业的意见》。2021年4月，李克强总理在其主持召开的国务院常务会议上指出，要持续深化知识产权领域“放管服”改革，更大激发创新动力和活力。2021年6月，国务院召开全国电视电话会议，指出要深化“放管服”改革，着力培育和激发市场主体活力。

2. 开展创业孵化基地审核认定工作

相关部门组织开展了创业孵化基地审核认定工作。例如，科技部评审认定了133家国家级科技企业孵化器；工业和信息化部组织开展了2020年度国家小型微型企业创业创新示范基地评审工作，共有117家基地通过了审核；人力资源社会保障部委托第三方机构，对各地推荐的第五批全国创业孵化示范基地和前四批全国创业孵化基地进行了资料审查、现场核查和综合评审，并于2021年5月公布了第五批全国创业孵化示范基地名单和前四批全国创业孵化示范基地复评结果，目前，全国创业孵化示范基地共182家。

3. 举办创新创业活动

相关部门和各地方政府组织开展了形式多样的创新创业活动。例如，2020 年 4 ~9 月，由科技部、财政部、教育部、中央网信办、全国工商联等单位共同举办第九届中国创新创业大赛，大赛主题为“科技创新，成就大业”；2020 年 6 ~11 月，举办了第六届中国国际“互联网 +”大学生创新创业大赛；10 月，全国各地开展了 2020 年全国大众创业万众创新活动周，双创周以“创新引领创业，创业带动就业”为主题，采用线上线下相结合的方式，展示我国创新创业的新进展新成效；11 月，人力资源社会保障部与江西省人民政府在景德镇联合举办了第四届“中国创翼”创业创新大赛暨就业创业服务经验交流活动。

（四）不断加强公共就业服务

1. 规范网络招聘市场

网络招聘是劳动者求职和用人单位招聘的重要渠道，2020 年 12 月，人力资源社会保障部颁布了我国网络招聘服务领域第一部部门规章《网络招聘服务管理规定》，对网络招聘服务的基本问题、基本内容、基本规范等进行了规定，为人力资源服务机构从事网络招聘服务提供了基本依据。

2. 进一步做实做细就业创业服务

为了进一步做实做细就业创业服务，人力资源社会保障部于 2020 年 10 ~12 月在全国开展就业创业服务攻坚季行动。该活动主要是解决重点群体联系不及时、服务针对性不强等问题，集中帮扶重点群体就业创业。通过开展就业创业服务攻坚季行动，进一步畅通了失业登记和求职创业的服务渠道，为重点群体提供的就业服务更加多样、服务更加精准。

3. 搭建“就业在线”平台

2020 年，人力资源社会保障部推出了“就业在线”平台，截至 2020 年底，吸引各类人力资源服务机构入驻，累计提供了近 400 万条岗位信息和超过 700 个招聘会信息，吸引近 750 万名求职者注册使用，页面访问量接近 3500 万次。平台发布的用人单位和岗位信息已覆盖全国所有地区，入驻的各类人力资源服务机构覆盖全国28个省份。同时，还采取在线直播、视频播放等多种方式，针对高校毕业生、农民工、教师、白领等群体举办了多场专项活动。比如，针对高校毕业生群体，2020年9月，“就业在线”联合平安、阿里、腾讯、新希望、三一重工等大型企业，开展了“毕业进大厂就业总在线”的高校毕业生就业服务专场活动，定期连续推出知名企业专场招聘。2020年12月以来，“就业在线”平台配合人力资源社会保障部“职通云端就业圆梦”高校毕业生就业云服务活动，组织推出了多场直播带岗活动。2021年6月，人力资源社会保障部运用该平台还开展了“地方特色+行业专场”百日千万网络招聘专项行动，推出了9个专场，包括河南高校毕业生网络专场招聘会、湖北制造业直播招聘专场、湖南医疗卫生专场招聘、广东“全省联动国有企业专场网络招聘会”、广西“优质民企招聘高校毕业生网络招聘会”等，此外，还针对快递物流、新基建、保险、医药卫生等4个行业召开了专场招聘会，有近4000家用人单位参加，提供了6.7万余个就业岗位。

（五）决战决胜脱贫攻坚

1. 强化就业扶贫政策措施

2020年是脱贫攻坚决战决胜之年。2020年6月，人力资源社会保障部、财政部、国务院扶贫办联合发布《关于进一步做好就业扶贫工作的通知》，指出增加就业是脱贫最有效、最直接的途径，要求采取多种措施，帮助有就业能力和就业意愿的贫困劳动力外出务工，帮助已外出务工的贫困劳动力稳定就业，为贫困劳动力开展优先稳岗就业服务，降低外出务工贫困劳动力返乡回流的比例，帮助贫困群众稳定就业增收渠道。为贯彻党中央、国务院决策部署，做好脱贫人口和农村低收入人口等的就业帮扶工作，继续巩固脱贫攻坚成果，全方位推进乡村振兴，人力资源社会保障部、国家发展改革委等5部门于2021年5月印发了《关于切实加强就业帮扶巩固拓展脱贫攻坚成果助力乡村振兴的指导意见》。

2. 组织开展就业扶贫活动

为落实习近平关于决战决胜脱贫攻坚的重要指示和党中央、国务院战略部署，坚决打好收官之战，积极巩固脱贫攻坚和稳就业工作成果，持续推进就业扶贫，人力资源社会保障部开展了“人社扶贫助力全面建成小康社会优秀成果宣介活动”。在2020年10月17日第7个全国扶贫日当天，人力资源社会保障部在全国范围内开展“就业扶贫行动日”活动，重点为农村建档立卡贫困劳动力送温暖、送政策、送服务，促进稳岗就业。

三　未来就业形势展望

受到国内外诸多不确定、不稳定因素的影响，未来一段时间内，我国就业形势依然比较复杂，面临严峻挑战。

（一）就业总量压力不减，结构性矛盾突出

从就业总供给来看，2021年、2022年城镇新增长劳动力总量仍然较大，其中，高校毕业生2021年为909万，2022年将超过千万。同时，从就业供求匹配来看，就业难和招工难同时并存，结构性矛盾仍然突出，技术技能人才的求人倍率大于2。在制造业、服务业等领域，技术工人将面临短缺。此外，受到疫情的影响，全球经济严重衰退，各类产业链供应链循环受阻，国际贸易遭受重大影响，相关企业尤其是中小微企业经营压力大，在“外防输入、内防反弹”的压力下，未来就业形势仍然存在不确定性和风险。

在未来复杂的就业形势下，要稳住就业基本盘，关键在于稳定市场主体。一是进一步促进高校毕业生、农民工、失业人员等重点群体就业，针对不同就业群体采取不同措施精准帮扶，提供差异化的就业服务。二是不断拓宽就业渠道，加大对劳动密集型产业、中小微企业的支持力度，鼓励吸纳就业；同时大力扶持创业和灵活就业，优化完善灵活就业劳动保障制度。三是加强职业培训，深入实施职业技能提升行动，提高劳动者的就业能力，着重提高职业技能培训的针对性和实效性。四是加强兜底帮扶，对城市困难人

员、农村低收入人口进行重点就业帮扶，使失业人员基本生活得到有效保障。

（二）就业空间不断扩展，新就业机会不断增加

2021 年，人力资源社会保障部公布了第四批新职业，至此，我国已有 4 批共 56 个新职业落地。新公布的 18 个职业中，接近一半是由数字化技术发展和变革而产生的新职业。这些新职业不仅数量多，而且具有更广阔的前景。同时，新职业在取代一些体力劳动职位的同时，也创造了一些知识含量更高、薪酬更高的新职位，为劳动者带来了新的就业机会。

根据人力资源社会保障部中国就业培训技术指导中心与阿里巴巴钉钉联合发布的《新职业在线学习平台发展报告》，未来 5 年，在新职业领域，我国将有巨大的人才需求，例如，对物联网安装调试员和人工智能人才各有近 500 万人的需求，对电子竞技员有近 200 万人的需求，对云计算工程技术人员、电子竞技运营师、农业经理人各有近 150 万人的需求，对建筑信息模型技术员有近 130 万人的需求，对工业机器人系统操作员和运维员各有 125 万人的需求，对无人机驾驶员有近 100 万人的需求。

（三）灵活就业规模增大，权益保障维护需要进一步加强

随着移动互联网时代的到来，市场交易成本急剧下降，分享经济和零工经济促进了灵活就业的蓬勃发展。到 2020 年，我国共享经济提供服务人数约 8400 万人，灵活就业人员已达 2 亿人。对于越来越庞大的灵活就业群体，其就业权益保障问题逐渐显现。例如，按照现行规定，灵活就业人员与用人单位之间具有不稳定的劳动关系，劳动者在工伤保险、失业保险等方面难以得到应有的制度保障。

针对这一问题，未来我国政府将逐渐加强对灵活就业人员的权益保障。一是针对新就业形态劳动者，建立健全劳动权益保障机制，完善相关政策体系；二是制定职业伤害保障试行办法，推进平台灵活就业人员职业伤害保障试点；三是放开灵活就业人员在就业地参加社会保险的户籍限制。同时，还

将进一步明确互联网平台企业保障劳动者权益的责任，为平台灵活就业人员提供应有的保障。

（四）巩固拓展脱贫攻坚成果同乡村振兴有效衔接

2020 年是我国全面建成小康社会目标的实现之年，也是全面打赢脱贫攻坚战的收官之年。就业相关部门通过就业扶贫等方式，有效促进了脱贫攻坚目标的如期完成。到 2020 年，全国共有 3243 万贫困劳动力务工人员，享受过就业帮扶政策的建档立卡贫困户达到 93.8%。2016 ~ 2020 年，共有约 1000 万人次贫困劳动力参加过培训，全国技工院校累计招收贫困家庭子女超过 36 万人。未来如何进一步巩固脱贫攻坚成果，建立扶贫长效机制成为就业扶贫工作的重点。

按照巩固拓展脱贫攻坚成果同乡村振兴有效衔接的要求，下一步，就业相关部门将进一步开展就业工作，不断强化就业服务，加强东西部劳务协作，鼓励创业带动就业，促进就近就地就业，开发公益性岗位。例如，人力资源社会保障部、国家乡村振兴局将实施国家乡村振兴重点帮扶地区职业技能提升工程，通过加强高技能人才和乡村工匠培育，助力乡村振兴。面对高校毕业生的“三支一扶”计划也将紧紧围绕中央实施乡村振兴战略，加快推进乡村人才振兴的决策部署，大力开发社会工作、文化旅游、农技推广、乡村规划、法律服务等乡村振兴急需岗位；在招募计划时，加大对脱贫地区、乡村振兴重点帮扶县、艰苦边远地区和少数民族地区的倾斜力度，优先招募脱贫户、零就业家庭的高校毕业生。

参考文献

国家统计局：《中国统计年鉴（2020）》，中国统计出版社，2021。

中国就业促进会：《2020 年中国就业十件大事》，2021。

人力资源和社会保障部：《2020 年度人力资源和社会保障事业发展统计公报》，2021。

国家统计局：《中华人民共和国 2020 年国民经济和社会发展统计公报》，2021。

B.17

数字化就业发展的现状与趋势

曹 佳*

摘　要：　数字化浪潮在改变经济社会生活的同时，也对劳动世界产生了深刻影响。数字化就业助推新职业涌现及传统岗位升级，吸纳了大量劳动力，有效弥合了区域发展鸿沟。当前，数字化就业发展面临人才供应不足、可能引发结构性失业风险、服务体系不够完善、政策措施有待加强等问题。着眼未来，促进数字化就业规范健康可持续发展，需要在数字经济高质量发展中寻资源、夯实人力资源支撑、创新管理服务模式并不断健全完善政策法规体系。

关键词：　数字化就业　人力资源　服务模式

当前，我国经济从高速增长转向中高速增长，发展动能新旧转换，经济分工体系进一步细化，产业链和产业生态更加丰富，数字经济加速发展。《中华人民共和国国民经济和社会发展第十四个五年规划和2035年远景目标纲要》明确提出，要加快建设数字经济、数字社会、数字政府，以数字化转型整体驱动生产方式、生活方式和治理方式变革。在此背景下，数字化就业必然会快速发展。及时分析数字化就业发展，可为促进更加充分更高质量就业提供理论和技术支持。

---

* 曹佳，博士，中国劳动和社会保障科学研究院副研究员，主要研究方向为就业创业理论及政策。

一　我国数字化就业发展现状

当前，数字化正在重构人类的生产生活方式和资源配置方式，就业方式和就业择业观念也因此发生了深刻变化，数字化就业就是其重要表现。具体而言，数字化就业是指以数字技术创新应用为核心技能，伴随数字经济发展，依托信息网络进行研发、生产、服务、管理等工作的相关就业。

（一）数字经济迅猛发展带来数字化就业快速崛起

近年来，随着互联网技术的广泛应用，我国数字经济迅猛发展，已经成为经济社会发展的重要引擎。《中国数字经济发展白皮书（2020 年）》的数据显示，我国数字经济增加值由 2005 年的 2.6 万亿元提高到 2019 年的 35.8 万亿元；我国数字经济占 GDP 比重由 2005 年的 14.2% 提升至 2019 年的 36.2%。数字经济下的就业规模不断扩大，就业功能不断扩展，就业方式也日益多元化，新就业形态正在成为劳动者就业的重要渠道。《2020 年中国数字经济发展报告》的数据显示，2018 年，中国数字经济领域就业岗位达到 1.91 亿个，占全年就业总人数的 24.6%。其中，数字产业化领域就业岗位达到 1220 万个，产业数字化领域就业岗位达到 1.78 亿个。另据《2019 ~ 2020 微信就业影响力报告》，2019 年，由公众号、小程序、微信支付、企业微信等工具带动的就业机会达到 2963 万个。

（二）数字化就业助推新职业涌现和传统岗位升级

数字经济迅猛发展，孕育了新职业。据统计，自 2019 年以来，国家已经公布了四批共 56 个新职业。这些新职业主要集中在高新技术领域、新兴产业和现代服务业，具有数字化、智能化、信息化特征。人力资源社会保障部中国就业培训技术指导中心联合阿里巴巴钉钉发布的《新职业在线学习平台发展报告》的数据显示，未来 5 年，新职业人才需求规模庞大，预计云计算工程技术人员、物联网安装调试员、无人机驾驶员、电子竞技员、电子竞技运营师、人工智能工程技术人员、建筑信息模型技术员、工业机器人系统操作员和运维员、农业经理人、数字化管理师等人才缺口近千万。与此同时，国家发改委等 13 个部门联合印发《关于支持新业态新模式健康发展激活消费市场带动扩大就业的意见》，对加快发展数字经济 15 大新业态、新模式的重点方向提出了 19 项创新支持政策，线上教育、互联网医疗、无人经济、新个体经济等新业态将孕育大量新职业人才需求。此外，数字化发展也驱动着传统行业升级，并为工作效率提升、就业质量提高贡献力量。普华永道的数据显示，88% 的中国企业已经把数字化融入企业战略，各地加快打造全联接、全感知、全智能的数字化平台推动各行各业数字化转型，数字化人才日益成为创新驱动发展、企业转型升级的核心竞争力。

（三）数字化领域吸纳大量重点群体人员就业

目前，数字化领域是高校毕业生、退役军人、农民工、失业人员等重点群体人员就业创业的蓝海。中国劳动和社会保障科学研究院对支付宝相关从业人员的问卷调查显示，除全职工作人员外，在从事目前工作前的身份中有 13.7% 的农民工、10.6% 的失业人员、7.8% 的高校毕业生和 3.6% 的退役军人。互联网下沉带来的数字化就业下沉，降低了就业创业门槛，惠及众多就业群体。此外，《2021 中国农村女性就业调研报告》的数据显示，数字化就业让越来越多农村女性在家门口就业，支付宝的人工智能训练师中，62.3% 为女性；云客服中，72.0% 为女性；村淘电商主播中，53.0% 为女性。数字化就业的形式也涵盖了就业创业的所有环节，从数字化就业创业服务到数字化就业创业岗位，数字化就业已经成为新时代就业的一个“稳定器”，是促进“双创”的新驱动力，在促进重点群体就业方面发挥了重要的积极作用。

（四）数字化就业有效弥合区域发展鸿沟

数字化就业依托互联网技术发展而发展，有效突破了我国东、中、西部区域发展不平衡的限制，为促进区域协调发展带来了新机遇。《2020～2021

年数字化就业新职业新岗位研究报告》显示，中西部的成都、西安、重庆等地聚集了较多的小程序和公众号运营者。18 ~ 34 岁人群占比 TOP10 的省份中，6 个属于西部省份。数字经济发展极大地提升了劳动者选择就业地点的自由度，让劳动者“逃离北上广”后，依然能够享受数字经济带来的红利。如微信小程序及视频号运营者在二、三线及以下城市的分布比例显著高于一线城市，尤其是视频号运营者在三线及以下城市的分布比例达 42. 1%。而微信生态服务商下沉程度更为显著，如微信支付服务商在三线及以下城市的分布比例达 50. 6%。[①] 又如支付宝相关从业人员[②]实现了从一线城市到街道乡村的全覆盖，县城以下至乡村的比例为 38. 2%，超过在直辖市或者省会城市工作的比例（35. 7%），而在地级城市工作的比例为 26. 1%。

二　我国数字化就业存在的问题和挑战

当前，我国开启全面建设社会主义现代化国家新征程，构建以国内大循环为主体、国内国际双循环互相促进的新发展格局，发展环境面临深刻复杂变化，就业形势严峻复杂。在各部门的积极部署和推动下，我国数字经济和数字化就业取得积极成效，但当前经济社会发展的不确定不稳定因素增多，数字化就业也面临一系列问题和挑战。

（一）数字化就业岗位需求与人才供给之间的矛盾突出

数字化就业的相关行业具有行业创新性高、人才专业化程度高的特点，迫切需要大量高素质人才。也就是说，人力资本的积累程度、劳动者的技能水平决定了数字化就业的发展程度和质量水平。但目前我国新就业形态从业者总体上存在教育程度和技能水平局限，大多集中在电子商务、物流、移动出行、餐饮外卖、家政服务等传统服务行业，而真正在知识、技能、创新等

---

① 《2020 ~ 2021 年数字化就业新职业新岗位研究报告》。

② 中国劳动和社会保障科学研究院 2020 年针对支付宝相关从业人员的调查问卷。

领域的从业人员不多。另外，由于我国教育长期以来以培养专业化人才为导向，现阶段既了解传统行业技术、业务流程与发展需求，又能够掌握和应用数字技术的复合型人才严重缺乏。数字化就业岗位的需求与人才供给之间的矛盾突出。《中国 ICT 人才生态白皮书》的数据显示，2020 年我国数字化人才缺口接近 1100 万人，且伴随全行业的数字化推进，ICT 行业需要更多的数字化人才进入，数字化人才需求缺口依然在持续放大。

（二）数字化就业发展可能强化结构性失业风险

数字化就业的结构性特征主要表现在区域和产业结构方面。区域结构方面，数字化就业以低门槛、广覆盖的优势吸引了大量农村和城镇劳动力向大中型城市转移，且收入水平与经济发展水平高度相关，岗位数量呈现东中西部逐步减少的特征。这种数字经济发展的区域聚集效应有可能会进一步拉大区域差距，数字化就业的结构不平衡，有可能带来区域性结构失业风险。产业结构方面，我国数字经济发展呈现“三二一”的产业特征，由于不同行业数字化转型程度的差异性，数字经济在不同产业间的就业发展呈现显著差异。三产中的数字化就业存在收入差距，劳动者“用脚投票”，必然导致数字化人才加速向第三产业流动，有可能造成一产和二产的数字化就业的人才供给缺口，从而影响一产和二产的传统产业数字化转型步伐。

（三）数字化就业的服务体系仍需完善

随着数字经济的蓬勃发展，数字化就业规模快速增长。这一全新的就业形式催生了相关职业技能培训、法律咨询、就业创业政策咨询、招聘等方面的服务需求。但目前我国的就业服务，还主要是针对传统型就业模式，数字化就业的供求信息收集和发布明显不够，且信息及时性和准确性也有待提高。与此同时，基层劳动保障服务平台被撤并为便民服务中心之后，原基层平台经办的公共就业服务衔接不够到位，存在基层就业服务无抓手、人手不足等现象，这在一定程度上也影响了数字化就业服务的及时有效提供。发展数字化就业服务，需要进一步完善公共服务和市场服务协同机制，加大公共服务和市场服务各有侧重、互为补充发展格局的建立健全力度。

（四）促进数字化就业规范健康发展的政策措施仍需加强

数字化就业人员大多属于新就业形态劳动者，按照是否签订劳动合同，新就业形态可以被划分为有或者没有劳动关系两类。没有劳动关系一类往往被认定为劳务关系或被平台企业自定义为合作伙伴关系。而这种分类也是劳动者能否获得劳动法律保护和社会保障待遇的前提。目前传统劳动法律政策中对工资、工时和劳动关系等方面的规定都是针对有劳动关系的劳动者，无法适用于无劳动关系的新就业形态从业者。尽管政府部门对数字化就业等新就业形态劳动者权益保障高度关注，积极开展研究试点工作。比如，有些地区已经在相关养老保险、职业伤害等政策领域进行先行试行。但总体而言，对目前劳动关系制度面临的新挑战仍然考虑不足，社会保障制度创新也仍在探索中。政府部门对于数字化就业等新就业形态的认识和政策供给均滞后于新就业形态的市场发展，政策措施事后补多于事先疏，各项政策的出台仍处于被动处理和危机处理阶段，并且各部门之间缺乏统筹协同治理，上下之间缺乏配合联动。比如，有的政策强调统一性和刚性较多，缺乏弹性和调整余地；有的政策不适应复杂多元的基层情况，致使政策落实不到位、政策效果大打折扣。促进数字化就业等新就业形态的政策措施从顶层设计到基层落实，都需要进一步加强。

三　未来发展趋势

（一）数字化发展将继续发挥稳就业保就业重要作用

受新冠肺炎疫情影响，2020 年我国经济和就业增长的主要部分都与数字化有着密切关系。生产方面，以数字化硬件所需的电脑、iPad、手机等网络通信电子产品逆势增长；流通和消费方面，以无接触配送的物流、电子商务、网络直播、在线办公、教育、培训等大幅增长。城镇调查失业率由2020年2月的6.2%回落至12月的5.2%，就业形势逐步企稳好转，其中的“有功之臣”就是疫情催生的新就业形态发展逆势而行。正如习近平总书记在两会期间所指出的，新冠肺炎疫情突如其来，“新就业形态”也脱颖而出。可以预见，未来数字经济将会继续助力我国经济提质增效，数字化手段也将更进一步优化传统就业模式，壮大数字经济就业规模，继续发挥稳就业保就业重要作用。

（二）产业数字化加速发展将对劳动力市场产生更深远影响

根据发展规划，我们要加快数字化发展。发展数字经济，推进数字产业化和产业数字化，推动数字经济和实体经济深度融合，打造具有国际竞争力的数字产业集群。要加强数字社会、数字政府建设，提升公共服务、社会治理等数字化智能化水平。随着数字技术的迭代升级、新基建的加快推进、数字经济的蓬勃发展，全产业的数字化转型升级将进入加速期；随着劳动者数字技能的提升和数字化生活方式的发展，就业择业观念和方式也会发生深刻变化，我国劳动力市场需求将面临新的重大结构性调整。

（三）政策助力企业数字化转型将进一步促进数字化就业

为积极贯彻落实党中央决策部署，推动数字经济发展，促进数字化就业，中央和各地出台相关政策。如2020年4月，国家发改委、中央网信办印发《关于推进“上云用数赋智”行动培育新经济发展实施方案》，助力企业数字化转型。2020年6月，北京市委市政府印发《北京市加快新场景建设培育数字经济新生态行动方案》，要通过数字化应用场景建设扶持高成长性企业，将北京建设成为全国领先的数字经济发展高地。可以预见，随着数字化加快发展，未来我国工业互联网、人工智能与传统产业将会加速融合，基础设施云化、中台化、移动化，企业的组织形态、研发设计、管理方式、生产方式、销售服务也都将随之而变，这必然会促进数字化就业进一步发展。

（四）数字化就业发展将更好助力践行以人为本理念

数字化发展重新定义了劳动者、技术、组织之间的关系。一方面，数字化就业依赖的技术、产品、平台、公司、社群、市场及整个社会生态，从根本上都是因人而存在，其进步性最终体现在尊重、服务和发展于人，这既是人类社会进步的永恒主题，也是数字化就业革命性变革的本质所在。但另一方面，相关技术的广泛应用也会增加其被滥用的风险。随着国家对数字化就业的关注与重视，各项政策、规范措施的出台，相关技术被滥用、劳动者尊严和权益被侵害的风险将会得到有效控制，数字化就业对劳动者的尊重和更好地服务于人的全面发展效应将会得到更好体现。

四　促进数字化就业的对策建议

着眼未来发展，坚持问题导向，有效应对挑战，推动我国数字化就业健康发展需要，提高治理能力。

（一）推进数字经济高质量发展，开发数字化就业机会

基于其快速发展，数字经济也需要从粗放发展向健康可持续发展转变。要大力挖掘数字化就业的资源和机会，就必须推动数字经济高质量发展。具体而言，要从硬软两个方面的环境建设推动数字经济高质量发展，进而有效促进和保障数字化就业健康可持续发展。硬件方面，要加强信息化、物流交通等基础设施建设，充分发挥强大国内市场与海量数据优势，推动新场景新应用、新基建新要素、新技术新产业、新业态新模式、新平台新生态不断涌现；软件方面，要打破制约数字经济发展的各种障碍，构建公平、公正、统一的要素市场，为数字经济发展提供良好的体制机制环境。通过软硬两个方面的环境建设，更好平衡区域、城乡、产业之间的发展关系，促进传统产业数字化转型升级，推动数字经济新业态形成，开发更多数字化就业机会。

（二）夯实人力资源支撑，破解结构矛盾难题

回应经济社会发展和技术进步需求，提升劳动者技术技能水平，转变劳动者就业观念，提高其依靠职业能力而不是岗位获得就业稳定性和职业发展。建立终身教育账户，确保劳动者在需要的时候，能够及时便捷地接受再教育。推进高等教育、职业教育专业设置、人才培养模式与平台经济等新业态发展相衔接，推动数字化就业等新就业形态从业人员向知识型和技能型就业为主转型。放宽数字化就业限制，鼓励各类技术技能人才进入数字化就业领域，参与数字经济活动，填补数字化就业供给缺口，破解数字化就业的供求矛盾。

（三）创新服务模式，建立健全数字化就业公共服务体系

针对数字化就业等新就业形态从业人员，可充分发挥数字化、信息化手段优势，创新社保机制和模式，借助平台 App 向其宣传就业、社保政策，提供就业和社保服务，引导数字化就业等新就业形态从业人员自觉自愿参保。充分发挥市场作用，理顺公共服务和市场服务关系，健全完善各有侧重、互为补充的数字化就业服务供应格局，探索建立数字化就业公共服务购买机制，明确购买服务的种类、内容，发挥社会服务机构优势，为服务对象提供专业性强、技术水平高、服务难度大的就业服务。同时，要充分利用大数据技术提升公共就业服务智能化水平，加强数据挖掘和利用，提高就业形势研判质量。

（四）加强统筹协调，构建促进数字化就业的政策法规体系

面对数字化就业等新就业形态的蓬勃发展，要坚持“包容审慎”原则，强化规范支持，促进其健康可持续发展。数字经济和数字化就业涉及部门多，要统一认识，强化政策顶层设计，提高政策系统性，切实提升协同治理能力。要把握数字经济发展特点，强化数字经济发展研判，将其作为就业形势分析重点，加大前瞻研究力度，强化预报预警，健全完善积极的就业政

策，构建与数字经济发展相适应的数字化就业政策法规体系，变被动调整为主动适应，提高数字化就业发展质量。

参考文献

曹佳：《平台经济、就业与劳动用工》，研究出版社，2020。

张家勇、姜雨婷：《做好数字化就业的大文章》，《光明日报》2020 年 12 月 22 日。

《〈2020～2021 年数字化就业新职业新岗位研究报告〉正式发布》（2021－04－23）［2021－05－10］，http：//news. china. com. cn/2021－04/23/content_ 77432720. htm。

中国信息通信研究院：《2021 中国数字经济就业发展研究报告：新形态、新模式、新趋势》（2021－04－01）［2021－05－10］，https：//www. sohu. com/a/458587353_ 120903376。

孙璇、吴肇光：《数字化就业的演进历程、发展瓶颈与促进数字化就业的策略研究》，《产业经济评论》2021 年第 2 期。

B.18
劳动关系治理状况分析

肖鹏燕*

摘　要：　2020年，劳动关系治理各方积极努力，克服新冠肺炎疫情等因素影响，有效保持了劳动关系总体平稳。与上一年度相比，各级劳动人事争议调解组织和仲裁机构处理的案件数量略有降低，但涉及劳动者人数和涉案金额有所增加，当期审结案件数量、全年办结案件数量、调解成功率和仲裁结案率均有提升；劳动监察工作持续扎实推进。立足新发展阶段，需要进一步加大力度完善劳动关系共建共治共享治理格局，不断提升劳动关系治理体系和治理能力现代化水平。

关键词：　劳动关系　人力资源　劳动人事争议

2020 年面对新冠肺炎疫情影响，我国采取积极防控措施，经济恢复好于预期，就业优先政策和一系列稳就业、促就业措施持续发力，就业形势保持总体稳定，全国城镇调查失业率为5.2%，登记失业率为4.2%，这为劳动关系保持和谐稳定奠定了良好基础。2020 年，我国劳动关系治理能力持续提升，努力克服新冠肺炎疫情等因素影响，和谐劳动关系构建取得良好成效。

* 肖鹏燕，博士，中国人事科学研究院助理研究员，主要研究方向为大学生就业创业与劳动关系。

一 2020年劳动关系总体情况

（一）劳动合同管理持续推进，实行特殊工时制度的企业数量增加

2020年，全国经人力资源社会保障部门审查并在有效期内的集体合同累计145万份，比上一年度减少30万份，覆盖职工1.4亿人，比上一年度减少900万人。①

2020年，经各级人力资源社会保障部门审批且在有效期内实行特殊工时制度的企业9.4万家，比上一年度增加1万家，涉及职工1500万人，比上一年度增加20万人。②

（二）劳动人事争议立案受理案件、涉及劳动者数量持续增加③

1. 劳动人事争议立案受理案件数量同比增长2.3%

如图18-1所示，2020年，劳动人事争议立案受理案件总数为109.5万件，比2019年增加2.5万件，增长率为2.3%，增长率比上一年度下降了17.4个百分点。

2. 劳动人事争议立案受理案件涉及劳动者数量同比增长0.7%

如图18-2所示，2020年我国劳动人事争议立案受理案件涉及劳动者数量由2013年的88.8万人增加到128.3万人，比2019年增加0.9万人，同比增长0.7%，增长率比上一年度降低14.1个百分点。

---

① 数据来源于人力资源社会保障部网站公布的2020年度、2019年度人力资源和社会保障事业发展统计公报。

② 数据来源于人力资源社会保障部网站公布的2020年度、2019年度人力资源和社会保障事业发展统计公报。

③ 本部分所用数据见人力资源社会保障部网站公布的2013~2020年度的人力资源和社会保障统计快报数据。

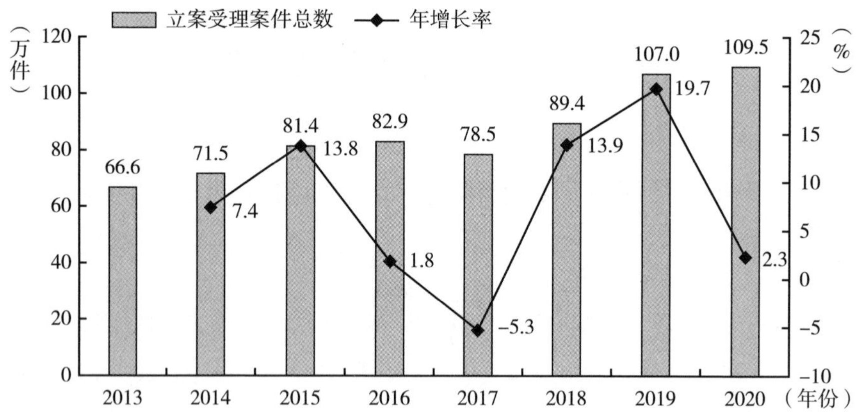

图 18－1　2013～2020 年劳动人事争议立案受理案件数量及增长率

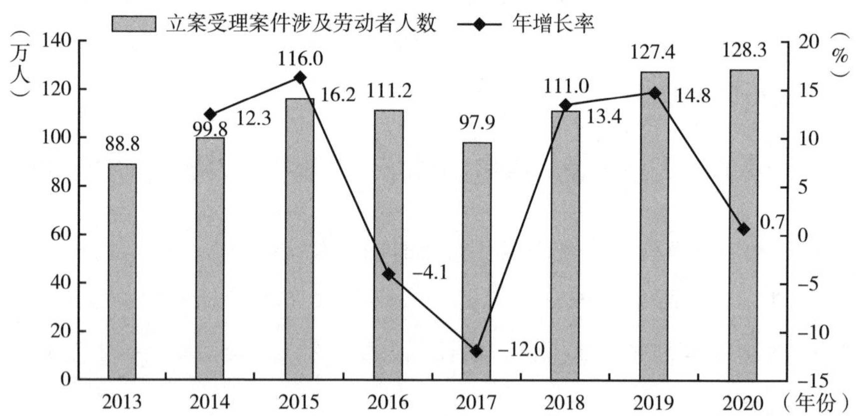

图 18－2　2013～2020 年劳动人事争议立案受理案件涉及劳动者人数及增长率

3. 案均涉及人数为近8年的最低

如图 18－3 所示，2020 年，平均每件案件涉及的劳动者数量为 1.17 人，为近 8 年的最低，比 2019 年少 0.02 人，比 2013 年少 0.16 人。

（三）农民工权益保护状况持续向好[①]

2020 年，农民工数量较上一年度有所减少，高龄、高文化程度、中西

① 本部分的资料来源于国家统计局《2020 年农民工监测调查报告》。

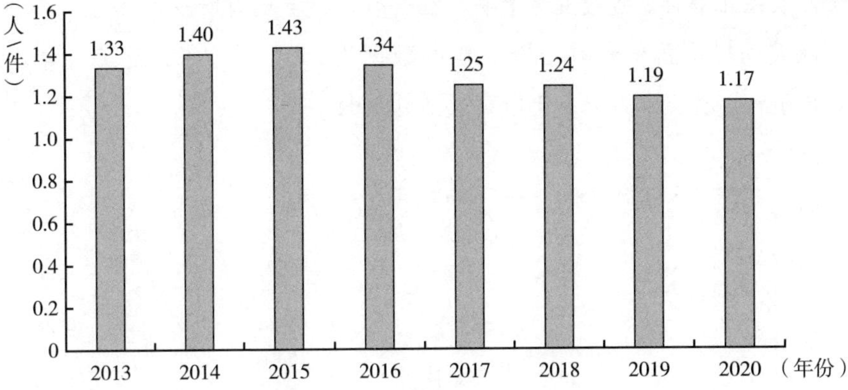

图 18-3　2013～2020 年劳动人事争议立案受理案件件均涉及劳动者人数

部地区就业的农民工持续增加。与上一年度相比，从产业分布看，从事一产的农民工占比保持稳定，从事二产的农民工占比出现一定下降，从事三产的农民工占比出现一定提高；从具体行业看，从事建筑业、住宿餐饮业的农民工占比下降较大；从整体上看，农民工的收入水平、福利状况均有所改善。

1. 农民工月均收入水平持续提高

如图 18-4 所示，2020 年，农民工月均收入为 4072 元，为近 5 年收入水平最高的一年，比上年增长 2.8%。

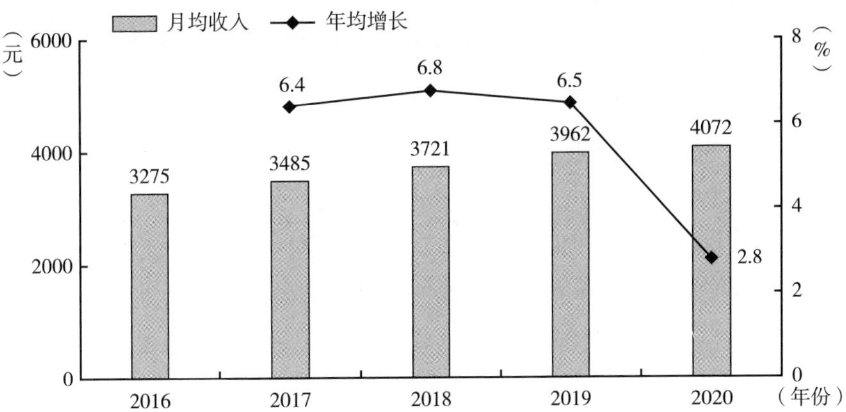

图 18-4　2016～2020 年农民工月均收入及增长率

2. 农民工居住、随迁儿童教育、社会融入状况均有所改善

从人均居住面积来看，2020 年的数据为 21.5 平方米，比上一年增加 1.1 平方米，增长率为近 5 年最高，详见图 18－5。

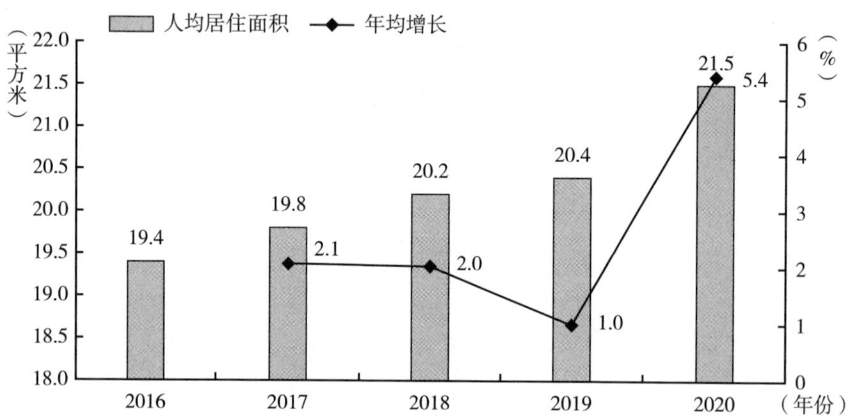

图 18－5　2016～2020 年农民工人均居住面积及增长率

从居住条件设施来看，拥有汽车（含经营用车）、洗衣机、独用厕所、洗澡设施、电冰箱的进城农民工占比持续提高，比例分别为 30.8%、68.1%、71.5%、85.4%、67.0%，比上一年分别提高了 2.6 个、2 个、1.9 个、1.7 个、1.3 个百分点。

从随迁儿童入学情况看，3～5 岁随迁儿童入园率持续提升，为 86.1%，比上一年提高 0.3 个百分点；义务教育阶段儿童在校率与上一年基本持平，为 99.5%；反映在城市上学面临一些问题的农民工占比有所下降，下降比例为 3.4 个百分点。

进城农民工社会融合情况持续向好。进城农民工中适应本地生活并且认为自己是本地人的比例持续提高。此外，进城农民工对业余生活的满意度以及参加所在社区活动的积极性也在持续提高。这反映了进城农民工的归属感和适应度不断增强。

二　劳动关系治理工作推进情况

（一）回应发展需要，强化政策供应

据不完全统计，2020 年 1 月至 2021 年 3 月，国家层面出台的与劳动关系密切关联的政策法规有 17 个（见表 18－1）。

表 18－1　2020 年 1 月至 2021 年 3 月发布的劳动关系治理相关政策文件

序号	政策名称	发文单位	发文时间
1	《关于加强和规范区域性、行业性工会联合会建设的意见》	中华全国总工会办公厅	2020 年 1 月 15 日
2	《关于妥善处理新型冠状病毒感染的肺炎疫情防控期间劳动关系问题的通知》	人力资源社会保障部办公厅	2020 年 1 月 24 日
3	《关于做好新型冠状病毒感染肺炎疫情防控期间稳定劳动关系支持企业复工复产的意见》	人力资源社会保障部、中华全国总工会、中国企业联合会/中国企业家协会、中华全国工商业联合会	2020 年 2 月 7 日
4	《关于在部分地区开展劳动争议多元化解试点工作的意见》	最高人民法院、中华全国总工会	2020 年 2 月 20 日
5	《关于学习宣传〈保障农民工工资支付条例〉的通知》	国务院根治拖欠农民工工资工作领导小组办公室	2020 年 3 月 2 日
6	《关于订立电子劳动合同有关问题的函》	人力资源社会保障部办公厅	2020 年 3 月 4 日
7	《关于落实新冠肺炎疫情防控期间暂缓缴存农民工工资保证金政策等有关事项的通知》	人力资源社会保障部办公厅、住房和城乡建设部办公厅	2020 年 4 月 9 日
8	《关于查询拖欠农民工工资案件相关当事人车辆登记情况的通知》	人力资源社会保障部、公安部	2020 年 6 月 5 日
9	《关于进一步加强劳动人事争议调解仲裁法律援助工作的意见》	人力资源社会保障部、司法部、财政部	2020 年 6 月 22 日
10	《关于印发〈全国模范职工之家、全国模范职工小家、全国优秀工会工作者评选表彰管理办法〉的通知》	中华全国总工会办公厅	2020 年 8 月 10 日

续表

序号	政策名称	发文单位	发文时间
11	《关于审理涉船员纠纷案件若干问题的规定》	最高人民法院	2020 年 9 月 27 日
12	《关于做好共享用工指导和服务的通知》	人力资源社会保障部办公厅	2020 年 9 月 30 日
13	《关于开展根治欠薪冬季专项行动的通知》	国务院根治拖欠农民工工资工作领导小组办公室	2020 年 11 月 5 日
14	《关于加快培育新时代建筑产业工人队伍的指导意见》	住房和城乡建设部、国家发展改革委、教育部、工业和信息化部、人力资源社会保障部、交通运输部、水利部、税务总局、市场监管总局、国家铁路局、民航局、中华全国总工会	2020 年 12 月 18 日
15	《关于做好防止农民工工资专用账户资金和工资保证金被查封、冻结或者划拨有关工作的通知》	最高人民法院、人力资源社会保障部、中国银保监会保障部	2020 年 12 月 25 日
16	《关于审理劳动争议案件适用法律问题的解释(一)》	最高人民法院	2020 年 12 月 29 日
17	《关于做好严寒天气下劳动者权益维护有关工作的通知》	人力资源社会保障部、中华全国总工会、中国企业联合会/中国企业家协会、中华全国工商业联合会	2021 年 1 月 15 日

注：本表格所列政策文件截至 2021 年 3 月 6 日，来源为相关主管部门网站。

以下选择几个典型政策文件予以详细介绍。

1.《关于做好共享用工指导和服务的通知》

此通知由人力资源社会保障部办公厅于 2020 年 9 月下发，旨在促进共享用工有序开展，进一步发挥共享用工对稳就业的作用。此通知指出，共享用工对解决用工余缺矛盾、提升人力资源配置效率和稳就业发挥了积极作用。通知对各级人力资源社会保障部门做好共享用工指导和服务工作提出了 8 个方面的具体要求：支持企业间开展共享用工、加强对共享用工的就业服务、指导开展共享用工的企业及时签订合作协议、指导企业充分尊重劳动者的意愿和知情权、指导企业依法变更劳动合同、维护好劳动者在共享用工期间的合法权益、保障企业用工和劳动者工作的自主权、妥善处理劳动争议和查处违法行为。

2.《关于审理劳动争议案件适用法律问题的解释（一）》

该解释于2020年12月由最高人民法院审判委员会第1825次会议审议通过，2021年1月1日起施行。该解释依据《中华人民共和国民法典》《中华人民共和国劳动法》《中华人民共和国劳动合同法》《中华人民共和国劳动争议调解仲裁法》等法律制定，共有54条，对劳动争议范畴、劳动争议案件管辖地、诉讼程序、主体职责以及法律判定依据和结论等问题做出了具体规定。

3.《关于订立电子劳动合同有关问题的函》

此函件由人力资源社会保障部办公厅于2020年3月印发，是对北京市人力资源和社会保障局《关于在疫情时期防控期间开展劳动合同管理电子化工作的请示》的答复。该函明确，用人单位与劳动者协商一致，可以采用电子形式订立书面劳动合同；电子劳动合同一经订立即具有法律效力。该函还强调，订立电子劳动合同使用的数据电文和电子签名以及电子劳动合同的生成、传递、储存等要符合电子签名法等法律法规的规定要求。此文件为劳动合同电子化的推广和使用提供了政策依据。

（二）持续推进劳动人事争议调解仲裁和劳动监察工作

1. 各级调解组织和仲裁机构处理争议案件数量略有降低，涉及劳动者人数、涉案金额数持续增加①

如图18－6所示，2020年全年各级劳动人事争议调解组织和仲裁机构处理劳动人事争议案件的数量略有降低，为211.8万件，比上年减少1000件，同比下降0.05%。

如图18－7所示，2020年全年各级劳动人事争议协调组织和仲裁机构处理的争议案件涉及劳动者人数为246.5万人，比2019年增加8.4万人，同比增长3.5%，增长率比上年下降5.8个百分点。

如图18－8所示，2020年全年各级劳动人事争议调解组织和仲裁机构

① 本部分所用数据来自人力资源和社会保障部网站公布的2013～2019年度的人力资源和社会保障事业发展统计公报。

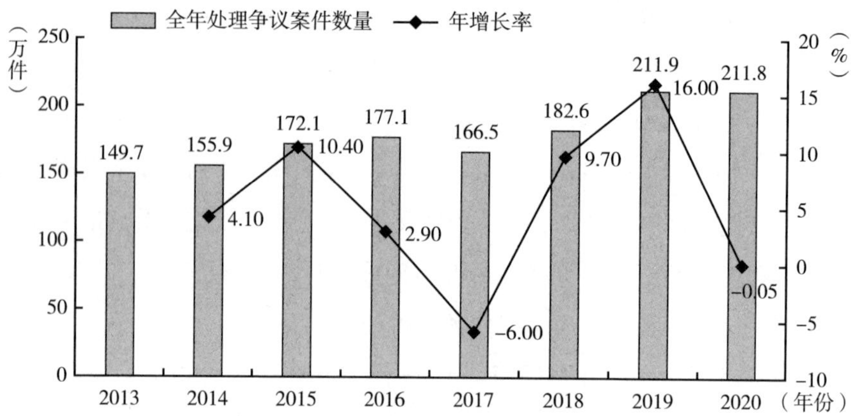

图 18-6 2013～2020 年全年各级劳动人事争议调解组织和仲裁机构处理劳动人事争议案件数

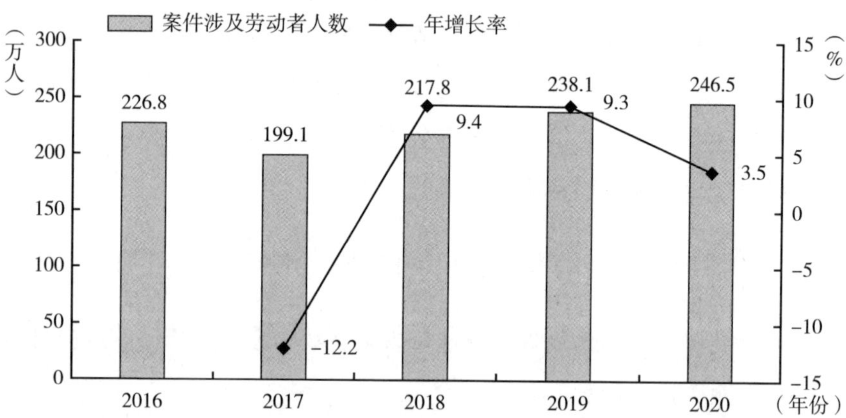

图 18-7 2016～2020 年各级劳动人事争议调解组织和仲裁机构处理的劳动人事案件涉及劳动者人数

处理争议案件的涉案金额为 530.7 亿元，比上年增加 41 亿元，同比增长 8.4%，增长率比上年降低 13.2 个百分点。

2. 当期审结案件数和办结案件数有所增加、调解成功率和仲裁结案率略有上升①

如图 18-9 所示，2020 年，当期审结劳动人事争议案件数为 110.1

① 数据或直接来自 2016～2020 年度人力资源和社会保障事业发展统计公报或根据公报数据计算而得。

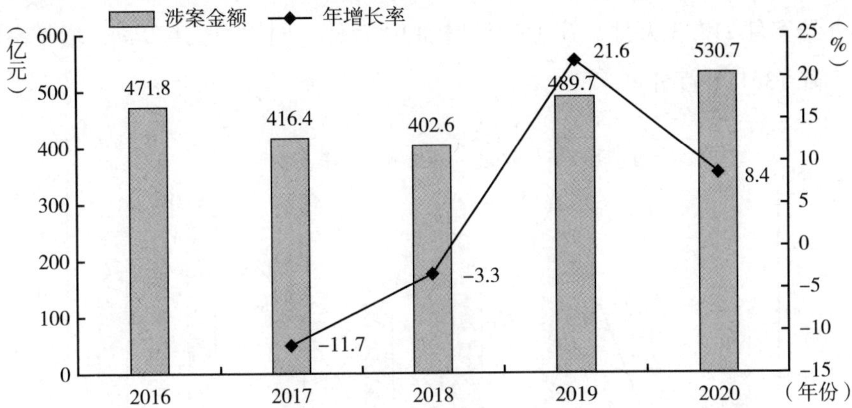

图 18-8　2016～2020 年各级劳动人事争议调解组织和仲裁机构处理的劳动人事争议案件涉案金额数

万件，比上年增加 3.3 万件，同比增长 3.1%，增长率同比降低 17.7 个百分点。①

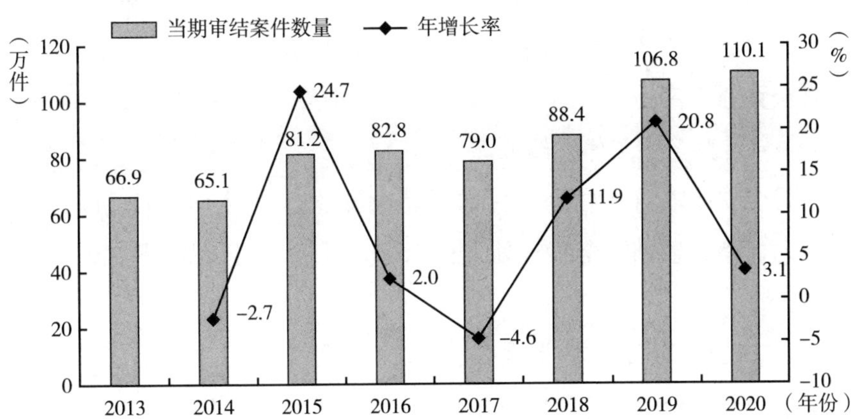

图 18-9　2013～2020 年当期审结劳动人事争议案件数

① 数据或直接来自 2013～2020 年度人力资源和社会保障部统计快报或根据快报数据计算而得。

如图 18－10 所示，2020 年全年各级劳动人事争议调解组织和仲裁机构共办结案件 212.3 万件，比上一年增加 10 万件，同比增长 4.9%，增长率同比下降 13.1 个百分点。①

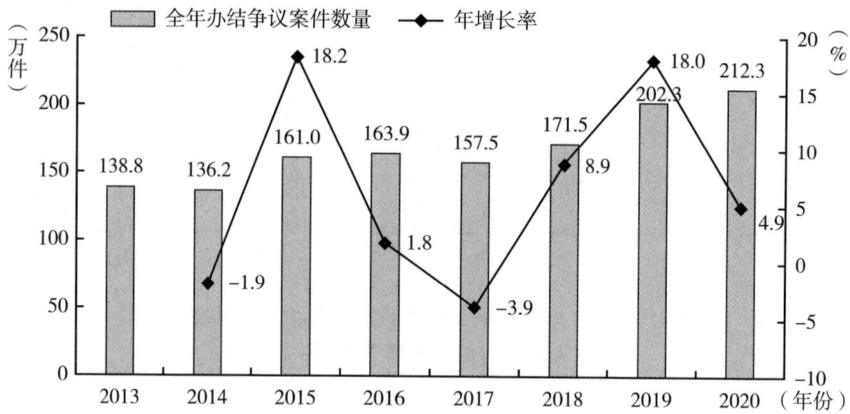

图 18－10　2013～2020 年全年办结劳动人事争议案件数

如图 18－11 所示，2020 年，全国各地劳动人事争议案件调解成功率达 70.6%，比 2019 年增加 2.6 个百分点；仲裁结案率为 96.2%，比上一年提高 0.7 个百分点。②

3. 劳动保障监察工作持续推进

一是劳动保障监察处理案件数量持续减少。如图 18－12 所示，2020 年，劳动保障监察机构全年查处案件 10.6 万件，比上一年减少 0.6 万件，同比减少 5.4%。

二是主动检查用人单位数量有所减少。如图 18－13 所示，2020 年劳动监察部门主动检查用人单位户数为 112.2 万户次，比上年减少 22.9 万户次，同比减少 17%。

① 数据或直接来自 2016～2020 年度人力资源和社会保障事业发展统计公报或根据公报数据计算而得。

② 数据或直接来自 2016～2020 年度人力资源和社会保障事业发展统计公报或根据公报数据计算而得。

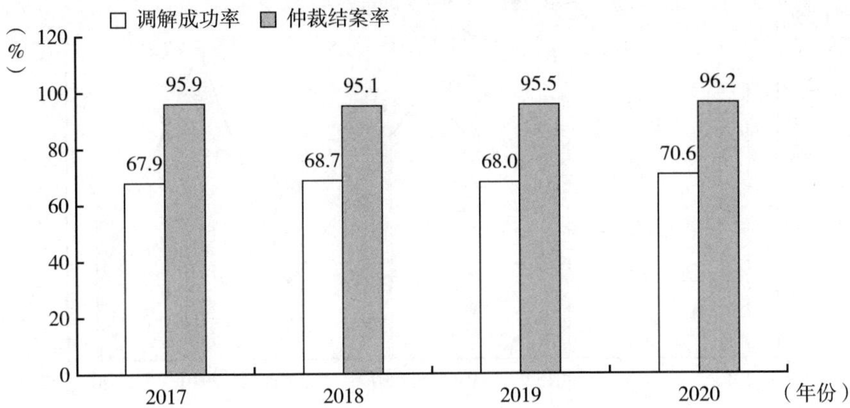

图 18－11　2017～2020 年全年劳动人事争议案件调解成功率、仲裁结案率

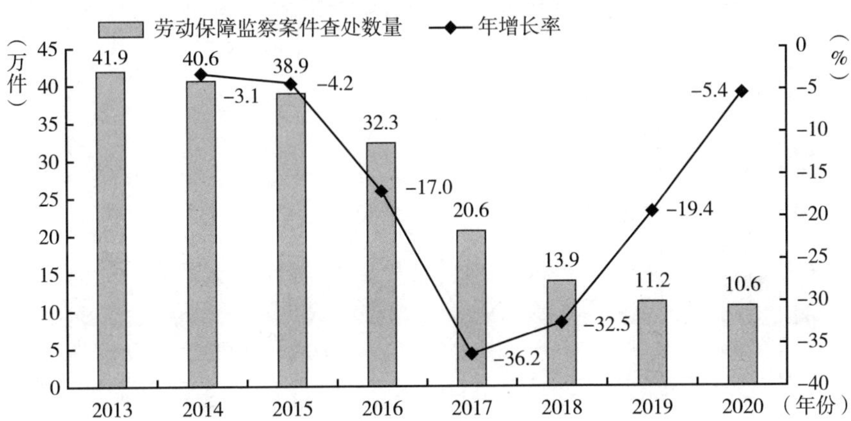

图 18－12　2013～2020 年劳动保障监察机构查处案件数

三是督促补签劳动合同涉及劳动者人数略有减少。如图 18－14 所示，2020 年，劳动监察部门督促用人单位与 58.5 万劳动者补签了劳动合同，比上年减少 20.1 万人，同比减少 25.6%。

四是督促缴纳社会保险费数额有所减少。如图 18－15 所示，2020 年，劳动监察部门督促缴纳社会保险费金额为 4.1 亿元，比上一年度减少 2.6 亿元，同比减少 38.8%，减少幅度为近 7 年的最高。

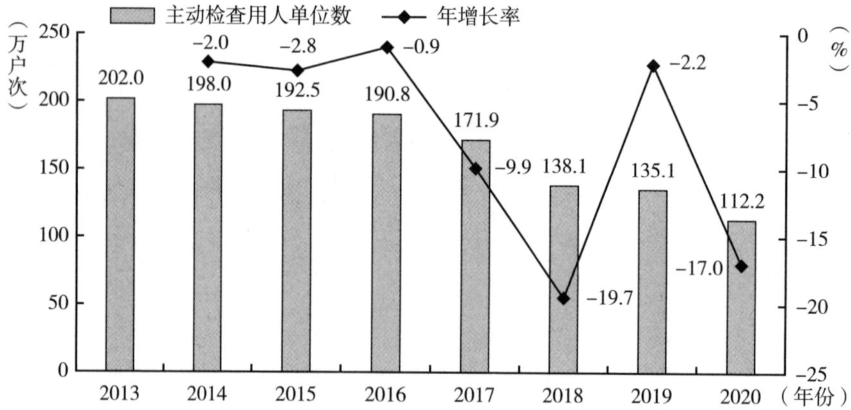

图 18－13　2013～2020 年劳动保障监察机构主动检查用人单位情况

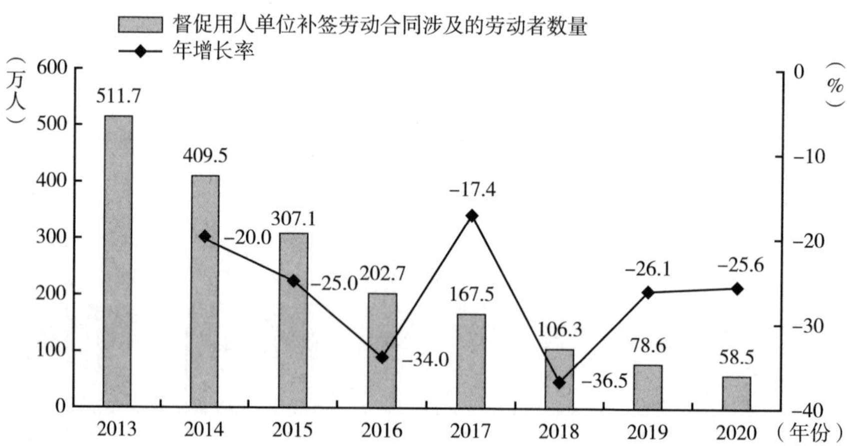

图 18－14　2013～2020 年劳动保障监察机构督促用人单位与劳动者补签劳动合同涉及人数

五是为劳动者追发工资等待遇数额有所减少。如图 18－16 所示，2020 年，劳动保障监察部门为劳动者追发工资等待遇金额 65.2 亿元，比上年减少 14.3 亿元，同比减少 18%。

（三）各地劳动关系治理工作有序创新

笔者通过整理人力资源社会保障部网站从 2020 年 1 月 1 日至 2021 年 2

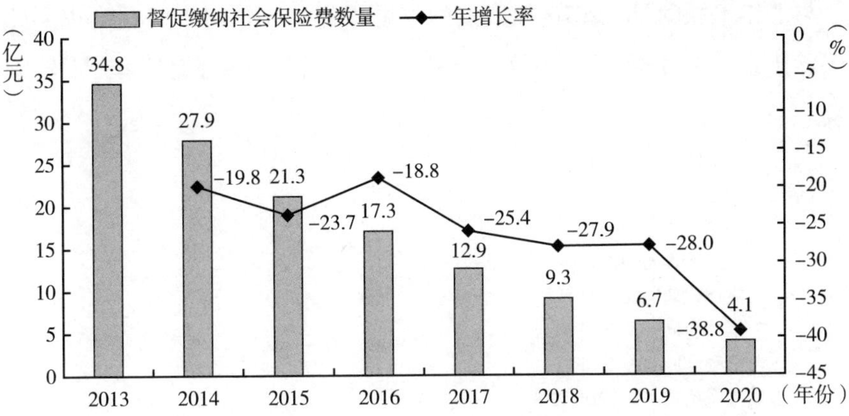

图 18－15　2013～2020 年劳动保障监察机构督促缴纳社会保险费金额

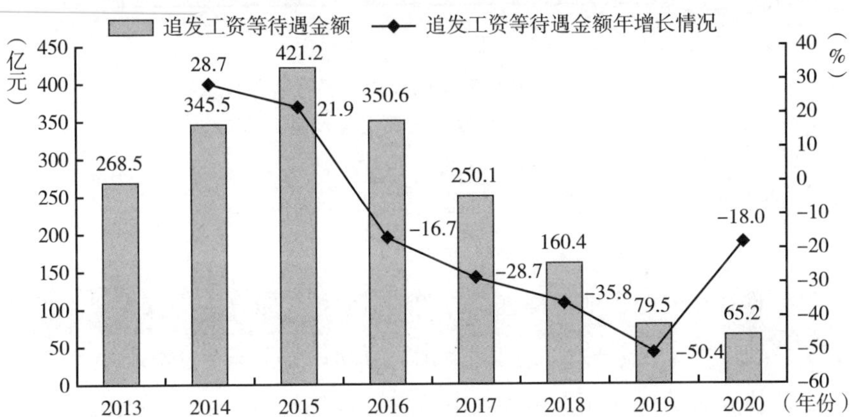

图 18－16　2013～2020 年劳动保障监察机构追发工资等待遇金额

月 19 日地方劳动关系治理工作的信息报道发现，各地在进一步扎实推进“常规动作”外，面对新情况、新问题推陈出新，为我国和谐劳动关系构建提质增效提供了大量实践范本。

如图 18－17 所示，上述信息报道关注“农民工欠薪”的最多，占报道题目总数量的 46. 99%，其次为“劳动争议处理”，占 19. 28%，关注“劳动保障监察”的占 14. 46%，排在第四位的为“和谐劳动关系构建”，占 8. 43%，“劳动合同”“集体合同”“集体协商”相关的报道均占 2. 41%。

与上年不同的是，2020 年报道的主题增加了疫情时期强化的电子化劳动保障监察、电子化劳动争议处理以及疫情时期诞生的共享员工管理等内容。

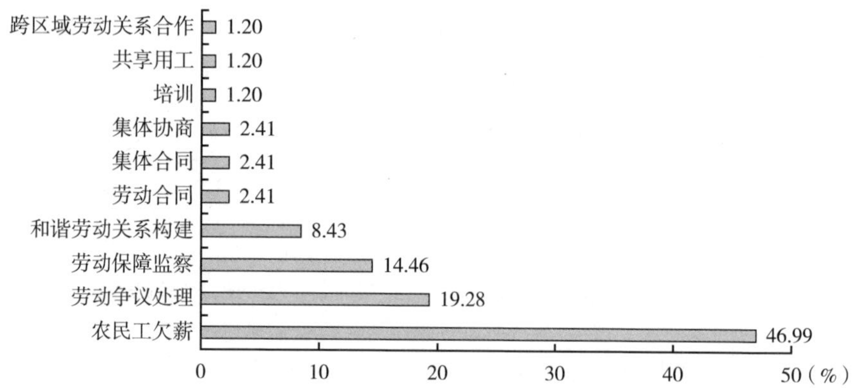

图 18－17　人力资源社会保障部网站呈现的地方劳动关系工作动态涉及的内容主题及其分布

以下选取三个具有创新意义的做法予以详细介绍。

1. 劳动关系治理电子化全面推进

包括北京在内的多地根据疫情时期疫情防控要求，大力探索全流程劳动人事争议处理电子化、劳动合同电子化、劳动保障监察电子化等。

广西壮族自治区梧州市劳动人事争议仲裁院与梧州市中级人民法院紧密合作，引入人民法院的多元“双网”平台，进行线上调解和线上开庭。云南省人力资源社会保障厅不断优化劳动关系公共服务功能，注重打造高效便捷的企业服务平台，选取昆明市官渡区作为推行电子劳动合同的试点。北京市人力资源和社会保障局率先印发《关于推进电子劳动合同相关工作的实施意见》（以下简称《意见》），开启了劳动合同电子化的进程。该《意见》明确了电子劳动合同的合法身份，形成了涵盖订立、应用和管理等方面较为完整的制度体系，是推行劳动合同制度建设和优化营商环境方面的有益创新。湖北襄阳探索“互联网＋监察”执法模式，为劳动者维权提供“一站式、全天候、零距离”的在线服务和“指尖上的便利”。广西打造智慧监察，建立监察大数据库，构筑“事前预警防控网”，建立省级大集中智慧监察平台，构筑“事中处置监管网”，推进企业劳动保障守法诚信分级分类监管系统建设，构筑“事后警示惩戒网”。广州市仲裁院开发了仲裁办案系统、互联网调解仲裁系统、仲裁人员管理系统、智慧仲裁庭系统和综合信息共享平台，实现了劳动人事争议处理的全流程电子化，支撑劳动争议处理提质增效。

2. 创新农民工欠薪治理机制

根治农民工欠薪一直是劳动关系治理的重要任务。浙江省运用数字化治理手段，建立企业工资支付监管平台，从实名考勤、工资确认和支付指令三个关键环节，构建主管部门、银行、企业、农民工共同参与的全链条可溯、全过程监控的工资支付监管闭环，对企业工资支付进行全程监管，有效解决欠薪问题。目前，此平台已经在工程建设领域推广使用，具体涉及以下四个步骤：一是根据既定规范，实现企业实名制考勤和工资专户管理；二是建立工资核算和确认机制，实现工资按月足额支付；三是建立用工诚信档案，构建用工信用机制，针对不同主体，实施分级分类监管，并据此惩治失信行为；四是构建工资支付托底保障机制，鼓励银行推出保障农民工工资支付的专项贷款产品，及时解决用工主体短期人工费用缺口问题。此平台的应用不仅能有效解决欠薪问题，还可精准分析就业用工、企业薪酬等方面的状况。

3. 引导企业共享用工

疫情期间，共享用工快速发展，为加强对共享用工的指导和服务，许多地方出台了相关政策。在此，仅以厦门市的做法为例，介绍地方引导企业共享用工的主要做法。厦门市先后出台了《加强企业人力资源服务支持实体经济发展的意见》《厦门市企业淡旺季用工调剂规范指引》《关于组织劳动力富余企业开展用工调剂的通知》《关于印发支持疫情防控物资生产企业用工措施的通知》《关于立体施策加强稳就业保用工若干措施的通知》等文件，支持、指导和规范企业开展用工调剂，进行共享用工管理，鼓励、引导和规范人力资源服务企业开展行业用工调剂服务。此外，厦门市还完善了“厦门市产业企业人力资源服务平台”的企业用工调剂功能，指导企业通过平台发布用工调剂供给、需求信息，促进供需双方及人力资源服务企业达成对接。与此同时，厦门市还对共享用工进行奖励。根据《关于印发支持疫情防控物资生产企业用工措施的通知》及《关于立体施策加强稳就业保用工若干措施的通知》的有关规定，对符合条件的企业按照 500 元/人的标准发放用工调剂奖励金，并将防控物资生产企业用工调剂奖励金提高到 2000 元/人。

结　语

2020 年面对突如其来的新冠肺炎疫情、世界经济深度衰退等多重冲击，在以习近平同志为核心的党中央坚强领导下，经过持续努力，我国稳住了经济基本盘并实现了经济正增长，就业形势保持总体稳定，人民生活得到切实保障。各级人力资源社会保障部门，不断完善劳动关系治理体制机制，积极应对新冠肺炎疫情等因素对劳动关系治理的冲击，有效保持了劳动关系总体和谐稳定。

立足新发展阶段，我国和谐劳动关系构建要贯彻落实党中央、国务院的决策部署，把握新任务、新要求，深化改革创新，完善劳动关系协调机制，提升劳动关系治理能力，加大力度构建劳动关系共建共治共享治理格局，不断提高劳动关系治理体系和治理能力现代化水平，持续推动具有中国特色劳动关系理论发展和实践进步，努力打造劳动关系治理的中国样本。

社会保险篇

Social Security

B.19
中国社会保险发展状况分析（2020～2021）

王　梅*

摘　要： 2020年新冠肺炎疫情发生后，为了稳定就业、缓解企业社保缴费困难问题以及推动疫情后期复工复产，我国实施了史上规模最大的社保"免减缓"政策。同时，社保制度覆盖面稳步扩大、基金规模持续增加。本报告总结了2020年以来我国社会保险事业发展的基本情况，梳理了各项社会保险制度的重要改革措施，对我国社会保险制度未来的发展趋势进行了展望。

关键词： 社会保险　保险制度　人力资源　改革措施

* 王梅，博士，中国人事科学研究院副研究员，主要研究方向为社会保障和收入分配。

2020年以来，各级政府主管部门贯彻落实党中央、国务院部署，扎实做好“六稳”工作，全面落实“六保”任务，坚持不懈推进重大改革，推动社会保险事业高质量发展。

一　社会保险基本情况

（一）制度覆盖范围稳步扩大

截至2020年底，我国基本养老保险参保总人数达99865万人，较上年度增长3111万人，呈现稳定增长趋势。其中，城镇职工养老保险参保人数为45621万人，同比增加2133万人；城乡居民养老保险参保人数为54244人，年度增长978万人。[①]

全年共为贫困群体（建档立卡贫困人口2435万人，低保对象、特困人员1421万人等）代缴基本养老保险费43亿元，为3014万贫困老人发放养老保险待遇。全国参加基本养老保险的建档立卡贫困人口6098万人，基本实现贫困人员基本养老保险应保尽保。[②]

从2020年的数据来看，我国基本医疗保险和生育保险的覆盖增速放缓，但仍呈现增加趋势。截至2020年底，全国基本医疗保险参保人数为136131万人，覆盖面保持在95%以上。其中，职工基本医疗保险参保人数为34455万人，同比增加1530万人；城乡居民基本医疗参保人数为101676万人，同比减少807万人。全国生育保险参保人数为23567万人，同比增长2150万人。[③]

失业保险的覆盖面随着新增就业人数的增长而持续扩大，失业保险参保人数增速稳定。截至2020年底，我国失业保险参保人数达到21689万人，

---

① 人力资源和社会保障部：《2020年度人力资源和社会保障事业发展统计公报》，2021。

② 人力资源和社会保障部：《2020年度人力资源和社会保障事业发展统计公报》，2021。

③ 国家医疗保障局：《2020年全国医疗保障事业发展统计公报》，2021；国家医疗保障局：《2019年全国医疗保障事业发展统计公报》，2020。

较上年增加 1147 万人。与此同时，受疫情影响就业形势严峻，失业人数较上年增加。[①] 全年共有 515 万名失业人员领取失业保险金，同比增加 54 万人。

工伤保险参保人数增速明显。年末工伤保险参保人数总计 26763 万人，同比增长 1285 万人。[②] 2020 年认定（视同）工伤 112.0 万人，全年享受工伤保险待遇 188 万人次（见图 19－1）。[③]

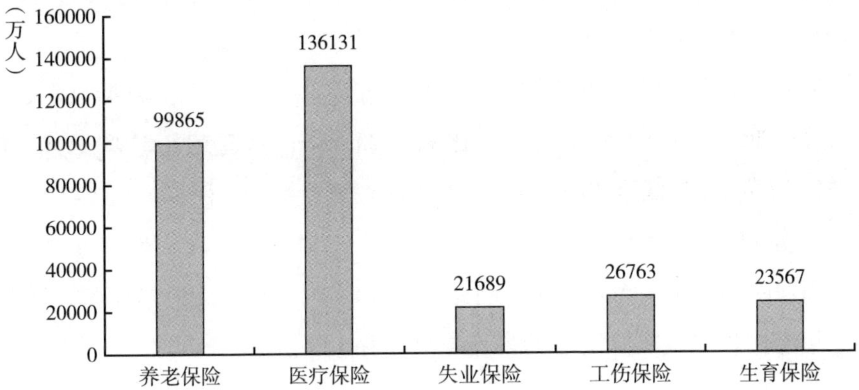

图 19－1　2020 年全国社会保险参保人数

（二）社保基金规模基本稳定

2020 年，我国五项社会保险基金全年总收入与总支出分别为 7.55 万亿元、7.86 万亿元，总收入相较上年下降 0.8 万亿元，降幅为 9.6%，总支出相较上年增长 0.33 万亿元，增幅为 4.3%。[④]

① 人力资源和社会保障部：《2020 年度人力资源和社会保障事业发展统计公报》，2021；人力资源和社会保障部：《2019 年度人力资源和社会保障事业发展统计公报》，2020。

② 人力资源和社会保障部：《2020 年度人力资源和社会保障事业发展统计公报》，2021。

③ 人力资源和社会保障部：《2020 年度人力资源和社会保障事业发展统计公报》，2021。

④ 人力资源和社会保障部：《2020 年度人力资源和社会保障事业发展统计公报》，2021；人力资源和社会保障部：《2019 年度人力资源和社会保障事业发展统计公报》，2020；国家医疗保障局：《2020 年全国医疗保障事业发展统计公报》，2021；国家医疗保障局：《2019 年全国医疗保障事业发展统计公报》，2020。

基本养老保险基金收入下降，支出增长。2020 年我国基本养老保险基金全年收入 49229 亿元，同比下降 13.7%；总支出 54656 亿元，比上年度增加 4.4%。截至 2020 年底，基本养老保险基金累计结存 58075 亿元。①

基本医疗保险基金（含生育保险）收支与上年基本持平，累计结余进一步增长。2020 年我国基本医疗保险基金（含生育保险）总收入 24846 亿元，比上年增长 1.7%；基本医疗保险基金（含生育保险）总支出 21032 亿元，比上年增长 0.9%。全国基本医疗保险基金（含生育保险）累计结存 31500 亿元。②

失业保险支出增长明显，2020 年度基金支出大于收入。数据显示，失业保险全年基金收入 952 亿元，同比减少 25.9%；基金支出 2103 亿元，同比增长 57.8%。③ 截至 2020 年底，失业保险基金累计结存 3354 亿元。④

工伤保险收入下降明显，2020 年度基金支出大于收入。2020 年度，我国工伤保险基金收入 486 亿元，同比减少 40.7%；基金支出总计 820 亿元，比上年增长 0.4%。⑤ 工伤保险基金累计结存 1449 亿元（见图 19－2）。⑥

（三）我国建成世界上规模最大的社会保障体系

“十三五”期间，我国开展了历史上规模最大、范围最广的全民参保登记工作，建立了全民参保数据库，包括 13.9 亿人的基础数据。目前，我国养老保险覆盖人数最多，参保人数占全球总人数的 1/3。⑦

“十三五”时期我国社会保障覆盖范围不断扩大，待遇水平稳步提高。

---

① 人力资源和社会保障部：《2020 年度人力资源和社会保障事业发展统计公报》，2021；人力资源和社会保障部：《2019 年度人力资源和社会保障事业发展统计公报》，2020。

② 国家医疗保障局：《2020 年全国医疗保障事业发展统计公报》，2021。

③ 人力资源和社会保障部：《2020 年度人力资源和社会保障事业发展统计公报》，2021；人力资源和社会保障部：《2019 年度人力资源和社会保障事业发展统计公报》，2020。

④ 人力资源和社会保障部：《2020 年度人力资源和社会保障事业发展统计公报》，2021。

⑤ 人力资源和社会保障部：《2020 年度人力资源和社会保障事业发展统计公报》，2021；人力资源和社会保障部：《2019 年度人力资源和社会保障事业发展统计公报》，2020。

⑥ 人力资源和社会保障部：《2020 年度人力资源和社会保障事业发展统计公报》，2021。

⑦《我国建成世界上规模最大的保障体系》。

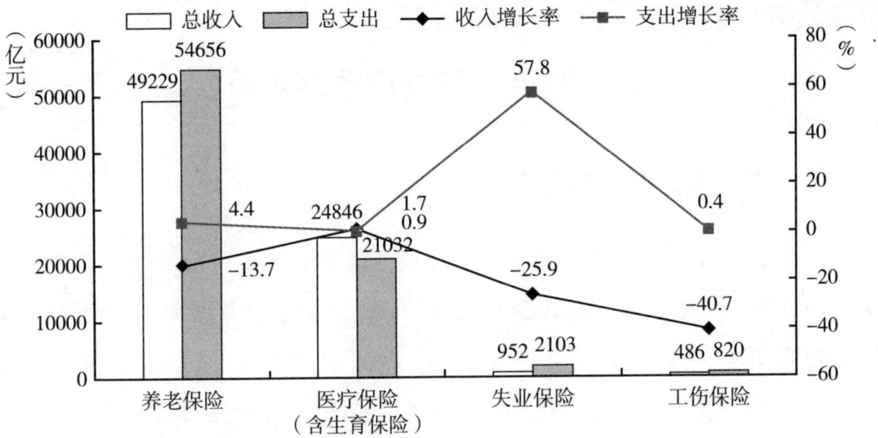

图 19－2　2020 年全国社会保险基金收入和基金支出及增长率

企业退休人员基本养老金实现 16 连调，失业保险、工伤保险待遇水平也随着经济社会发展水平提高而稳步提升。同时，我国推动社保信息化建设，截至 2020 年底，全国持有社保卡人数为 13.35 亿人，覆盖所有地级以上城市；电子社保卡已达到 3.7 亿张。①

（四）实施史上规模最大社保“免减缓”政策

从 2020 年 2 月到年底，养老、失业和工伤三项社会保险免、减、缓、降等政策合计减费 1.54 万亿元。社会保障制度发挥着社会“稳定器”的作用，对纾解企业困难、促进经济恢复增长起到重要的支持作用。②

2020 年 2～7 月累计减征医疗保险单位缴费 1649 亿元。全年累计结算新冠肺炎患者医疗费用 28.4 亿元，其中，医保基金支付 16.3 亿元。③

① 中华人民共和国中央人民政府：《人力资源社会保障部新闻发布会介绍 2020 年人力资源和社会保障工作进展情况》，http://www.gov.cn/xinwen/2021－01/27/content_5582857.htm。

② 中华人民共和国中央人民政府：《人力资源社会保障部新闻发布会介绍 2020 年人力资源和社会保障工作进展情况》，http://www.gov.cn/xinwen/2021－01/27/content_5582857.htm。

③ 国家医疗保障局：《2020 年全国医疗保障事业发展统计公报》，2021；国家医疗保障局：《2020 年全国医疗保障事业发展统计快报》，2021。

二　社会保险制度改革进展

（一）养老保险制度改革进展

1. 规范发展第三支柱养老保险，开展专属商业养老保险试点

2021 年 5 月，中国银保监会办公厅印发《关于开展专属商业养老保险试点的通知》。为贯彻落实党中央、国务院关于规范发展第三支柱养老保险的重要部署，推动商业养老保险加快发展，满足人民群众多样化养老保障需求，银保监会决定开展专属商业养老保险试点。

从 2021 年 6 月 1 日起，浙江省（含宁波市）和重庆市开展专属商业养老保险试点。内容包括：试点保险公司应创新开发投保简便、交费灵活、收益稳健的专属商业养老保险产品，建立与专属商业养老保险业务长期发展相适应的内部管理机制，将专属商业养老保险业务发展与养老、照护服务等相衔接，满足各类人员差异化养老需求。

2. 退休人员基本养老金继续上涨

2021 年 4 月，人力资源社会保障部、财政部发布通知，上调 2020 年 12 月 31 日前已退休人员的基本养老金，全国调整比例为 4.5%，各省以全国总体调整比例为高限，确定本省调整比例和水平，企业退休人员养老金水平实现 17 连涨。本次调整采用定额调整、挂钩调整、适当倾斜相结合的方式，体现公平与效率结合的原则，对高龄退休人员、艰苦边远地区退休人员进行适当倾斜。确保安置已参加基本养老保险的企业退休军转干部基本养老金不低于当地企业平均水平。

3. 引导养老服务向高质量发展

2020 年 12 月，国务院办公厅印发《关于建立健全养老服务综合监管制度促进养老服务高质量发展的意见》，确定养老服务综合监管的政策措施。一是明确监管重点。加强质量安全、从业人员、涉及资金、运营秩序监管。二是落实监管责任。强化政府主导责任，压实机构主体责任，发挥行业自律

和社会监督作用，健全行业自律规约。三是创新监管方式。加强协同监管、信用监管和信息共享。发挥标准规范引领作用，建立健全养老服务标准和评价体系。

4. 中央层面划转部分国资充实社保基金

财政部、人力资源社会保障部和国资委密切配合，全面推开划转部分国有资本充实社保基金工作。截至2020年底，共划转93家中央机构国有资本总额1.68万亿元，符合条件的中央企业和中央金融机构划转工作全面完成。这一举措为提高养老保险制度的公平性、持续性提供了保障，体现了国有企业全民所有、发展成果全民共享。

5. 实施渐进式延迟法定退休年龄

为积极应对人口老龄化国家战略，《中华人民共和国国民经济和社会发展第十四个五年规划和2035年远景目标纲要》提出，逐步延迟法定退休年龄。2021年5月31日中共中央政治局召开会议，审议《关于优化生育政策促进人口长期均衡发展的决定》。会议强调，要稳妥实施渐进式延迟法定退休年龄。

（二）医疗保险制度改革进展

1. 完善医保药品目录

2020年12月，国家医保局、人力资源社会保障部联合印发《国家基本医疗保险、工伤保险和生育保险药品目录（2020年）》的通知。此次共对162种药品进行了谈判，119种谈判成功（其中目录外96种，目录内23种），谈判成功率为73.46%，谈判成功的药品平均降价50.6%，本次目录调整共新调入119种药品（含独家药品96种，非独家药品23种），这些药品占所有临床组别的86%，患者受益面较广。①

2. 完善城乡居民医保制度

2020年6月，《关于做好2020年城乡居民基本医疗保障工作的通知》

① 国家医疗保障局：《〈国家医保局人力资源社会保障部关于印发《国家基本医疗保险、工伤保险和生育保险药品目录（2020年）》的通知〉政策解读》。

下发，提出完善城乡居民基本医疗保险制度和大病保险制度的举措。具体包括如下几点。

一是提高城乡居民基本医疗保险筹资标准。一方面，继续提高财政补助标准，人均补助标准增加 30 元，达到每年不低于 550 元；另一方面，个人缴费标准提高 30 元，达到每年 280 元。

二是健全待遇保障机制。落实居民医保待遇保障政策，强化门诊共济保障，巩固住院待遇水平，落实新版国家医保药品目录；巩固大病保险保障水平，起付线降至居民人均可支配收入的一半，支付比例提高到 60%；落实困难群众救助政策，分类资助贫困人口参加居民医保，确保困难群众应保尽保。

此外，完善医保支付管理、加强基金监督管理和经办管理服务，合力做好城乡居民基本医疗保障工作。

3. 持续推进医疗保障基金监管制度体系改革

基本医疗保障制度建立以来，覆盖范围不断扩大，保障水平稳步提升，对维护人民群众健康权益、缓解因病致贫、推动医药卫生体制改革发挥了积极作用；同时，也存在医保基金使用效率不高、欺诈骗保等问题。2020 年 6 月，国家出台推进医保基金监管制度体系改革的相关文件，从明确监管责任、推进监管制度体系改革、完善保障措施三个方面提出改革意见，推进医疗保障基金监管制度体系改革。

2020 年，政府主管部门开展打击欺诈骗取医疗保障基金专项行动，各地共查处违法违规违约机构 40.1 万家，查处参保人员 2.61 万人。2020 年专项治理实施期间，共追回医保资金 223.1 亿元。①

4. 跨省异地就医结算工作持续推进

2020 年，跨省直接结算住院费用的定点医疗机构数量为 4.44 万家；全年跨省直接结算 300.23 万人次，涉及医疗费用 742.80 亿元，其中，医保基

① 国家医疗保障局：《2020 年全国医疗保障事业发展统计公报》，2021。

金支付438.73亿元。[①] 京津冀、长三角和西南5省（区、市）等12个先行试点省份的门诊费用跨省直接结算累计达到302万人次，涉及医疗费用7.46亿元，其中，医保基金支付4.29亿元。[②]

2021年5月，国家医保局印发《关于加快推进门诊费用跨省直接结算工作的通知》，明确了2021年和2022年的工作目标，提出了以下重要工作：扩大普通门诊费用跨省直接结算覆盖范围、积极推进门诊慢特病的相关治疗费用跨省直接结算、全力推进定点医药机构联网工作、持续优化异地就医备案线上服务、确保跨省直接结算信息系统升级改造到位并平稳运行、强化跨省异地就医结算业务协同高效、加强异地就医费用跨省直接结算预付金和清算资金管理。

5. 扩大长期护理保险制度试点

为应对人口老龄化、健全社会保障体系，积极探索建立长期护理保险制度十分必要。2020年9月，《关于扩大长期护理保险制度试点的指导意见》（以下简称《意见》）发布。《意见》提出，探索建立以互助共济方式筹集资金、为长期失能人员提供基本生活照料和医疗护理的服务或资金。《意见》还指出，力争在“十四五”期间，推动建立健全多层次长期护理保障制度，基本形成适应我国经济发展水平和老龄化发展趋势的长期护理保险制度框架。

（三）失业保险制度改革进展

为有效应对国内外疫情形势和经济下行压力对就业的影响，2020年5月，人力资源社会保障部、财政部印发《关于实施企业稳岗扩岗专项支持计划的通知》，支持企业稳定岗位，鼓励企业吸纳就业，保障劳动者基本生活。文件提出的政策举措包括如下几点。一是加大稳岗返还力度，提高中小微企业的失业保险金返回标准。二是拓宽以工代训范围，支持企业面向新吸纳劳动者开展以工代训，支持困难企业开展以工代训。

---

① 国家医疗保障局：《2020年全国医疗保障事业发展统计公报》，2021。

② 国家医疗保障局：《2020年全国医疗保障事业发展统计公报》，2021。

（四）工伤保险制度改革进展

2021 年 1 月，人力资源社会保障部等部门联合印发《工伤预防五年行动计划（2021～2025 年）》，部署“十四五”期间全国工伤预防工作。

该计划明确了总体要求和工作目标，提出了树立预防优先工作理念、建立完善预防联防联控机制、紧盯重点行业预防、加强预防宣传、推进预防培训、进行工伤保险费率浮动调整、开展互联网 + 预防、推进预防专业化和职业化建设、强化预防工作考核监督等九个方面的主要任务。

三　社会保险制度改革展望

（一）实现社会保险制度“全覆盖”

近年来，我国各项社会保险制度的覆盖面逐步扩大，社会保险体系向着全民共享的目标不断发展。对于养老保险与医疗保险，目前覆盖范围较广，需要继续推进扩面攻坚；对于失业保险与工伤保险，需要面向各类劳动者，推进真正实现人人公平享有基本社会保险的目标。尤其是当前新产业和新业态的不断发展，要努力做好各类灵活就业人员社会保险的“应保尽保”。与此同时，强化参保的激励性与约束性，加强宣传引导，提高参保意识。

（二）健全多层次社会保险制度体系

随着各项保险制度的改革完善，我国多层次的社会保险体系逐渐清晰。特别是养老保险和医疗保险制度，在不断夯实第一支柱基础上，第二支柱、第三支柱也在稳步推进。此次出台的开展专属商业养老保险试点的相关政策，明确了养老保险三支柱的发展思路，有助于第三支柱真正在制度安排上成为养老保障体系的一部分，增强养老金的积累和保障能力，实现规范发展。未来应当进一步加强和完善第二、第三支柱的制度建设，有效发挥国家、单位、个人三方作用，构建安全稳定的社会保障网络。

（三）完善社会保险待遇正常调整机制

目前，基本养老保险、失业保险、工伤保险等均提出待遇调整和确定机制的基本思路，明确参考职工工资增长、居民收入增长、居民消费价格指数、基金支付能力、相关社保待遇调整情况等因素，兼顾不同地区的待遇差距，定期调整各项保险待遇水平，以建立正常有效的调整机制，使社会保险待遇水平能随着经济的发展逐步提高，促进制度的公平与可持续发展，确保参保人可以共享经济社会发展成果，但仍然存在参考依据不充分、待遇调整幅度不科学等问题。

社会保险待遇的调整关系所有职工的切身利益，需要统筹考虑各项待遇调整涉及的多种因素，合理选择调整参数和系数，建立科学、有效的调整机制。

（四）积极推进社会保险法制建设

一是随着社会保险事业的快速发展变化与制度变革，全面修改《社会保险法》。二是为适应养老保险制度和医疗保险制度改革需要，研究出台养老保险、医疗保险相关法律制度。三是考虑到共享经济新业态发展和新型劳动关系的出现，对《工伤保险条例》和《失业保险条例》进行修订。

参考文献

人力资源和社会保障部：《2020 年度人力资源和社会保障事业发展统计公报》，2021。

人力资源和社会保障部：《2019 年度人力资源和社会保障事业发展统计公报》，2020。

国家医保局：《2020 年全国医疗保障事业发展统计公报》，2021。

国家医保局：《2019 年全国医疗保障事业发展统计公报》，2020。

郑功成：《面向 2035 年的中国特色社会保障体系建设——基于目标导向的理论思考

与政策建议》，《社会保障评论》2021 年第 1 期。

郭金龙、朱晶晶、刘亚萍：《我国第三支柱养老保险的发展研究》，《金融时报》2021 年 4 月 26 日。

曹信邦、阙梦香：《基本养老保险全国统筹的系统性整合研究》，《中国行政管理》2021 年第 4 期。

李佳：《中国长期护理保险制度财政负担可持续性研究——基于 17 种试点方案测算》，《社会保障评论》2020 年第 4 期。

王延中、龙玉其、宁亚芳：《“十四五”时期中国社会保障建设的目标任务与政策建议》，《社会保障评论》2020 年第 3 期。

B.20

养老保险制度运行现状与发展趋势

陈 敬　宋明辉*

摘　要： 过去一年，我国基本养老保险覆盖人群规模继续扩大，受新冠肺炎疫情影响，当期基金收入小于支出，累计基金结存规模下降。城镇职工和城乡居民的养老金水平均得到提高。贫困人员养老保险应保尽保政策进一步严格落实，阶段性“减免缓”缴费措施为企业和个人减轻了缴费压力，基本养老保险基金省级统收统支如期全面实现，中央层面国有资本充实社保基金工作全面完成。下一步，应综合施策稳步推进基本养老保险全国统筹，大力解决多层次养老保险体系发展不平衡不充分问题，促进二、三支柱的规范发展，系统研究科学合理的延迟退休方案和相关配套政策，推动建设更加均衡高效的养老保险制度。

关键词： 养老保险　减免缓缴费　省级统筹　全国统筹　延迟退休

一　制度运行状况

（一）参保情况

截至2020年底，全国基本养老保险参保人数为99865万人，[①] 比上年末

* 陈敬，博士，中国人事科学研究院助理研究员，主要研究方向为养老金、事业单位收入分配；宋明辉，博士，首都师范大学数学科学学院统计学专业，主要研究方向为统计学。

① 该数据及基本养老保险制度运行状况中的其他数据（除特别引注），均来自2018～2020年度《人力资源和社会保障事业发展统计公报》。

增加 3111 万人，增长 3.2%。

城镇职工基本养老保险参保人数为 45621 万人，比上年末增加 2133 万人，增长 4.9%。其中，参保职工和离退休人员分别为 32859 万人和 12762 万人，分别比上年末增加 1681 万人和 452 万人，分别比上年末增长 5.4% 和 3.7%。年末城镇职工基本养老保险执行企业制度参保人数为 39908 万人，比上年末增加 2003 万人。

城乡居民基本养老保险参保人数达到 54244 万人，比上年末增加 978 万人，增长 1.8%。其中，实际领取养老金人数 16068 万人。

截至 2020 年末，企业年金参保企业为 10.5 万家，参保人数 2717.5 万人，比上年末增加 169.6 万人，增长 6.7%。2020 年领取人数 225.71 万人。

（二）基金收支情况

主要受疫情期间阶段性减免养老保险缴费的影响，基本养老保险基金收入明显减少。2020 年，全国基本养老保险基金收入为 49229 亿元，支出为 54656 亿元，与上年相比，分别减少 13.7% 和增长 4.4%。截至 2020 年末，基本养老保险基金累计结存 58075 亿元，比上年末减少 4798 亿元。

城镇职工基本养老保险基金收入为 44376 亿元，支出为 51301 亿元，与上年相比，分别减少 16.1% 和增长 4.2%（见图 20－1）。截至 2020 年末，基金累计结存 48317 亿元，比上年末减少 6306 亿元。

城乡居民基本养老保险基金收入为 4853 亿元，支出为 3355 亿元，与上年相比，分别增长 18.2% 和 7.7%（见图 20－2）。与上年相比，基金支出增长率持平，收入增长加快。截至 2020 年末，基金累计结存 9759 亿元，比上年末增加 1510 亿元。

截至 2020 年末，全国企业年金积累资金规模 22496.83 亿元，比上年末增加 4511.5 亿元，增长 25.1%，资金加权平均收益率达 10.31%，较上年增加约 2 个百分点。

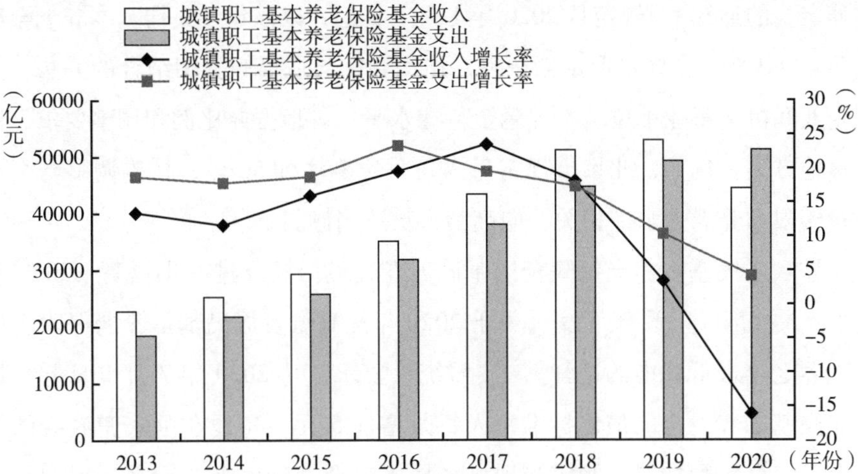

图 20-1　2013～2020 年城镇职工基本养老保险基金收支规模

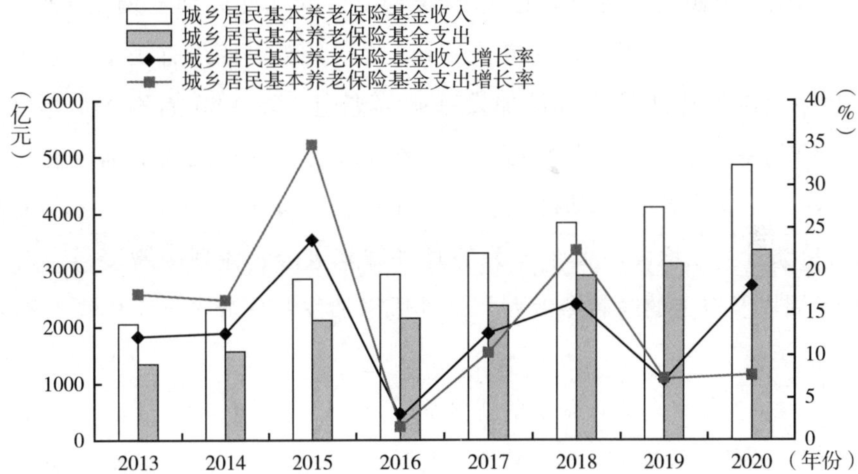

图 20-2　2013～2020 年城乡居民基本养老保险基金收支规模

（三）待遇保障

2020 年，我国实现了连续第 16 年上调企业退休职工基本养老金，以及连续第 5 年统一调整企业和机关事业单位基本养老金待遇。

2020 年 4 月，人社部和财政部联合印发《关于 2020 年调整退休人员基本养老金的通知》，规定从2020年1月1日起，以该年月人均基本养老金额的5%为基准，主要采取定额调整、挂钩调整与适当倾斜相结合的办法，上调企业和机关事业单位基本养老金待遇水平。各地据此比例和调整要求，制定落地方案。例如，北京市规定每人每月定额增加50元，挂钩调整与个人缴费年限和养老金水平相关，向高龄人员适当倾斜等。

城乡居民基本养老保险全国基础养老金最低标准进一步提高。2020年9月，人社部、财政部下发《关于2020年提高城乡居民基本养老保险全国基础养老金最低标准的通知》。按照统一要求，从2020年7月1日起，城乡居民基础养老金的最低标准每人每月增加5元。各地在国家兜底线的基础上，结合实际情况，制定当地城乡居民最低基础养老金标准，报同级党委和政府批准后执行。①四川省、江苏省、广东省、上海市、福建省、陕西省的城乡居民基本养老保险基础养老金最低标准分别上调至105元、160元、180元、1100元、130元、142元。此外，四川省规定，对年满65周岁及以上待遇领取人员加发基础养老金，65～80周岁人员增加2元，80周岁以上人员增发5元。广东省在按规定办法发放基础养老金和个人账户养老金待遇的基础上，进一步向缴费年限超过15年的人员倾斜，每超过1年增发不低于3元的月基础养老金，体现多缴多得；对年满65周岁及以上的高龄参保人，每月适当加发基础养老金，体现对高龄人员的关怀。

在缓、减、免养老保险费的背景下，为了缓解养老金发放压力，政府采取了保发放的组合措施，确保养老金按时足额发放。一是全面启动了养老基金省级统收统支。二是在中央层面加大了调节养老基金的力度，加强各省之间的平衡。2020年中央将企业养老保险的调剂比例调高到4%，全年7400亿元资金用于调剂。三是建立起定期调度机制，及时了解各地情况，通过提前预拨调剂金等确保养老金发放及时到位。

① 《多地制定今年养老金调整方案近3亿人可按时足额领取》，http://www.mohrss.gov.cn/yanglaobxs/YLBXSgongzuodongtai/202006/t20200611_376164.html。

二 制度发展成效

（一）贫困人口基本养老保险实现应保尽保

2020年实现贫困人口基本养老保险全覆盖，是《中共中央国务院关于打赢脱贫攻坚战三年行动的指导意见》确定的明确目标。2020年5月，人社部办公厅、民政部办公厅、财政部办公厅、国务院扶贫办综合司联合印发的《关于进一步做好贫困人员基本养老保险应保尽保工作的通知》提出，在2019年基本实现贫困人员应保尽保基础上，进一步提高工作标准，严格落实城乡居民基本养老保险扶贫政策，对未参保贫困人员实行“清单”管理、“动态清零”，做到不漏一人。明确由户籍地为符合条件的建档立卡贫困人员办理参保手续、落实代缴政策、发放基本养老保险待遇。完善人社扶贫信息系统，推动地方人社部门与扶贫、民政、公安等部门建立信息共享交换机制。通过定期将建档立卡贫困人员信息与基本养老保险联网数据和全民参保数据进行比对，依托人社扶贫信息系统，直接将有关数据发给基层经办机构，为精准参保提供数据支持，做到新增一个，纳入一个；达龄一个，发放一个。

截至2020年底，全国建档立卡贫困人口中养老保险的参保人数达到6098万，参保率由2018年的95%上升至2020年的99.99%。[①] 2020年，为3856万贫困人员代缴城乡居民基本养老保险费43亿元，有3014万贫困老人按月领取养老金，其中建档立卡贫困老人1735万人。[②]

（二）阶段性减免缓缴费措施取得良好效果

为了稳定就业，支持企业复工复产，按照党中央、国务院决策部署，人

① 《国新办就就业和社会保障有关情况举行发布会》，中国网，http：//www. china. com. cn/zhibo/content_ 77245089. htm#fullText。

② 《全力以赴稳就业勠力同心保民生——2020年全国人社工作综述》。

社部会同财政部、税务总局研究制定了减、免、缓社会保险缴费政策。2020年2月，三部门印发《关于阶段性减免企业社会保险费的通知》。此文件要求，自当月起阶段性减免企业三项社保（养老、失业和工伤保险）的单位缴费部分。根据此文件规定，湖北省之外的地方根据实际情况，免征中小微企业三项社保单位缴费部分不超过5个月，对大型企业等其他参保单位（不含机关事业单位，下同）减半征收不超过3个月。湖北省各类参保单位三项社保单位缴费部分可免征不超过5个月。受疫情影响大且生产经营出现严重困难的企业，可申请缓缴保费，但原则上缓缴不能超过6个月。

2020年6月，考虑到各企业遇到的风险和难题，尤其是中小微企业所面临的困境，为强化对中小微企业和低收入参保人群的缴费减免，经国务院批准，三部门出台延长减免保费实施期限的政策。对中小微企业三项社保单位缴费部分可以延长至2020年12月底，对非机关事业单位的大型企业和其他参保单位延长三项社保单位缴费部分减免期至2020年6月底。此外，针对个人缴费，文件规定，各省2019年社保个人缴费基数下限的执行标准可以同样用于2020年。以个人身份参加企业职工基本养老保险的人员，确有困难的可自愿暂缓缴费。

在2019年降低社会保险费率的基础上，2020年采取的减免缓措施进一步减轻了企业的社保缴费压力。养老保险是社保费减免的重中之重，全年减免养老保险费1.33万亿元，[①] 占全年减免社保缴费总量的86.4%，对缓解企业生产经营困难、支持企业复工复产、稳定和扩大就业起到了重要作用，为保障社会经济平稳运行提供了有力保障。

（三）养老保险基金实现省级统收统支

提高基本养老保险统筹层次，是完善企业职工基本养老保险制度的必然要求。我国企业职工基本养老保险建立之初以县（市）统筹为主，2007年

① 《国新办就就业和社会保障有关情况举行发布会》，中国网，http://www.china.com.cn/zhibo/content_77245089.htm#fullText。

1 月，原劳动保障部和财政部就出台文件，推进企业职工基本养老保险省级统筹工作。此后，省级统筹工作推进较为缓慢，且各地进展不平衡，对劳动力流动和养老保险的财务可持续产生不利影响。

2017 年 9 月，人社部和财政部就进一步完善企业职工基本养老保险省级统筹制度下发通知，再次明确要求各地努力设法实现全省内部基本养老保险基金的统收统支，从而推动实现全国统筹。

2019 年 4 月，《国务院办公厅关于印发〈降低社会保险费率综合方案〉的通知》要求，企业职工基本养老保险基金省级统收统支要在 2020 年底前实现。2020 年政府工作报告在发展主要目标和下一阶段工作总体部署中，再次提出实现企业职工基本养老保险基金省级统收统支。2020 年之前，上海、北京、天津、陕西等 12 个省份已实现基本养老保险基金统收统支。2020 年，各地加快推进省级统筹，2020 年 1 ~ 9 月，山东、山西、河南等 14 个省份和新疆生产建设兵团实现省级统筹。到 2020 年底，企业职工基本养老保险基金省级统筹工作全面推进，全国各省和新疆生产建设兵团均完成了基本养老保险基金统收统支的任务，为养老保险全国统筹工作打下了良好基础。

（四）中央层面国有资本充实社保基金工作全面完成

划转部分国有资本充实社保基金，是保障养老保险制度财务可持续和促进养老负担代际公平的重要举措。划转部分国有资本充实社会保障基金，是党的十八届三中及五中全会均提出的明确要求。2015 年 8 月，《中共中央国务院关于深化国有企业改革的指导意见》明确规定，“划转部分国有资本充实社保基金”。2017 年 11 月，国务院印发《划转部分国有资本充实社保基金实施方案》（以下简称《方案》），确定划转部分国有资本填补企业职工基本养老保险基金缺口。

按照《方案》确定的划转程序和步骤，财政部、人社部和国资委密切配合，全力推进划转工作。2018 年将中国联通等 3 家中央管理企业、中国再保险等 2 家中央金融机构以及浙江省和云南省定为试点区。2019 年全面推进中央和地方划转部分国有资本充实社保基金的工作。2020 年底，满足条件的中央企业和中央金融机构全面实现了划转部分国有资本充实社保基金工作，划转的国有资本总额达 1.68 万亿元。至此，中央层面全面完成划转工作，确保了更加公平和可持续的养老保险制度，也体现了国有企业发展成果的全民共享。①

三　制度改革趋势

（一）推进基本养老保险全国统筹

基本养老保险全国统筹，是社会保障大数法则的内在要求，不仅有利于发挥养老保险制度互助共济功能、提升养老保险基金财务可持续性，也是构建公平统一高效的劳动力市场的必要前提。2017 年，党的十九大报告明确要求，“完善城镇职工基本养老保险和城乡居民基本养老保险制度，尽快实现养老保险全国统筹”。党的十九届四中全会通过的《中共中央关于坚持和完善中国特色社会主义制度、推进国家治理体系和治理能力现代化若干重大问题的决定》（以下简称“十九届四中全会《决定》”）对“完善覆盖全民的社会保障体系”作出专门部署，要求加快建立基本养老保险全国统筹制度。2020 年 5 月，《中共中央国务院关于新时代加快完善社会主义市场经济体制的意见》也明确提出“完善覆盖全民的社会保障体系……要尽快实现养老保险全国统筹，促进基本养老保险基金长期平衡”。

2018 年 7 月，我国养老保险基金中央调剂制度正式确立，中央调剂基金上解比例从 3% 起步，调剂力度不断加大，2020 年提高至 4%，全年调剂金的总规模达到 7400 亿元。② 2019 年，城镇职工基本养老保险单位缴费比

① 《人社部 2020 年第四季度新闻发布会》，中国网，http://www.china.com.cn/zhibo/content_77152665.htm#fullText。

② 《国新办就就业和社会保障有关情况举行发布会》，中国网，http://www.china.com.cn/zhibo/content_77245089.htm#fullText。

例下调至16%，2020年底，省级统收统支和中央层面国有资本划转社保基金全面完成。以上工作进展，为全国统筹积累了实践经验，进一步奠定了制度和资金基础。

在我国地区社会经济发展不均衡的背景下，养老保险全国统筹面临诸多挑战和难题，需要在把握关键问题的前提下综合施策。养老保险全国统筹事关各地方之间的利益再分配，如何合理划分中央和地方对基本养老保险的责任，防止地方博弈，协调中央和地方的积极性是关键问题。十九届四中全会《决定》要求“加快建立基本养老保险全国统筹制度”，并提出“理顺中央和地方权责关系，适当加强中央在……养老保险……等方面事权，减少并规范中央和地方共同事权”。下一步，重点要合理协调地方的历史和现实利益，创新相关政策机制，科学合理确定中央和地方的养老保险事权，同时协同推进系列相关政策，稳步实现基本养老保险全国统筹，从而使全国实现制度统一以及互助共济。

（二）规范发展多层次多支柱养老保险体系

为实现养老保险制度的可持续发展，满足人民群众养老保障多元化选择，需要发展完善多层次、多方位、多支柱的养老保险体系。早在20世纪90年代，我国就提出“逐步建立起基本养老保险与企业补充养老保险和职工个人储蓄性养老保险相结合的制度”。①“大力发展企业补充养老保险，同时发挥商业保险的补充作用”。②党的十九届五中全会和《中华人民共和国国民经济和社会发展第十四个五年规划和2035年远景目标纲要》（以下简称“十四五”规划纲要），都指出要从多层次、多支柱维度发展养老保险体系。

目前，我国的多层次养老保险体系由三个支柱组成。第一支柱由城镇职工基本养老保险和城乡居民基本养老保险构成，目前已覆盖近十亿人，基本

---

① 《国务院关于企业职工养老保险制度改革的决定》（国发〔1991〕33号）。
② 《国务院关于建立统一的企业职工基本养老保险制度的决定》（国发〔1997〕26号）。

在全国范围内实现了全覆盖。第二支柱是补充职业养老保险，包括企业年金和职业年金，目前覆盖面还比较小，只有5800多万人，在逐步完善过程中。第三支柱包括个人储蓄型养老保险和商业养老保险，即补充个人养老保险，目前还处于起步构建阶段。总体上，我国的多层次多支柱养老保险发展仍不平衡、不充分。

基本养老保险制度的不断发展，促使养老保险体系建设开始进入系统集成、协同高效的阶段。2020年5月，中共中央、国务院出台《关于新时代加快完善社会主义市场经济体制的意见》，提出“健全统筹城乡、可持续的基本养老保险制度……大力发展企业年金、职业年金、个人储蓄性养老保险和商业养老保险”。2020年政府工作报告和中央经济工作会议中都提出“规范发展第三支柱养老保险”。

下一步，将按照中央的部署要求，大力解决多层次养老保险体系发展不平衡不充分问题。在坚持完善基本养老保险制度的基础上，进一步提高企业年金参保率，推动职业年金市场化投资平稳运营，建立和发展适合我国国情、税优政策支持、个人自愿、账户制为基础、市场化投资运营、安全便利的个人养老金制度，实现对基本养老保险的有效补充。

（三）系统研究延迟退休改革方案

我国现行的退休年龄是新中国成立之初确定的，男职工60岁、女干部55岁、女工人50岁，其基本依据是20世纪50年代先后出台的《劳动保险条例》和《关于国家机关工作人员退休暂行办法》。以上规定在1978年的《国务院关于安置老弱病残干部的暂行办法》《国务院关于工人退休、退职的暂行办法》及后来的养老保险制度改革中得到了基本维持。延迟退休是国际通行做法，2018年OECD国家平均标准退休年龄男性是64.2岁，女性为63.5岁，最高为67岁。[①] 随着我国社会经济发展，特别是人口预期寿命

① OECD iLibrary，Pensions at a Glance 2019：OECD and G20 Indicators，https：//www.oecd-ilibrary.org/social-issues-migration-health/pensions-at-a-glance-2019_ b6d3dcfc-en.

的延长，法定退休年龄偏低的问题逐渐凸显。

综合国内经济社会、人口发展变化趋势，“十四五”规划纲要明确提出逐步延迟法定退休年龄，全方位考量人均预期寿命提高、人口老龄化趋势加快、受教育年限增加、劳动力结构变化等因素，依据小步调整、弹性实施、分类推进、统筹兼顾等准则，循序渐进推动延迟法定退休年龄工作。

延迟退休年龄政策牵涉面广、社会关注度高，不仅关系到退休人员及其家庭的切身利益，而且将对劳动就业产生系统性影响。从我国的具体情况看，不同职业、岗位、性别等群体的利益诉求也存在很大差异，需要在改革中体现灵活性和包容性。因此，在改革方案的研究制定过程中，应立足于我国实际国情和养老保险历史沿革，广泛听取群众及专家学者的相关意见建议，充分借鉴国外经验，总结国内实际存在的延迟退休实践经验，创新政策机制，确保方案科学合理，并制定完善的配套政策和保障措施，把握政策推进节奏，确保有序衔接、平稳实施。

B.21

工伤保险制度运行现状与改革进展

沈 澈 陈宇祥*

摘 要： 2020年，面对突如其来的新冠肺炎疫情，各级人力资源社会保障部门扎实做好“六稳”工作，全面落实“六保”任务。我国工伤保险制度的覆盖范围持续扩大，基金规模进一步增长，企业缴费负担有所减轻。在制度改革实践方面，我国愈加重视扩大制度覆盖范围，在新冠肺炎疫情防控背景下为相关医护人员提供保障以提升制度韧性，完善工伤保险的医药保障并进一步降低费率。在制度改革发展趋势方面，我国应加快建立多层次工伤保障体系、完善管理服务机制，并积极探索与医疗保险协同管理机制和新经济新业态从业人员职业伤害保障机制。

关键词： 工伤保险 医疗保险 阶段性减费 新业态

2020年，面对突如其来的新冠肺炎疫情，在党中央领导下，各级人力资源社会保障部门扎实做好“六稳”工作，全面落实“六保”任务，我国工伤保险事业发展蹄疾步稳，为保障职工健康安全、促进企业稳步发展、推进社会和谐发展发挥了积极作用。工伤保险制度覆盖范围持续扩大，基金规模进一步增长，企业缴费负担减轻，申请流程简化。新冠肺炎疫情防控背景

---

* 沈澈，中央民族大学管理学院讲师，主要研究方向为社会保障；陈宇祥，中央民族大学管理学院，主要研究方向为公共管理与社会保障。

下，为相关人员撑起了职业伤害“保护伞”。与此同时，工伤预防和工伤保险的医药保障工作也取得了长足进步，“抓人民健康就是发展生产力，保障人民健康就是保护生产力”的新型理念得到进一步落实，“安全第一，预防为主，综合治理”的安全生产方针得到进一步贯彻。

一　工伤保险制度运行现状

（一）制度覆盖范围持续扩大

随着改革深化，工伤保险制度覆盖面持续扩大，参保人数不断增加。截至2020年末，我国工伤保险参保人数为26763万人，比上年末增加1285万人，同比增长5.04%。相较于2018年的5.06%、2019年的6.72%，2020年我国工伤保险参保人数增长呈现继续加快趋势（见表21－1）。到2020年末，参加工伤保险的农民工达到8934万人，比上年增加318万人，同比增长3.7%。

表21－1　2014～2020年工伤保险年末参保人数

单位：万人

年份	2020	2019	2018	2017	2016	2015	2014
工伤保险年末参保人数	26763	25478	23874	22724	21889	21432	20639

资料来源：各年度人力资源和社会保障事业发展统计公报。

（二）基金规模总体持续增长，年度收入减幅较大与支出增幅趋缓并存

2003年4月，《工伤保险条例》颁布，随着参保人数增加和缴费能力提升，工伤保险基金的收支规模一直稳步增长。新开工工程建设项目工伤保险参保率稳步提升，达到98%。2020年认定（视同）工伤112.0万人，完成伤残等级评定60.4万人。2020年共有188万人次获得工伤保险待遇。2020年，工伤保险基金收入为486亿元，比上一年度减少了333亿元，降幅为

40.66%；工伤保险基金支出 820 亿元，较上一年度增加了 3 亿元，增长幅度为 0.37%（见表 21－2）。年末工伤保险基金累计结存 1449 亿元（含储备金 174 亿元）。[①]

总体来看，工伤保险基金规模进一步增长，保障能力不断增强。但近两年年度基金收入有一定降幅，2019 年收入比 2018 年下降 10.30%，2020 年收入比 2019 年下降 40.66%；2019 年支出比 2018 年增加 10.11%，2020 年支出比 2019 年增加 0.37%，近年来基金支出增幅均趋缓。近两年基金收入接连下降的主要原因如下。一是新冠肺炎疫情对社会生产活动的影响，2020 年第一季度国内生产总值同比下降 6.8%。二是政府相继出台减税降费政策扶助稳定民生事业发展。2020 年 6 月，人力资源和社会保障部（以下简称“人社部”）等部门联合印发《关于延长阶段性减免企业社会保险费政策实施期限等问题的通知》，自 2020 年 2 月起在一定阶段内减免企业工伤保险单位缴费部分。该文件对在新冠肺炎疫情下生产经营面临严重困难的企业实行缴费优惠政策，允许继续缓缴社会保险费，一直到 2020 年 12 月底，在此期间不收取滞纳金。该举措缓解了疫情期间的经济下行压力，为企业复工复产、恢复经济活力奠定了基础，特别是帮助了中小微企业稳定生存底线、渡过发展瓶颈，降低了企业和低收入参保群体在突发公共风险下的缴费负担。2020 年 5 月，人社部印发定向援助湖北省人社工作的意见，援助内容主要集中在社会保险费用减免和援企稳岗等方面。意见决定，在现有的对湖北阶段性免征三项社会保险费的优惠政策下，阶段性降低失业保险和工伤保险缴费的政策实施期限继续延长，一直到 2021 年 4 月。

表 21－2　2014～2020 年工伤保险基金收入与支出规模

单位：亿元

年份	2020	2019	2018	2017	2016	2015	2014
工伤保险基金收入	486	819	913	854	737	754	695

① 国家统计局：《中华人民共和国 2020 年国民经济和社会发展统计公报》，2021；人力资源和社会保障部：《2020 年度人力资源和社会保障统计快报数据》，2021。

续表

年份	2020	2019	2018	2017	2016	2015	2014
工伤保险基金支出	820	817	742	662	610	599	560

资料来源：各年度人力资源和社会保障事业发展统计公报。

二　工伤保险制度改革进展

2020年至今，我国工伤保险制度改革稳步推进，具体内容体现在相关政策文件中（见附表21－1），主要涉及如下几方面。

（一）扩大职业覆盖面，提升制度公平性

2020年1月，人社部、财政部、国家卫健委印发的《关于因履行工作职责感染新型冠状病毒肺炎的医护及相关工作人员有关保障问题的通知》，为新冠肺炎预防和救治工作中，医护及相关工作人员因履行工作职责而感染情况的工伤认定提供了直接的政策依据，保障了医护人员依法享受工伤保险待遇。这项规定保障了防治人员的权益，给予相关工作者从预防到发病全方位照顾，具体措施如下。一是在工伤认定及工伤待遇核定方面，明确了在新冠肺炎预防和救治工作中，医务和相关工作人员应当被认定为工伤的情境是因履行工作职责而感染新冠肺炎甚至是因此亡故。二是在临时性工作津贴方面，明确了防治工作一线的医务人员和防疫工作人员的补助标准。三是提高卫生防疫的津贴标准。四是在薪酬方面向疫情防控任务重、风险程度高的医疗卫生机构倾斜，为其核增一次性绩效工资总量，且不纳入社会保险缴费基数，并向加班加点特别是作出突出贡献的一线人员进行倾斜。2020年2月，由中央财政全额出资，对参加一线疫情防控的医务和防疫工作者，按照风险程度等因素，分别给予每人每天300元、200元的现金补助。[①]

① 金振娅：《多项举措关爱抗疫一线医务人员》，《光明日报》2020年2月15日。

（二）降低费率，实现“降成本”

2020年2月，人社部、财政部、国家税务总局联合印发的《关于阶段性减免企业社会保险费的通知》明确规定，继续阶段性降低工伤保险费率、调整社保缴费基数、推进社保费征收体制稳健改革等。2020年6月，人社部、财政部、国家税务总局联合印发的《关于延长阶段性减免企业社会保险费政策实施期限等问题的通知》明确规定，各省应按照国家统一要求延长减免缴费的期限，承担主体责任，严格执行标准，将减免企业三项社会保险费等各项政策落实到企业和有雇工的个体工商户中。2020年10月，来自人社部的数据显示，2015年以来，国家共6次下调企业的社会保险费率，单位总费率由41%下调到33.95%，经过6次下调，共减免企业缴费近万亿元。而2020年新冠肺炎疫情下的缴费减免政策力度是最大的。[①]

（三）完善工伤的医药保障制度

2020年12月，国家医疗保障局和人社部印发《关于〈国家基本医疗保险、工伤保险和生育保险药品目录（2020年）〉的通知》，在162种谈判药品中，有119种谈判成功，包括独家药品96种，非独家药品23种，价格平均降幅为50.64%，减轻了广大参保人员药品费用负担，为患者临床用药提供了制度保障。[②]

三　新时代工伤保险制度发展趋势

（一）建立多层次的工伤保障体系

《中华人民共和国国民经济和社会发展第十四个五年规划和2035年远景

---

① 《国务院政策例行吹风会》（2020年10月28日），中国政府网，http：//www.gov.cn/xinwen/2020zccfh/38/index.htm。

② 国家医疗保障局：http：//www.gov.cn/zhengce/2020－12/28/content_5574057.htm。

目标纲要》提出，要加快健全覆盖全民、统筹城乡、公平统一、可持续的多层次社会保障体系。我国已经初步建立了多层次养老、医疗保障体系，但最具有灵活性的工伤保险却暂时未建成多层次的保障体系，无法满足不同群体特别是“新业态”从业人员的工伤保险需求。应尽快建立健全多层次工伤保障体系。首先，夯实第一层次的基本工伤保险体系，稳步实行省级统筹，扩大基金资产池。其次，通过税收优惠等方式鼓励商业保险机构开发适用于不同行业的意外伤害保险。最后，建立“零支柱”的工伤救助制度，为特殊困难的工伤人员提供社会救助等帮扶。

（二）加强与医疗保险的协同管理

工伤保险是因公致伤、致病条件下，由国家、企业为工伤者提供医疗、康复及保障支持，因此，工伤保险与医疗保险具有内在关联性，是特定范围内的医疗及康复保障。同时，工伤保险的基金积累、保障体量都相对较小，因此在2018年国家机构改革前，许多地方采取了同一个部门的保障方式，工伤保险中的医疗服务对医疗保险的依从度较高。机构改革后，国家成立医疗保障局，医疗保险职责与工伤保险不再同属于人社部门。新的治理目标倡导多主体协同管理，探索工伤保险与医疗保险的协同对接方式将成为重要的实践课题。

工伤保险中的医疗服务与基本医疗服务的本质相通，在服务管理上也具有相似规律，探索协同管理机制对于方便参保人、提升管理服务效率、节约社会公共资源等有重大意义。我国应当在借鉴国际经验基础上，基于国情，建立健全工伤保险和医疗保险部门协同管理机制，并在重点领域加强合作。此外，在已经确诊为职业病并正在接受治疗的工伤群体的医疗救治上，也需要提高医疗、工伤保险之间的信息对称性，要注重政策的有效衔接和管理沟通，统一待遇标准，理顺经办流程，保障待遇。[①]

① 翁仁木：《工伤医疗与医疗保险协同管理研究》，《中国医疗保险》2021年第4期。

（三）构建新业态从业人员职业伤害保险制度

此问题是各方普遍关注的重要热点问题。中共中央、国务院多个文件都提到这一问题。比如，2020 年《中共中央国务院关于新时代加快完善社会主义市场经济体制的意见》指出，要开展新业态从业人员职业伤害保障试点。当前，我国的工伤保险制度主要面向建立了稳定劳动关系的就业群体，灵活就业人员缺乏职业伤害保障，一旦发生事故，将面临维权难、医疗费负担重的困境。同时，我国新业态从业人员的缴费能力较弱、参保意识不强，参与职业伤害保险的积极性不够。因此，应尽快推进相关立法进程，为"新业态"中的灵活就业人员强制投保商业意外伤害险，作为第二层次的保险。同时，积极探索行业内互助，鼓励并引导灵活就业人员自行购买商业保险，以此建立第三层次的保险。未来的新业态职业伤害保险制度体系应扩大覆盖人员范围、出台专门立法、建立职业伤害基金、优化缴费方式以及完善职业伤害认定规则等。①

附表 21－1　2020 年 1 月至 2021 年 6 月发布的工伤保险相关政策文件

发布时间	发布机关	政策名称	文号
2020 年 1 月 23 日	人社部、财政部、国家卫健委	《关于因履行工作职责感染新型冠状病毒肺炎的医护及相关工作人员有关保障问题的通知》	人社部函〔2020〕11 号
2020 年 1 月 30 日	人社部	《关于进一步做好新型冠状病毒感染的肺炎疫情防控工作的通知》	人社部明电〔2020〕1 号
2020 年 1 月 30 日	人社部办公厅	《人社部部署做好新型冠状病毒感染的肺炎疫情防控期间社会保险经办工作的通知》	人社厅明电〔2020〕7 号
2020 年 2 月 20 日	人社部、财政部、国家税务总局	《关于阶段性减免企业社会保险费的通知》	人社部发〔2020〕11 号
2020 年 2 月 28 日	国家医保局、人社部	《关于调整规范〈国家基本医疗保险、工伤保险和生育保险药品目录〉部分药品名称等的通知》	医保发〔2020〕7 号

① 苏炜杰：《我国新业态从业人员职业伤害保险制度：模式选择与构建思路》，《中国人力资源开发》2021 年第 38（03）期。

续表

发布时间	发布机关	政策名称	文号
2020年4月22日	人社部	《关于印发社会保险基金要情报告制度的通知》	人社部发〔2020〕21号
2020年6月22日	人社部、财政部、国家税务总局	《关于延长阶段性减免企业社会保险费政策实施期限等问题的通知》	人社部发〔2020〕49号
2020年12月25日	人社部	《关于进一步优化人社公共服务切实解决老年人运用智能技术困难实施方案的通知》	人社部发〔2020〕94号
2020年12月25日	国家医保局、人社部	《关于〈国家基本医疗保险、工伤保险和生育保险药品目录(2020年)〉的通知》	医保发〔2020〕53号
2021年1月21日	人社部、工信部、财政部、住建部、交通运输部、国家卫健委、应急管理部、全国总工会	《关于印发工伤预防五年行动计划(2021~2025)的通知》	人社部发〔2020〕90号
2021年1月22日	人社部、国家卫健委、国家医保局	《关于进一步规范劳动能力鉴定工作的通知》	人社部发〔2020〕91号

资料来源：作者整理

参考文献

翁仁木：《工伤医疗与医疗保险协同管理研究》，《中国医疗保险》2021年第4期。

苏炜杰：《我国新业态从业人员职业伤害保险制度：模式选择与构建思路》，《中国人力资源开发》2021年第38（03）期。

周永波：《关于新业态从业人员职业伤害保障问题的思考》，《中国人力资源社会保障》2020年第10期。

B.22

基本医疗保险制度发展状况及改革趋势

张欣欣*

摘　要： 2020年，我国基本医疗保险参保人数超过13.6亿人，基金收支状况良好，保障待遇进一步提升。制度改革进展：医保参保工作不断完善，职工医保个人账户改革逐步推进，医保支付方式改革全面深化，医保门诊统筹制度日益完善，医保基金监督管理有所加强。制度发展面临的问题及挑战：待遇保障不平衡不充分，筹资机制合理性有待提高，总额预算管理下多元复合式支付方式尚不成熟，门诊共济保障功能发挥不够充分，医保基金监督管理制度尚不健全。制度改革趋势：进一步提高医保制度统筹层次，健全筹资和待遇稳定调整机制，建立管用高效的医保支付机制，强化门诊统筹共济保障机制，健全严密有力的基金监管机制。

关键词： 基本医疗保险　个人账户　筹资机制　门诊统筹　基金监管

2020年以来，我国基本医疗保险制度运行平稳，基金安全可持续，群众待遇稳步提升，各项医保制度建设取得明显进展。

---

* 张欣欣，中国人事科学研究院助理研究员，主要研究方向为薪酬管理、社会保障、岗位管理、绩效管理等。

一 制度实施现状

基本医疗保险（以下简称“基本医保”）包括职工基本医疗保险（以下简称“职工医保”）和城乡居民基本医疗保险（以下简称“居民医保”）。

（一）参保人员情况

2020年，基本医保参保人数136131万人，[①] 比上年增加724万人，参保率稳定在95%以上。参加职工医保34455万人，比上年增加1530万人，增幅4.6%。其中，在职职工25429万人、退休职工9026万人，分别比上年增加5.0%、3.7%。在职退休比为2.82，比上年提升0.04。参加居民医保101676万人，比上年减少807万人，降幅0.8%。参加生育保险23567万人，[②] 比上年增加2150万人，增幅10.0%。[③]

（二）基金收支情况

2020年，基本医保基金[④]总收入24846亿元，比上年增加1.7%；总支出21032亿元，比上年增加0.9%；累计结存31500亿元。职工医保基金收入15732亿元，比上年减少0.7%。[⑤] 其中，统筹基金收入9145亿元，比上年减少8.6%；支出7931亿元，比上年减少0.1%；累计结存15327亿元。

---

① 相关数据为2020年1～12月各省区市上报统计快报汇总数据。部分数据因四舍五入，总计与分项合计略有差异。

② 生育保险参保范围为单位在职职工，不包括退休人员。

③ 国家医疗保障局：《2020年医疗保障事业发展统计公报》，2021。

④ 根据《国务院办公厅关于全面推进生育保险和职工基本医疗保险合并实施的意见》（国办发〔2019〕10号），不再单列生育保险基金收入，在职工基本医保统筹基金待遇支出中设置生育待遇支出项目，因此含生育保险，下同。

⑤ 受疫情影响，2020年2～7月全国多地实施阶段性减半征收职工医保单位缴费，累计减征约1649亿元，职工医保收入较上年下降。若剔除减征因素的影响，职工医保基金总收入（含生育保险）较上年增长9.6%。

居民医保基金收入 9115 亿元，比上年增加 6.3%；支出 8165 亿元，比上年减少 0.3%；累计结存 6077 亿元。[①]

（三）待遇保障情况

1. 享受待遇人次

2020 年，职工医保和居民医保享受待遇人次均有所减少。职工医保参保人员享受待遇 17.9 亿人次，比上年减少 15.6%。其中，普通门急诊 15.0 亿人次，比上年减少 16.7%；门诊慢特病 2.3 亿人次，比上年减少 8.8%；住院 0.5 亿人次，比上年减少 12.3%。居民医保参保人员享受待遇 19.9 亿人次，比上年减少 8.4%。其中，人均享受门诊待遇 1.80 次，比上年减少 0.15 次。生育保险参保人员享受待遇 1167 万人次，比上年增加 30.4 万人次，增幅 2.7%。[②]

2. 住院率和次均住院费用

2020 年，职工医保和居民医保住院率有所降低、次均住院费用有所增加。职工医保参保人员住院率为 15.9%，比上年降低 2.8 个百分点。职工医保次均住院费用 12657 元，比上年增加 6.5%。居民医保参保人员住院率为 15.1%，比上年降低 1.5 个百分点；次均住院费用 7546 元，比上年增加 7.1%。[③]

3. 医疗费用和基金实际支付比例

2020 年，职工医保参保人员医疗总费用[④] 13357 亿元，比上年减少 4.6%。其中，医疗机构发生费用 11281 亿元，个人账户在药店支出费用 2076 亿元。职工医保住院报销水平保持稳定，政策范围内，住院费用基金

---

① 国家医疗保障局：《2020 年全国医疗保障事业发展统计公报》，2021。

② 国家医疗保障局：《2020 年全国医疗保障事业发展统计公报》，2021。

③ 国家医疗保障局：《2020 年全国医疗保障事业发展统计公报》，2021。

④ 职工医保医疗总费用含在医疗机构普通门急诊费用、门诊大病费用、住院费用以及个人账户在定点零售药店支出费用。

支付 85.2%。[①] 居民医保医疗费用 14080 亿元，比上年减少 2.3%。居民医保住院报销水平稳步提高，政策范围内，住院费用基金支付 70.0%，比上年增加 1.2 个百分点。生育保险人均生育待遇支出[②] 21973 元，比上年增加 8.2%。[③]

二　制度改革进展

（一）医保参保工作不断完善

1. 首次提出重复参保界定及处理原则

2020 年 8 月，国家医疗保障局（简称“国家医保局”）、财政部、国家税务总局印发的《关于加强和改进基本医疗保险参保工作的指导意见》（医保发〔2020〕33 号）（以下简称“33 号文”）首次提出“重复参保”[④] 这一概念，包括制度内重复参保[⑤]、跨制度重复参保[⑥]。如参保人重复参保，应及时处理，保留一个参保关系。该文件还明确了几类情况的处理原则。其中，对于职工医保重复参保的，原则上保留就业地参保关系；对于居民医保重复参保的，原则上保留常住地参保关系；对于跨制度重复参保且连续参加职工医保一年以上（含一年）的，原则上保留职工医保参保关系。

2. 进一步明确跨制度参保待遇衔接原则

33 号文明确提出了跨制度参保待遇衔接原则。参保人连续 2 年以上（含 2 年）参加基本医保，因就业等在职工医保和居民医保之间切换参保关

① 2019 年起政策范围内住院费用基金支付比例和实际住院费用基金支出比例计算口径调整，为基金支出全口径，将个人账户支出纳入基金支出统计，即基金支出为统筹基金、个人账户、补充医疗保险等其他基金支付之和。个人负担计算口径也相应调整，个人账户支出不纳入个人负担统计。

② 生育医疗费用和女职工生育津贴（产假、计划生育手术休假期间的替代性工资）。

③ 国家医疗保障局：《2020 年全国医疗保障事业发展统计公报》，2021。

④ 同一时间段内同一参保人有两条及以上参保缴费状态正常的参保信息记录。

⑤ 指同一参保人重复参加同一基本医疗保险制度。

⑥ 指同一参保人重复参加不同基本医疗保险制度。

系的，有两条处理原则：一是中断缴费时间不超过 3 个月的，缴费后可正常享受待遇，无缝衔接；二是超过 3 个月的，各统筹地区设置不超过 6 个月的待遇享受等待期，期满后暂停原参保关系。

3. 进一步明确个人参保缴费服务机制

在完善个人参保缴费服务机制方面，33 号文主要强调以下内容：一是加强国家医保信息平台应用，利用信息管理系统及时查询参保人参保情况；二是加强宣传和引导，提升参保缴费服务便利性；三是明确职工医保和居民医保退费处理原则。

（二）职工医保个人账户改革逐步推进

1. 个人账户使用范围拓宽至家庭成员

为扩大医保基金保障范围，2021 年 4 月，国务院办公厅印发的《关于建立健全职工基本医疗保险门诊共济保障机制的指导意见》（国办发〔2021〕14 号）（以下简称“14 号文”）明确提出，个人账户使用范围扩大至职工配偶、父母、子女等个人负担费用。个人账户除了用于支付参保人员在定点医疗机构或零售药店发生的政策范围内自付费用外，也可用于支付参保人员本人及其配偶、父母、子女在定点医疗机构就医发生的个人负担医疗费用，以及在定点零售药店购买药品、医疗器械、医用耗材发生的个人负担费用。此外，该文件还提出，要探索个人账户在配偶、父母、子女参加居民医保等个人缴费方面的使用。

2. 单位缴费不再计入个人账户

为优化个人账户结构，14 号文改进了个人账户计入办法，单位缴费不再进入个人账户，科学合理确定个人账户计入水平。对于在职职工，个人账户由个人缴纳基本医保费计入，原则上为本人参保缴费基数的 2%；对于退休人员，原则上将统筹基金按定额划入，逐步调整至统筹地区当年基本养老金平均水平的 2% 左右。该项改革旨在将统筹基金用于门诊共济保障，提高门诊待遇。

（三）医保支付方式改革全面深化

1. 多元复合式医保支付体系逐步建立

为提高医疗服务透明度，提升医保基金使用效率，国家层面出台了一系列政策，持续推进医保支付方式改革，逐步建立多元复合式医保支付体系，不断提升医保管理服务水平。2020 年，已在 30 个城市开展按疾病诊断相关分组付费（DRG）国家试点工作，全部通过模拟运行前评估考核，进入模拟运行阶段；确定开展区域点数法总额预算和按病种组合分值付费（DIP）试点工作。①

2. 开展总额预算和按病种分值付费试点

2020 年 10 月，国家医保局办公室印发的《关于印发区域点数法总额预算和按病种分值付费试点工作方案的通知》提出，把点数法和区域总额预算结合，实行住院以按病种分值付费为主的多元复合支付方式，即将项目、病种、床日等付费单元转换为一定点数，年底根据总点数进行付费。该文件确定以地级市统筹区为单位，开展试点工作。试点范围为 27 个省（区、市）② 的 71 个市（区）。自 2021 年 3 月起，有条件的地区备案后可先行启动实际付费。年底前，全部试点地区进入实际付费阶段。为保证试点工作顺利开展，同年 11 月，国家医保局印发按病种分值付费技术规范和病种目录库，进行业务培训。

3. 实行门诊费用支付方式改革

对于门诊费用支付方式，14 号文明确提出，要与门诊共济保障相适应。一是对于基层医疗服务，按人头付费，并探索与慢性病管理相结合；二是对于日间手术及符合条件的门诊特殊病种，按病种或按疾病诊断相关分组付费；三是对于不宜打包付费的门诊费用，按项目付费。此外，要科学合理制定医保药品支付标准，促进药品高效、合理使用。

---

① 国家医疗保障局：《2020 年全国医疗保障事业发展统计公报》，2021。

② 包括天津、河北、山西、内蒙古、辽宁、吉林、黑龙江、上海、江苏、安徽、福建、江西、山东、河南、湖北、湖南、广东、海南、四川、贵州、云南、西藏、陕西、甘肃、青海、宁夏、新疆。

（四）医保门诊统筹制度日益完善

1. 更多门诊费用纳入医保报销

14 号文明确提出，将门诊费用纳入职工医保统筹基金支付范围，提高医保基金使用效率。一是将治疗周期长、健康损害大、费用负担重的疾病门诊费用纳入保障范围，逐步向费用保障过渡；二是对于一些适合在门诊治疗、比住院更经济方便的特殊疾病，可参照住院待遇纳入门诊保障范围；三是将符合条件定点零售药店提供的用药服务纳入门诊保障范围，支持外配处方结算和配药。

2. 门诊保障水平逐步提高

14 号文提出，增强门诊共济保障功能。主要有以下内容：一是对于职工医保门诊保障，政策范围内支付比例从 50% 起步，并逐步提高；二是将门诊保障水平与住院支付政策相衔接，科学确定起付标准和最高支付限额；三是在提高职工医保门诊保障水平的同时，完善居民医保门诊统筹。

3. 门诊费用直接结算试点工作稳妥推进

为提供优质、高效、便捷的医疗费用结算服务，2020 年 9 月，国家医保局、财政部印发的《关于推进门诊费用跨省直接结算试点工作的通知》提出，在京津冀、长三角、西南 5 省①等 12 个试点省份基础上，进一步扩大试点范围，将 12 个省份②作为门诊费用跨省直接结算试点地区，规范结算流程，探索全国统一制度体系、运行机制和实现路径。2021 年 1 月，国家医保局办公室印发的《关于联通京津冀、长三角、西南五省普通门诊费用跨省直接结算服务的通知》提出，将 11 个省份③的统筹地区，以及贵州省本级和黔西南布依族苗族自治州全部接入国家异地就医结算系统并联通服务。同时，开通 1.02 万家跨省直接结算定点医疗机构和 1.18 万家定点药店。同月，国家医保局办公室、财政部办公厅印发的《关于印发新增门诊

① 包括重庆、四川、贵州、云南、西藏。

② 包括北京、天津、河北、上海、江苏、浙江、安徽、重庆、四川、贵州、云南、西藏。

③ 包括北京、天津、河北、上海、江苏、浙江、安徽、重庆、四川、云南、西藏。

费用跨省直接结算试点省份名单的通知》决定新增15个省份[①]，从2021年2月1日起开展试运行工作。4月，为加快改革进度，国家医保局、财政部印发的《关于加快推进门诊费用跨省直接结算工作的通知》提出，扩大普通门诊费用跨省直接结算覆盖范围，积极推进门诊慢特病治疗费用跨省直接结算。2020年，12个先行试点省份[②]普通门诊费用跨省直接结算302万人次，医疗总费用7.46亿元，医保基金支付4.29亿元。[③]

（五）医保基金监督管理有所加强

1. 医保基金监管制度改革不断推进

14号文强调，加强医疗行为和医疗费用监管。一是建立防控机制。对于各类欺诈骗保行为进行严厉打击和惩处，保证基金安全，提高基金使用效率。二是建立预防机制。创新管理方式，加强医疗服务监控、完善医疗服务考核体系，规范医疗机构诊疗行为。

2. 制定医保行政执法事项指导目录

2020年8月，国家医保局印发的《关于印发〈医疗保障行政执法事项指导目录〉的通知》明确了15类行政执法事项，包括违法事项及处理规则等，各地在行政执法过程中遇到有关情况时，应及时向上一级行政部门报告。

3. 打击欺诈骗取医保基金专项行动

2020年12月，国家医保局办公室、卫健委办公厅印发《关于开展定点医疗机构专项治理“回头看”的通知》，在全国范围内开展定点医疗机构专项治理“回头看”，集中打击治理诱导住院[④]、虚假住院[⑤]等欺诈骗保问题。

---

① 包括山西、内蒙古、辽宁、吉林、黑龙江、福建、江西、山东、湖北、广西、海南、陕西、青海、宁夏、新疆。

② 包括京津冀、长三角和西南五省区。

③ 国家医疗保障局：《2020年全国医疗保障事业发展统计公报》，2021。

④ 指利用“包吃包住、免费体检、车接车送”等名义或者通过“有偿推荐”等方式，诱导不符合住院指征的参保群众住院等骗取医保基金的行为。

⑤ 指采取挂床、冒名顶替等手段，对实际未住院治疗的患者，通过编造诊疗项目、伪造医疗文书等手段骗取医保基金的行为。

2020 年，各部门、各地联合开展打击欺诈骗取医保基金专项行动，共检查定点医疗机构 62.7 万家，查处违法违规违约机构 40.1 万家；查处参保人员 2.61 万人，暂停医保卡结算 3162 人，移交司法机关 2062 人；追回医保基金 223.1 亿元。在国家医保局组织的全国范围现场检查中，共查出涉嫌违法违规资金 5.4 亿元。①

三　制度发展面临的问题及挑战

（一）待遇保障不平衡不充分

医疗保障发展不平衡不充分，体现在筹资政策、待遇保障、医疗资源等各个方面，统筹层次较低是其主要原因之一。到 2020 年底，全国范围内，仅有 4 个直辖市以及海南、宁夏等少数省份实现省级统筹，大部分地区为市级统筹，不少地区仍为县级统筹。②

1. 城乡居民待遇、门诊待遇保障不充分

不同医保制度、不同群体在保障范围、保障水平、保障质量等方面存在不平衡的现象。职工医保筹资标准较高，待遇保障水平较高；居民医保筹资水平较低，待遇保障水平较低。2018 年，职工医保和居民医保人均实际筹资水平分别为 4200 元和 700 元左右，差距较大，公平性不足。以医保住院费用补偿水平为例，2018 年，职工医保实际补偿比为 71.8%，而居民医保为 56% 左右，门诊实际补偿水平更低，居民医疗费用负担较重。部分地区居民医保补偿目录范围过小、门诊费用保障不足、大病异地就医患者保障水平不足等，加剧了制度的不平衡、待遇保障的不充分。③

---

① 国家医疗保障局：《2020 年全国医疗保障事业发展统计公报》，2021。

② 袁涛、范静：《推进基本医疗保险省级统筹的实施路径》，《中国劳动保障报》2021 年 5 月 11 日。

③ 谢莉琴、秦盼盼、高星、陈荃、胡红濮：《中国城乡居民基本医疗保险制度发展历程、挑战与应对策略》，《中国公共卫生》2020 年第 36（12）期。

2. 地区间待遇保障不平衡、衔接不够

随着新型城镇化的深入推进，人口在城乡之间、区域之间频繁流动，由于经济发展水平、人口结构、医疗服务成本、服务能力等方面的差异，地区间待遇保障不平衡问题逐步显现，如职工医保缴费率。虽然文件明确了统一费率标准，但各统筹地区之间实际执行差异较大，缴费率高的地区甚至高出费率标准的 1 倍，而缴费率低的地区则低于费率标准。[①] 企业缴费率和筹资水平也有很大差异，由此导致的地区间待遇保障水平差距较大、衔接不够，不利于均衡发展，需继续提高统筹层次，建立保障机制，不断推进医保制度、政策、待遇的统一。

（二）筹资机制合理性有待提高

1. 职工医保与居民医保缴费政策和模式不一致

职工医保和居民医保筹资机制不同，实行分类保障，待遇与缴费挂钩，医保基金分别建账、分账核算。职工医保，由用人单位和个人共同缴费，大额医疗费用补助与此挂钩；居民医保，政府按规定给予补助，缴费与社会发展水平和居民人均可支配收入挂钩，大病保险没有单独的筹资方式。[②] 由于两者缴费政策和模式不一致，居民医保总缴费率明显低于职工医保。由此，职工医保与居民医保之间的保障水平存在差距，后者仅为前者的 16%。[③] 这在一定程度上，影响了制度的持续性与公平性。

2. 职工医保用人单位负担较重，居民医保财政负担较重

由于缴费政策和模式不一致，职工医保和居民医保存在筹资主体双方责任与权利错位的问题。一方面，职工医保用人单位负担较重。一是个人缴费比例较低，用人单位缴费负担较为沉重；二是采用“退休人员不缴费、在

---

① 郑秉文：《“十四五”时期医疗保障可持续性改革的三项任务》，《社会保障研究》2021 年第 2 期。

② 郑秉文：《“多层次”医疗保障体系三大亮点与三大挑战——抗击疫情中学习解读〈中共中央国务院关于深化医疗保障制度改革的意见〉》，《中国医疗保险》2020 年第 4 期。

③ 《完善城乡居民基本医疗保险制度筹资政策》，《中国城市报》2021 年 4 月 26 日。

职人员缴费”的筹资模式。随着人口老龄化日益加重，老年群体医疗负担逐渐加重。个人缴费率有待提高，参保意识有待加强，企业费率有待降低。另一方面，居民医保财政负担较重。一是居民医保财政补助始终高于个人缴费，双方权责失衡，由于缴费人数较多，各级财政负担较重；二是多年来，随着医保水平的不断提高，人均财政补助增长率一直高于 GDP 增长率，各级财政负担逐年加重；① 三是身体健康的年轻人不愿参保，体弱多病的老年人参保，造成“逆向选择”，从而导致筹资稳定性不足，加上筹资增长机制缺乏，财政负担较重。②

（三）总额预算管理下多元复合式支付方式尚不成熟

1. 医保支付制度不够完善

当前，医保支付方式改革工作进展有序，但尚不成熟，存在改革进度不平衡、地区差异大、管理方式较为粗放等问题。此外，医保支付方式改革同医疗服务、医药等其他制度改革的协同配合机制有待健全完善，加快推进医保综合性改革。

2. 医药价格机制和医保支付标准尚不明确

当前，关于医保支付方式改革，主要强调“控费”，但没有更好发挥制度的激励和约束作用，也无法有效解决这一问题。明确的医药价格机制和医保支付标准亟待研究和完善，合理有效的评估调整机制有待建立健全，进而提高医保基金使用质量和效率。

（四）门诊共济保障功能发挥不够充分

1. 职工医保个人账户共济性较弱

职工医保个人账户资金规模逐渐增加。2019 年，参保人数约 3.29 亿

---

① 郑秉文：《“十四五”时期医疗保障可持续性改革的三项任务》，《社会保障研究》2021 年第 2 期。

② 谢莉琴、秦盼盼、高星、陈荃、胡红濮：《中国城乡居民基本医疗保险制度发展历程、挑战与应对策略》，《中国公共卫生》2020 年第 36（12）期。

人，个人账户累计结存超8000亿元，[①] 人均账户资金额从2003年的365元增加至2019年的3478元。[②] 统账结合医保制度建立之初，个人账户曾发挥了重要作用。但随着制度发展，个人账户逐渐显现出对参保人员门诊保障不充分、共济保障功能较弱等问题。主要表现为：个人账户收益率较低，存在福利损失；老年人个人账户抵御疾病风险能力较弱；医患双方容易陷入道德风险；个人账户管理成本较高。绝大多数地区没有较好地实现门诊统筹，削弱了医保互济功能。

2. 门诊统筹保障范围仍有待扩大

职工医保门诊待遇主要通过个人账户实现，但从实际情况来看，个人账户对参保人的门诊待遇保障不足，部分常见病费用较高而无法支付，如慢性病。据统计，我国慢性疾病费用支出占总疾病费用支出的70%，[③] 成为医疗费用支出的主要部分，尤其以糖尿病、高血压为代表的慢性病逐渐呈现年轻化趋势。个人账户共济功能和风险分散功能较差。将门诊费用纳入统筹基金支付范围、减轻病人看病负担，仍有待改革探索。[④]

（五）医保基金监督管理制度尚不健全

1. 医保基金使用效率较低

随着制度不断发展，医保覆盖范围逐渐扩大、保障水平逐步提升，有效维护了人民的健康权益。但同时，也存在一定问题。当前，医保基金监管制度尚不完善，激励约束作用发挥不充分，再加上绝大多数统筹区基金收入增长空间有限，支出面临较大压力，基金监管形势较为严峻，基金使用效率面临一定挑战。

2. 欺诈骗保问题亟待强化治理

近年来，欺诈骗保现象时有发生，各方对此关注度较高，医保专项治理

---

① 国家医疗保障局：《2019年全国医疗保障事业发展统计公报》，2020。
② 郑秉文：《医疗保险个人账户改革的动因、方向与步骤》，《中国医疗保险》2020年第8期。
③ 郑功成：《奋力实现“十四五”时期医保制度基本成熟》，《中国医疗保险》2021年第3期。
④ 王震：《完善门诊统筹，改革个人账户》，《中国医院院长》2020年第8期。

有待深入，基金监管机制有待进一步完善。目前，欺诈骗保行为主要有如下几类：一是患者虚构事实欺诈骗保，如冒用他人证件就诊治疗等；二是医院违规操作欺诈骗保，如降低住院标准、滥用辅助药物等；三是职工刷卡套取医保基金，如医药机构人员利用职务之便为个人或他人刷卡套取医保基金等。

四　制度改革趋势

2021 年初，全国医疗保障工作会议确定了 2021 年医保改革工作总基调，要加强医保制度顶层设计，继续深化各项改革任务，促进医保高质量发展。

（一）进一步提高医保制度统筹层次

1. 全面做实市级统筹，逐步推进省级统筹

2021 年 3 月，《中华人民共和国国民经济和社会发展第十四个五年规划和 2035 年远景目标纲要》（以下简称“十四五”规划纲要）提出，要推动基本医保省级统筹，落实异地就医结算。这也是深化医药卫生体制改革 2021 年重点工作任务之一。要加强工作指导，按照制度政策统一、基金统收统支、管理服务一体的标准，全面做实基本医保市级统筹，并在此基础上，逐步推进省级统筹，保证该项工作平稳落地。

2. 加快落实跨省异地就医结算制度

目前，全国 29 个省份的 219 个统筹地区启动了普通门诊费用跨省直接结算。下一步，要实现主要门诊慢特病治疗费用跨省直接结算统筹地区全覆盖，探索其他门诊慢特病跨省直接结算或线上零星报销，如高血压、糖尿病等；要持续扩大普通门诊费用跨省直接结算覆盖范围；要提供统一线上备案服务，提高跨省异地就医资金拨付办理效率等。

（二）健全筹资和待遇稳定调整机制

1. 调整医保筹资水平与结构，强化责任分担

一是科学确定基本医保筹资标准，均衡各方缴费责任，促进制度公平、

可持续发展。二是科学调整缴费比例，实行个人缴费与社会平均工资或可支配收入增长的指数化挂钩机制。[①] 同时，为保证制度公平性，对职工医保和居民医保实行同步改革。三是稳妥推进退休人员缴费政策调整，缓解筹资压力。此外，还要完善灵活就业人员参保缴费方式。

2. 落实国家医保待遇清单制度

“十四五”规划纲要明确提出，实行医保待遇清单制度。具体来说，要对医保待遇基本内容、支付项目、支付标准等内容进行科学合理确定，提高制度实施的科学性、合法性以及规范性。此外，要考虑待遇水平与经济发展水平相适应，每年及时更新执行事项范围，保证制度公平性和可持续性。[②] 但在医保制度统筹层次较低的条件下，高质量落实待遇清单制度具有一定难度。因此，需不断提高医保制度统筹层次，努力消减干扰因素，提高实施质量，强化实施效果。

（三）建立管用高效的医保支付机制

1. 全面推行多元医保支付方式

继续推进医保支付方式改革是当前一项重点工作。主要涉及如下内容。一是有序推进试点工作开展，确保 30 个 DRG 付费试点城市和 71 个 DIP 付费试点城市转入实际付费。二是积极探索多种门诊支付方式。推行以按病种付费为主的多元复合支付方式；在部分城市试点基础上，逐步推广 DRG 付费方式；完善按床日、按人头等多种支付方式，如对于医疗康复、慢性精神疾病等长期住院情形，可按床日付费，对于门诊特殊慢性病，可按人头付费。同时，要大力支持“互联网 +”医疗服务，逐步扩大支付范围。三是推进紧密型县域医共体支付方式改革，因地制宜，细化实施方案，切实落实技术要求。

2. 加强医保目录和协议管理

完善医保目录、协议管理，能够提高医保支付实施效率，增强对医药服

① 郑秉文：《“十四五”时期医疗保障可持续性改革的三项任务》，《社会保障研究》2021 年第 2 期。

② 郑秉文：《找准新时期基本医保待遇调整机制重点》，《中国医疗保险》2021 年第 3 期。

务领域的激励约束作用。一是要统一医保目录，将更多临床价值高、经济性评价优良的药品、项目、耗材纳入支付范围，并进行动态调整，切实提高就医用药质量；二是要创新医保协议管理，将符合条件的医药机构纳入管理范围，创新服务模式，推进各项便民服务。

（四）强化门诊统筹共济保障机制

1. 完善门诊共济基金管理、待遇和支付政策

一方面，将个人账户划转为门诊统筹基金。目前，已有地方进行改革试点，划转后，再合并门诊统筹基金和住院统筹基金，建立门诊共济基金。在报销门诊小病费用的同时，扩大个人账户使用范围，提高资金门诊使用效率和保障水平。另一方面，尽快研究制定门诊统筹基金管理办法。门诊共济基金建立后，容易产生道德风险，如过度医疗、资金过度使用等问题，要预先制定基金管理办法，防范风险，加强基金监管。①

2. 稳步扩大门诊统筹保障范围

随着改革的逐步深入，稳步扩大门诊统筹保障范围。逐步将一些门诊大病、慢特病和多发病、常见病普通门诊费用纳入门诊报销范围，在保障范围、保障时限、保障额度等方面不断完善，进一步减轻患者负担，提高门诊待遇。此外，要适当提高门诊统筹报销比例和住院实际报销比例等。

（五）健全严密有力的基金监管机制

1. 加强基金监管制度建设，创新监管方式

一方面，在现有基金监管制度的基础上，进一步明确监管内容、稽查责任，强化监督检查机制，联合其他部门或第三方力量，加强基金监管。另一方面，要充分利用信息管理系统，进行实时动态监控；依法依规进行信息公开；加强社会监督，增强医保行为透明度。

---

① 郑秉文：《医疗保险个人账户改革的动因、方向与步骤》，《中国医疗保险》2020 年第 8 期。

2. 依法严厉打击欺诈骗保行为

国家层面，要加强法制建设，进一步完善医保基金监管相关法律法规，不断完善与落实相关制度；建立医保信用体系，推行守信联合激励和失信联合惩戒。部门层面，要加强协作，严格监督检查机制，开展专项整治，严肃追究欺诈骗保单位和个人责任；加大政策和法律法规宣传培训力度。机构和个人层面，医保经办机构和医务人员要全面提升业务能力，熟练掌握医保政策；参保人应知晓政策规定，自觉参与医保基金监督。

表 22－1　2020 年 7 月至 2021 年 6 月发布的医疗保险相关政策文件

序号	文件文号	文件名称	发文时间
1	医保发〔2021〕35 号	《国家医疗保障局关于印发〈规范医疗保障基金使用监督管理行政处罚裁量权办法〉的通知》	2021 年 6 月 23 日
2	国家医疗保障局令第 4 号	《医疗保障行政处罚程序暂行规定》	2021 年 6 月 11 日
3	医保发〔2021〕32 号	《国家医保局财政部国家税务总局关于做好 2021 年城乡居民基本医疗保障工作的通知》	2021 年 5 月 27 日
4	国办发〔2021〕20 号	《国务院办公厅关于印发深化医药卫生体制改革 2021 年重点工作任务的通知》	2021 年 5 月 24 日
5	医保发〔2021〕28 号	《国家医保局国家卫生健康委关于建立完善国家医保谈判药品“双通道”管理机制的指导意见》	2021 年 4 月 22 日
6	国办发〔2021〕14 号	《国务院办公厅关于建立健全职工基本医疗保险门诊共济保障机制的指导意见》	2021 年 4 月 13 日
7	医保发〔2021〕27 号	《国家医保局财政部关于加快推进门诊费用跨省直接结算工作的通知》	2021 年 4 月 12 日
8	医保发〔2021〕23 号	《国家医疗保障局关于印发加强网络安全和数据保护工作指导意见的通知》	2021 年 4 月 6 日
9	—	《国家医疗保障局民政部财政部国家卫生健康委国家税务总局银保监会国家乡村振兴局关于巩固拓展医疗保障脱贫攻坚成果有效衔接乡村振兴战略的实施意见》	2021 年 1 月 29 日
10	医保办发〔2021〕7 号	《国家医保局办公室财政部办公厅关于印发新增门诊费用跨省直接结算试点省份名单的通知》	2021 年 1 月 20 日
11	医保办发〔2021〕4 号	《国家医疗保障局办公室关于联通京津冀、长三角、西南五省普通门诊费用跨省直接结算服务的通知》	2021 年 1 月 14 日

续表

序号	文件文号	文件名称	发文时间
12	医保办发〔2021〕1号	《国家医疗保障局办公室关于印发〈中国医疗保障官方标识使用管理办法(暂行)〉的通知》	2021年1月7日
13	国家医疗保障局令第3号	《零售药店医疗保障定点管理暂行办法》	2020年12月30日
14	国家医疗保障局令第2号	《医疗机构医疗保障定点管理暂行办法》	2020年12月30日
15	医保发〔2020〕54号	《国家医疗保障局关于坚持传统服务方式与智能化服务创新并行优化医疗保障服务工作的实施意见》	2020年12月26日
16	医保发〔2020〕53号	《国家医保局人力资源社会保障部关于印发〈国家基本医疗保险、工伤保险和生育保险药品目录(2020年)〉的通知》	2020年12月25日
17	医保办发〔2020〕60号	《国家医疗保障局办公室关于推介全国医疗保障经办精细化管理服务典型案例的通知》	2020年12月24日
18	医保办发〔2020〕59号	《国家医疗保障局办公室关于加快落实医药价格和招采信用评价制度的通知》	2020年12月24日
19	医保办发〔2020〕58号	《国家医疗保障局办公室、国家卫健委办公厅关于开展定点医疗机构专项治理"回头看"的通知》	2020年12月18日
20	医保发〔2020〕51号	《国家医疗保障局关于国家组织冠脉支架集中带量采购和使用配套措施的意见》	2020年12月15日
21	国卫规划发〔2020〕22号	《关于深入推进"互联网+医疗健康""五个一"服务行动的通知》	2020年12月15日
22	医保办发〔2020〕54号	《国家医疗保障局办公室关于建立区域点数法总额预算和按病种分值付费(DIP)专家库的通知》	2020年12月9日
23	医保办发〔2020〕55号	《国家医疗保障局办公室关于印发2021年度疾病诊断相关分组(DRG)付费国家试点专家组固定联系分组名单的通知》	2020年12月7日
24	医保办发〔2020〕51号	《国家医疗保障局办公室关于贯彻执行15项医疗保障信息业务编码标准的通知》	2020年11月20日
25	医保价采中心函〔2020〕25号	《国家医保局医药价格和招标采购指导中心关于印发〈医药价格和招采信用评级的裁量基准(2020版)〉的通知》	2020年11月18日
26	医保价采中心函〔2020〕24号	《国家医保局医药价格和招标采购指导中心关于印发〈医药价格和招采信用评价的操作规范(2020版)〉的通知》	2020年11月18日

续表

序号	文件文号	文件名称	发文时间
27	医保办发〔2020〕50 号	《国家医疗保障局办公室关于印发国家医疗保障按病种分值付费(DIP)技术规范和 DIP 病种目录库(1.0 版)的通知》	2020 年 11 月 9 日
28	医保发〔2020〕45 号	《国家医疗保障局关于积极推进"互联网 + "医疗服务医保支付工作的指导意见》	2020 年 10 月 24 日
29	医保办发〔2020〕45 号	《国家医疗保障局办公室关于印发区域点数法总额预算和按病种分值付费试点工作方案的通知》	2020 年 10 月 14 日
30	医保发〔2020〕40 号	《国家医疗保障局财政部关于推进门诊费用跨省直接结算试点工作的通知》	2020 年 9 月 28 日
31	医保办发〔2020〕42 号	《国家医疗保障局办公室关于印发医保药品中药饮片和医疗机构制剂统一编码规则和方法的通知》	2020 年 9 月 17 日
32	医保发〔2020〕37 号	《国家医保局财政部关于扩大长期护理保险制度试点的指导意见》	2020 年 9 月 10 日
33	国卫办基层发〔2020〕12 号	《关于印发紧密型县域医疗卫生共同体建设评判标准和监测指标体系(试行)的通知》	2020 年 8 月 31 日
34	医保发〔2020〕34 号	《国家医疗保障局关于建立医药价格和招采信用评价制度的指导意见》	2020 年 8 月 28 日
35	医保发〔2020〕35 号	《国家医疗保障局关于印发〈医疗保障行政执法事项指导目录〉的通知》	2020 年 8 月 27 日
36	医保发〔2020〕33 号	《国家医保局财政部国家税务总局关于加强和改进基本医疗保险参保工作的指导意见》	2020 年 8 月 24 日
37	—	《国家医疗保障局关于公布〈2020 年国家医保药品目录调整工作方案〉和〈2020 年国家医保药品目录调整申报指南〉的公告》	2020 年 8 月 17 日
38	国家医疗保障局令第 1 号	《基本医疗保险用药管理暂行办法》	2020 年 7 月 30 日

参考文献

国家医疗保障局：《2020 年全国医疗保障事业发展统计公报》，2021。

国家医疗保障局：《全国医疗保障工作会议在京召开》，http：//www. gov. cn/

xinwen/2021 -01/14/content_ 5579758. htm，2021 年 1 月 14 日。

国家医疗保障局：《〈关于加强和改进基本医疗保险参保工作的指导意见〉政策解读》，http：//www. nhsa. gov. cn/art/2020/9/11/art_ 38_ 3571. html，2020 年 9 月 11 日。

丘北县人民政府：《三类医保欺诈行为突出亟需上牢医保基金“安全锁”》，http：//www. ynqb. gov. cn/info/1012/36479. htm，2021 年 3 月 31 日。

郑秉文：《“十四五”时期医疗保障可持续性改革的三项任务》，《社会保障研究》2021 年 4 月 15 日，http：//kns. cnki. net/kcms/detail/42. 1792. F. 20210415. 1313. 002. html。

袁涛、范静：《推进基本医疗保险省级统筹的实施路径》，《中国劳动保障报》2021 年 5 月 11 日。

《完善城乡居民基本医疗保险制度筹资政策》，《中国城市报》2021 年 4 月 26 日。

本刊综合：《职工医保迎来 4 大变化》，《时代金融》2021 年第 13 期。

郑功成：《奋力实现“十四五”时期医保制度基本成熟》，《中国医疗保险》2021 年第 3 期。

何文炯：《深化医保改革助力共同富裕》，《中国医疗保险》2021 年第 3 期。

郑秉文：《找准新时期基本医保待遇调整机制重点》，《中国医疗保险》2021 年第 3 期。

郑秉文：《医疗保险个人账户改革的动因、方向与步骤》，《中国医疗保险》2020 年第 8 期。

郑秉文：《“多层次”医疗保障体系三大亮点与三大挑战——抗击疫情中学习解读〈中共中央国务院关于深化医疗保障制度改革的意见〉》，《中国医疗保险》2020 年第 4 期。

贾宁：《医疗保障事业“十四五”规划研究与展望》，《中国医疗保险》2021 年第 2 期。

谢莉琴、秦盼盼、高星、陈荃、胡红濮：《中国城乡居民基本医疗保险制度发展历程、挑战与应对策略》，《中国公共卫生》2020 年第 36（12）期。

王震：《完善门诊统筹，改革个人账户》，《中国医院院长》2020 年第 8 期。

袁婉君：《医保改革迎来 3 个变化》，《中国银行保险报》2020 年 9 月 3 日。

人力资源服务业篇

Development of Human Resources Service Industry

B.23

中国人力资源服务市场发展现状分析

田永坡　王晓辉　郭旭林*

摘　要：本文以相关统计数据为基础，从人力资源服务规模、从业人员队伍、流动配置效能、相关业态发展情况、人力资源服务重大活动等方面，对我国人力资源服务市场的发展状况进行了系统分析，同时，结合人力资源市场的环境变化，分析了“十四五”时期人力资源服务市场的发展趋势。

关键词：人力资源　服务市场　服务行业

从近几年的发展特点看，人力资源服务行业以高于同期 GDP 增速的速

* 田永坡，博士，中国人事科学研究院研究员，主要研究方向为人力资源市场发展与评估、流动与就业、人力资源服务业等；王晓辉，博士，中国人事科学研究院助理研究员，主要研究方向为人力资源市场；郭旭林，中国政法大学研究生。

度快速发展，即使2020年受到新冠肺炎疫情影响，行业规模仍保持扩大态势，结构不断优化，人力资源服务机构和从业人员也不断增加。

一 人力资源服务规模

（一）营业收入

人力资源服务行业规模持续扩大，人力资源服务新动能不断形成。据人力资源社会保障部统计，2020年行业营业总收入达到2.03万亿元，比2019增长3.57%；从更长周期看，2016～2020年的年均增速高达14.53%，远高于同期国内生产总值的增长率。除了行业规模的快速增长外，人力资源服务业的发展效率也在不断提高，发展质量得到进一步提升，2016～2019年人均营业收入从214万元持续增长至290万元，该期间的年均增长率①高达10.66%，而2020年受新冠肺炎疫情的影响，人均营业收入出现较大幅度下降，降至240万元，比2019年减少17.24%，但从2016～2020年整体情况来看，仍保持一定增长，2016～2020年的年均增长率仍有2.91%（见表23－1）。

国家级人力资源服务产业园的建设也在人力资源服务业的集聚、创新发展中发挥了平台和载体作用，为行业发展提供了有力支撑。自2010年起，国家陆续建成了上海、重庆、中原、苏州、杭州、海峡、成都、烟台、长春、南昌、西安、北京、天津、广州、深圳、长沙、合肥、武汉、宁波、济南、沈阳和石家庄等22家国家级人力资源服务产业园。据人力资源社会保障部统计，截至2020年底，各国家级产业园入园企业已超过3000家，园区营业收入2048亿元，服务各类人员2700万人次，为超过80万家次用人单位提供了人力资源服务，在新冠肺炎疫情期间为服务和促进就业做出了重大

① 年均增长率是指2016～2019年均复合增长率，是以2016年为基期，2019年为末期，通过复合增长率计算所得，即基期× $(1+x\%)^3$ =末期，其中 $x\%$ 为2016～2019年年均增长率。如果未做特别说明，该文中所有表中的其他年均增长率均为类似算法。

贡献，这说明建立人力资源服务业产业园对人力资源服务业发展具有巨大推动作用，也为各类人力资源服务机构发展提供了新的契机。

表 23 -1　2016 ~2020 年人力资源服务业营业收入

年份	总营业收入(万亿元)	增速(%)	从业人员人均营业收入(万元)	增速(%)
2016	1. 18	22. 40	214	—
2017	1. 44	21. 90	247	15. 42
2018	1. 77	22. 69	275	11. 33
2019	1. 96	10. 73	290	5. 45
2020	2. 03	3. 57	240	-17. 24

资料来源：2016 年数据来源《2016 年人力资源市场统计报告》；2017 年数据来源《2017 年人力资源市场统计报告》；2018 年数据来源《2018 年人力资源服务业统计情况》；2019 年数据来源《2019 年度人力资源服务业发展统计报告》；2020 年数据来源《2020 年度人力资源服务业发展统计报告》。

（二）人力资源服务机构的规模

随着公共就业服务机构和人才公共服务机构整合改革的推进，市场体制的健全，公共性人力服务机构数量除了 2020 年增长较快外，其他年份增长均较为缓慢或负增长，而经营性人力资源服务机构近五年呈现快速增长。据人力资源社会保障部统计，全国县级以上公共就业和人才服务机构以及各类人力资源服务企业总量从 2016 年约 2. 67 万家增加至 2020 年约 4. 58 万家，2016 ~2020 年的年均增长率高达 14. 44%；2020 年全国建立各类人力资源市场网站 1. 85 万个，比 2019 年增加 0. 35 万个，同比增长 23. 33%，这主要是受新冠肺炎疫情的影响，招聘服务很多改为线上服务；2020 年各类人力资源服务机构共设立固定招聘（交流）场所 4. 24 万个，比 2016 年增加 2. 14 万个（见表 23 -2），2016 ~2020 年的年均增长率为 19. 20%。

从服务机构构成类别上看，2016 ~2020 年经营性人力资源服务机构快速增加；公共性人力资源服务机构在 2020 年的增速达到 11. 44%，而其他四年间公共性人力资源服务机构增速均不超过 3%。据人力资源社会保障部统计，2020 年各类人力资源服务机构数量比 2019 年增加 0. 62 万家，同比增长15.66%；2020年公共性人力资源服务机构为5904家，比2016增加642家，2016～2020年的年均增长率为2.92%，2020年增加606家；2020年经营性人力资源服务机构3.99万家，比2016增加1.84万家，2016～2020年的年均增长率为16.79%，特别是在2020年新冠肺炎疫情期间仍保持了较快的增长，比2019年增加5610家，增长了16.37%；这说明我国推进人力资源配置的市场化效果显著。

表23－2　2016～2020年人力资源服务机构规模

项目	2016年	2017年	2018年	2019年	2020年	2020年增速(%)
各类人力服务机构总量(万家)	2.67	3.02	3.57	3.96	4.58	15.66
公共性人力资源服务机构(家)	5262	5259	5180	5298	5904	11.44
经营性人力资源服务机构(家)	21433	24903	30523	34270	39880	16.37
人力资源市场网站总数(万个)	1.17	1.2	1.33	1.50	1.85	23.33
固定招聘(交流)场所(万个)	2.1	2.1	3.19	—	4.24	—

资料来源：2016年数据来源《2016年人力资源市场统计报告》；2017年数据来源《2017年人力资源市场统计报告》；2018年数据来源《2018年人力资源服务业统计情况》；2019年数据来源《2019年度人力资源服务业发展统计报告》；2020年数据来源《2020年度人力资源服务业发展统计报告》。

二　人力资源服务业态发展

从近几年的发展看，人力资源服务主要业态呈现如下特点：现场招聘经历先慢后快的增长，而网络招聘均保持高速发展；劳务派遣业务量与人力资源外包服务保持稳步增长；高级人才寻访服务、人力资源管理咨询服务和人力资源培训等持续较快增长，特别是高级人才寻访服务持续保持高增长。而由于新冠肺炎疫情的影响，现场招聘出现断崖式下跌，网络招聘则出现倍数增长，高级人才寻访服务和人力资源管理咨询服务等业态出现大幅度下降。

（一）招聘服务

随着互联网等新一代信息技术与人力资源服务的融合，招聘服务突破时间和空间的限制，可以依托互联网完成大部分传统现场招聘才能实现的功能，因而以“互联网 +”为特征的网络招聘和移动互联网络招聘受到用人单位的青睐，特别是在新冠肺炎疫情期间，网络招聘保持了高速增长。

从现场招聘会举办情况看，全国各类人力资源服务机构举办现场招聘会（交流会）从2016年的20万场次增加至2019年的30.26万场次，平均增速为14.80%，但2020年新冠肺炎疫情发生，现场招聘会（交流会）大幅减少，降至23.32万场次，比2019年减少22.93%；现场招聘会提供岗位招聘信息从2016年的1.01亿条增至2019年的1.19亿条，平均增速为5.62%，相应地，2020年也减少至0.68亿条，比2019年减少42.86%。从网络招聘情况来看，各类人力资源服务机构通过网络发布岗位招聘信息从2016年的2.85亿条增至2019年的4.04亿条，2020年更是迅猛增长，为16.47亿条，比2019年增长307.67%；通过网络发布求职信息从2016年的5.92亿条增至2020年的8.40亿条（见表23－3），2016～2020年的年均增长率为9.14%。

与现场招聘相比而言，网络招聘一直保持高速增长，特别是在2020年新冠肺炎疫情期间，网络招聘得到长足的发展。这说明我国目前网络信息的发展规模以及良好的网络招聘发展环境促进了网络招聘的快速发展。艾瑞咨询的调查数据也体现出这一点：它们的调查显示，网络招聘市场规模从2016年的47.9亿元增长至2020年的108亿元，2016～2020年的年均增长率为22.53%。这除了网络招聘平台线上业务的稳定发展之外，也与通过技术与产品进一步扩展人力资源生态系统有关，特别是在新冠肺炎疫情期间，在减少人员流动的情况下，网络招聘发挥了重要作用。

表 23－3　2016～2020 年人力资源市场招聘服务

项目	2016 年	2017 年	2018 年	2019 年	2020 年	2020 年增速(%)
现场招聘会(交流会)(万场次)	20.00	22.30	23.48	30.26	23.32	－22.93
现场招聘会提供岗位招聘信息(亿条)	1.01	1.04	1.14	1.19	0.68	－42.86
通过网络发布岗位招聘信息(亿条)	2.85	3.08	3.6	4.04	16.47	307.67
通过网络发布求职信息(亿条)	5.92	6.27	7.29	8.23	8.40	2.07
网络招聘行业市场规模(亿元)	47.9	69.6	91.2	107.0	108.0	0.93

资料来源：2016 年数据来源《2016 年人力资源市场统计报告》；2017 年数据来源《2017 年人力资源市场统计报告》；2018 年数据来源《2018 年人力资源服务业统计情况》；2019 年数据来源《2019 年度人力资源服务业发展统计报告》；2020 年数据来源《2020 年度人力资源服务业发展统计报告》；艾瑞咨询《中国网络招聘市场发展研究报告（2021 年）》。

（二）劳务派遣服务与人力资源外包服务

近年来，随着《劳务派遣暂行规定》的实施，企业经营社会化大分工的发展，人力资源服务企业转型升级压力的释放，人力资源的供给与使用分离持续增长，导致劳务派遣与人力资源外包服务的市场需求保持稳步增长，特别是在疫情期间，对劳务派遣与人力资源外包服务的市场需求迅速增长。据人力资源社会保障部统计，2020 年全国约有 55.6 万家用人单位使用了人力资源服务机构提供的劳务派遣服务，2016～2020 年期间增长了 27.4 万家，仅 2020 年就增加了 7.6 万家，比 2019 年增加了 15.83%；2020 年，全国约有 106 万家用人单位使用了各类人力资源服务机构提供的人力资源外包服务，比 2016 年增长 52 万家，年均增速为 18.37%，2020 年增加了 15 万家，比 2019 年增加了 16.48%；总的派遣人员从 2016 年 876 万人增加至 2020 年的 1929 万人，五年期间增加了 1053 万人，仅 2020 年就增加 755 万人，比 2019 年增长了 64.31%，占近五年新增派遣人数的 71.70%；登记要求派遣人员从 2016 年的 552 万人增加至 2020 年的 1228 万人，五年期间增加了 676 万人，仅 2020 年增加 416 万人，比 2019 年增长了 51.23%，占近五年新增派遣人数的 61.54%。这种状况表明，劳务派遣和人力资源外包服务业态可降低成本、提高效率，使企业的人力资源和机构运行更灵活、高效，助力企业获得可持续竞争优势，实现战略目标。尤其在疫情期间，企业临时性、结构性、应急性用工猛增，对此类服务产生了巨大需求（见表 23 -4）。

表 23 -4 2016 ~ 2020 年劳务派遣服务与人力资源外包服务

项目	2016 年	2017 年	2018 年	2019 年	2020 年	2020 年增速(%)
劳务派遣服务单位总数(万家)	28.2	28.3	—	48.0	55.6	15.83
人力资源外包服务单位总数(万家)	54	58	81.2	91	106	16.48
总派遣人员(万人)	876	893	—	1174	1929	64.31
登记要求派遣人员(万人)	552	565	—	812	1228	51.23

资料来源：2016 年数据来源《2016 年人力资源市场统计报告》；2017 年数据来源《2017 年人力资源市场统计报告》；2018 年数据来源《2018 年人力资源服务业统计情况》；2019 年数据来源《2019 年度人力资源服务业发展统计报告》；2020 年数据来源《2020 年度人力资源服务业发展统计报告》。

（三）档案管理服务

近年来，档案管理服务进一步规范，人力资源流动日益活跃，档案管理服务出现了快速增长。据人力资源社会保障部的统计，管理流动人员人事档案从 2016 年的 7716 万份增长至 2020 年的 9180 万份，2016 ~ 2020 年的年均增长率为 4.44%，这说明人力资源流动配置能力不断提升。但是，因新冠肺炎疫情的影响，依托档案提供开具相关证明、工资调整、档案查阅等服务的需求在 2020 年仅 3638 万人次，比 2019 年减少 1376 万人次，同比减少 27.44%，而在 2016 ~ 2019 年，依托档案提供相关服务从 4432 万人次增长到 5014 万人次（见表 23 -5）。

表 23 -5 2016 ~ 2020 年人力资源档案管理服务

项目	2016 年	2017 年	2018 年	2019 年	2020 年	2020 年增速(%)
依托档案提供相关服务(万人次)	4432	4646	4895	5014	3638	-27.44
管理流动人员人事档案(万份)	7716	8084	8492	8836	9180	3.89

资料来源：2016 年数据来源《2016 年人力资源市场统计报告》；2017 年数据来源《2017 年人力资源市场统计报告》；2018 年数据来源《2018 年人力资源服务业统计情况》；2019 年数据来源《2019 年度人力资源服务业发展统计报告》；2020 年数据来源《2020 年度人力资源服务业发展统计报告》。

（四）管理咨询、猎头与培训等服务

随着国际国内经营环境复杂多变、企业经营难度加大、人力资源作为核心要素地位提升、人岗匹配度矛盾凸显等，特别是国家“大众创业、万众创新”的持续推进，高级经营管理人才和高级技能人才需求进一步增加，使人力资源管理咨询服务、人力资源培训和高级人才寻访服务等需求持续保持较快增长，但在2020年，由于新冠肺炎疫情的影响，这三类业态的发展表现出一定的差异。

据人力资源社会保障部统计，2020年全国各类人力资源服务机构为182万家用人单位提供人力资源管理咨询服务，比2019年减少约167万家，同比减少47.85%；高级人才寻访（猎头）服务成功推荐选聘各类高级人才2020年为125万人，比2019年减少约80万人，同比减少39.02%；而举办培训班从2016年的28万次增加到2020年的43万次，2016~2020年的年均增长率为11.32%，即使受新冠肺炎疫情的影响，2020年仍比2019年增加10.26%（见表23-6）。

表23-6　2016~2020年人力资源猎头培训等服务

项目	2016年	2017年	2018年	2019年	2020年	2020年增速(%)
人力资源管理咨询服务单位总数(万家)	229	258	329	349	182	-47.85
寻访猎头服务成功推荐(万人)	116	130	168	205	125	-39.02
举办培训班(万次)	28	32	37	39	43	10.26

资料来源：2016年数据来源《2016年人力资源市场统计报告》；2017年数据来源《2017年人力资源市场统计报告》；2018年数据来源《2018年人力资源服务业统计情况》；2019年数据来源《2019年度人力资源服务业发展统计报告》；2020年数据来源《2020年度人力资源服务业发展统计报告》。

三　从业人员状况

随着人力资源服务业的高速发展，人力资源服务业的从业人员也出现较

快增长。据人力资源社会保障部统计，2016 年全国人力资源服务业的从业人员约 55.3 万人，比上一年增长 22.89%；2017 年，从业人员增长到约 58.4 万人，比上一年增长 5.61%；2018 年从业人员数量约 64.14 万人，同比增长 9.83%；2019 年从业人员数量约 67.48 万人，同比增长 5.21%；2020 年从业人员数量约 84.34 万人，同比增长 24.99%（见图 23－1）。这说明人力资源服务业本身具有吸收就业的强大功能，在不断扩大行业规模的同时，也不断提供着就业岗位。

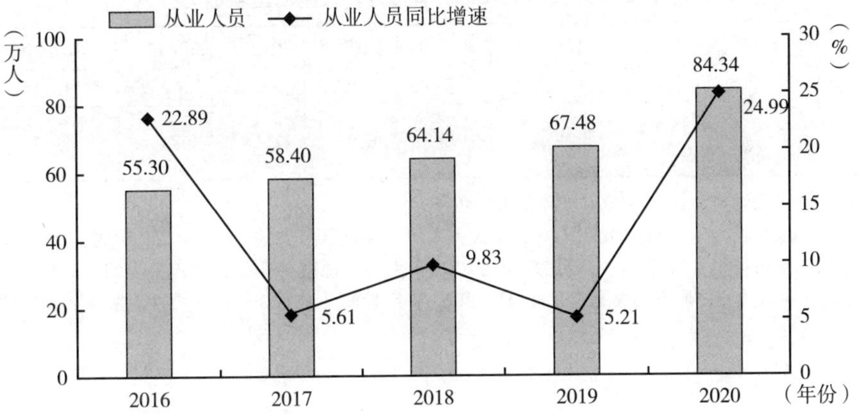

图 23－1　2016～2020 年全国人力资源服务业从业人员数量

资料来源：2016 年数据来源《2016 年人力资源市场统计报告》；2017 年数据来源《2017 年人力资源市场统计报告》；2018 年数据来源《2018 年人力资源服务业统计情况》；2019 年数据来源《2019 年度人力资源服务业发展统计报告》；2020 年数据来源《2020 年度人力资源服务业发展统计报告》。

四　人力资源流动配置效能

随着人力资源服务体系的进一步完善，以及人力资源市场在人力资源配置中决定性作用的凸显，人力资源流动配置服务需求得到了更好的开发与满足。

2016～2020 年，人力资源服务业实现就业和流动的规模保持较快增长。

据人力资源社会保障部统计，2020 年全国各类人力资源服务机构共帮助约 2.90 亿人次实现就业和流动，比 2019 年增长 13.73%，2016～2020 年的年均增长率也高达 13.14%；2020 年各类人力资源服务机构为 4983 万家次用人单位提供了人力资源服务，比 2019 年增长 18.33%，2016～2020 年的年均增长率为 15.29%（见表 23－7）；这说明随着人力资源市场体系建设的不断推进，人力资源流动配置效能也得到进一步提升。

表 23－7　2016～2020 年人力资源流动配置能力

项目	2016 年	2017 年	2018 年	2019 年	2020 年	年均增速(%)
实现就业和流动(亿人次)	1.77	2.03	2.28	2.55	2.90	13.14
人力资源服务机构服务单位总数(万家次)	2820	3190	3669	4211	4983	15.29

注：年均增速为 2016～2020 年年复合增长率。

资料来源：2016 年数据来源《2016 年人力资源市场统计报告》；2017 年数据来源《2017 年人力资源市场统计报告》；2018 年数据来源《2018 年人力资源服务业统计情况》；2019 年数据来源《2019 年度人力资源服务业发展统计报告》；2020 年数据来源《2020 年度人力资源服务业发展统计报告》。

五　人力资源服务重大活动与发展新举措

2020 年，各级政府、高等院校、研究机构、协会、人力资源服务机构等各类主体举办了一系列座谈会、论坛、大赛和展览活动，探讨与交流了人力资源服务业发展、人力资源流动管理的理论与政策、服务产品与模式创新等议题。

（一）中国人力资源服务业创新大会

“2021 中国人力资源服务业创新大会”由中国对外服务工作行业协会，北京市、上海市、江苏省、浙江省人力资源服务行业协会以及亚太人才服务研究院、《人力资源》杂志等联合主办，苏州市人力资源服务行业协会承办，主题是“人力资源行业跨界怎么玩”。江苏省、苏州市人社部门领导，全国各地的人力资源服务机构高级管理人员，部分国家级人力资源服务产业园主要负责人、专家等1000余人参加了此次会议。本次大会围绕人力资源服务行业的跨界创新、推动产业发展、实现行业变革和更好地为企业赋能进行了深入研究和探讨。

（二）人力资源服务创新创业大赛

“2020年中国（宁波）人力资源服务创新创业大赛决赛”由中国人事科学研究院和宁波市人民政府联合主办，宁波市人力资源和社会保障局承办、宁波人力资源行业协会具体执行，以“跨界融合　智慧互联——人力资源新路径”为主题。20个人力资源服务行业创新决赛项目进行了巅峰对决。瑞人云项目团队夺得本届大赛一等奖，爱斌直聘等3个项目夺得二等奖，电子证据平台等6个项目斩获三等奖，蓝图等10个项目荣获优胜奖。本次大赛体现了“跨界融合　智慧互联”的特点，创新举办参赛项目园区对接会。在决赛现场，投融资机构与20个决赛项目全部达成投资合作意向。

（三）服贸会人力资源服务主题活动

“2020年中国国际服务贸易交易会”于2020年9月在北京举办，以“全球服务，互惠共享”为主题。作为服务贸易的重要组成部分，人力资源服务企业首次亮相中国国际服务贸易交易会，开展了“服贸会人力资源服务主题活动”。人力资源社会保障部、北京市政府、北京市人社局等领导参加了主题活动，全国100多家人力资源服务机构和其他各类企业展示了一批优秀的人力资源服务产品，同时发布了“2020年京人奖”评选结果，包括北京地区人力资源服务品牌50强、猎头品牌10强和最具影响力百名人力资源经理人等。

（四）中国(浙江)人力资源服务博览会

“2020中国（浙江）人力资源服务博览会”由浙江省人力资源和社会保

障厅指导，浙江省人力资源服务协会、杭州市人力资源和社会保障局、杭州市江干区人民政府共同承办，以“人力资源危机协同”为主题。本届博览会采取线上线下同步办展的方式，吸引了全球近200家人力资源服务机构设展，网上直播浏览10万余人次，300余家公司参加展览，近万名HR观展。博览会还发布了2020年度浙江省人力资源服务企业信用等级评定50强排名榜单及星级企业名单，评定五星级企业16家、四星级企业12家、三星级企业3家。

六 “十四五”时期人力资源服务发展展望

“十四五”时期是我国开启全面建设社会主义现代化国家新征程、向第二个百年奋斗目标进军的第一个五年。当前，国际经济发展环境复杂多变，贸易保护主义抬头，突如其来的新冠肺炎疫情给全球经济社会发展带来较为严重的负面影响；我国进入经济高质量发展新阶段，党中央、国务院对“十四五”时期经济社会发展作了新部署。受多种因素的影响，未来我国人力资源服务业将呈现如下特点。

第一，我国进入高质量发展阶段，社会发展主要矛盾的变化对人力资源服务业发展提出新要求。缓解人民对物质文化生活更高质量的需要与不平衡不充分发展间的矛盾，仍然是重要的课题。解决发展中存在的这些问题，离不开人才和人力资源的有力支撑，对此，人力资源服务除了更好发挥资源配置作用以外，人力资本水平提高的着力点也要加快发展。

第二，人力资源服务在国家总体发展战略中的地位进一步提升。《中华人民共和国国民经济和社会发展第十四个五年规划和2035年远景目标纲要》提出建设高标准市场体系，中共中央办公厅、国务院办公厅印发的《建设高标准市场体系行动方案》明确要求推动劳动力要素有序流动，提升人力资源服务质量。这将有力促进人力资源服务市场的改革发展。

第三，技术进步日新月异，人力资源服务产品和商业模式将持续创新。在科技的推动下，“三新”经济快速发展并改变着人们的工作和生活方式，新就业形式催生了以平台为基础的灵活用工等新型劳动模式，为人力资源服务借助新一代信息技术跨界提供人力资源服务、丰富新就业形态提供了机遇，因此，依托人力资源服务产业园等载体，推动业态创新将成为未来的一个趋势。

第四，新冠肺炎疫情为行业发展带来挑战，同时也形成了一些机遇，比如，未来公共卫生、信息技术等行业将会产生更大的人力资源服务需求。在疫情发生期间，包括招聘、测评等在内的人力资源线上服务模式大爆发，改变了相关业态原有的运营模式，吸引了一批大型企业跨界进入，推动了行业创新发展。

第五，人力资源服务企业在2020年首次亮相中国国际服务贸易交易会，意味着人力资源服务业在未来将融入高水平对外开放的车道，将更好服务于企业国际化经营，“走出去、引进来”的人力资源服务需求将逐步被激发。

参考文献

王克良：《中国人力资源服务业发展报告（2014）》，中国人事出版社，2014。

余兴安、李志更：《中国人力资源发展报告（2020）》，社会科学文献出版社，2020。

田永坡等：《中国人力资源服务产业园发展质量评估研究》，《中国人力资源开发》2020年第10期。

《协会协办并参加2021中国人力资源服务创新大会》，日照市人力资源服务行业协会，http：//rzrzxh. com/index. php？ c = photo&a = detail&id = 86。

《2020中国（宁波）人力资源服务创新创业大赛决赛完美落幕》，http：//www. ningbo. gov. cn/art/2020/11/6/art_ 1229096036_ 59022717. html。

《人力资源服务业首次亮相服贸会》，https：//baijiahao. baidu. com/s？ id = 1676906120732074712&wfr = spider&for = pc。

《2020中国（浙江）人力资源服务博览会在杭召开全球近200家机构设展》，https：//baijiahao. baidu. com/s？ id = 1681794097280426091&wfr = spider&for = pc。

B.24
人力资源培训服务的新发展

葛 婧*

摘 要： 在政策供给、市场需求和科技助推下，我国培训服务呈现良好发展态势，数字化科技化转型加速，市场上涌现出更多个体身份的供需主体，“四史”、党史类培训产品稳步推进，领导力和管理培训形成多方供给，专业技术人才培训和职业培训工作深入开展。宏观政策助推培训市场各类产品从内容到形式的创新，培训规模与质量共提升，供需两侧齐发力，培训市场规范化建设稳步推进。面对用人单位和受训者培训积极性不足、培训机构有待规范且专业化有待提升等问题，要加强培训机构专业化建设，优化用人单位人才管理和培训服务，深入推进培训相关领域政策创新。

关键词： 人力资源 培训服务 培训机构 数字化 专业化

本文的人力资源培训服务（以下简称“培训服务”）指的是面向法定劳动年龄以上人群开展的教育培训服务，旨在提高受训者的知识、技能和综合素质，其内涵大于人力资源服务业中的人力资源培训服务业态，① 小于教育

---

* 葛婧，博士，人力资源和社会保障部教育培训中心副研究员，主要研究方向为培训开发、组织与制度。

① 人力资源服务业是人力资源和社会保障部作为主管部门的一个产业，囊括了通过人力资源市场求职、招聘和开展人力资源服务的各细分业态，作为人力资源服务业中的人力资源培训服务业态，特指企业为开发员工潜能、提升工作绩效而为员工提供的培训。参见《中国人力资源服务业发展报告》编委会编著，孙建立主编《中国人力资源服务业发展报告（2018）》，中国人事出版社，2018，第54页。

培训产业；[①] 其需求方为购买培训服务的各类组织和个人；其供给方为拥有法定培训职能或资质的各类组织、机构和从业者。[②] 本文主要关注培训服务最近一年的发展，梳理新进展、分析存在的问题和发展趋势，并据此提出促进其发展的应对之策。

一　培训服务新进展

（一）非学历职业培训市场呈现良好发展态势

2020 年下半年，有研究显示，我国 2020 年的非学历职业培训市场规模将突破 4000 亿元，主要分布在招录考试培训（公务员招录培训、教师招录培训、考研培训）、职业技能培训（IT 类、烹饪、汽修培训）、职业考试培训（司法、财会、建筑考试培训）、企业管理与职业通识培训（企业文化、商务礼仪、办公技能、演讲能力培训）等领域。与此同时，在各细分赛道（综合类、金融财会、医学、公考、教师、建造师、法律）形成“有巨头、无寡头”的市场供应格局。从发展态势上看，非学历职业培训的总量和增速在近两年都高于学历教育。[③] 非学历职业培训的个体购买者包括职场白领、医生、在读学生、教师、政府及事业单位工作人员等各类职业人群，主要来自一线、新一线经济发达城市。

另一项对职业培训市场的研究发现，职业资格考试细分领域中，教师资格和建造师资格考试培训最热门；招录考试培训细分领域中，公务员和事业单位考试培训占绝对高比例；专业技能细分领域中，IT 编程培训整体占比仍有绝对优势，视觉设计、机械施工培训等占比较高，增长率也较高。专业

---

① 教育培训产业包括面向所有年龄段群体开展的教育培训活动，和人力资源培训业态相比，涵盖了本文关注的人力资源培训服务对象之外的婴幼儿和 K12 群体。

② 为行文方便，以下统称培训机构。

③ 根据 Mob 研究院《2020 中国职业教育行业白皮书》中的“2014 ~ 2022 年我国职业教育市场规模”计算，https：//www. mob. com/mobdata/report/115。

技能求学者最关注学校机构及口碑、学费、证书和社会认可度等。在培训周期上，除职业资格类用户对“三个月”“一个月”的学成耗时接受度比较高外，各类受训者最关注的是“一个月”备考速成型培训，尤其是专业技能类母婴育儿（月嫂、催奶师、育儿师）类培训，职业资格类中建造师资格、教师资格、法律职业资格类培训，招录考试中的公务员考试类培训，[①] 这种特征更为明显。

（二）培训服务数字化科技化转型持续加速

在数字化经济迅猛发展的大背景下，加之 2020 年以来，受新冠肺炎疫情（以下简称“新冠疫情”）影响，培训服务数字化科技化转型持续加速。

根据《2020 中国网络视听发展研究报告》，截至 2020 年 6 月，我国网络视听用户规模达 9.01 亿，较 2020 年 3 月增长 4380 万，网民使用率为 95.8%。[②] 这是我国数字化培训服务的硬件基础。疫情期间受线下培训管控的持续影响，体制内外的培训机构在培训模式上寻求网络培训的转型，从而线上线下融合发展的 OMO 培训、“短视频 + 教育”模式呈现方兴未艾之势。在培训模式转型的牵引下，全行业数字化科技化转型、重塑成为重要发展态势。这种转型、重塑不仅覆盖体制内外各类机构，也覆盖从招生获客、教研管理、教学服务到后台管理等全业务链条。以体制内的教育培训机构为例，疫情以来中央党校（国家行政学院）在微信公众号开设面向社会的各类公开课，人力资源社会保障部（以下简称“人社部”）启动面向社会的百日免费线上技能培训行动；以体制外社会培训机构为例，疫情以来各类机构大力开展公益性或付费性的线上培训、论坛、讲坛、直播课、短视频等，通过线上引流最终形成线上线下的融合发展。

---

① 《百度：2020 年职业教育行业洞察报告》，http：//www.199it.com/archives/1151029.html。

② 《〈2020 中国网络视听发展研究报告〉六个核心发现》，https：//tech.qq.com/a/20201012/022017.htm。

（三）涌现更多个体身份的培训产品供需主体

与培训服务数字化科技化转型相伴的另外一个重要特点是，以个体方式生产或提供培训服务产品、购买培训服务产品的人越来越多。这也是我国新业态和新就业形态发展的一个重要表现。第一，短视频、直播培训方式的出现催生了很多网络名师，其示范效应又催生了更多人以个体方式投入培训服务产品的创造中。第二，随着我国职业转化的加速，终身学习社会的逐步形成，个体身份的购买群体不断扩大，同时，移动客户端的广泛应用，各类数字化培训产品生产的加速和平台性企业的出现，为碎片化学习提供了极大的便利。第三，有的教育培训平台加速向供需双方个体或机构赋能，提供更精准的增值服务，这也加速了个体生产者或购买者在教育培训平台上的集聚。第四，在数字化大潮下，选择平台就业、多元就业身份的个体越来越多；与此同时，越来越多的传统独立培训者选择互联网方式（比如，短视频、网络直播）宣介自己的产品。

（四）理论教育党性教育类培训产品研发稳步推进

近一年，以习近平新时代中国特色社会主义理论为核心的理论教育以及以党史、新中国史、改革开放史、社会主义发展史为代表的“四史”教育成为干部教育培训政治理论学习和党性教育学习的重中之重。

全国党校（行政学院）、干部学院、党性教育基地等成为习近平新时代中国特色社会主义思想、“四史”教育、党史教育类培训产品的主要研发和供给者。这一方面是由于这些干部教育培训主阵地机构的天然优势，另一方面也有政策推动的重要原因。同时，更多市场化培训机构在细分培训领域从职业教育培训做起，逐渐进入企事业单位人员培训，以及近年来的理论教育、党性教育类培训，承接“四史”或党史学习教育活动。

2021 年 4 月 19 ~ 23 日，中央组织部干部教育局和中央党校（国家行政学院）教务部、全国党校（行政学院）教师进修学院、信息技术部，共同组织开设“中共党史公开课”网络直播课程，面向全国省、市、县三级党校（行政学院）和中央党校（国家行政学院）各分校主体班次学员和教研人员直播。全国近 3000 家党校超过 50 万人次同时在线收看。[①]

“四史”教育、党史教育活动的开展，进一步推动习近平新时代中国特色社会主义理论教育的深入开展。从干部队伍教育培训到专业技术人员培训、企业组织培训、院校组织培训、社会组织培训，有关理论教育和党性教育的产品日渐丰富，教育培训形式也充分利用了网络平台、融媒体等载体，在教育培训方式上，自学、网络学习、体验式教学等方式得到普遍运用。

（五）领导力提升和管理类培训产品形成多方供给局面

在培训服务产品领域中，领导力和管理类培训产品是以党政领导干部、企业经营管理人员为主体的高附加值培训产品。近年，我国形成如下培训产品供给和产品特点。一是作为干部教育培训主渠道的党校（行政学院）系统。这一系统的领导力研究主题集中在从“四史”，以及中国历史中探寻领导力的来源和经验。二是大学等干部教育培训基地以及面向市场和社会开展培训的院系开发的领导力和管理类课程，包括 MBA 课程、MPA 课程、人力资源管理课程以及各类相关领导艺术、管理能力等方面的课程。三是我国社会化培训组织和机构研发的各类领导力和管理类培训项目，多关注我国的市场和社会层面，从企业家、企业管理、人力资源管理发展实践中及时萃取优秀案例。四是国外行政学院、大学以及社会培训机构提供的领导力和管理方面的培训产品，主要从西方公共管理、行政管理、人力资源管理的理论脉络和实践层面来阐释。随着“四史”、党史学习教育活动的开展，以及我国新发展格局的逐步形成，在领导力和管理类培训产品的研发中，关注中国共产党的红色传统、中国历史（包括古代史和近现代史）以及当代中国企业和组织成功案例的产品逐渐增多。

---

① 《中央党校（国家行政学院）推出中共党史公开课》，https：//mp. weixin. qq. com/s/ -q040fG3_ jPpyNZVo3DPKQ。

（六）专业技术人才培训和职业培训工作深入开展

人社部的统计数据显示，2020 年，全年举办 210 期高级研修班，培训高层次专业技术人才 1.3 万多人次；开展急需紧缺人才培养培训和岗位培训 111 万人次。全国技工院校面向社会开展培训 485.8 万人次；全年共组织补贴性职业培训 2700.5 万人次和以工代训 2209.6 万人，其中，培训农民工 1046.6 万人次，培训贫困劳动力 270.4 万人次，培训城镇登记失业人员 80.5 万人次，培训高校应届毕业生 109.8 万人次。[①] 2021 年春节“稳岗留工”专项行动中，人社部六个线上培训平台免费向农民工开放，累计提供培训课程资源 2.7 万个 565 万学时；2021 年第一季度组织 15 万人次毕业生参加培训。[②] 2021 年 1 ~4 月，组织开展补贴性职业技能培训 730 多万人次，以工代训 630 多万人。[③] 截至 2021 年 6 月底，30 个省份 232 个地市职业培训券已上线，共发券 290.7 万张，用券 69.1 万张。[④]

二　培训服务政策供给

（一）干部教育培训新部署推进培训产品内容创新

2020 年初，习近平总书记在“不忘初心、牢记使命”主题教育总结大会上提出学习党史、新中国史、改革开放史、社会主义发展史（即“四史”）。2021 年 2 月，中共中央印发《关于在全党开展党史学习教育的通

① 中华人民共和国人力资源和社会保障部：《2020 年度人力资源和社会保障事业发展统计公报》，www.mohrss.gov.cn/SYrlzyhshbzb/zwgk/szrs/tjgb/202107/W020210728376021444478.pdf。

② 《人社部 2021 年一季度新闻发布会》，2021 年 4 月 26 日，http：//www.mohrss.gov.cn/SYrlzyhshbzb/dongtaixinwen/fbh/202104/t20210426_ 413708.html。

③ 《国务院政策例行吹风会：延续实施部分减负稳岗扩就业政策和进一步支持灵活就业措施有关情况》，2021 年 5 月 20 日，http：//www.mohrss.gov.cn/SYrlzyhshbzb/dongtaixinwen/fbh/202105/t20210520_ 414932.html。

④ 《人社部 2021 年第二季度新闻发布会》，2021 年 7 月 22 日，http：//www.mohrss.gov.cn/SYrlzyhshbzb/dongtaixinwen/fbh/202107/t20210722_ 419080.html。

知》，通过面向全体党员，以县处级以上领导干部为重点开展党史学习教育实践，使党员干部系统掌握中国共产党推进马克思主义中国化形成的重大理论成果。2021 年 5 月，中共中央办公厅印发《关于在全社会开展党史、新中国史、改革开放史、社会主义发展史宣传教育的通知》，引导广大人民群众深刻认识中国共产党为国家和民族作出的伟大贡献，深刻感悟中国共产党始终不渝为人民的初心宗旨，学习中国共产党推进马克思主义中国化形成的重大理论成果，传承中国共产党在长期奋斗中铸就的伟大精神，坚定不移听党话、跟党走，在全面建设社会主义现代化国家伟大实践中建功立业。中央组织部、中央党校（国家行政学院）印发《关于在党史学习教育中发挥好党校（行政学院）、干部学院和党性教育基地作用的通知》。干部教育培训政策有力地推动了教育培训机构创新培训内容、研发培训产品。

（二）职业培训政策推动培训服务扩规模提质量

当前，我国职业教育方面的改革持续深入推进，以职业技能提升行动为代表的职业培训促就业政策成为推动培训市场供需两侧发展的重要动力。

一是激发各方主动性。2021 年初，人社部、财政部印发《关于充分发挥职业技能提升行动专账资金效能扎实推进职业技能提升行动的通知》（以下简称“2021 年通知”），将培训补贴标准裁量权下放到地方人社、财政部门，加大培训补贴资金直补企业工作力度，全面推行中国特色企业新型学徒制，尤其是加大力度实施百万青年技能培训行动，在各专项职业培训行动中优先使用专账资金，加强经办服务，建立专账资金调剂使用和奖补机制。通过上述政策措施激发各地人社部门、用人和培训主体、受训者等多方的积极性，充分发挥职业技能行动专职资金效能。

二是创新职业培训方式。继上半年开展百日免费线上职业培训行动后，2020 年下半年，人社部在 11 个省（区、市）38 个地市开展电子培训券试点工作，依托电子社保卡线上渠道，面向参加职业技能培训人员发放电子培训券，作为劳动者免垫付便捷享受职业技能培训服务的载体，调动劳动者参加职业技能培训的积极性。2021 年进一步扩大职业培训券的试点范围。此外，2020 年下半年，人社部还明确了职业技能提升行动“互联网＋职业技能培训”平台及资源运营服务规范，推进了线上职业技能培训行动的规范开展。

三是开展专项职业培训行动。2020 年下半年以来，人社部出台了百万青年技能培训行动、做好长江流域禁捕退捕渔民职业技能培训、实施康养职业技能培训计划、实施职业技能提升行动创业培训“马兰花计划”、加强新职业培训工作等政策措施，主要目标包括，2020～2021 年向各类青年群体开展职业技能培训 200 万人次以上；将长江流域退捕渔民纳入职业技能提升行动免费培训范围；2020～2022 年，培养培训各类康养服务人员 500 万人次以上，其中养老护理员 200 万人次以上；完成 2021 年不低于 200 万人次的创业培训规模；大力开展新职业培训特别是数字经济领域人才培养；等等。

四是拓展以工代训政策范围。2020 年新冠肺炎疫情发生后，人社部出台以工代训相关政策，加大对新吸纳劳动者企业、困难企业，及重点行业的支持力度。“2021 年通知”将以工代训政策实施期限延至 2021 年 12 月，通过补贴性职业技能培训助推行业企业复工复产，以人力资本的财政投入拉动经济发展。

（三）产业政策推动各类培训服务数字化转型

2020 年 7 月，国家发改委等 13 个部门联合印发《关于支持新业态新模式健康发展激活消费市场带动扩大就业的意见》（以下简称《意见》），把支持线上线下融合的新业态新模式作为经济转型和促进改革创新的重要突破口，并支持网络直播等多样化自主就业、分时就业。《意见》明确提出：“大力发展融合化在线教育。”“允许购买并适当使用符合条件的社会化、市场化优秀在线课程资源，探索纳入部分教育阶段的日常教学体系，并在部分学校先行先试。”“完善在线教育知识产权保护、内容监管、市场准入等制度规范，形成高质量线上教育资源供给。”“探索完善与个人职业发展相适应的医疗、教育等行业多点执业新模式。”“提供线上职业培训。”从而助推在线培训服务供给侧的发展。

《意见》及后续相关政策的出台，进一步促进了各类线上培训产品的研发和生产，个体培训师的平台就业、灵活就业，助推了整个培训服务行业各细分领域的数字化转型。

（四）“十四五”规划引领培训服务供需两侧齐发力

2020 年下半年以来，从国家到地方发布的国民经济和社会发展“十四五”规划，以及各地区各行业与之匹配的人才发展规划等，直接推动和孕育了培训市场供需两侧的新发展。首先，国家和地方的“十四五”规划催生相关政策类培训需求。其次，国家“十四五”规划明确了我国人力资源发展的方向，是各类用人、用工单位组织发展战略和人力资源规划的重要依据，是各职业人群当前和未来就业、能力提升的重要依据，是各类培训服务供给方开发相关培训产品的重要依据。最后，地方“十四五”规划以及与之相匹配的人才发展规划等，包含人力资源开发的重要群体、重要项目、重要载体、重要政策等，是各地人力资源开发的重要政策指导，是各地各类培训服务供给方进一步开展工作、开发市场的重要政策依据。

（五）职业院校面向社会的培训供给不断扩大

随着我国职业教育改革的深入推进，职业院校在面向国家重大战略、服务地方经济社会发展、培养技术技能型人才方面的力度不断加大。2020 年 12 月，教育部、财政部联合印发《中国特色高水平高职学校和专业建设计划绩效管理暂行办法》，明确了“双高”学校建设指标，其中包括打造技术服务平台、提升社会服务能力等，强调“双高”建设要着重对接国家战略，响应改革任务部署。据研究，2019 年，全国高职院校面向社会成员的培训到款额超过 50 亿元，较 2018 年增长将近 20%，其中，开展新型职业农民培训服务的总规模超过 300 万人日，开展退役军人培训服务的规模超过 170 万人日。[①] 2021 年，全国职教大会创造性地提出建设技能型社会的理念和战

① 中国教育科学研究院编写组：《〈2020 中国职业教育质量年度报告〉显示　职教改革成效显著，吸引力稳步提升》，http：//www. moe. gov. cn/jyb_ xwfb/xw_ zt/moe_ 357/2021/2021_ zt10/zjsy/202105/t20210525_ 533422. html。

略，加快构建面向全体人民、贯穿全生命周期、服务全产业链的职业教育体系，推动职业教育面向社会办学，以市场和社会的培训需求为办学导向，这将进一步推动职业院校扩大面向社会的培训供给。

（六）政府监管和治理引导培训市场规范发展

2021 年4 月7 日，国务院总理李克强签署第741 号国务院令，公布修订后的《中华人民共和国民办教育促进法实施条例》（以下简称《条例》）。《条例》强调，要加强党的领导，坚持分类管理、创新发展。《条例》明确，要加强规范和加大扶持力度并举，实施双轮驱动，不仅明确了对民办教育的扶持政策，也强调要着力构建符合民办教育特点的监管体系。2021 年5 月，教育部等八部门联合印发《关于规范"大学""学院"名称登记使用的意见》，全面清理整顿"大学""学院"名称使用乱象，明确指出，企业设立的、无须审批登记的内设培训机构，不得使用"大学""学院"字样的名称及简称开展任何形式的宣传等活动；经有关部门批准设立，面向特定人群开展非学历教育培训的老年大学、社区学院，不得单独使用"大学""学院"字样等。

三　培训服务问题分析

（一）用人单位和受训者积极性有待提升

尽管培训市场拥有广阔的发展前景，但在培训需求端，各类用人单位和个体受训者依然存在积极性不够问题。一是由各类单位付费，为本单位人员开展的员工培训积极性不够，这里也包含干部培训和专业技术人员的继续教育。员工培训不积极的原因包括工学矛盾、培训内容缺乏吸引力、没有提高自身技术技能诉求等。二是政府补贴类职业技能培训存在用人单位和受训者积极性不够问题，其主要原因如下：企业方面，政策知晓率不高，对员工培训不够重视，存在员工受训后更容易流失等现象，培训补贴申领的要求和成本高，本企业可选择更好的培训产品等；劳动者个体方面，不愿意接受培训，培训时间太长影响挣钱，没有合适的培训课程等。

（二）培训服务有待进一步规范

实践中，培训供给领域还存在诸多不规范的现象和问题。一是部分培训服务机构实际上并无相关培训资质。二是培训服务机构业务开展不规范，比如通过过度宣传、虚假广告等诱导消费者买单。三是部分以职业资格培训、职业技能培训为主业的民办学校开展的培训没有对接国家职业标准和职业要求。四是部分机构开展线上培训不够规范，比如没有相关资质，没有建立并落实互联网安全管理制度和安全保护技术措施等。五是部分培训机构造假骗取财政补贴。

（三）培训机构专业化程度有待提升

目前，我国体制内外各类培训机构的专业化程度有待提升，主要体现在如下方面。一是部分体制内的培训机构自我发展能力不足，缺乏有核心竞争力的产品，尤其缺乏具有自主产权的课程体系，师资力量薄弱，可持续发展能力堪忧。二是不同机构间的培训产品同质化程度较高，在同一地域或同一细分领域中缺乏有竞争性的优质培训产品。三是很多培训机构不具备开展高层次技术技能人才培训的能力。四是部分培训机构对市场需求、竞争对手研究不透，盲目扩张，盲目竞争，财务模型恶化或增收不增利。五是部分培训机构面对重大政策调整和创新，比如职业资格制度改革，不能及时调整业务领域和发展方向，转型缓慢。六是部分培训机构对重大事件，比如公共卫生事件的相关影响缺乏分析预判，不能及时化解外部社会性危机带来的挑战，造成业务退化或市场竞争失败。

四　促进培训服务发展的对策建议

当前，我国已转向高质量发展阶段。实现高质量发展的重要前提和基础是加大人力资源投资。立足新发展阶段，贯彻新发展理念，构建新发展格局，国家“十四五”规划已明确创新驱动发展、现代产业体系打造、国内市场构建、数字中国建设、乡村振兴和区域协调发展等战略部署。面对新产业新职业的形成与发展、一线新一线城市外下沉市场的拓展、人才与劳动力流动的日益顺畅以及大规模的技能转型和职业转换，培训服务具有良好的发展机遇。坚持发展导向，对促进培训服务发展提出如下建议。

（一）加强培训机构专业化建设

培训机构加强专业化建设主要途径包括如下几个。一是加强市场研判，加强资金管理，提升风险抵御能力，不断提高培训质量和培训层次。二是提高规范化合规化程度，培训机构要在师资管理、课程开发、题库建设、培训标准、培训实施、服务评估等各环节、各流程加强合规性审查，依法依规开展培训业务。三是专注培训产品打造，国家已有职业标准的，要对接国家职业标准开展培训，没有国家职业标准的，要扎根岗位需求研发培训标准，不断打造自身核心竞争力。四是加强培训师资队伍建设，深入研究成人教育规律，掌握受训者学习特点，对标国内外先进内容设计，选用合适有效便捷的方式方法，在培训实用性有效性上下功夫。五是加速组织的数字化科技化转型，在培训硬件、软件方面，加速新科技新技术的运用，以数字化提高组织效能。

（二）优化用人单位人才管理和培训服务

面对日益复杂多变的外部环境，各类用人单位都面临越来越大的人才竞争压力和挑战，只有不断优化人才管理和培训服务，才能在激烈的竞争中强化人才优势赢得组织发展。一是坚持合规发展，将国家和地方有关人才培训开发的立法和要求落到实处，用好、用足人才培养培训的利好政策。二是要根据组织实际，构建人才培训与薪酬、晋升、流动等各环节有序衔接的融合协同体系，以完善的人才培训开发驱动组织发展。三是培训实施要充分考虑人才队伍的结构、特点和培训需求，注意工学矛盾，激发各类人才学习提升的内在动力，尤其要更好地关注培训对组织和个人绩效的改进。四是用好组织内外两类培训资源，既要从市场上遴选优质培训产品，又要注重组织内训，通过在岗学习、传帮带、职位轮换等多种方式加强组织内部的知识共享和沉淀。

（三）深入推进培训相关领域政策创新

面对我国经济社会发展新阶段对技术技能人才的强烈需求，以及我国老龄化加速和大规模职业转换的趋势，国家有必要继续在培训相关领域加强政策供给。一是政府各部门要加强对培训相关立法、政策的宣传，加强对各类培训机构的资质规范和运行监管。二是对财政资金类培训项目建立完善的绩效评估制度，不断提高财政资金的使用效益，以绩效评估为抓手提高培训供给的专业化水平。三是保证职业技能提升行动的政策连续性，继续加强对重点就业人群的补贴性职业培训，提高各类职业人群的就业、职业转换以及创业能力。四是推进面向未来的新行业、新职业领域的人才培训，不断完善新产业形态、新就业形态相关的产业、财税、金融和人才等政策的协同供应等。五是继续推进培训公共服务和数字化能力的提升，深化人工智能、大数据、云计算、物联网等新科技、新技术手段的运用，推进公共服务和监管流程的高效、便捷、透明。

B.25

2021年人力资源服务机构经营状况调查分析

林 彤*

摘 要： 本文依据中国对外服务工作行业协会对所属会员单位2020年度经营情况调查问卷的结果撰写，具体呈现了会员单位2020年度的整体经营情况以及人事社保代理服务、招聘、劳务派遣、业务外包、灵活用工服务、薪酬财税服务、弹性福利管理服务等主要业态的开展情况。在此基础上，对人力资源服务行业发展面临的一些问题与发展态势进行了分析。

关键词： 人力资源服务业 外服协会 行业统计

2020年以来新冠肺炎疫情给各行各业带来了不同程度的影响，作为生产性服务业，人力资源服务业位于整个经济产业链下游。上游客户经营困难、复工时间延迟等问题必然会对人力资源服务机构的相关业务工作造成影响。2020年，中国对外服务工作行业协会（以下简称“外服协会”）会员单位的整体经营情况呈现先抑后扬态势。第一季度受疫情影响，大部分会员单位都出现了短期经营性困难，营业收入下降。第二季度随着疫情得到有效控制，会员单位的经营情况开始逐渐好转并保持恢复性增长。综观全年，新冠肺炎疫情对会员单位的经营确实造成了一定的影响，但除了小部分会员单

* 林彤，中国对外服务工作行业协会研究室主任、国际商务师，主要研究方向为中外人力资源服务业服务模式和市场发展趋势。

位以外，影响的范围和时间均有限。面对疫情冲击，会员单位顶住压力，主动作为、谋新求变，整体运行逆势上扬，实现了营业净收入 11.51% 的平均增长率，展现出较强的发展韧性和潜力。

疫情的发生加速了人力资源服务机构数字化转型的进程。一些与人力资源服务业相关的政策调整也要求人力资源服务机构在业务模式上做出调整与改变。

一　总体情况

外服协会成立于 1989 年，是一家全国性的、以人力资源服务行业为特点的社会组织。目前，外服协会在全国共有 160 余家会员单位，分布在除西藏、宁夏、青海以外的省（区、市），会员单位绝大部分为各类人力资源服务机构。近年来，一些与人力资源服务相关的科技公司、咨询公司、金融财税服务公司也加入协会。2020 年 8 月 30 日，根据《中共中央办公厅国务院办公厅关于印发〈行业协会商会与行政机关脱钩总体方案〉的通知》的工作要求，外服协会完成了与上级行政主管机关——中国国际贸易促进委员会的脱钩工作，成为在民政部注册的直接登记协会。

会员单位年度经营情况问卷调查统计是外服协会每年度的一项重要工作，已连续开展 21 年。此项工作旨在全面了解会员单位的总体经营状况，洞悉人力资源服务各主要业态的发展现状。在此基础上，深入研究人力资源服务业的发展趋势和存在的问题，为会员单位开展经营活动提供参考或决策依据。

2021 年 3 月 1 日至 4 月 30 日，外服协会针对所属会员单位 2020 年度的整体经营情况进行了问卷调查统计工作，此项工作得到会员单位的大力支持，共有 121 家会员单位提交了翔实的统计报表，其中副会长以上单位 12 家、常务理事单位 30 家、理事单位及会员单位 79 家。考虑到部分会员单位由上级单位集合统报并未单独参加调查统计的情况，2021 年问卷调查统计的实际参与率可达到 89.26%。

根据本次调查统计的反馈结果，参加调查统计的会员单位实现营业总收入35266447.24万元（含代收代付26728539.53万元）。营业净收入同比平均增长率为11.51%；实现利润343867.5万元，同比平均增长率为11.42%；总服务客户439449家；服务各类员工总数15797939人；参加调查统计的会员单位内部员工总数为59303人，在全国各地共有1465家分支机构。

二　主要业态经营情况

2020年，会员单位开展的业务主要有以下几类：人事社保代理服务、招聘（猎头与RPO）、劳务派遣、业务外包、灵活用工服务、薪酬财税服务、弹性福利管理服务等。部分会员单位开发了以企业内部人力资源管理或人力资源共享服务为核心内容的SaaS平台，为客户提供服务。还有部分会员单位开展了人才测评服务、境内外商务咨询、外籍人服务、生活服务等其他业务（见图25－1）。

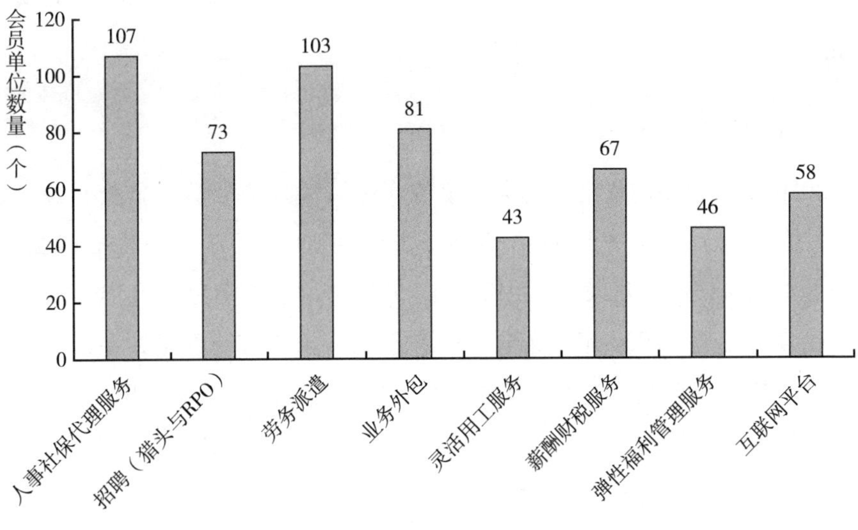

图25－1　2020年开展各类业务的会员单位数量

（一）人事社保代理服务

2020 年，参加调查统计的会员单位总计为 10302320 名员工提供了人事社保代理服务，服务人数同比平均增长率为 2.16%。营业收入同比平均增长率为 0.35%。

人事社保代理业务是会员单位的传统业务，多年来，此项业务也一直保持平稳增长，是会员单位的重要收入来源。2020 年，会员单位的社保代理业务虽保持了增长，但受疫情影响，增长速度进一步放缓，利润空间进一步收窄。

当前，为了进一步规范用工行为，加强对社保缴纳工作的管理，各地社保部门对社保缴纳相关工作加强了规制。其中，劳动者劳动关系所属单位和社保缴纳单位的统一是最核心的工作要求。在此背景下，一些会员单位开展的社保代理大库业务模式不得不做出调整，在人力资源服务机构社保大库中缴纳社保的一些存量员工转化为人力资源服务机构以劳务派遣、业务外包等方式用工，从而实现了形式上的合规。未来，社保代理服务的业务模式将会不断提高规范化程度，小库业务将成为社保代理业务的主要形式，新技术将在社保代理服务中深入应用，社保代理服务的效率将进一步提升。

（二）招聘

2020 年，参加调查统计的会员单位通过高端人才寻访（猎头）或招聘流程外包（Recruitment Process Outsourcing—RPO）等方式开展招聘服务，实现成功上岗的员工规模为 109423 人，同比平均增长率为 25.17%。

受疫情影响，2020 年，企业招聘意愿及需求均有所回落，在市场机会减少的形势下，企业对人才的选择余地更大，招聘难度随之降低。为了促进就业，国家积极推动“稳就业”政策，大力扶持企业发展，保障企业正常运行，部分行业如电商平台、线上教育、医疗服务等顺势而起，身处这些行业的企业加大了用人需求。因上述因素作用，会员单位的招聘业务在成功上岗人数方面有了较大提高。

（三）劳务派遣

2020 年，参加调查统计的会员单位总计向用工单位提供的派遣员工总量为 797914 人，同比平均增长率为 -0. 95%。

（四）业务外包

2020 年，参加调查统计的会员单位中，业务外包在岗员工总量为 2675324 人，同比平均增长率为 35. 62%；外包业务实现收入 3299619. 2 万元，同比平均增长率为 29. 13%。

（五）灵活用工

2020 年，参加调查统计的会员单位中，共派出包含兼职、实习生、短期合同人员在内的各类人员 954346 人，同比平均增长率为 59. 93%；实现业务收入 478681. 18 万元，同比平均增长率为 62. 04%。

当前，我国经济面临较大的下行压力，企业生产经营困难增多。通过“灵活用工”，企业可以按照需求随时使用劳动力资源，在一定程度上有利于企业降低人工成本，“灵活用工”因此受到企业青睐，特别是疫情期间出现的“共享用工”，实现了用工的余缺调剂和劳动力资源的流动。2020 年，会员单位在灵活用工业务领域的表现引人关注，在派出各类人员以及营业收入方面均实现较大增长。当前，“灵活用工”的模式已经逐渐形成，推动“灵活用工”向更大规模、更深层次发展还需要从政策引导、法规建设以及劳动者个人技能养成三方面着力。

（六）薪酬财税服务

2020 年，参加调查统计的会员单位在薪酬财税服务领域实现营业收入 55331. 53 万元，同比平均增长率为 14. 02%。

（七）弹性福利管理

2020 年，参加调查统计的会员单位在弹性福利管理业务领域实现营业收入 163694 万元，同比平均增长率为 37.22%。

2020 年，会员单位在薪酬财税服务和弹性福利管理服务领域仍然保持了稳定的增长，这表明：上述两个业务领域进一步得到客户和市场的认可。长期以来，人力资源服务机构通过社保代理服务积累了大量的员工数据，形成了开展薪酬财税服务的客户基础和弹性福利采购的议价空间。未来，人力资源服务机构的社保代理服务向上述业务的过渡将成为可能。

（八）其他

作为人力资源服务主营板块的支持和辅助业务，2020 年，参加调查统计的会员单位还总计提供人力资源咨询服务 1841 次；举办各类培训 2303 场；对外输出劳务人员 25735 人。

三 关于人力资源服务业发展的思考与展望

（一）数字化转型是人力资源服务业发展变革的必经之路

数字化转型是近年来人力资源服务行业变革的一个重要方向。新冠肺炎疫情在对人力资源服务业造成冲击的同时也加快了人力资源服务机构数字化转型升级的进程。

疫情期间，为了减少人员聚集，外服协会所属会员单位加快了智慧人力资源服务系统的开发推进工作，全力推动远程服务、不见面服务。根据外服协会的调查，90% 以上的会员单位通过电脑客户端或手机客户端 App，利用已有的线上服务平台或紧急搭建的线上管理、服务、招聘、面试和入职平台提供服务。此外，还有一些会员单位积极探索创新，协助各类企业之间进行用工调剂，实现人力资源的优化配置。

实践证明，通过对数字化的投入，可以有效提升人力资源服务的效率，提高人均功效，改善服务体验，从而形成规模化效益，压缩人工成本。随着大数据、人工智能、5G 等新兴技术的日益成熟，人力资源服务行业的数字化变革进程将会提速。需要指出的是，人力资源服务业数字化转型不能脱离应用场景，提高人力资源服务的科技含量，人力资源服务数字化需要实实在在地应用于各类场景，以此降低运营成本，激发市场需求。近年来，外服协会会员单位在数字化转型方面做出了很多有益的尝试。例如，全力科技公司研发出社保代缴智能机器人——社保士兵，通过智能算法，极大地提升了社保代理服务的工作效率；瑞人云开发了人力资源 SaaS 平台（共享软件服务平台），满足了其他缺乏技术条件的中小型人力资源服务机构的业务需求。还有一些企业根据客户在员工福利采购方面的需求，开发了弹性福利平台、智慧工会平台。

依托数字化平台，人力资源服务产业可以和其他产业建立起资源互享、信息互通、品牌互动、消费互促的融合机制，改变传统单一化的商业模式，不断迎接新资源、新业态、新商机，从而提高产业自身韧性，建立开放协同的产业生态圈，促进社会各产业健康发展。

（二）人力资源服务机构的商业模式需要适时做出改变

长期以来，相当一批人力资源服务机构推出的各项服务侧重于解决的是劳动关系管理问题、社保缴纳与薪酬财税的支付问题。其商业模式是凭借优质的服务和薄利多销，形成大规模持续、稳定的现金流。

当前，中国经济正由高速增长阶段转向高质量发展阶段，随着新技术的应用和“政策红利”的衰减，人力资源服务行业的一些传统业务正在面临增长空间变窄的困境，长期以来形成的商业模式需要适时作出改变。以前文所述人事社保代理业务为例，此类业务一直是很多人力资源服务机构的主要业务和收入来源。近年来，新技术在社保代理服务中得到广泛应用，社保代理服务的人均工作效率大幅度提升，而收费水平则呈下降趋势。当前，随着各地对社保缴纳规范化要求的深入推进，人力资源服务机构过去开展的社保代理大库模式将难以为继，社保代理服务面临转型。

在业务实践中，人力资源服务机构通过社保代理服务积累了大量的员工数据。一批人力资源服务机构利用多年来累积下来的丰富客户资源和具备消费能力的员工群体，打造聚合性的社会平台，开发弹性福利或与员工切身利益相关的保障类产品，形成基于大数据的有效经营，从中寻找新的价值增长点。这将成为商业模式转型的一个重要思路。例如，近年来，一些较大型的人力资源服务机构推出了补充医疗保险产品、健康体检产品等，由于在基本医疗保险之外，员工还能享受补充医疗的二次报销，或者优质低价的健康体检服务，这类补充医疗保险产品和体检产品因此受到客户企业员工的欢迎。基于此，逐步形成了开展团险服务和大宗采购健康体检服务的议价空间，未来，人力资源服务机构的社保代理服务向保险经纪商业模式的过渡将成为可能。

（三）人力资源服务机构的资源配置能力与服务国家战略以及高质量发展的需求尚有距离

人力资源服务业是生产性服务业和现代服务业的重要组成部分，对推动经济发展、促进就业创业和优化人才配置具有重要作用。可以说，人力资源服务行业的核心职能之一就是人力资源的市场化配置。有效提高配置能力的手段就是招聘能力的提升。

《中共中央关于制定国民经济和社会发展第十四个五年规划和二〇三五年远景目标的建议》提出，强化就业优先政策。千方百计稳定和扩大就业，坚持经济发展就业导向，扩大就业容量，提升就业质量，促进充分就业，保障劳动者待遇和权益。上述论述为人力资源服务业如何更好地服务国家战略、实现自身的高质量发展指明了方向。人力资源服务机构应该有效提升人力资源市场化配置的技术和能力，发现更多就业岗位，促进人岗快速匹配，实现人力资源的合理流动，为国家战略提供支撑。

多年以来，办手续和其他事务性工作构成了人力资源服务机构的主要业务内容。对于很多人力资源服务机构，特别是中小型人力资源服务机构来讲，招聘服务一直是相对薄弱的业务板块，很重要的原因在于招聘业务对从业人员技能要求较高，需要从业人员具有较强的、不同行业的专业背景知识。

提升招聘服务及人岗匹配能力，不仅是服务国家战略的需要，也是企业实现自身高质量发展的需要。招聘业务处于人力资源服务价值链的前端，是很多人力资源相关服务，如劳务派遣、业务外包、灵活用工服务的起始。实践证明，谁能在第一时间为客户招聘到合适的人员，谁就可以分享到招聘业务不断扩大的成果，为公司整体业务带来新的业绩增长点。在一些传统业务面临转型的情况下，高效、准确地满足客户在招聘业务中的需求，提高人岗匹配成功率，已成为推动人力资源服务机构高质量发展的重要方式。

近年来，灵活用工市场发展迅速。一批人力资源服务机构在灵活用工市场取得了令人瞩目的成绩。通过观察，其成功很重要的原因在于其高效的招聘及人岗匹配能力。在业务实践中，这些人力资源服务机构通常专注于某一个或几个行业，通过雇用储备大量劳动力资源，同时对接多个灵活用工项目，以便达到调配劳动力资源的整体优势。当某一灵活用工项目结束后，这部分在岗员工会被人力资源服务机构召回，再派往另一个急需人手的项目。作为人力资源“蓄水池”和用工咨询服务主体，这些人力资源服务机构在灵活用工市场劳动力资源的调剂和再调剂中发挥了重要作用。

以特定产业集群为依托，深入推动新技术在招聘服务中的应用，将成为人力资源服务机构提升人岗匹配能力的一个重要方式。

Abstract

王 伊　柏玉林

Blue Book of Human Resources: *Annual Report on the Development of China's Human Resources* (*2021*) consists of a general report and six chapters of special reports. Taking the second half of 2020 to the first half of 2021 as the main observation period, it presents the overall situation of China's human resources development, analyzes the main challenges faced by human resources development, and puts forward relevant suggestions to promote human resources development. In order to better grasp the overall situation and basic trend, some manuscripts trace and summarize the development context of previous years.

The general report comprehensively combs the overall situation and latest progress of China's human resources development from the aspects of the overall scale and quality of human resources, talent work, public sector personnel system reform, employment and entrepreneurship, income distribution, social insurance, labor relations and human resources service industry. On this basis, based on the new development stage, implementing the new development concept and focusing on the new development pattern, this paper analyzes the main tasks faced by China's human resources development at present and in the future: deepening the system reform and accelerating the supply side structural reform of human resources with supporting and leading high-quality development as the core; further strengthen the employment priority strategy, focus on the employment of key groups, and strive to achieve fuller and higher quality employment; oreport includes nine parts: firstly, it ptimize the income distribution structure and build a "bottom line" for the protection of workers' rights and interests in the new form of employment;

steadily promote the reform of the social insurance system and promote and ensure the full development of human resources; target the strategic needs of giving priority to employment and strengthening the country with talents, and promote the high-quality development of human resources service industry.

The six topics are human resources situation, talent related work, public sector personnel management, employment and entrepreneurship and labor relations, social insurance and human resources service industry. They mainly introduce and analyze the current situation and development in this field from three aspects: basic situation, problems and challenges and future prospects.

The topic on the situation of human resources introduces the basic situation of human resources in China, as well as the basic situation and countermeasures of the development of female scientific and technological talents, the development of human resources for the elderly, and the improvement of scientific quality and skills of urban workers. It comprehensively presents the practice and results of the construction of educational talent team, health talent team and scientific and technological talent team, and analyzes the key tasks and main measures to strengthen the team construction in the future. The topic of talent related work consists of four reports, which combs the main progress and innovative practice of local talent work in China recently, the reform progress and future trend of talent evaluation system and vocational qualification system, and the main trend of talent development policy innovation in the process of national innovative city construction. The topic of personnel management in the public sector consists of three reports. Among them, two reports on the management of civil servants and the reform of the personnel system of state-owned enterprises focus on summarizing the current policy supply and practical development, and analyzing the main development trend in the future; on the basis of systematically combing the reform practice during the 13th Five Year Plan period, the personnel system reform report of public institutions analyzes the problems faced during the 14th Five Year Plan period and their solutions. The topic on employment, entrepreneurship and labor relations includes three reports, which summarizes the overall situation and basic trend of promoting employment and entrepreneurship, digital employment development and labor relations governance in China, and analyzes the main problems faced and countermeasures and suggestions for future development. The topic of social insurance includes four reports, which continue the content framework of the previous year. On the basis of summarizing the overall situation of China's social insurance development, it further introduces the operation, reform progress and future development trend of basic old-age insurance, industrial injury insurance and basic medical insurance system. The topic of human resources service industry consists of three reports, maintaining annual continuity, focusing on the basic situation and main characteristics of the current development of China's human resources service market, the development of human resources training services, the operation and development of human resources service enterprises, and the choice of measures to achieve better development.

2021 is the first year for China to embark on a new journey of building a modern socialist country in an all-round way and march towards the second Centennial goal after building a well-off society in an all-round way and achieving the first Centennial goal. It is the first year of the 14th five year plan. Compared with the previous year, the human resources development report of 2021 has the following characteristics: first, enrich and refine the content, and increase the special section of talent team construction in major industries (departments). Second, expand the observation timeline, while paying attention to the annual development, strengthen the summary and analysis of a development period, such as summarizing the development practice during the 13th Five Year Plan period and analyzing the development trend during the 14th Five Year Plan period. Third, highlight the characteristics of the times and pay more attention to the situation characteristics and development needs of the new development stage. Fourth, improve the content structure. While maintaining the integrity of the overall framework of human resources management service mechanism, break through departmental limitations in the construction of specific contents, and pay attention to grasping the closure and integrity of various group management and development mechanisms.

Keywords: Human Resources; Talent Work; Personnel Management; Employment and Entrepreneurship; Social Insurance

Contents

王 伊　柏玉林

Ⅰ General Report

Abstract: This report introduces the overall situation of China's human resources development from 2020 to the first half of 2021 from the aspects of basic situation of human resources, progress of talent work, reform of personnel system in public sector, employment and entrepreneurship, income distribution, social insurance, labor relations and human resources service industry, It also looks forward to how human resources development should deal with the new challenges in the future. In general, the total population has maintained inertial growth and further clustered in economically developed areas and cities, the quality of human resources has been continuously improved, and the reform of talent development system and mechanism and public sector personnel system has been further deepened; The employment situation continued to improve, the employment of key groups was better than expected, and the transformation of employment structure brought about by the digital economy was further accelerated; The per capita disposable income of residents increased slightly, the wages of employees in urban units maintained an overall growth trend, the income gap between urban and rural residents narrowed, the coverage of various social insurances was further expanded, the treatment level was steadily improved, the handling services were gradually optimized, the construction of harmonious labor relations was continuously promoted, and the ability and quality of dispute mediation and arbitration were continuously improved, Labor security supervision has achieved remarkable results; the scale of human resources service industry continues to expand, the service function continues to improve, the agglomeration effect continues to appear, the opening to the outside world is further promoted, and the industry value is increasing day by day. Based on the new development stage, we need to accelerate the supply side reform of human resources with supporting and leading high-quality development as the core; further strengthen the implementation of the employment priority strategy and focus on the employment of key groups; promote common prosperity and build a "bottom line" for the protection of workers' rights and interests in the new form of employment; steadily promote the reform of the social insurance system and promote and ensure the full development of human resources; target the strategic needs of giving priority to employment and strengthening the country with talents, and promote the high-quality development of human resources services.

Keywords: Human Resources; Talent Work; Employment and Entrepreneurship; Personnel System; Social Security

Ⅱ Human Resource Status

Abstract: China's total population maintains its growth trend, the industrial distribution of human resources continues to be optimized, the level of education, urbanization and security improve constantly, labor productivity of total workers grows steadily, and the number of personnel in science and technology, education and health care has been growing stronger and stronger. However, along with the tendency of accelerated population aging in China, the working-age population shows a continuous decrease. In the face of the new situation and new changes in the development of human resources in the new era, it is necessary to actively take countermeasures, focus on promoting the realization of active and open talent policy, accurate and efficient talent services, continuously improve the vocational education and training system, promote the construction of a talent team for rural revitalization, strengthen the development of resources for the elderly, and promote the development of human resources service industry.

Keywords: Human Resources; Talent Force; Aging

Abstract: At present, the total number and proportion of female scientific and technological talents in China are on the rise, with increasingly rich industry distribution and improved rank structure, they play an important role and make important contributions in the front line of scientific research and technopreneurship, and their academic and application achievements have increased and are increasingly recognized by the society, but there are still phenomena in female scientific and technological talents such as uneven distribution of disciplines, unsatisfactory rank structure and slightly lower achievements than men. The main factors affecting the development of female scientific and technological talents in China include: the inequality in employment and development opportunities, the special pressure brought by social roles, the restriction of unscientific gender impression and the lack of support for participating in scientific and technological innovation. To this end, the report proposes countermeasures that are conducive to the construction of China's female scientific and technological talent under the new situation, such as providing equal opportunities for both sexes to enter and participate in scientific research, providing special support for female scientific and technological workers during pregnancy and nursing, cultivating the scientific research interests of reserve talents, increasing publicity for female scientific and technological personnel, and providing social support for the development and role of female scientific and technological talents.

Keywords: Science and Technology; Female Talents; Team Development

B.4 Analysis on the Basic Situation of the Development of Human Resources for the Elderly in China

Zeng Hongying, *You Hong* / 072

Abstract: China is a country with super-fast aging and the largest total number of elderly people in the world, and has favorable conditions for developing the elderly power resources. However, in reality, there are still some problems in the development of human resources for the elderly in China: there are cognitive misunderstandings, imperfect policy system, insufficient service support, low development level, etc. In the future, the development of human resources for the elderly should further optimize the social environment, strengthen the top-level design, and speed up the construction of relevant laws, regulations, policies and service systems.

Keywords: Elderly People; Population Aging; Human Resources for the Elderly

B.5 Analysis on Scientific Quality and Skills of Urban Workers in China

Huang Mei, *Xie Jing and Sun Yiping* / 084

Abstract: With the advent of the digital economy, the scientific quality and skill level of urban workers have steadily improved while the content structure has also undergone new changes, and digital skills have become an important part of it. On the basis of summarizing the basic situation of scientific quality and skill level of urban workers, upgrading practices and situation, this paper puts forward the basic trend of improving the scientific quality and skill level of urban workers from eight aspects, including strengthening employment priority policy, playing the role of industry promotion, highlighting the main position of enterprises, accelerating policy and mechanism innovation, attaching importance to digital skill upgrading, using information technology means, strengthening platform carrier construction and mobilizing social force participation.

Keywords: Urban Worker; Scientific Quality; Skill Level; Digital Skills

B.6 Analysis on the Development of Education Talents in China

An Xuehui / 106

Abstract: The education talent team is an important support for building a high-quality education system. This paper mainly reviews the progress of China's education talent team construction in the second half of 2020 and the first half of 2021, covering the current situation of education talent development, education talent cultivation and training system, and reform and innovation of teacher personnel system; combined with the existing problems, the possible trend of the construction of education talents in the future is prospected.

Keywords: Education Talent; Training and Development; Personnel System; Teacher Management

B.7 Analysis on the Development Achievements, Problems and Situation of Health Talents in China

Yan Lina, Li Xiaoyan / 122

Abstract: During the 13th Five Year Plan period, the construction of China's health talent team has achieved remarkable results, but its shortcomings and deficiencies are still obvious. During the "14th five year plan" period, the construction of China's health talent team should be based on the current development situation, implement the new development concept, effectively respond to the needs of the construction and development of healthy China, strengthen efforts to make up for weaknesses, continue to expand the total scale of health talents, accelerate the training of talents in relevant fields, strengthen the construction of high-level talent team, and constantly optimize the distribution of talent structure, Steadily improve the ability and quality of talent service, further deepen the reform of system and mechanism, build an integrated health service system, and innovate talent allocation policies and incentive mechanisms.

Keywords: Health Talents; Team Building; Service System

B.8 Analysis on the Development of Human Resources in Science and technology in China

Huang Yuanxi / 131

Abstract: Science and technology human resources reflect the reserve level and supply capacity of science and technology manpower in a country or region. Through continuous efforts, China has become the world's largest country in terms of human resources in science and technology, and the structure is constantly optimized and the quality is constantly improved. However, China's science and technology human resources are still facing low per capita indicators, structural shortage, low education level, insufficient training of basic research and industrial talents, and potential to be exploited. In order to promote the sustainable development and role of China's science and technology human resources, it is recommended to strengthen the cultivation and attraction of science and technology human resources, improve the quality of cultivation, build a favorable environment, and continuously promote the potential of science and technology human resources and improve the ability to support science and technology innovation while maintaining the advantage of the total amount.

Keywords: Science and Technology Human Resources; Science and Technology Innovation; Science and Technology

Ⅲ Talent-related Work

Abstract: In recent years, in the context of the implementation of the strategy of strengthening the country through talents and innovation-driven strategy, various places have been deepening the reform of institutional mechanisms from the practical point of view: building a matrix for recruiting talents, focusing on professional training, innovating talent evaluation mechanism, increasing the training and incentive of skilled talents, etc., to further improve the effectiveness of talent development, promote the release of development dividends, and promote high-quality economic and social development to a new level.

Keywords: Local Talent Work; Management Mechanism; Human Resources

B.10 Reform and Development Trend of China's Talent Evaluation System

Sun Yiping / 160

Abstract: Talent evaluation is an important approach to human resource management and development. In the past year, China's talent evaluation system reform has made remarkable achievements in many fields, including further improvement of evaluation standards, gradual improvement of evaluation mechanisms, better management services, and gradual deepening of talent evaluation reform in key areas, laying a good foundation for deepening the reform.

Keywords: Talent Evaluation; Human Resource; Talent Evaluation Standard

B.11 Professional Qualification System Reform and Development Trend

Xie Jing / 171

Abstract: The reform of the vocational qualification system continues to advance in 2020 – 2021, with specific efforts focused on the following aspects: significantly compressing the national vocational qualification catalog; comprehensively carrying out independent evaluation of skilled personnel of the main employer; actively promoting the recognition of overseas vocational qualifications; further standardizing the recognition of vocational qualifications of social organizations; gradually optimizing the vocational qualification system by field; Giving full play to the role of supporting the employment and entrepreneurship of registered unemployed persons. In the context of the continuous deepening of the "streamline administration and delegate power, improve regulation, and upgrade services" reform and high-quality economic and social development, the system of vocational qualification system reform needs to be improved, scientific and legalized. It is suggested that the next step of reform should be explored from strengthening the comprehensive management function of the government, promoting the construction of vocational qualification framework, improving the scientific level of qualification setting, enriching the methods of qualification evaluation and certification, improving the legal level of vocational qualification system, and giving play to the main role of social organization evaluation.

Keywords: Vocational Qualifications; Entry Class; Level Evaluation Class; Vocational Skills; Level Recognition

Abstract: Building a national innovative city is of great significance. Talent is the key to the construction of national innovative cities, and determines the path and effectiveness of the construction of innovative cities. This paper sorts out the typical policies, practices and regional characteristics of talent development in some cities in recent years in the construction of national innovative cities, analyzes the institutional content of talent development, and summarizes the new dynamics of talent development. The above analysis helps to further improve the policy of talent development and better promote the construction of innovative cities.

Keywords: National Innovative City; Talent Development; Innovation-driven

Ⅳ Public Sector Personnel Management

Abstract: 2021 is the opening year of China's 14th Five-Year Plan, which means the beginning of a new journey to build a comprehensive socialist modern country. In the face of the new situation, new tasks and new requirements, civil servant departments at all levels have implemented a series of new measures in perfecting the construction of supporting laws and regulations, optimizing the management mechanism and strengthening the team building, focusing on establishing and perfecting the civil servant management system of quality training, governor's knowledge, selection and appointment, management supervision and positive encouragement.

Keywords: Civil Servant Management; Classification Reform; Team Building

Abstract: During the "13th Five-Year Plan" period, the reform of the personnel system of public institutions has been steadily promoted, the institutional mechanism of personnel management has been improved, and greater progress has been made in the reform and construction of the system of open recruitment, job management, income distribution, evaluation, reward and punishment, recusal and training, support for innovation and entrepreneurship, and management of leadership personnel. At present, there are still some problems in the fields of open recruitment, post setting, employment contract management, personnel incentive, assessment and administrative supervision, such as inadequate systematicness, insufficient scientificity, insufficient accuracy and weak operability. During the "14th Five-Year Plan" period, the focus of personnel system reform in public institutions is to continuously improve and perfect the personnel management system in public institutions on the basis of continuously promoting personnel classification management and prudently implementing the autonomy of personnel management in public institutions.

Keywords: Institutions; Personnel System; Personnel Management

Abstract: On the basis of implementing special projects such as "Double Hundred Actions" and "Demonstration Action of Science Reform", the reform of state-owned enterprises has started to implement "Three-year Actions", improving the modern enterprise system with Chinese characteristics, implementing the duties and powers of the board of directors, implementing the tenure system and contractual management of managers, and deepening the three system reforms. For some time to come, the reform of state-owned enterprises, especially the implementation of the "Three-year Action", should be strengthened to ensure the realization of the set goals.

Keywords: Enterprise Reform; Personnel System Reform; Tenure System; Contractual Management

V Employment, Entrepreneurship and Labor Relations

Abstract: In 2020, China's employment situation will remain generally stable and better than expected, the employment structure will be optimized and developed, and employment remuneration will continue to increase. Employment work is mainly focused on the following aspects: strengthening macro-control and policy support, highlighting key groups of employment assistance, actively promoting innovation and entrepreneurship, continuously strengthening public employment services, consolidating the results of poverty eradication, and promoting new progress in employment work. In the coming period, in the face of various uncertainties at home and abroad, the employment situation is still very serious.

Keywords: Stable Employment; Employment of Key Groups; Employment Structure

Abstract: The digital wave has profoundly impacted the world of labor while transforming economic and social life. Digital employment has contributed to the emergence of new occupations and the upgrading of traditional jobs, absorbing a large amount of labor and effectively bridging the regional development divide. At present, the development of digital employment faces some problems, such as insufficient supply of talents, possible structural unemployment risks, imperfect service system, and the need to strengthen policies and measures. With an eye on the future, to promote the standardized, healthy and sustainable development of digital employment, it is necessary to seek resources in the high-quality development of the digital economy, consolidate the support of human resources, innovate the management service mode and constantly improve the policies and regulations system.

Keywords: Digital Employment; Human Resoures; Service Mode

Abstract: In 2020, all parties involved in labor relations governance made active efforts to overcome the impact of the COVID－19 and other factors, effectively maintaining overall stable labor relations. Compared with the previous year, the number of cases handled by labor and personnel dispute mediation organizations and arbitration institutions at all levels decreased slightly, but the number of workers involved and the amount of money involved increased, and the number of cases concluded in the current period, the number of cases concluded for the year, the success rate of mediation and the rate of conclusion of arbitration cases were all improved; labor supervision work continued to be promoted solidly. Based on the new development stage, it is necessary to further strengthen the efforts to improve the governance pattern of labor relations, and continuously improve the modernization of the labor relations governance system and governance capacity.

Keywords: Labor Relations; Human Resources; Labor and Personnel Dispute

Ⅵ Social Security

Abstract: After the outbreak of COVID -19 in 2020, China implemented the largest social security "mitigation-free" policy in history in order to stabilize employment, alleviate the difficulties of enterprise social security contributions and promote the resumption of work and production after the epidemic. Meanwhile, the coverage of the social security system has steadily expanded and the size of the fund has continued to increase. This report summarizes the basic development of China's social insurance business since 2020, sorts out the important reform measures of various social insurance systems, and provides an outlook on the future development trend of China's social insurance system.

Keywords: Social Insurance; Insurance Systems; Human Resources; Reform Measures

B.20 Current Status and Development Trend of the Operation of China's Pension Insurance System

Chen Jing, *Song Minghui* / 301

Abstract: In the past year, the size of the population covered by China's basic pension insurance continued to expand, affected by the COVID −19, the current fund income was less than the expenditure, and the cumulative fund balance declined in size. The pension levels of both urban workers and urban and rural residents have been increased. The policy of guaranteeing the old-age insurance for the poor has been further strictly implemented, and the phased reduction and exemption measures have reduced the payment pressure for enterprises and individuals. The provincial unified collection and expenditure of the basic old-age insurance fund has been fully realized on schedule, and the work of enriching the social security fund by state-owned capital at the central level has been fully completed. The next step is to steadily promote the national coordination of basic pension insurance with comprehensive measures, vigorously address the unbalanced and insufficient development of the multi-level pension insurance system, promote the standardized development of the second and third pillars, systematically study a scientific and reasonable delayed retirement program and related supporting policies, and promote the construction of a more balanced and efficient pension insurance system.

Keywords: Pension Insurance; Remission and Deferred Payment; Provincial Level Coordination; National Coordination; Delayed Retirement

B.21 Progress in the Operation and Reform of China's Work Injury Insurance System

Shen Che, *Chen Yuxiang* / 312

Abstract: In 2020, in the face of the sudden COVID −19, human resources and social security departments at all levels remained at the top of the "six priorities" where stability is the key and the "six areas" where protections are needed. The coverage of China's on-job injury insurance system has continued to expand, the fund size has further increased, and the burden of enterprise contributions has been reduced. In terms of system reform practices, more attention is being paid to expanding the coverage of the system, providing protection for health care workers in the context of prevention and control of the COVID -19 to enhance the resilience of the system, and improving the medical coverage of work-related injury insurance and further reducing the rates. In terms of system reform trends, China should accelerate the establishment of a multi-level work injury protection system, improve the management service mechanism, and actively explore the synergistic management mechanism with medical insurance and the occupational injury protection mechanism for employees in the new economy and new industry.

Keywords: Industrial Injury Insurance; Medical Insurance; Phased Reduction of Fees; New Format

Abstract: In 2020, the number of participants in China's basic medical insurance exceeds 1.36 billion, the fund's income and expenditure is in good condition, and the protection treatment is further improved. Progress in reforming the system: the work of medical insurance participation continues to improve, the reform of individual accounts for employees' medical insurance is gradually promoted, the reform of medical insurance payment methods is deepened, the medical insurance outpatient coordination system is increasingly improved, and the supervision and management of medical insurance funds is strengthened. Problems and challenges facing the development of the basic medical insurance system: unbalanced and inadequate protection of treatment, the rationality of the financing mechanism needs to be improved, the multi-faceted composite payment method under the total budget management is not yet mature, the function of outpatient co-payment protection is not sufficiently played, and the supervision and management system of the medical insurance fund is not yet sound. Trends in the reform of the basic medical insurance system: further increase the overall level of the medical insurance system, improve the stable adjustment mechanism of funding and treatment, establish a manageable and efficient medical insurance payment mechanism, strengthen the outpatient coordination and co-payment guarantee mechanism, and improve the strict and powerful fund supervision mechanism.

Keywords: Basic Medical Insurance; Individual Account; Financing Mechanism; Outpatient Co-ordination; Fund Supervision

Ⅶ Development of Human Resources Service Industry

B.23 Analysis on the Current Development of China's Human Resources Services Market

Abstract: Based on relevant statistical data, From the aspects of human resources service scale, employees, mobile allocation efficiency, development of related formats, major activities of human resources service, etc., This paper systematically analyzes the development status of China's human resources service market, and analyzes the development trend of human resources service market during the 14th Five-Year Plan period in combination with the environmental changes of human resources market.

Keywords: Human Resources; Services Market; Service Industry

Abstract: Under the policy supply, market demand and technology boost, China's training services show a good development trend, the transformation of digital science and technology has accelerated, more supply and demand subjects with individual identities have emerged, the training products of "Four Histories" and "Party History" have been steadily advanced, leadership and management training have formed a multi-party supply, and professional and technical personnel training and vocational training have been carried out in depth. Macro-policies promote training market innovation of various products from content and form, common development of training scale and quality as well as supply and demand, Steady progress was made in standardizing the training market. Faced with the lack of motivation of employers and trainees training, training institutions to be standardized and professional to be enhanced, it is necessary to strengthen the professional construction of training institutions, optimize talent management and training services of employers, and further promote policy innovation in training-related fields.

Keywords: Human Resources; Training Services; Training Institution; Digitalization; Professional

Abstract: This paper is based on the results of the questionnaire of the China Foreign Service Industry Association on the operation of its member companies in 2020, and presents the overall operation of the member companies in 2020 and the development of the main business modes such as personnel and social security agency services, recruitment, labor dispatch, business outsourcing, flexible employment services, payroll and tax services, and flexible benefit management services. On this basis, some problems and development trends facing the development of the human resource service industry are analyzed.

Keywords: Human Resources Service Industry; Foreign Service Association; Industry Statistics

S 基本子库
UB DATABASE

中国社会发展数据库（下设 12 个子库）

整合国内外中国社会发展研究成果，汇聚独家统计数据、深度分析报告，涉及社会、人口、政治、教育、法律等 12 个领域，为了解中国社会发展动态、跟踪社会核心热点、分析社会发展趋势提供一站式资源搜索和数据服务。

中国经济发展数据库（下设 12 个子库）

围绕国内外中国经济发展主题研究报告、学术资讯、基础数据等资料构建，内容涵盖宏观经济、农业经济、工业经济、产业经济等 12 个重点经济领域，为实时掌控经济运行态势、把握经济发展规律、洞察经济形势、进行经济决策提供参考和依据。

中国行业发展数据库（下设 17 个子库）

以中国国民经济行业分类为依据，覆盖金融业、旅游、医疗卫生、交通运输、能源矿产等 100 多个行业，跟踪分析国民经济相关行业市场运行状况和政策导向，汇集行业发展前沿资讯，为投资、从业及各种经济决策提供理论基础和实践指导。

中国区域发展数据库（下设 6 个子库）

对中国特定区域内的经济、社会、文化等领域现状与发展情况进行深度分析和预测，研究层级至县及县以下行政区，涉及省份、区域经济体、城市、农村等不同维度，为地方经济社会宏观态势研究、发展经验研究、案例分析提供数据服务。

中国文化传媒数据库（下设 18 个子库）

汇聚文化传媒领域专家观点、热点资讯，梳理国内外中国文化发展相关学术研究成果、一手统计数据，涵盖文化产业、新闻传播、电影娱乐、文学艺术、群众文化等 18 个重点研究领域。为文化传媒研究提供相关数据、研究报告和综合分析服务。

世界经济与国际关系数据库（下设 6 个子库）

立足“皮书系列”世界经济、国际关系相关学术资源，整合世界经济、国际政治、世界文化与科技、全球性问题、国际组织与国际法、区域研究 6 大领域研究成果，为世界经济与国际关系研究提供全方位数据分析，为决策和形势研判提供参考。

法律声明